李梅田 著

葬之以禮

魏晋南北朝丧葬礼俗与文化变迁

上海古籍出版社

本成果受到中国人民大学2019年度"中央高校建设世界一流大学（学科）和特色发展引导专项资金"支持

李梅田

中国人民大学历史学院考古文博系教授、博士生导师,国家社科基金重大招标项目《隋唐五代壁画墓与中古文化变迁研究》首席专家。1987—1994、1999—2003年在北京大学考古文博学院学习,获历史学博士学位。主要从事汉唐考古、美术考古的教学与研究,重点关注中古社会与文化艺术的变迁。出版《魏晋北朝墓葬的考古学研究》《中国古代物质文化史·魏晋南北朝》等专著和《六朝文明》《粟特银器》等译著。

死亡与生命一样，
是人类永恒的话题。

肆 / 汉唐之间 丧葬模式与礼仪空间 111

一、丧葬模式的转变 113
二、丧葬观念的转变：以招魂葬为例 118
三、墓葬形制与文化变迁：以弧壁砖室墓为例 133

伍 / 丧葬图像 墓室图像与文化变迁 147

一、北朝丧葬图像的场景与意涵 149
二、襄阳南朝画像砖与地域文化 185
三、襄阳画像砖中的西曲歌与文康舞 196

陆 / 器以藏礼 随葬之物与礼俗变迁 209

一、曹魏墓之刻铭牌与丧葬名物 211
二、作为祭器的漆器 228
三、乐浪王氏墓志与汉晋大族迁徙 237
四、六朝墓葬中的反书砖铭 250

图表索引 260

参考文献 262

后记 285

目录

前　言　1

一、生死交互：从礼制视角转向空间视角　3

二、魏晋南北朝墓葬研究简史　11

壹 / 北朝墓葬　复杂的地域文化　1

一、墓葬分布　3

二、墓葬文化区的形成　24

贰 / 墓葬时空　时间和空间序列　31

一、洛阳　34

二、邺城　41

三、云代　45

四、幽蓟　49

五、定冀　51

六、并州　53

七、青齐　56

八、关中　61

九、河西　68

十、辽西　74

十一、辽东　78

小结　82

叁 / 墓葬文化　区域互动与嬗变　85

一、曹魏西晋　87

二、十六国至北魏前期　95

三、北魏后期　101

四、东西魏—北齐周　105

前言

死亡与生命一样，是人类永恒的话题。人类社会对待死亡的态度和处理死亡的方式千差万别。考古所见的墓葬正是关于死亡的遗存，它在形式上只是藏尸之所，但本质上是不同背景下人类社会、文化、传统和信仰的物质载体。它不但是人类物质社会的遗存，也是人类精神世界的反映；不但有关死，也关乎生动的人类社会。子曰："未知生，焉知死？"孔子在生死问题上强调现世，主张只有重视现世的生命，才能把握死的内涵。而对今天的考古学家来说，对古人死亡世界的探究，或是进入古代社会的重要途径，从这个意义上来说，墓葬考古学是一门"死亡之学"（Thanatology），它是关于丧葬行为与死亡观念的学科[1]，它除了使我们得以审视活生生的古代社会物质形态，还为我们进入古人的精神世界打开了一扇窗户。

三至六世纪的魏晋南北朝是中国古代一个极其特殊的时期，政权割据、人口迁徙、民族交融以及外来宗教和文化的渗透，共同促成了汉唐之间的社会转型与文化变迁。从这个社会背景探讨魏晋南北朝时期的丧葬礼俗与生死观，是考古学的重要任务。相较于人居建筑、宗教、手工业等遗存，墓葬资料往往能相对完整地保存下来，对墓葬遗存中历史信息的提取和解释是考古学的重要任务。各种自然科学手段的介入已大大增强了墓葬信息的提取能力，很多以往被忽视的信息，在精细的田野操作中被妥善地提取出来，如与墓主个人生活有关的生物特征信息、与环境相关的动植物信息、与精神生活相关的图像信息等。而对考古信息的解释是一个更重要也更具挑战性的任务，人文社会科学领域的各种理论和方法都被引入考古学的阐释中，产生了一系列的墓葬考古研究理论和方法，为我们"由死及生"地探索古代社会提供了多种途径。

一、生死交互：从礼制视角转向空间视角

1. 作为礼制的墓葬研究

丧葬礼仪在中国古代社会生活中具有极高地位，受到统治者和精英阶层的特别重视。先秦思想家将丧葬礼仪视为礼之大节，以"养生葬死""慎终追远"作为社会伦理的标准和行为的规范。先秦丧葬礼仪以《周礼》《仪礼》和《礼记》的记载最详，"三

---

[1] 西方一些主要的考古学理论提供了多个丧葬模式的阐释范式，多注重从物质遗存探索人类的丧葬行为和丧葬观念。Brashier 从魂魄观讨论了汉代生死观影响下的埋葬模式，参 Kenneth E. Brashier, "Han thanatology and the division of souls". *Early China* 16（1996）：1—35。Pearson 用后过程考古学理论解释不同文明里的埋葬方式和死亡观念，参 Mike Parker Pearson, "The archaeology of death and burial", Sutton Publishing Ltd, 1999, 1—20。

礼"成书年代不同,内容各有侧重,都是对周代礼仪理论及规范的记录。历代改朝换代之后所定"凶礼",多以周礼为范,所以历代礼家都特别重视对"三礼"的诠释和研究,留下了大量关于周代丧葬礼制的著作。古代统治者和学者对丧葬礼制的重视,是将其作为经国济世、安身立命之学,而现代学者是将其作为历史研究的史料来看待。当越来越多的墓葬被考古发现后,墓葬资料成为研究古代丧葬礼制的一类重要新材料。历史学家如杨树达(1933)[1]、杨宽(1985)[2]、钱玄(1987)[3]、陈成国(1991)[4]、李如森(1995)[5]、钱玄(1996)[6]、丁凌华(2000)[7]、吴丽娱(2012)[8]等,在丧葬礼制研究中皆以大量墓葬实物诠释礼书的记载,梳理礼制的变迁。历史学者对墓葬的研究,大多是将考古资料作为解释丧葬礼制变迁的辅助材料,而对礼制变迁的研究主要还是集中于对礼仪经典的解释。这种研究倾向也是早期考古学者认识墓葬资料的出发点。最早以墓葬资料来研究周代丧葬礼制的是郭宝钧,他在参与史语所殷墟发掘的同时,主持发掘了中原地区几处保存良好的周代墓葬:浚县辛村西周卫国墓地(1932—1933)、汲县山彪镇战国大墓(1935)、辉县琉璃阁战国墓地(1935—1937)等。这几次发掘引领了历史时期墓葬研究之先,郭宝钧将墓葬资料纳入丧葬礼制的研究中来,并特别注重对周代礼书的诠释,如将随葬品区分为明器和用器,总结出周代礼制关于明器"备而不用"的特征[9],又根据随葬品在墓室的位置,总结了"陈器"的规律[10];他关注墓葬遗存反映的丧葬程序,复原了造墓、殴墓、下棺、明器、封墓等礼仪环节[11];还根据墓葬的形制、随葬品数量、列鼎制度和车马坑、殉牲现象区分墓葬的等级[12];他的关切重点是丧葬礼制。1950年郭宝钧主持发掘的殷墟武官村大墓是一座比妇好墓面积大得多的墓葬,该墓墓室面积是妇好墓的8倍,深达8.4米,是一座先秦文献中记载的井椁式墓。郭宝钧将墓葬的建造过程分为画地、掘土、腰坑、井椁、封筑五道

---

[1] 杨树达:《汉代婚丧礼俗考》,商务印书馆,1933年。
[2] 杨宽:《中国古代陵寝制度史研究》,上海古籍出版社,1985年。
[3] 钱玄:《三礼名物通释》,江苏古籍出版社,1987年。
[4] 陈成国:《中国礼制史》,湖南教育出版社,1991年。
[5] 李如森:《汉代丧葬制度》,吉林大学出版社,1995年。
[6] 钱玄:《三礼通论》,南京师范大学出版社,1996年。
[7] 丁凌华:《中国丧服制度史》,上海人民出版社,2000年。
[8] 高二旺:《魏晋南北朝丧礼与社会》,上海古籍出版社,2017年。
[9] "殉葬器物,明器居半,用器居半。用器有为墓主自用者,有为其先世遗留者……至明器与墓主之时代,相并演进,形式较若划一,惟铜质者薄,所谓'备而不用'者也。"郭宝钧:《浚县辛村古残墓之清理》,《田野考古报告》(中研院历史语言研究所专刊之十三),商务印书馆,1936年,173—176、178页。
[10] 郭宝钧:《浚县辛村古残墓之清理》,178页。
[11] 郭宝钧:《山彪镇与琉璃阁》,科学出版社,1959年,4—5页。
[12] 郭宝钧:《浚县辛村古残墓之清理》,72页;郭宝钧:《山彪镇与琉璃阁》,42页。

工序[1]。郭宝钧基于考古材料的礼制研究，使得传世文献中语焉不详的记载变得清晰化和具体化。

建国初期，陈公柔沿着同样的路径将考古遗存与周代贵族礼制进行了对照，尤其着重对《士丧礼》《既夕礼》记载的各类物品进行辨析，更加丰富了周代丧葬的程序，并根据考古发现反证《仪礼》的成书年代[2]。建国以后陆续在列国都城发掘了大量规模宏大的墓葬，不但墓葬结构完整、随葬物品丰富，还出土了大量简牍和青铜器文字材料，使得礼书中很多语焉不详的名物得以被辨识，同时也推动了关于棺椁制度、衣衾制度、器用制度等的热烈讨论。这方面的研究有以墓葬材料对《仪礼·士丧礼》所载丧葬活动的复原研究[3]，对《士丧礼》中丧、葬、祭活动及器物的考释[4]，对楚墓所见葬制与葬俗的研究等[5]。高崇文根据《仪礼》等记载，讨论了考古所见的先秦两汉时期装殓、启殡埋葬、葬后墓祭等礼俗的变迁[6]；又根据湖北云梦睡虎地 M77 出土的五枚西汉《葬律》简内容，讨论了先秦至西汉前期的丧葬礼俗[7]。张闻捷也从用鼎、装殓、棺椁等方面讨论了楚、汉丧葬礼俗的传承[8]。这些墓葬研究仍然属于历史学的制度史范畴，体现了中国考古学深厚的传统史学根基。值得注意的是，近年考古学对墓葬的关注，与郭宝钧、陈公柔的研究相比，在研究思路上也发生了一些变化，由对礼制的诠释开始转向对社会史的探索，如罗泰从社会人类学的角度阐述了青铜时代晚期的社会结构和社会变化过程[9]，张闻捷通过青铜器讨论了楚国的礼制改革[10]等，丰富的墓葬资料成为文化史和社会史研究的内容。

秦汉以后的墓葬资料与商周相比已有很大不同，除了少数帝王和勋贵墓葬外，大多数是社会中下层人的墓葬。这些墓葬材料与正史礼仪志中的丧葬礼制之间，是存在较大差距的。礼仪志中的记录在相当程度上是一种理想化的规定，而具体的丧葬行为或多或少会有墓主或丧家的个人创造。礼制的制定者和执行者主要限于社会上层，并不能代

---

[1] 郭宝钧：《一九五〇春殷墟发掘报告》，中国科学院考古研究所编：《中国考古学报》第五册，1951 年，1—62 页。他指出，所谓画地即《周礼·春官》"冢人掌公墓之地，辨其兆域而为之图"，郑玄注："图谓画其地形……请量度所始之处也。" 掘土指把土掷到四边，《仪礼·士丧礼》中有"掘四隅，外其壤，掘中，南其壤"，南其壤指由南墓道把土送出。
[2] 陈公柔：《〈士丧礼〉、〈既夕礼〉中所记载的丧葬制度》，《考古学报》1956 年第 4 期。
[3] 陈公柔：《〈仪礼·士丧礼〉墓葬研究》《〈仪礼·士丧礼〉器物研究》，（台湾）中华书局，1971 年。
[4] 陈克伦：《〈仪礼·士丧礼〉中所见丧葬、祭奠器物考略》，《郑州大学学报（哲学社会科学版）》1989 年第 3 期。
[5] 彭浩：《关于葬俗的几个问题》，湖北省荆州地区博物馆：《江陵马山一号楚墓》，文物出版社，1985 年。胡雅丽：《包山二号楚墓所见葬制葬俗考》，湖北省荆沙铁路考古队编：《包山楚墓》（上），文物出版社，1991 年。
[6] 高崇文：《试论先秦两汉丧葬礼俗的演变》，《考古学报》2006 年第 4 期。
[7] 高崇文：《论汉简〈葬律〉中的祭奠之礼》，《文物》2011 年第 5 期。
[8] 张闻捷：《楚国青铜礼器制度研究》，厦门大学出版社，2015 年。
[9] 罗泰著，吴长青等译：《宗子维城——从考古材料的角度看公元前 1000 至前 250 年的中国社会》，上海古籍出版社，2017 年，319—438 页。
[10] 张闻捷：《楚国青铜礼器制度研究》，152—175 页。

表一个时代的普遍性丧葬行为。礼制只是对丧葬礼仪程序中个别环节的记录，而大部分可能留下实物遗存的环节却不见于文献记载，而且秦汉以后墓葬远不如商周墓葬保存完整，多是一些碎片化的遗存，很难成为丧葬礼制的直接诠释资料。因此，对秦汉以后墓葬的研究，应与商周墓葬研究有所不同，一般的研究范式是对考古发现的墓葬材料进行归纳总结，建立相当于"考古学文化"概念的墓葬文化遗存共同体（一般包括墓葬形制、随葬品组合和墓室图像等元素），归纳出一个时期的基本丧葬模式，然后结合历史文献进行文化史的阐释。这种研究范式需要大量的墓葬材料来支撑，进行类似大数据的处理方式，一般以类型学方法对墓葬形制、随葬品等进行分类、分区和分期，建立墓葬文化的时空谱系。目前秦汉以后的墓葬文化谱系已经基本建立起来了。

汉墓是历史时期最成体系的墓葬资料，因此考古学文化方法的研究范式在汉墓研究中体现得最为明显。二十世纪五十年代王仲殊就对周代至汉代的墓葬形制进行了详细的分类，从材质和结构方面将墓葬分为土坑墓、土洞墓、空心砖墓、小砖墓、石室墓、崖墓六种类型，各有特定的时空分布规律[1]。《洛阳烧沟汉墓》是对1953年发掘的225座汉墓所编的发掘报告，发掘者根据墓葬形制、随葬品组合，将墓葬遗存分为六个时期，所采用的类型学方法非常精细，其分期结果成为了以后汉墓断代的标准。发掘者也对墓葬反映的汉代社会进行了阐释，"从战国末年到西汉中期在墓形、器形和丧葬礼俗方面起过一次极大的变化，这种变化从现象上看，似乎只是所谓汉代厚葬风气的发展，但从本质上却使我们感到一个新的时代经济基础和在这个基础上所反映的一套社会制度问题"[2]。俞伟超同样根据墓葬形制、棺椁、随葬品的归纳，对西汉墓葬进行了分区分期研究、类别和等级的划分，特别将墓葬的等级与汉代二十等爵制联系起来[3]，但这种墓葬等级的对应关系不如周代墓葬等级那么明显。其他学者对汉墓的研究，大致沿着类似的途径进行，如李如森除了依据文献讨论汉代丧葬仪式外，也对汉墓的类别、等级、随葬品组合、特殊葬俗等进行了讨论，通过分区与分期研究讨论背后的制度与社会，在很大程度上沿用了俞伟超的解释模式[4]。这种墓葬资料的解释模式已经属于文化史的范畴，但考古学家还是对礼制有着特别的偏好，在解释墓葬材料时，往往强调考古遗存与丧葬礼制的一致性，常将墓葬遗存体现出的考古学文化现象称作"丧葬制度"，最具代表性的研究莫过于近四十年来对"周制""汉制""晋制"的讨论。

1979年，俞伟超在中国考古学会成立大会上，首次以"周制""汉制""晋制"来概

---

[1] 中国科学院研究所编：《考古学基础·秦汉考古》，科学出版社，1958年，135—137页。
[2] 洛阳区考古发掘队：《洛阳烧沟汉墓》，科学出版社，1959年，241页。
[3] 北京大学历史系考古教研室编：《战国秦汉考古》（上），1973年，试用讲义，70—100页。
[4] 李如森：《汉代丧葬制度》，1995年。

括战国至魏晋时期墓葬发展的几个阶段。他对几种墓制的概括主要依据墓葬形制的变化，在大多数墓葬都已损毁的情况下，只有墓葬形制是最完整、最直观的考古遗存，能够较清晰地反映墓葬的阶段性变化。他将以竖穴木椁墓为代表的墓葬称为周制，汉武帝前后出现的凿山为藏的横穴墓称作汉制，后者在东汉发展为以前、中、后三室为轴线，两侧附带耳室的砖室墓。囿于资料的限制，他对"晋制"只是简单提及，认为"约从三国两晋时期开始，除河西等较为边远的地区仍大体沿用东汉后期的旧制外，许多身份极高的贵族之墓，往往变成单室砖墓。墓葬形制从此又进入了一个新的阶段：'汉制'已被赶出历史舞台，'晋制'出现了"[1]。时隔十余年后，俞伟超根据新发现的西晋文帝司马昭的崇阳陵及陪葬墓、武帝司马炎的峻阳陵、正始八年墓等，进一步对晋制的具体表现做出了总结：不树不封，不起陵园；不用玉衣；不用金银铜铁随葬；墓室尺寸变小，以长方形单室墓为主，弧壁单室墓成为晋制的标准形态[2]。

俞伟超对三种形制墓葬的成因也做出了解释，他认为地下的墓室建筑是对现实人居建筑的模拟，如周代宫室制度中有前堂、后寝、左右厢房的结构，故"周制"下的墓葬分别以头箱、棺箱、边箱和足箱来代替宫室中的各部分；"汉制"下墓葬模拟的内容也是一样的，只是表现形式出现了变化，如诸侯王和列侯墓葬表现为包括明堂、后寝、便房、梓宫、黄肠题凑在内的正藏和外藏椁，新出现的前、中、后三室砖室墓也被解释为对现实的模拟，如前室象征庭、中室象征明堂、后室象征后寝，而耳室是作为大片农田、牧野的象征物而出现的。俞伟超对墓葬阶段的划分以及对墓葬形制的概括无疑是十分正确的，已被大量考古发现所证实，迄今的考古发现没有改变俞伟超的结论，只是让其更加充实和丰满，其中"晋制"对墓葬形制与结构的概括，几乎可以作为魏晋墓葬的断代标准。但他将墓葬形制解释为对现实人居建筑的模拟，这种解释实际上是对"事死如生"[3]丧葬观念的套用。"事死如生"常被用来解释中国古代的丧葬行为，但它是一个十分模糊的说法，并不能反映不同时空背景下千差万别的丧葬行为。至少从魏晋时期的墓葬形制看，地下阴宅与人居建筑之间还是存在相当差距的。汉晋墓葬明器和画像中常见的多层楼阁可能是更真实的人居建筑，而从目前所见魏晋墓葬实例看，是很难找到二者形制上的共同点的。俞伟超将墓葬形制转变的原因主要归结于等级制度和经济背景，如认为以井田制为基础的等级制度决定了周制的出现，东汉豪强的经济势力导致

---

[1] 俞伟超：《汉代诸侯王与列侯墓葬的形制分析——兼论"周制"、"汉制"、"晋制"的三阶段性》，《中国考古学会第一次年会论文集》，文物出版社，1980年，117—124页。

[2] 俞伟超：《魏晋墓制非日本古坟之源》，俞伟超在此文中根据新发现的魏晋墓葬进一步完善了"晋制"的论述，载《古史的考古学探索》，文物出版社，2002年，359—369页。

[3] "丧礼者，以生者饰死者也，大象其生以送其死也。故如死如生，如亡如存，终始一也。"[清]王先谦撰，沈啸寰、王星贤点校：《荀子集解·礼论篇》，《新编诸子集成》第1辑，中华书局，1988年，366页。

了汉制的破坏,九品中正制取代汉代的二十等爵制和凋敝的经济形势导致了晋制的产生等。

俞伟超的"晋制"论正如他的其他很多论点一样,长时期里引领了学术潮流,近四十年里,学界围绕"晋制"做出了很多思考。韩国河通过文献考察了汉晋上层的丧葬制度,认为晋之新礼是对汉代礼仪的传承与创新,晋制的创新性具体表现在"不树不封"等薄葬制度,凶门柏历之制,新的陪葬、合葬与家族葬制,墓葬形制的单室化,明器组合的变化等。他认为晋制代表的丧葬礼俗主要体现于阶级性、等级性、礼法性、宗教性等方面,但晋制较之汉制,在等级性、礼法性上更为突出,并认为这种汉、晋差异与《宋书·恩幸传》对汉晋社会等级的分析相符[1]。他认为从汉制向晋制的过渡发生在三国时期,中原地区的曹魏墓和长江流域的东吴墓都为晋制的形成作出了贡献[2]。杨泓总结新的魏晋葬俗体现在墓室结构的改变、墓志的出现、随葬俑群的变化、玉衣的消失等,认为葬俗转变的原因有经济因素、政治因素和信仰因素等,如佛教的传入导致生死观的变化,而摒弃了寄托不朽之愿的玉衣装殓习俗[3]。

吴桂兵将洛阳地区的前后室墓和单室墓看成晋制的典型代表,称为洛阳因素;长江下游本地因素和南迁的洛阳墓制融合后,在东晋产生了建康因素。前者是北朝墓葬之源,后者是南朝墓葬之源,二者都自中心向周边地区扩散[4]。刘斌通过对洛阳西晋墓的总结,将晋制归纳为五个方面:不树不封、墓室由多室向单室转化、土洞墓在高等级墓中使用、以牛车为中心的明器制度、墓志的出现,他认为晋制的产生有经济因素、礼制变迁和玄学思想等多方面的原因[5]。

霍巍从瑞兽题材讨论了汉制向晋制的转换,认为晋制的表现之一是以狮子为代表的瑞兽题材取代汉代以四神为代表的瑞兽系统,装饰主题的转换反映了传统的升仙观念在六朝时期发生了改变,被注入了以狮子(及文献中记载的"辟邪""麒麟""天禄"等有翼神兽)为代表的外来文化新风。这种转变具有划时代的意义,是由于汉代丝绸之路开通后西方因素的传入、佛教思想的渗透、汉晋玄学的影响等造成的[6]。他以瑞兽题材来讨论丧葬制度的转变可谓另辟蹊径,很好地揭示了汉代以后外来文化对中国传统丧葬的影响,但他以石兽和神道石刻作为"晋制"的标志而得出"晋制"主要在南方发展和定型的结论,却偏离了俞伟超"晋制"的本来涵义。所谓"晋制"是指西晋洛阳形成的一套丧葬制度,西晋灭

---

[1] 韩国河:《魏晋时期丧葬礼制的承传与创新》,《文史哲》1999年第1期。
[2] 韩国河、朱津:《三国时期墓葬特征述论》,《中原文物》2010年第6期。
[3] 杨泓:《谈中国汉唐之间葬俗的演变》,《文物》1999年第10期。
[4] 吴桂兵:《晋代墓葬制度与两晋变迁》,《东南文化》2009年第3期。
[5] 刘斌:《洛阳地区西晋墓葬研究——兼谈晋制及其影响》,《考古》2012年第4期。
[6] 霍巍:《六朝陵墓装饰中瑞兽的嬗变与"晋制"的形成》,《考古》2015年第2期。

亡以后南北方制度和文化发生了巨大的改变，东晋南朝是洛阳晋制的发展或变体，即吴桂兵所称"江左文物制度（建康因素）"[1]，但并不完全等同于"晋制"。

学界对"晋制"的讨论可说是历史时期考古学中少有的集中主题，甚至有学者进一步引申到南北朝、隋唐墓葬的研究，提出"魏制""唐制"等说法[2]。其实考古学家所谓的墓葬制度主要是对考古遗存现象的归纳，相当于史前考古研究中的考古学文化概念，属于文化史考古学的范畴。而对这些考古遗存现象的解释，很多考古学者又常简单地套用历史文献，用政治史的变迁来解释考古遗存的变化。这种解释模式其实是模棱两可的，虽然不会偏离宏观的历史背景，但也无法在考古遗存与具体的丧葬行为、丧葬观念之间建立有机的联系，对于墓葬研究来说显然还是有缺陷的。

齐东方注意到唐代政治社会变迁与唐代墓葬变化之间不尽合拍的现象，主张墓葬研究不要拘泥于政治上的断代王朝，而应深入到丧葬观念习俗与礼仪制度的层面来解释墓葬的变化。只有结合对观念习俗和礼仪制度的分析，才有可能得到接近历史真实的诠释[3]。他将丧葬观念视为讨论"晋制"的根本，提出丧葬观念、丧葬习俗、丧葬礼仪和丧葬制度四个概念，认为丧葬观念产生了丧葬习俗，丧葬观念和丧葬习俗的结合成为礼仪，再进一步发展为强制性约束的制度[4]。齐东方对丧葬观念的重视已经大不同于俞伟超对经济基础的强调，触及了墓葬的本质——墓葬是丧葬观念和丧葬行为的结果。

将文献与考古材料的简单对照，并不能起到相互印证的作用，文献的作用主要在于提供一个特定的与丧葬变革有关的社会背景，而不是具体的丧葬行为。对一个时代的丧葬行为真正发生影响的并非礼仪制度，而是受政治、经济和主流生死观影响的丧葬规范，是一个被时代认同的丧葬模式。墓葬研究的目的是对丧葬模式的归纳，从而解释模式背后的人类丧葬行为和生死观念。

2. 墓葬研究倾向的转变

在墓葬研究由制度史向文化史的转变中，美术史的参与起到了积极的推进作用。美术史家将墓葬视为美术史的一个亚学科，不仅关注墓葬图像，也同样重视与图像相关的墓葬建筑、随葬品及彼此之间的关系[5]。巫鸿认为作为美术史的墓葬研究有两个基本方法：一是关注丧礼的"时间性"，通过丧礼的仪式过程研究所反映的复杂社会关系及作

---

[1] 吴桂兵：《晋代墓葬制度与两晋变迁》，《东南文化》2009年第3期。
[2] 倪润安：《光宅中原——拓跋至北魏的墓葬文化与社会演进》，上海古籍出版社，2017年，9页。
[3] 齐东方：《唐代的丧葬观念习俗与礼仪制度》，《考古学报》2006年第1期。
[4] 齐东方：《中国古代丧葬中的晋制》，《考古学报》2015年第3期。
[5] 巫鸿：《"墓葬"——可能的美术史亚学科》，《读书》2007年第1期。

为艺术展示场合的意义；二是侧重墓葬内部的"空间性"，发现墓葬设计、装饰和陈设中隐含的逻辑和理念，阐释这些人造物和图像所折射出的社会关系、历史和记忆、宇宙观、宗教观、宗教信仰等更深层次的问题[1]。

墓葬的"时间性"和"空间性"也是考古学家的兴趣所在，不过侧重点有所不同。关于时间性，陈公柔最早用考古发现的服饰、墓葬形制、器物遗存讨论《仪礼》的士丧礼、既夕礼记载的丧葬过程[2]。高崇文也根据《仪礼》等记载，讨论了考古所见的先秦两汉时期装殓、启殡埋葬、葬后墓祭等礼仪程序[3]。考古学家对于丧葬礼仪过程的关注主要侧重于礼制的诠释。考古学家关注墓葬的三种空间：宏观、中观和微观。宏观空间主要是墓葬的空间分布反映的墓葬地域文化，如文化史考古学范畴的墓葬分区研究；中观空间主要讨论一个墓地的空间构成，如以地面建筑遗存讨论墓园制度、以昭穆制或风水理论讨论墓位排列方式等；微观空间主要是一座墓葬的内部空间，一般将墓葬空间分解为多个单元——墓道、甬道、天井、墓室、墓顶等，将这些建筑单元归纳为"墓葬形制"。这种分析方法主要是为类型学服务的，为建立墓葬文化的时空序列发挥了重要作用，如《洛阳烧沟汉墓》将225座汉墓根据墓顶的形状分为平顶、弧顶、单穹窿顶、双穹窿顶、抛物线顶等"型"，又根据墓室的数量、形状和尺寸分为2—3个"式"[4]。这种分型定式的作法借鉴了器物的类型学分析方法，"型"主要代表了年代上的并行关系，"式"的变化则代表了年代的变化，由"型"与"式"构成的"墓葬形制"可以确立墓葬的年代序列，但对墓葬空间意义的解释力不从心。

黄晓芬对汉墓的研究属于微观的空间分析，她从礼仪行为的角度对汉墓的空间形态给出了不同于传统考古学的解释，如将旧式的竖穴式木椁墓和新式的横穴式崖墓或砖室墓分别称作椁墓和室墓。她对墓室空间变化的阶段划分与俞伟超类似，但她认为墓葬形制发生变化的主要原因在于祭祀行为。这个解释的前提是将墓葬视为地下的礼仪空间，此与俞伟超将墓葬视为拟生的空间大不相同，因此对墓葬形制改变原因的解释也大相径庭。在黄晓芬看来，礼仪行为的变化决定了墓葬空间形态的变化，如汉代墓葬的祭祀空间与埋葬空间走向分离和独立、玄室顶部增高和扩大，是由于战国中晚期已经出现了将献祭物品放在头厢内的作法，当出现羡道和玄门结构后，玄门与棺室之间就被固定为祭祀空间，祭祀空间逐步扩大后，以棺为中心的埋葬空间后移，逐步形成了前堂后室之制[5]。黄晓芬对墓葬空间

---

[1] 巫鸿：《东亚墓葬艺术反思：一个有关方法论的提案》，载《时空中的美术——巫鸿中国美术史文编二集》，生活·读书·新知三联书店，2009年，162页。
[2] 陈公柔：《〈士丧礼〉、〈既夕礼〉中所记载的丧葬制度》，《考古学报》1956年第4期。
[3] 高崇文：《试论先秦两汉丧葬礼俗的演变》，《考古学报》2006年第4期。
[4] 洛阳区考古发掘队：《洛阳烧沟汉墓》，241页。
[5] 黄晓芬：《汉墓的考古学研究》，岳麓书社，2003年，92页。

形态的研究注重对实物背后行为的探究，这也将墓葬的空间分析向前推进了重要的一步。

从传统的墓葬形制研究到巫鸿和黄晓芬的空间分析，反映了墓葬研究倾向的改变。当墓葬的时空序列已经初步建立之后，对墓葬空间的中观和微观研究就显得更加重要，需要将墓葬视为一个完整的礼仪空间，既包括地面的礼仪设施，也包括墓室空间，它们的结构和布局隐含着社会阶层、社会关系和主流价值观。

墓葬的空间形态在西汉武帝前后已经发生了根本性的转变，即俞伟超所谓"汉制"的确立阶段和黄晓芬所谓椁墓向室墓的转变阶段，这种转变主要是空间形态的转变，可以概括为由封闭性的井椁墓向开放性的宅第墓的转变。这种转变的原因是什么？空间转变的社会意义何在？我们应该回到墓葬的本原：墓室不但是藏尸的空间，也是丧葬活动的空间，即举行下葬、墓内祭奠等礼仪活动的空间；我们不但要关注墓室空间，也要关注墓地空间形态的变化，这些都与丧葬模式的变化有关。由墓地和墓室构成的丧葬空间不仅属于死者，同时也属于生者，丧葬空间是一个生死交互的场景，空间内的各种设施、图像和器物皆围绕这种交互性展开，这是我们阐释墓葬遗存的出发点。

二、魏晋南北朝墓葬研究简史

魏晋南北朝墓葬的研究始于历代金石学者对碑志、画像石棺椁等石刻资料的著录。二十世纪四十年代郭玉堂的《洛阳出土石刻时地记》共收录汉至隋代碑记石刻共470种，大部分属北朝时期，并附出土地点分布图[1]。五十年代，赵万里《汉魏南北朝墓志集释》收录汉至隋代墓志600余种，以发现于洛阳之北魏墓志最多，各志均有详细的形制描述、录文、照片及考释[2]。这些碑志材料提供了很多身份明确的墓主信息及葬地，虽然大多数无法与现存的墓葬遗存对应，但为探索邙山历代帝陵的位置、墓区分布提供了可靠的线索。此后不断有学者对新见墓志进行补充收集和整理，如赵超《汉魏南北朝墓志汇编》在《汉魏南北朝墓志集释》的基础上，参考北京图书馆、北大图书馆馆藏拓片，补充收集了1949年至1986年间出土的墓志材料[3]。墓志等石刻材料在探讨邙山帝陵的地望与分布上发挥了重要作用。在"墓多无卧牛之地"的邙山上，首先对西晋、北魏时期的帝陵位置进行了探讨，蒋若是对西晋帝陵的探讨[4]、宿白对北邙陵墓布局的研

---

[1] 郭玉堂仿记、王广庆校录：《洛阳出土石刻时地记》，（洛阳）商务印书馆，1941年。
[2] 赵万里：《汉魏南北朝墓志集释》，科学出版社，1953年。
[3] 赵超：《汉魏南北朝墓志汇编》，天津古籍出版社，1992年。
[4] 蒋若是：《从"荀岳""左棻"两墓志中得到的晋陵线索及其它》，《文物》1961年第10期。

究[1]、黄明兰对北魏景陵和静陵位置的推测[2]、陈长安对北魏定陵和终宁陵的考察[3]、郭建邦对北魏长陵的调查[4]、马忠理对邺城东魏北齐陵域的探讨[5]等，都是以出土墓志为线索所作的基础性探讨。经过近年精细的田野调查和科技手段测绘，这些对历代帝陵地望和布局的讨论大部分是准确的。对东晋南朝墓葬的研究也始于帝陵的地面遗存。二十世纪三十年代朱希祖等，就对南京、江宁、丹阳、句容等地帝陵神道上的石刻进行了著录和风格来源的研究，并结合文献记载对所属的帝陵进行了探讨[6]，为此后南京的墓葬发掘打下了基础。

1949年前的魏晋南北朝墓葬研究主要是通过地面遗存探索帝陵位置和陵区，只有少量的墓葬被发掘。这个时期的墓葬研究主要是一种类金石学的研究。真正考古学的研究始于1949年以后，墓葬调查与发掘的重点是在魏晋南北朝的核心地区——洛阳和建康。除了继续关注帝陵外，还对批量揭露的中小型墓葬资料进行了类型学研究。1953年正式发掘洛阳晋墓后，蒋若是先生对54座晋墓进行了考古类型学分析和墓葬等级的初步探讨[7]。1951年南京邓府山六朝墓葬发掘后，也出版了正式的考古报告《南京附近考古报告》[8]。二十世纪五十年代开始批量发掘的南方六朝墓葬主要是湖北鄂城的六朝墓，但发掘报告直到2007年才出版[9]。七十年代以后，南北方的墓葬发现逐步增多，墓葬研究的课题范围逐步得到拓展，认识也逐步走向深入。

除了调查发掘者对本批（座）墓葬的年代、族属、等级等问题作的初步探讨外，还出现了很多综合和专题研究成果。较早从全国范围研究魏晋南北朝墓葬的是1974年北大历史系编写的《三国—宋元考古》讲义，对魏晋南北朝墓葬进行了分区介绍，对材料最丰富的中原墓葬进行了类型排比和等级探讨，将中原墓葬分为曹魏晋初、西晋中晚期、十六国至北魏迁洛前、北魏迁洛后四期；对材料较少的北方地区墓葬也作了初步的族属和文化面貌的讨论[10]。这本讲义奠定了魏晋南北朝墓葬研究的基础，也为以后若干年的墓葬研究设定了基本的目标，即以分类、分区、分期为基础建立全国范围内的墓葬

---

[1] 宿白：《北魏洛阳城和北邙陵墓——鲜卑遗迹辑录之三》，《文物》1978年第7期。
[2] 黄明兰：《洛阳北魏景陵位置的确定和静陵位置的推测》，《文物》1978年第7期。
[3] 陈长安：《洛阳邙山北魏定陵终宁陵考》，《中原文物》1987年特刊。
[4] 河南省文化局文物工作队：《洛阳北魏长陵遗址调查》，《考古》1966年第3期。
[5] 马忠理：《磁县北朝墓群——东魏北齐陵墓兆域考》，《文物》1994年第11期。
[6] 朱希祖：《天禄辟邪考》，原载中央古物保管委员会编：《六朝陵墓调查报告》(1935年)，后经王志高点校，收入《南京稀见文献丛刊》之同名报告，南京出版社，2010年，103—142页；林树中：《南朝陵墓石刻研究》，《新美术》1981年第1期。
[7] 河南省文化局文物工作队第二队：《洛阳晋墓的发掘》，《考古学报》1957年第1期。
[8] 南京博物院编：《南京附近考古报告》，上海出版公司，1952年。
[9] 南京大学历史系考古专业等：《鄂城六朝墓》，科学出版社，2007年。
[10] 北京大学历史系考古教研室编：《三国—宋元考古》(上)，1974年，试用讲义。

文化谱系。这种类似于史前考古区系类型的研究属于文化史考古学范畴，希望通过墓葬资料构建物质文化史的基本框架。二十世纪八十年代宿白、杨泓等先生对魏晋南北朝墓葬的综合性论述就是这种研究思路的代表[1]。沿着这种研究思路，八九十年代的很多学位论文都是关于墓葬文化分区与分期研究的，如1987年张小舟对魏晋十六国墓葬的分区与分期，基本上沿用了1974年北大讲义的区域划分，但作了进一步细化[2]。八十年代以后各地都发掘了大量魏晋南北朝墓葬，几乎遍及南北、胡汉各个政权的核心地区，这些墓葬都被纳入分区分期研究中来。

1999年我和韦正进入宿白先生门下攻读博士学位。入学之初，先生就给我们分派了南北朝墓葬分区与分期的研究任务，韦正负责南朝，我负责北朝。我们分别对南、北朝墓葬资料作了整理，分别建立了南方和北方地区的墓葬文化时空框架。后来韦正的《六朝墓葬的考古学研究》[3]和我的《魏晋北朝墓葬的考古学研究》[4]就是以这几年工作为基础成书的，本书的第三、四章就是对当时的分区分期研究的提炼。需要说明的是，我最初完成的博士论文初稿是对全部北方墓葬的整理，包括东北和西北地区，一共分了12个区域，但在答辩之前舍弃了河西、河湟、辽东、辽西四区。本书重新将河西、辽东、辽西地区纳入分区分期中来。当时我们对魏晋南北朝墓葬的研究主要是基础资料的整理，对墓葬的文化阐释是十分欠缺的，我认为这是由于缺乏相关研究理论的指导，在方法论上没有突破，因此对墓葬资料的理解缺乏深度。近二十年来，考古学理论与方法在中国考古学中受到极大重视，也为墓葬资料阐释开拓了很多新的思路，加深了我们对墓葬的认识。这些年出版的很多墓葬研究专书，无论资料性还是研究视角都有了很大的发展，霍巍[5]、张学锋[6]、刘振东[7]、刘毅[8]等的墓葬史研究代表了历史时期墓葬研究的新成果，其中都包含了魏晋南北朝的墓葬研究。

考古资料总是在不断增加，经常会有刷新我们认识的发现。我们永远无法穷尽所有的考古资料，似乎也没必要。本书仍以当初的博士论文资料为基础，只在相关个案研究中加入一些新的墓葬资料；也简化了类型学和分区分期的内容，而将重点放在丧葬礼俗与文化变迁上，加入了墓葬文化的区域互动、丧葬模式与礼仪变迁、图像阐释等内容。

---

[1] 宿白：《三国两晋南北朝考古》，《中国大百科全书·考古学》，中国大百科全书出版社，1986年，418页；杨泓：《魏晋北朝墓葬》，《中国大百科全书·考古学》，543页。
[2] 张小舟：《北方地区魏晋十六国墓葬的分区与分期》，《考古学报》1987年第1期。
[3] 韦正：《六朝墓葬的考古学研究》，北京大学出版社，2011年。
[4] 李梅田：《魏晋北朝墓葬的考古学研究》，商务印书馆，2009年。
[5] 霍巍：《大礼安魂——中国古代墓葬制度》，四川教育出版社，1998年。
[6] 张学锋：《中国墓葬史》，（江苏）广陵书社，2009年。
[7] 刘振东：《冥界的秩序——中国古代墓葬制度概论》，文物出版社，2015年。
[8] 刘毅：《中国古代物质文化史·陵墓》，开明出版社，2016年。

壹

北朝墓葬
复杂的地域文化

墓葬分布
墓葬文化区的形成

汉唐两个大一统王朝之间的魏晋南北朝经历了"五胡十六国"的纷乱,以及民族融合、人口迁徙、外来宗教与外来文化的渗透等复杂的历史变迁,文化呈现出前所未有的复杂面貌,这种情况在考古学上主要体现为墓葬文化的区域性。魏晋南北朝文化的区域性与自然地理、政治和人文地理形势密切相关,主要表现为南方和北方的差异,这是西晋永嘉之乱后长达三百余年的南北对峙造成的。传世文献中对南北方的文化隔阂多有记录,墓葬考古材料所见的南北差异更加具体。总的来说,南方自东汉以后一直保持着丧葬模式的持续发展,未有明显间断;而北方受到更复杂的政治格局和民族迁徙的影响,加上外来宗教与文化主要经由北方入华,墓葬文化呈现出更复杂的地域性,在魏晋、十六国和北朝时期出现了多个丧葬模式的子传统。考古发现的墓葬主要集中于各时期的一些中心城市,这些中心城市是人口最为集中的地区,也是最能反映时代丧葬礼俗的地区,因此墓葬的发现情况可以作为文化分区的基础。我们可以将北方地区的墓葬分为 11 个区域。

一、墓葬分布

1. 洛阳地区

洛阳地处中原腹心,形势险固,漕运便利,为兵家必争之地、帝王理想建都之所,先后有东周、东汉、曹魏、西晋、北魏、隋、唐、后梁、后唐等九个朝代在这里建都。在动荡的魏晋南北朝这一时期,无论胡汉、南北政权,还是北朝时期的东、西势力,无不以洛阳为重点争夺之地。洛阳作为曹魏、西晋和北魏后期的政治、经济和文化中心,是这几个时期墓葬最集中的地区。目前发现的可能属于曹魏统治者的墓葬主要有 1956 年在洛阳涧西发掘的正始八年(247)墓[1]、2015—2016 年发掘的洛阳西朱村大墓等[2]。西朱村大墓 M1 已发掘,发掘者推断为魏明帝郭皇后墓(景元四年,263),毗邻的 M2 可能是魏明帝曹睿的高平陵(景初三年,239),二墓属异穴合葬。此外,孟津发现的太和二年(228)曹休墓也是一座身份较明确的高等级曹魏墓[3]。西晋墓葬的发现始于二十世纪五十年代初对洛阳晋墓的发掘[4];以出土墓志等石刻资料和文献记载为线索,陆续

---

[1] 李宗道等:《洛阳 16 工区曹魏墓清理》,《考古通讯》1958 年第 7 期;洛阳市文物工作队:《洛阳曹魏正始八年墓》,《考古》1989 年第 4 期。
[2] 洛阳市文物考古研究院:《河南洛阳市西朱村曹魏墓葬》,《考古》2017 年第 7 期。
[3] 洛阳市第二文物工作队:《洛阳孟津大汉冢曹魏贵族墓》,《文物》2011 年第 9 期。
[4] 河南省文化局文物工作队第二队:《洛阳晋墓的发掘》,《考古学报》1957 年第 1 期。

在洛阳城西与城东地区调查发掘了大量墓葬，故大致推断西晋帝陵可能分布在首阳山至南蔡庄一带，这里有着规律的、成片分布的西晋陪葬墓群。八十年代在峻阳陵和枕头山墓地先后勘探出推测为陪葬墓者28座，并试掘了其中2座[1]。迄今的基建工程中，在洛阳及其附近的孟津、偃师、新安、巩义、焦作、郑州等地发现了大量魏晋墓葬。五十年代发现的魏晋墓葬包括：洛阳城西西晋墓54座，其中M1出太康八年（287）碑志、M8出元康九年（299）徐美人碑志、M22出永宁二年（302）士孙松碑志[2]；洛阳谷水西晋墓1座[3]；涧西十六工区正始八年（247）曹魏墓1座[4]、晋墓17座[5]、M82[6]；焦作朱村晋墓1座[7]；郑州旧城南门外晋墓1座[8]；洛阳西郊西晋墓8座[9]；延津马岗晋墓1座[10]；巩县石家庄晋墓（M11）[11]。七十年代发现的魏晋墓葬较少，卒于元康三年（293）的晋大司马关中侯裴祇墓1936年被盗后，1979年重新进行了发掘[12]。

二十世纪八十年代以来，洛阳附近的魏晋墓葬有大量发现，计有：洛阳峻阳陵和枕头山墓地28座；洛阳玻璃厂M79和起重机厂M88[13]；偃师杏园村曹魏时期的M6和西晋的M34[14]；孟津玻璃厂西晋墓M20、M21[15]；十六国时期的洛阳轴承厂CM1[16]；洛阳东郊西晋M177、M178[17]；洛阳北郊西晋墓C8M868[18]；孟津三十里铺西晋墓5座（M116—120）[19]，宋庄乡晋墓1座（M99）[20]；新安县城晋墓1座（M27）[21]；巩义北窑湾（M20）和

---

[1] 中国社会科学院考古研究所洛阳汉魏故城工作队：《西晋帝陵勘察记》，《考古》1984年第12期。
[2] 河南省文化局文物工作队第二队：《洛阳晋墓的发掘》，《考古学报》1957年第1期。
[3] 寇金昌：《洛阳市西郊谷水工地发现晋墓一座》，《文物参考资料》1956年第1期。
[4] 李宗道等：《洛阳16工区曹魏墓清理》，《考古通讯》1958年第7期；洛阳市文物工作队：《洛阳曹魏正始八年墓》，《考古》1989年第4期。
[5] 洛阳市文物工作第二队：《洛阳涧西16工区发掘简报》，《考古通讯》1957年第3期。
[6] 河南文化局文物工作队：《洛阳涧西16工区82号墓清理记略》，《文物参考资料》1956年第3期。
[7] 陈嘉祥：《河南朱村发现古墓》，《考古通讯》1956年第6期。
[8] 河南省文化局文物工作队第一队：《河南郑州晋墓发掘记》，《考古通讯》1957年第1期。
[9] 考古研究所洛阳发掘队：《洛阳西郊晋墓的发掘》，《考古》1959年第11期。
[10] 陈文亮等：《河南延津县马岗晋墓的清理》，《考古通讯》1958年第1期。
[11] 河南省文化局文物工作队：《河南巩县石家庄古墓葬发掘简报》，《考古》1963年第2期。
[12] 黄明兰：《西晋裴祇和北魏元暐两墓拾零》，《文物》1982年第1期。
[13] 中国社会科学院考古研究所洛阳唐城队：《1984至1986年洛阳市区汉晋墓发掘简报》，载中国社会科学院考古研究所：《考古学集刊》（7），科学出版社，1991年。
[14] 中国社会科学院考古研究所：《河南偃师杏园村的两座魏晋墓》，《考古》1985年第8期。
[15] 洛阳市文物工作队：《洛阳孟津晋墓、北魏墓发掘简报》，《文物》1991年第8期。
[16] 洛阳第二文物工作队：《洛阳轴承厂十六国砖棺墓清理简报》，《中原文物》1987年第3期。
[17] 洛阳市文物工作队：《洛阳东郊两座魏晋墓的发掘》，《考古与文物》1993年第1期。
[18] 洛阳市文物工作队：《洛阳北郊西晋墓》，《文物》1992年第3期。
[19] 310国道孟津考古队：《洛阳孟津三十里铺西晋墓发掘报告》，《华夏考古》1993年第1期。
[20] 310国道孟津考古队：《洛阳孟津邙山西晋北魏墓发掘报告》，《华夏考古》1993年第1期。
[21] 洛阳市文物工作队：《河南新安县晋墓发掘简报》，《华夏考古》1998年第1期。

仓西（M40）各发现晋墓1座[1]；洛阳谷水晋墓4座（FM4、FM5、FM6、FM38）[2]；郑州上街水厂晋墓6座[3]；洛阳春都路晋墓1座（IM1568）[4]；洛阳衡山路西晋墓4座[5]等。

北魏孝文帝迁洛后的墓葬主要集中于北魏洛阳郭城北邙山，山上井然有序地排列着帝陵、元姓皇室和世家大族的陵墓，但是邙山也是历代盗墓贼常常光顾之地。据粗略统计，北魏墓葬被盗者达500多座，出土文物不计其数，其中墓志就达200多方[6]。邙山出土的大量墓志、石刻、画像石棺椁等实物资料历年来多有著录和研究[7]。这些被盗的墓葬中，除墓志外，还能约略知其墓葬形制或随葬品情况的，有孝昌二年（526）江阳王元义墓[8]、景明二年（501）横野将军甄官主簿宁懋墓[9]、孝昌二年（526）或正光五年（524）的孝子石棺[10]、孝昌三年（527）南平王元暐墓[11]、正光五年（524）都官尚书元谧墓[12]、正光六年（525）清河王元怿墓[13]等。

目前已基本确认北魏孝文帝长陵[14]、宣武帝景陵、孝庄帝静陵[15]的位置，并发现了大批陪葬帝陵的勋贵墓葬。根据考古调查，可知北魏在洛阳部分恢复了东汉的陵寝制度，主要表现是重新建立了圆形封土之制、建造墙垣围绕的陵园、内设祭祀性建筑和神道石刻、恢复了魏晋模式下被禁止的墓志和墓表等设施。邙山发现的高等级北魏墓封土

---

[1] 河南省文物考古研究所等：《巩义市北窑湾汉晋唐五代墓葬》，《考古学报》1996年第3期；河南省文物考古研究所：《河南巩义市仓西战国汉晋墓》，《考古学报》1995年第3期。

[2] 洛阳市第二文物工作队：《洛阳谷水晋墓》，《文物》1996年第8期；《洛阳谷水晋墓（FM5）发掘简报》《洛阳谷水晋墓（FM6）发掘简报》，《文物》1997年第9期；《洛阳谷水晋墓（FM38）发掘简报》，《文物》2002年第9期。

[3] 郑州市文物考古研究所：《郑州上街水厂晋墓发掘简报》，《华夏考古》2000年第4期。

[4] 洛阳市第二文物工作队：《洛阳春都路西晋墓发掘简报》，《文物》2000年第10期。

[5] 洛阳市第二文物工作队：《洛阳衡山路西晋墓发掘简报》，《文物》2005年第7期。

[6] 黄明兰：《北魏孝子棺线刻画》，人民美术出版社，1985年。

[7] 郭玉堂仿记、王广庆校录：《洛阳出土石刻时记》，（洛阳）商务印书馆，1941年；赵万里：《汉魏南北朝墓志集释》，科学出版社，1953年；赵超：《汉魏南北朝墓志汇编》，天津古籍出版社，1992年。

[8] 洛阳博物馆：《河南洛阳北魏元义墓调查》，《文物》1974年第12期。

[9] 郭建邦：《北魏宁懋石室和墓志》，《河南文博通讯》1980年第2期；郭建邦：《北魏宁懋石室线刻画》，人民美术出版社，1987年；黄明兰：《洛阳北魏世俗石刻线画集》，人民美术出版社，1987年。

[10] 黄明兰：《北魏孝子棺线刻画》，人民美术出版社，1985年；宫大中：《邙洛北魏孝子画像石棺考释》，《中原文物》1984年第2期。

[11] 黄明兰：《西晋裴祇和北魏元暐两墓拾零》，《文物》1982年第1期。

[12] 黄明兰：《洛阳北魏世俗石刻线画集》，人民美术出版社，1987年。黄明兰著录的年代为孝昌五年（529），但据藏于美国明尼阿波利斯（Minneapolis）美术馆的墓志，应为正光五年（524），参郑岩《魏晋南北朝壁画墓研究》，文物出版社，2002年，139页。

[13] 徐婵菲：《洛阳北魏元怿墓壁画》，《文物》2002年第2期；韦娜等：《洛阳古墓博物馆》，中州古籍出版社，1995年。

[14] 洛阳市第二文物工作队：《北魏孝文帝长陵的调查和钻探》，《文物》2005年第7期。

[15] 黄明兰：《洛阳北魏景陵位置的确定和静陵位置的推测》，《文物》1978年第7期；中国社会科学院考古研究所洛阳汉魏城队、洛阳古墓博物馆：《北魏宣武帝景陵发掘报告》，《考古》1994年第9期。

皆为圆形，但与东汉不同的是高度和直径的比值较大，即封土的外观略尖，使用封土的人群仅限于高等级墓，大致有三个等级：帝陵的封土直径100—110米，如长陵封土直径111.5米、景陵封土直径105米；亲王和王妃墓封土次之，直径30—60米，如清河王元怿墓现存封土直径55.7米、江阳王元乂墓现存封土直径34—40米；一部分亲王墓和勋贵墓的封土直径在30米左右[1]。这些有封土的墓葬在北魏墓葬中比例并不高，一些高级贵族墓和大多数官吏墓都没有使用封土。长陵陵园为东西长443、南北宽390米的近方形陵园，四周有夯筑的垣墙，正中设陵门，内有异穴合葬的两座陵寝，分别属于孝文帝和文昭皇后；各有圆形封土；在封土前发现3座建筑基址，推测与祭祀有关。北魏帝陵与东汉帝陵有明显的继承关系，但也有改变，如祭祀性设施在封土的东南方向而不是东侧。孝文帝长陵奠定了迁洛后北魏帝陵制度的基础[2]。

宣武帝景陵以圆形封土为中心，直径105—110米，残高24米，平顶。虽然没有发现陵园遗迹，但在封土墓道延长线的一侧发现了一具石刻武士像，应属神道石刻，表明景陵原来可能也是有陵园建筑的[3]。2012年在洛阳西工区衡山路发现的疑为节闵帝元恭的墓规模巨大，但没有发现任何地面遗迹[4]，这可能与元恭在位短促，被高欢毒杀有关。

已发表的洛阳及其附近地区北朝墓葬大多属北魏迁洛时期，由于这时墓志已经普及，很多墓葬的等级和墓志身份是明确的。包括洛阳正始三年（506）平北将军燕州刺史寇猛墓[5]、孟津永平四年（511）阳平王元囧墓[6]、孟县永平四年（511）豫州刺史司马悦墓[7]、洛阳延昌四年（515）宣武帝景陵[8]、偃师杏园村熙平元年（516）洛州刺史元睿墓、正始五年（508）墓[9]、孝昌二年（526）江阳王元乂墓、太和十二年（488）董富妻郭氏墓[10]、正光五年（524）燕州治中从事史侯掌墓（M22）[11]、孝昌二

---

[1] 洛阳市文物考古研究院：《邙山陵墓群考古调查与勘测第一阶段考古报告》（上册），文物出版社，2018年。
[2] 洛阳市第二文物工作队：《北魏孝文帝长陵的调查和钻探》，《文物》2005年第7期。
[3] 中国社会科学院考古研究所洛阳汉魏城队、洛阳古墓博物馆：《北魏宣武帝景陵发掘报告》，《考古》1994年第9期。
[4] 刘斌：《洛阳北邙山北魏大墓考古记》，《大众考古》2014年第5期。
[5] 侯鸿钧：《洛阳西车站发现北魏墓一座》，《文物参考资料》1957年第2期。
[6] 310国道孟津考古队：《洛阳孟津邙山西晋北魏墓发掘报告》，《华夏考古》1993年第1期。
[7] 孟县人民文化馆：《孟县出土北魏司马悦墓志》，《文物》1981年第12期；《河南省孟县出土北魏司马悦墓志》，《考古》1983年第3期。
[8] 中国社会科学院考古研究所洛阳汉魏城队、洛阳古墓博物馆：《北魏宣武帝景陵发掘报告》，《考古》1994年第9期。
[9] 中国社会科学院考古研究所：《河南偃师县杏园村的四座北魏墓》，《考古》1991年第9期。
[10] 洛阳市第二文物工作队：《北魏董富妻郭氏墓》，《中原文物》1996年第2期。
[11] 洛阳市文物工作队：《洛阳孟津晋墓、北魏墓发掘简报》，《文物》1991年第8期。

年（526）镇远将军射声校尉赠乐陵太守染华墓[1]、建义元年（528）常山文恭王元邵墓[2]、武泰元年（528）元暐墓、永安元年（528）曹连石棺墓[3]、孟津北陈村太昌元年（532）安东将军王温墓[4]、洛阳涧西天统五年（569）M79[5]等。也有很多墓葬与流散墓志无法对应，如洛阳纱厂西路北魏HM555[6]、偃师南蔡庄北魏墓[7]、沁阳画像石棺床墓[8]等。

洛阳北朝墓葬大多集中在北魏都洛的四十年间，十六国至北朝的其他时代墓葬十分稀少，这与政治中心转移导致的大量人口外迁有关。洛阳涧水东岸发现的1座小型双室土洞墓可能是北周墓葬[9]。五十年代在涧西发现的25座小型墓可能是北朝平民墓[10]。

2. 邺城地区

邺城是魏晋十六国北朝时期中原地区另一个重要的政治文化中心。自汉末建安年间曹操营为国都，先后成为曹魏、后赵、冉魏、前燕、东魏、北齐的都城，京畿范围在今河北磁县至河南安阳一带，可以统称为邺城地区。

邺城西部古漳河和滏阳河一带是东魏、北齐墓葬集中分布的区域，迄今已发现300余座墓葬。这些墓葬的分布极有规律，大致分为元魏皇宗陵区、高齐皇宗陵区和中下层官吏及平民墓区三个区域。元魏皇宗陵区以孝静帝元善见的西陵为中心，遵循以南、东为尊的原则；高齐皇宗陵区以北齐神武帝高欢义平陵为中心，墓位按自东南向西北依长幼尊卑为序排列。在高氏皇陵区的外围分布着勋贵及上层官吏的家族墓地，如尧氏、司马氏、暴氏等。中下层官吏及平民墓区位于邺城外郭城的西侧[11]。邺城墓葬的地面陵园布局不清，但普遍有封土，并发现了墓碑和建筑遗存。孝静帝西陵可能有夯筑的陵园垣墙，大致呈方形，边长约1140米，在南墙外有神道遗迹，封土西侧还采集到可能属地面建筑的莲花纹瓦当和筒瓦、板瓦建材[12]。在磁县西南滏阳河南岸发现的湾漳大墓，可

---

[1] 偃师商城博物馆：《河南偃师两座北魏墓发掘简报》，《考古》1993年第5期。
[2] 洛阳博物馆：《洛阳北魏元邵墓》，《考古》1973年第4期。
[3] 洛阳市文物考古研究院：《洛阳北魏曹连石棺墓》，科学出版社，2019年。
[4] 洛阳市文物工作队：《洛阳孟津北陈村北魏壁画墓》，《文物》1995年第8期。
[5] 河南省文化局文物工作队：《一九五五年洛阳涧西区北朝及隋唐墓葬发掘报告》，《考古学报》1959年第2期。
[6] 洛阳市第二文物工作队：《洛阳纱厂西路北魏HM555发掘简报》，《文物》2002年第9期。
[7] 偃师商城博物馆：《河南偃师南蔡庄北魏墓》，《考古》1991年第9期。
[8] 邓宏里等：《沁阳县西向发现北朝墓及画像石棺床》，《中原文物》1983年第1期。
[9] 洛阳市文物工作队：《洛阳涧水东岸发现一座北周墓葬》，《中原文物》1984年第3期。
[10] 河南省文化局文物工作队：《一九五五年洛阳涧西区北朝及隋唐墓葬发掘报告》，《考古学报》1959年第2期。
[11] 沈丽华：《邺城地区东魏北齐墓群布局研究》，《考古》2016年第3期。
[12] 马忠理：《磁县北朝墓群——东魏北齐陵墓兆域考》，《文物》1994年第11期。

能是卒于天保十年（559）的北齐文宣帝高洋武宁陵，原有高大封土，在封土南面尚存一尊石刻人像[1]。

邺城最繁盛的时期是东魏北齐，这个时期高等级墓葬最集中，已发现数百座[2]，如东魏北齐大中型墓主要有天平三年（536）高欢从叔祖高盛墓、元象二年（539）高欢叔父高翻墓[3]、天平四年（537）东魏皇族元祜墓[4]、武定五年（547）南阳郡君姚赵氏墓[5]、武定八年（550）茹茹公主闾氏墓[6]、太宁二年（562）比丘尼垣墓[7]、天统二年（566）骠骑大将军赵州刺史尧峻墓[8]、武平五年（574）兰陵忠武王高肃墓[9]、武平七年（576）左丞相文昭王高润墓[10]、安阳天统四年（568）东徐州刺史和绍隆墓[11]、武平七年（576）车骑将军豫州刺史李云墓[12]、磁县天保四年（553）浮阳郡君卫军府司马元良墓[13]、武平六年（575）骠骑大将军凉州刺史范粹墓[14]、武平七年（576）文宣帝高洋妃颜玉光墓[15]、北齐修城王高孝绪墓[16]等。也有一些未见纪年资料的墓葬，如磁县湾漳大墓、沁阳西向画像石棺床墓[17]等。2005—2008年在安阳固岸墓地发掘了150余座北朝墓葬，大部分属东魏北齐时期[18]。

值得注意的是，邺城附近除了东魏北齐墓葬外，也发现了同样作为政治中心时期的曹魏和十六国墓葬，其中最重要的是在西高穴发现了疑似曹操高陵的大型曹魏墓，与洛阳所见曹魏统治者墓规模相当[19]。十六国墓葬主要是安阳附近的一批小型墓，如安阳孝

---

[1] 中国社会科学院考古研究所、河北省文物研究所邺城考古工作队：《河北磁县湾漳北朝墓》，《考古》1990年第7期。
[2] 沈丽华：《邺城地区东魏北齐墓群布局研究》，《考古》2016年第3期。
[3] 马忠理：《磁县北朝墓群——东魏北齐陵墓兆域考》，《文物》1994年第11期。
[4] 中国社会科学院考古研究所河北工作队：《河北磁县北朝墓群发现东魏皇族元祜墓》，《考古》2007年第11期。
[5] 磁县文化馆：《河北磁县东陈村东魏墓》，《考古》1977年第6期。
[6] 磁县文化馆：《河北磁县东魏茹茹公主墓发掘简报》，《文物》1984年第4期。
[7] 河北省文物管理委员会：《河北磁县讲武城古墓清理简报》，《考古》1959年第1期。
[8] 磁县文化馆：《河北磁县东陈村北齐尧峻墓》，《文物》1984年第4期。
[9] 马忠理：《北齐兰陵王高肃墓及碑文述略》，《中原文物》1988年第2期。
[10] 磁县文化局：《河北磁县北齐高润墓》，《考古》1979年第3期。
[11] 河南省文物研究所：《安阳北齐和绍隆夫妇合葬墓清理简报》，《中原文物》1987年第1期。
[12] 周到：《河南濮阳北齐李云墓出土的瓷器和墓志》，《考古》1964年第9期。
[13] 磁县文物保管所：《河北磁县北齐元良墓》，《考古》1997年第3期。
[14] 河南省博物馆：《河南安阳北齐范粹墓发掘简报》，《文物》1972年第1期。
[15] 安阳县文教局：《河南安阳县清理一座北齐墓》，《考古》1973年第2期。
[16] 国家文物局：《2009中国重要考古发现》，文物出版社，2010年，100页。
[17] 邓宏里等：《沁阳县西向发现北朝墓及画像石棺床》，《中原文物》1983年第1期。
[18] 河南省文物考古研究所：《河南安阳固岸墓地考古发掘收获》，《华夏考古》2009年第3期；《河南安阳市固岸墓地Ⅱ区51号东魏墓》，《考古》2008年第5期。
[19] 河南省文物考古研究所、安阳县文化局：《河南安阳市西高穴曹操高陵》，《考古》2010年第8期。

民屯 5 座[1]、安阳大司空村 M38 等[2]。

3. 云代地区

拓跋鲜卑大约东汉晚期南迁至匈奴故地，即河套以北的汉五原郡境内，组成了以檀石槐为大人的部落军事大联盟，不久联盟瓦解，东部鲜卑退保辽东，拓跋鲜卑则在河套地区发展起来。力微于曹魏代汉之年（220）继为拓跋鲜卑首领后，致力于与中原沟通，于神元三十九年（258）迁至汉定襄郡之盛乐（今内蒙古和林格尔西北土城子），自此拓跋鲜卑开始游牧于河套东部一带。西晋永嘉年间，拓跋猗卢受封为代王，拓跋什翼犍于 338 年建代国，仍以盛乐为都，活动范围集中于河套以东至大同一带。登国元年（386）拓跋珪即代王位，不久以"魏"为国号，是为北魏之始。拓跋珪于天兴元年（398）自盛乐迁都平城，北魏以平城为都城长达 97 年。以平城为中心的地区便成为北魏前期的政治、文化中心。孝文帝迁洛尤其孝昌二年（526）六镇之乱后，平城迅速衰落。河套至雁北一带是北魏前期的活动中心，文化面貌较为特殊，可以并称为云代地区。

今内蒙古乌兰察布盟境内发现的大量墓葬可能是鲜卑初迁匈奴故地时期的遗迹[3]，较重要的有察右后旗三道湾墓地[4]、二兰虎沟墓地[5]、达尔罕茂明安联合旗（百灵庙）墓群[6]、察右前旗下黑沟墓葬[7]、呼和浩特托克托县皮条沟鲜卑墓[8]，以及山西西北部的右玉县善家堡墓地[9]等。这些墓葬的年代大抵在东汉晚期至曹魏时期，即檀石槐联盟时期至拓跋鲜卑定都盛乐以前，文化面貌比较复杂，既有匈奴和拓跋鲜卑因素，也有东部鲜卑因素，几种文化因素的族属很难完全区分。

拓跋鲜卑迁至盛乐以后，鲜卑文化面貌逐渐清晰。通过对北朝时期一批身份明确的鲜卑人墓葬的分析，可以反推出早期拓跋鲜卑的一些特有墓葬特征。盛乐时期的墓葬以

---

[1] 中国社会科学院考古研究所安阳工作队：《安阳孝民屯晋墓发掘报告》，《考古》1983 年第 6 期。
[2] 张静安：《河南安阳大司空村六朝墓的清理》，《考古通讯》1958 年第 7 期。
[3] 宿白：《东北、内蒙古地区的鲜卑遗迹——鲜卑遗迹辑录之一》，《文物》1977 年第 5 期；乔梁：《内蒙古中部的早期拓跋鲜卑遗存》，载吉林大学考古系编：《青果集——吉林大学考古系建系十周年纪念文集》，知识出版社，1998 年，301—308 页。
[4] 乌兰察布盟博物馆：《察右后旗三道湾墓地》，《内蒙古文物考古文集》第 1 辑，中国大百科全书出版社，1994 年。
[5] 郑隆：《内蒙古文物工作组再一次调查二兰虎沟的匈奴古墓》，《文物参考资料》1956 年第 11 期。
[6] 宿白：《东北、内蒙古地区的鲜卑遗迹——鲜卑遗迹辑录之一》，《文物》1977 年第 5 期。
[7] 郭治中、魏坚：《察右前旗下黑沟鲜卑墓及其文化形制初论》，《内蒙古文物考古文集》第 1 辑，中国大百科全书出版社，1994 年。
[8] 金学山：《内蒙古托克托县皮条沟发现三座鲜卑墓》，《考古》1991 年第 5 期。
[9] 王克林等：《山西省右玉县善家堡墓地》，《文物季刊》1992 年第 4 期。

内蒙古河套东部地区最为集中，如和林格尔西沟子村墓葬（2座）[1]、固阳县北魏墓[2]、呼和浩特美岱村北魏墓（2座）[3]、和林格尔另皮窑村北魏墓[4]、呼和浩特大学路北魏墓[5]、和林格尔壁画墓[6]等。

四世纪末迁都平城以后的北魏墓葬主要集中于大同近郊。御河两岸集中了大量北魏前期的墓葬，相当一部分属高等级贵族、官吏或皇室成员墓。这些墓葬的分布有一定的规律性，墓区规划可能受城市布局的影响而经历了多次调整，如西郊由于鲜卑的西向祭天传统而成为墓葬禁区，随着中原文化的影响逐渐形成了从北至南、以北为尊的三大墓区。北郊方山应是一个重要的皇室墓葬区，除了冯太后方山永固陵和孝文帝"虚宫"外，可能还葬有早期鲜卑统治者拓跋猗㐌的祁皇后。东郊和南郊是墓葬分布最密集的地区，其中东郊墓区多官吏墓葬和家族墓区，南郊可能是南朝人降入北魏者的墓葬区。在东郊和南郊家族墓地的墓位排列上，一直存在从西向东排列墓位的鲜卑传统，但由北向南的中原式布局逐渐占据主导[7]。

平城墓葬自二十世纪八十年代以来进行了大量发掘，已发表简报的有南郊电焊器材厂发掘的167座北魏墓葬[8]、南郊齐家坡发现的北魏墓[9]、南郊金属镁厂发现的10座北魏墓[10]、城南的智家堡北魏石椁墓[11]、东郊雁北师院发现的11座北魏墓[12]等。有明确纪年的墓葬有太安三年（457）尉迟定州墓[13]，太和元年（477）幽州刺史宋绍祖墓[14]，延兴四年（474）至太和八年（484）琅琊康王司马金龙墓夫妇[15]，太和五年（481）始建、太和十四年（490）入葬的文明皇后方山永固陵[16]，正始元年（504）屯骑校尉封和突墓[17]，

---

[1] 乌兰察布盟文物工作站等：《内蒙古和林格尔西沟子村北魏墓》，《文物》1992年第8期。
[2] 包头市文物管理处：《包头固阳县发现北魏墓群》，《考古》1987年第1期。
[3] 内蒙古文物工作队：《内蒙古呼和浩特美岱村北魏墓》，《考古》1962年第2期。
[4] 内蒙古自治区博物馆等：《和林格尔另皮窑村北魏墓出土的金器》，载《内蒙古文物考古》第三辑，科学出版社，2004年。
[5] 郭素新：《内蒙古呼和浩特北魏墓》，《文物》1977年第5期。
[6] 苏俊等：《内蒙古和林格尔北魏壁画墓发掘的意义》，《中国文物报》1993年11月28日第2版。
[7] 曹臣明：《平城附近鲜卑及北魏墓葬分布规律考》，《文物》2016年第5期。
[8] 山西省考古研究所等：《大同南郊北魏墓群发掘简报》，《文物》1992年第8期；王银田等：《大同南郊北魏墓群M107发掘报告》，《北朝研究》第1辑，北京燕山出版社，1999年；山西大学历史文化学院等：《大同南郊北魏墓群》，科学出版社，2005年。
[9] 王银田等：《大同市齐家坡北魏墓发掘简报》，《文物季刊》1995年第1期。
[10] 韩生存等：《大同城南金属镁厂北魏墓群》，《北朝研究》1996年第1期。
[11] 王银田：《大同智家堡北魏墓石椁壁画》，《文物》2001年第7期。
[12] 刘俊喜：《平城考古再现辉煌——雁北师院发现一批北魏墓葬》，《文物世界》2001年第1期。
[13] 大同市考古研究所：《山西大同阳高北魏尉迟定州墓发掘简报》，《文物》2011年第12期。
[14] 山西省考古研究所等：《大同市宋绍祖墓发掘简报》，《文物》2001年第7期。
[15] 山西省大同市博物馆等：《山西大同石家寨北魏司马金龙墓》，《文物》1972年第3期。
[16] 大同市博物馆等：《大同方山北魏永固陵》，《文物》1978年第7期。
[17] 大同市博物馆　马玉基：《大同市小站村花圪塔台北魏墓清理简报》，《文物》1983年第8期。

正始五年（508）平北将军平城镇将元淑墓[1]等。1991年在大同西南的怀仁县发现1座出有"丹扬王墓砖"字样的大墓[2]。2005年7月，在大同市御河之东的沙岭村发现12座北魏时期墓葬，其中M7保存有精美的壁画，并有太延元年（435）纪年砖，墓主为鲜卑人侍中尚书主客平西大将军破多罗氏之母[3]。云波里路壁画墓[4]、文瀛路壁画墓[5]等也是近年发现的十分重要的平城时期壁画墓。2015年，大同市考古研究所在城南富乔发电厂抢救回一批彩绘画像石板，可复原为1座房形石椁，属于1座被破坏了的坐北朝南的长斜坡墓道土洞墓，与该墓同出的还有一块圆首长方形石墓志，可知墓主是葬于北魏皇兴三年（469）的邢合姜，是幽州燕郡安次县人韩受洛拔之妻。石椁内壁彩绘了14尊坐佛及飞天、供养人、护法神兽等佛教题材，是一项改写我们对平城墓葬认识的重要发现[6]。

云代地区作为北魏前期的京畿地区，也是帝陵的分布区。据文献记载，孝文帝以前诸帝陵统称金陵，自拓跋什翼犍至拓跋弘的七代帝王及皇后、宗室、功臣，分别葬于"盛乐金陵"和"云中金陵"，但金陵的位置不详，还有待更多的考古证据。

4. 幽蓟地区

魏晋南北朝时期幽州治所蓟城在今北京西南，可将北京附近统称为幽蓟地区。幽蓟地区远离政权中心，但在曹魏、西晋、后赵、前燕、前秦、后燕、北魏、东魏、北齐诸代，一直是北方地区重要的经济中心和军事重镇，也是游牧民族南下、东北移民内迁中原的地区，在魏晋北朝历史上位置较为特殊。

曹魏时期，幽州辖域东达辽东和朝鲜半岛，幽蓟成为曹魏经营辽东的基地，魏大将毌丘俭征伐辽东公孙渊和高句丽时均以幽蓟为后方。西晋时期的辽西至代北一带属幽州，统治中心仍在蓟城。西晋蓟城城址大致位于今北京西部白云观一带[7]。西晋末期"八王之乱"中，幽州刺史王浚依靠北方少数民族鲜卑、乌桓的帮助乘机割据幽州，及

---

[1] 大同博物馆：《大同东郊北魏元淑墓》，《文物》1989年第8期。
[2] 求实：《怀仁县发现北魏丹阳王墓》，《北朝研究》第1辑，北京燕山出版社，1999年。
[3] 刘俊喜：《山西大同沙岭发现北魏壁画墓》，《中国文物报》2006年2月24日第1版。
[4] 大同市考古研究所：《山西大同云波里路北魏壁画墓发掘简报》，《文物》2011年第12期。
[5] 大同市考古研究所：《山西大同文瀛路北魏壁画墓发掘简报》，《文物》2011年第12期。
[6] 张庆捷：《献给另一个世界的画作——北魏平城墓葬壁画》，载上海博物馆编：《壁上观——细读山西古代壁画》，北京大学出版社，2017年，85页；张志忠：《大同北魏墓葬佛教图像浅议》，载Shing Muller, Thomas O. Hollmann, and Sonja Filip, *Early Medieval North China*: *Archaeological and Textual Evidence*（《从考古与文献看中古早期的中国北方》），Otto Harrassowitz GmbH & Co. KG, Wiesbaden 2019, pp. 57—80.
[7] 西晋幽州统郡国七个，即范阳国、燕国、北平郡、上谷郡、广宁郡、代郡、辽西郡。1974年，在白云观以西的"蓟丘"发现残城墙，根据被城墙打破的东汉晚期墓葬，可知该城墙的建造晚于东汉时期，又据1965年在八宝以西发现的西晋末年幽州刺史王浚夫人华芳的墓葬，推测应为西晋蓟城城墙。

晋愍帝陷平阳后称诏承制。314年，后赵石勒擒杀王浚，夺取蓟城，幽蓟地区陷入五胡十六国时期的混战之中。先后占据幽州的割据政权有后赵、前燕、前秦、后燕，其中前燕慕容儁以蓟城为都，并修建了太庙、宫殿。北魏时期幽州范围有所缩小，仅领有燕、范阳、渔阳三郡，仍治蓟。北魏太武帝延和元年（432）灭北燕后，曾将大量东北移民内迁幽州。"徙营丘、成周、辽东、乐浪、带方、玄菟六郡民三万家于幽州，开仓以赈之。"[1]北魏末年六镇起义后，杜洛周在上谷（辖今延庆等地）率众起义，一度占据蓟城。公元534年北魏分裂后，幽州相继隶属东魏、北齐。

魏晋南北朝时期的幽蓟地区，只有西晋时期相对安定，经济有所恢复。西晋名臣卫瓘、张华、唐彬任幽州刺史期间，幽蓟地区成为北方较为重要的贸易中心。"（张华）抚纳新旧，戎夏怀之。东夷马韩、新弥诸国依山带海，去州四千余里，历世未附者二十余国，并遣使朝献。于是远夷宾服，四境无虞，频岁丰稔，士马强盛。"[2]"（唐彬）训卒利兵，广农重稼……由是边境获安，无犬吠之警，自汉魏征镇莫之比焉。"[3]这个时期的幽蓟地区人口也相对较多，因此今所见墓葬遗存多属西晋一代，如1962年在西郊景王坟发现的两座砖室墓[4]；1965年西郊八宝山附近发现的永嘉元年（307）王浚妻华芳墓[5]；1981年在顺义县大营村发现的8座砖室墓等，其中M8出有"泰始七年（271）纪年砖"[6]；1983年老山南坡发现的永嘉元年（307）迁葬墓[7]；1997年石景山八角村发现的魏晋壁画墓等[8]。2014年在北京大兴三合庄的基建项目中，发现了200余座东汉至明清墓葬，魏晋、十六国、北朝墓葬占了很大一部分。其中1座发现"元象二年（539）四月十七日乐良（浪）郡朝鲜县人韩显度过铭记"，墓主应来自高句丽灭乐浪后侨置于辽西和冀东的朝鲜县[9]，可能与太武帝延和元年（432）的移民实幽州有关。但幽蓟地区在北朝时期的地位不如西晋，人口可能减少，目前发现的北魏、东魏、北齐墓葬很少，有1963年在怀柔发现的北齐武平二年（571）傅显隆墓[10]、1973年北京王府仓半圆形北齐砖室墓[11]等。2019年在清华大学校园工地发现的墓葬中，有一批简陋的北朝墓葬。

---

[1]《魏书》卷四《世祖纪上》，81页。
[2]《晋书》卷三十六《张华传》，1070—1071页。
[3]《晋书》卷四十二《唐彬传》，1219页。
[4] 北京市文物工作队：《北京西郊发现两座西晋墓》，《考古》1964年第4期。
[5] 北京市文物工作队：《北京西郊西晋王浚妻华芳墓清理简报》，《文物》1965年第12期。
[6] 北京市文物工作队：《北京市顺义县大营村西晋墓发掘简报》，《文物》1983年第10期。
[7] 北京市文物研究所：《北京考古四十年》，燕山出版社，1990年，122页。
[8] 石景山区文物管理所：《北京市石景山区八角村魏晋墓》，《文物》2001年第4期。
[9] 北京市文物研究所：《北京市大兴区三合庄东魏韩显度墓》，《考古》2019年第9期。
[10] 北京市文物工作队　郭存仁：《北京郊区出土一块北齐墓志》，《文物》1964年第12期。
[11] 马希桂：《北京王府仓北齐墓》，《文物》1977年第11期。

5. 定冀地区

太行山以东的河北地区，在魏晋南北朝时期主要为定冀之地，是北方经济最为发达的地区之一，战略位置十分重要，诸雄争霸中原时，无不以定冀为其根本。汉末袁绍雄踞冀州而成北方霸主，曹操以定冀之地为基础迅速统一北方。西晋末期八王之乱后，少数民族逐鹿中原，定冀相继为后赵、前燕、前秦、后燕、北魏所有。东晋太兴二年（319）石勒建后赵于襄国（邢台），永和八年（352）为慕容俊前燕所灭。太和五年（370）冀州又归入苻坚前秦版图，太元八年（383）前秦淝水之战败后，慕容垂建后燕于中山（定县）。北魏皇始二年（397）攻破中山，后燕退保龙城，冀州为北魏所有。太和十年（486）北魏分置定（今定州）、冀（今冀县）、瀛（今河间）等州，此后定冀之地相继属东魏、北齐、北周。

定冀地区在魏晋南北朝时期不但经济基础较好，文化也较为发达，是北朝高门士族最为集中之地。这些高门士族传统文化根基深厚，加上十六国少数民族统治者对汉文化的重视，汉魏文化传统得以流传，定冀成为北方地区的一个重要文化中心。北魏拓跋氏在攻取后燕之后，大量定冀士人被招入北魏朝廷，"访诸有司，咸称范阳卢玄、博陵崔绰、赵郡李灵、河间邢颖、渤海高允、广平游雅、太原张伟等，皆贤俊之胄，冠冕州邦，有羽仪之用"[1]。这些世家大族的墓地在华北平原多有发现，如景县封氏墓地和高氏墓地、河间邢氏墓地、赞皇（赵郡）李氏墓地、无极（中山）甄氏墓地等。其中一些墓葬经过了发掘，如1955年景县发现的封氏墓群（包括正光二年［521］封魔奴墓、兴和三年［541］封延之墓、河清四年［566］封子绘墓等）[2]，1956年在河间发现的延昌四年（515）博陵太守邢伟及夫人封氏、房氏合葬墓[3]，1956年吴桥发现的兴和三年（541）毕氏墓等2座[4]，1957年无极发现的正光六年（525）处士甄凯墓[5]，1959年石家庄赵陵铺发现的天保十年（559）北齐墓[6]，1964年曲阳发现的正光五年（524）营州刺史韩贿妻高氏墓[7]，1971年平山发现的天统元年（565）祠部尚书赵州刺史崔昂墓[8]，1973年景县发现的天平四年（537）诏书改葬的冀州刺史高雅夫妇子女合葬墓、武定

---

[1]《魏书》卷四《世祖纪上》，79页。
[2] 张季：《河北景县封氏墓群调查记》，《考古通讯》1957年第3期。
[3] 孟昭林：《记后魏邢伟墓出土物及邢峦墓的发现》，《考古》1959年第4期。
[4] 张平一：《河北吴桥县发现东魏墓》，《考古通讯》1956年第6期。
[5] 孟昭林：《无极甄氏诸墓的发现及其相关问题》，《文物》1959年第1期。
[6] 河北省文物管理委员会：《河北石家庄市赵陵铺镇古墓清理简报》，《考古》1959年第7期。
[7] 河北省博物馆：《河北曲阳发现北魏墓》，《考古》1972年第5期。
[8] 河北省博物馆等：《河北平山北齐崔昂墓调查报告》，《文物》1973年第11期。

五年（547）左光禄大夫雍州刺史高长命墓[1]，1975年赞皇发现的武定二年（544）都督五州诸军事司空公李希宗夫妇墓[2]，1977年黄骅发现的武平二年（571）兖州瀛县令常文贵墓[3]，1978年吴桥发现的无纪年北朝墓4座[4]，2009年赞皇西高村发现的正始三年（506）尚书左丞李仲胤夫妇墓[5]、永熙三年（534）定州刺史李翼夫妇墓[6]等。这些墓葬大多位于北朝士族的家族墓地，墓地规模庞大、排列有序。从墓志线索看，各士族之间有紧密的姻亲关系。

6. 并州地区

山西中南部大部分属汉十三州之并州之地。由于少数民族的内迁，并州在魏晋南北朝时期向南大大缩小，仅限于州治晋阳（太原）周围及以南地区，以汾河中游太原盆地为中心。并州"控带山河，踞天下之肩背，为河东之根本，诚古今必争之地"[7]。西晋末期八王之乱，并州北部匈奴、鲜卑等少数民族乘虚而入，大举进入并州，尤以匈奴人数最众，势力最强。永嘉二年（308）匈奴刘渊于平阳称帝，并州成为匈奴、西晋、鲜卑争夺的战场，东晋大兴二年（319）最终被并州羯人石勒所控制。石勒死后，并州相继为冉魏、前燕、前秦、西燕、后燕等政权轮番统治，前秦后期和西燕分别以并州晋阳和长子为都城。北魏皇始元年（396）灭慕容燕，占领并州并以此为根基统一了北方，北魏在西晋并州范围内增汾、恒、肆等州，并州范围进一步缩小。北魏迁洛以后，并州及北方边镇地位衰落，尔朱荣趁机占领并州。东魏北齐时期，并州之晋阳具有特别重要的地位，是与邺城并列的另一个统治中心。北周建德六年（577）灭北齐，在并州地区设并州总管府。

并州地区在魏晋十六国时期为匈奴等少数民族寇虐较甚，永嘉元年（307）刘琨赴任并州刺史途中，"道险山峻，胡寇塞路……目睹困乏，流移四散，十不存二，携老扶弱，不绝于路……群胡数万，周匝四山"[8]。加上内迁的少数民族呈增多趋势，因此这一时期的墓葬较少发现，主要分布在接近中原的晋南运城、长治、曲沃等地。北魏时期并州人口可能有所增加，太武帝灭大夏后曾将赫连氏迁至并州地区，但在北魏移民实京的政策下，并州人口增加有限。东魏北齐时期晋阳作为别都而受到中央政权的特别重视，经济也有

---

[1] 河北省文管处：《河北景县北魏高氏墓发掘简报》，《文物》1979年第3期。
[2] 石家庄地区革委会文化局发掘组：《河北赞皇东魏李希宗墓》，《考古》1977年第6期。
[3] 沧州地区文化局　王敏之：《黄骅县北齐常文贵墓清理简报》，《文物》1984年第9期。
[4] 河北省沧州地区文化局：《河北省吴桥四座北朝墓葬》，《文物》1984年第9期。
[5] 中国社会科学院考古研究所河北工作队：《河北赞皇县北魏李仲胤夫妇墓发掘简报》，《考古》2015年第8期。
[6] 中国社会科学院考古研究所河北工作队：《河北赞皇北魏李翼夫妇墓》，《考古》2015年第12期。
[7] 顾祖禹撰：《读史方舆纪要》卷四十《山西二·太原府》，中华书局，1955年，1670页。
[8] 《晋书》卷六十二《刘琨传》，1680页。

所恢复，大量贵族、官吏移居晋阳。迄今发现的并州墓葬大多为北齐时期的高等级墓葬。

并州西晋墓葬有1984年长治发现的西晋残墓[1]、1986年运城十里铺发现的西晋墓[2]2座。北魏墓葬有1975年太原发现的神龟三年（520）义阳太守辛祥墓[3]、1976年榆社发现的神龟年间（518—520）方兴画像石棺[4]、1957年晋南曲沃县发现的太和廿三年（499）李诜墓[5]等。太原附近发现的北齐墓有1955年太原发现的天保十年（559）张肃俗墓[6]、1960年太原双塔公社发现的天保七年（556）白水县开国男□子辉墓[7]、1973年寿阳发现的河清元年（562）定州刺史顺阳王库狄迴洛墓[8]、1973年祁县发现的天统三年（567）骠骑大将军青州刺史韩裔墓[9]、1979年太原发现的武平元年（570）右丞相东安王娄叡墓[10]、1984年太原发现的天统三年（567）泾州刺史库狄业墓[11]、1986年太原发现的皇建元年（560）安州刺史太仆少卿贺娄悦墓[12]、1987年太原南郊热电厂发现的北齐壁画墓[13]、1991年太原发现的天统元年（565）长安侯张海翼墓[14]、1999年太原发现的天保四年（553）骠骑大将军贺拔昌墓[15]、2000年太原迎泽区发现的河清三年（564）泾州刺史狄湛墓[16]、2000年太原迎泽区发现的武安王徐显秀墓[17]等。这些北齐墓葬与都城邺城墓葬有很强的相似性，但壁画保存更佳，太原徐显秀墓、朔州水泉梁墓[18]、忻州九原岗墓[19]发现的壁画代表了北齐绘画的最高水平。

---

[1] 朱晓芳等：《山西长治市故县村出土一批西晋器物》，《考古》1988年第2期。
[2] 山西省考古研究所：《山西运城十里铺砖墓清理简报》，《考古》1989年第5期。
[3] 代尊德：《太原北魏辛祥墓》，载中国社会科学院考古研究所：《考古学集刊》（1），中国社会科学院出版社，1981年，197—202页。
[4] 王太明、贾文亮：《山西榆社县发现北魏画像石棺》，《考古》1993年第8期。
[5] 杨富斗：《山西曲沃县秦村发现的北魏墓》，《考古》1959年第1期。
[6] 山西省博物馆：《太原圹坡北齐张肃墓文物图录》，中国古典艺术出版社，1958年。
[7] 王玉山：《太原市南郊清理北齐墓葬一座》，《文物》1963年第6期。
[8] 王克林：《北齐库狄迴洛墓》，《考古学报》1979年第3期。
[9] 陶正刚：《山西祁县白圭北齐韩裔墓》，《文物》1975年第4期。
[10] 山西省考古研究所：《太原市北齐娄叡墓发掘简报》，《文物》1983年第10期。
[11] 太原市文物考古研究所：《太原北齐库狄业墓》，《文物》2003年第3期。
[12] 常一民：《太原市神堂沟北齐贺娄悦墓整理简报》，《文物季刊》1992年第3期。
[13] 山西省考古研究所等：《太原南郊北齐壁画墓》，《文物》1990年第12期。
[14] 李爱国：《太原北齐张海翼墓》，《文物》2003年第10期。
[15] 王立斌等：《北齐砖室壁葬》，《文物世界》2002年第2期；太原市文物考古研究所：《太原北齐贺拔昌墓》，《文物》2003年第3期。
[16] 太原市文物考古研究所：《太原北齐狄湛墓》，《文物》2003年第3期。
[17] 山西省考古研究所等：《太原北齐徐显秀墓发掘简报》，《文物》2003年第10期。
[18] 山西省考古研究所等：《山西朔州水泉梁北齐壁画墓发掘简报》，《文物》2010年第12期。
[19] 山西省考古研究所等：《山西忻州市九原岗北朝壁画墓》，《考古》2015年第7期；白曙璋、张庆捷：《山西忻州九原岗北朝壁画墓的发掘》，《大众考古》2016年第5期。

7. 青齐地区

山东中西部在魏晋南北朝时期主要设有青、齐、兖、徐等州。西晋末永嘉之乱中，青齐地区虽非动乱的中心，也同样陷入混战之中，最终统一于石勒建立的后赵。此后青齐成为南北政权进行拉锯战的地区，先后有前燕、前秦、后燕与东晋争夺青齐。以慕容德为首的后燕余部南下青齐，以广固（今青州）为都建立了以南迁的河北豪强为基础的南燕政权。东晋义熙六年（410）大将刘裕攻破广固，南燕灭亡。此后刘宋与宋魏长期对峙，青齐再次成为南北必争之地。泰始五年（469），北魏慕容白曜攻下青州州治东阳，青齐完全被北魏所有，北魏将大量青齐豪族及部曲迁往代京，作为平齐户安置在平城周围。北魏统治期间，青齐社会相对安定。北魏分裂后，东魏、北齐相继拥有青齐，建德五年（576）北周灭北齐，在青齐范围设立青州总管府。在魏晋南北朝时期青齐地区世家大族实力强大，在良好的汉文化传统基础上形成了较为特殊的地域文化，文化上相对独立。

青齐地区墓葬以曹魏、西晋居多，北魏、东魏、北齐也有不少发现，十六国墓葬基本不见，墓葬的发现情况大致能反映人口情况。魏晋墓有1951年发掘的东阿县青龙元年（233）东阿王曹植墓[1]；1973年苍山元嘉元年画像石墓[2]；1983年诸城发现的西晋墓，其中M2发现"太康六年"（285）纪年砖[3]；1984年苍山庄坞乡发现的西晋画像石墓[4]；1996年滕州九中发现的元康九年（299）墓[5]；1997年临朐发现的西晋咸宁三年（277）墓[6]；2003年临沂洗砚池发现的西晋墓[7]等。

青齐也是北朝世家大族聚居之地，以崔氏家族墓最为引人注目，仅临淄大武公社窝托村就发现了19座，此外在临朐、济南等地也有发现。青齐北魏墓葬有1969年德州发现的神龟二年（519）太子中庶子高道悦墓[8]、1973年寿光发现的孝昌元年（525）尚书右仆射使持节镇东将军贾思伯墓[9]、1973年临淄崔氏墓地发现的孝昌元年（525）青州刺史崔鸿夫妇墓、1983年发现的延昌元年（512）员外散骑常侍崔猷墓以及崔氏墓地

---

[1] 刘玉新：《山东省东阿县曹植墓的发掘》，《华夏考古》1999年第1期。
[2] 山东省博物馆等：《山东苍山元嘉元年画象石墓》，《考古》1975年第2期；方鹏钧、张勋燎：《山东苍山元嘉元年画象石题记的时代和有关问题的讨论》，《考古》1980年第3期。
[3] 诸城县博物馆：《山东省诸城县西晋墓清理简报》，《考古》1985年第12期。
[4] 临沂地区文管会等：《山东苍山县晋墓》，《考古》1989年第8期。
[5] 滕州市文化局等：《山东滕州市西晋元康九年墓》，《考古》1999年第12期。
[6] 宫德杰等：《山东临朐西晋、刘宋纪年墓》，《文物》2002年第9期。
[7] 山东省文物考古研究所：《山东临沂洗砚池晋墓》，《文物》2005年第7期。
[8] 秦公：《释北魏高道悦墓志》，《文物》1979年第9期。
[9] 寿光县博物馆：《山东寿光北魏贾思伯墓》，《文物》1992年第8期。

M10[1]、1997年临朐发现的魏家庄元嘉十七年（440）墓[2]等。东魏北齐墓葬包括1965年济南发现的天平五年（538）崔令姿墓[3]，1971年益都县发现的武平四年（573）线刻石室墓[4]，1972年高唐发现的兴和三年（541）济州刺史房悦墓[5]，1973年临淄崔氏墓地发现的元象元年（538）镇远将军秘书郎中崔混墓、天平四年（537）济州刺史崔鹔墓、天统元年（565）崔德墓、武平四年（573）崔博墓等[6]，1982年淄博和庄发现的北朝晚期石室墓[7]，1984年济南马家庄发现的武平二年（571）祝阿令□道贵墓[8]，1986年济南东八里洼发现的壁画墓[9]，1986年临朐县发现的天保二年（551）威烈将军行台府长史崔芬墓[10]。此外，还发现了数方墓志，如乐陵天统元年（565）沧州主簿刁翔墓志[11]、济南武平七年（576）宜阳国太妃傅华墓志[12]、淄博永熙三年（534）傅竖眼墓志等[13]。

8. 关中地区

秦汉时期关中以北地区被匈奴等族占据，西部的陇西等地聚居着大量羯、氐、羌等少数民族。曹魏至西晋以关中平原为中心置雍州，除关中平原外，还包括今宁夏南部、甘肃东部。西晋末年至十六国时期，少数民族纷纷进入关中，关中居民"戎狄居半"。按马长寿的解释，这些民族分别指西域胡、夫余、屠各、鲜卑、巴、蜀等族[14]。这些少数民族先后建立了前赵、前秦、西燕、后秦、大夏等割据政权。北魏太武帝始光三年（426）攻取长安及统万城，统一关中地区，设雍州（治长安）、原州（治高平镇，今固原）、秦州（治上邽，今天水）等。北魏末年，关中地区逐渐形成了以尔朱天光为首的武川军人集团，后来被宇文泰控制，成为西魏北周立国的基础。永熙三年（534）魏

---

[1] 山东省文物考古研究所：《临淄北朝崔氏墓》，《考古学报》1984年第2期；淄博市博物馆等：《临淄北朝崔氏墓地第二次清理简报》，《考古》1985年第3期。
[2] 宫德杰等：《山东临朐西晋、刘宋纪年墓》，《文物》2002年第9期。
[3] 济南市博物馆：《济南市东郊发现东魏墓》，《文物》1966年第4期。
[4] 夏名采：《益都北齐石室墓线刻画像》，《文物》1985年第10期；《青州傅家北齐线刻画像补遗》，《文物》2001年第5期。
[5] 山东省博物馆：《山东高唐东魏房悦墓清理纪要》，载《文物资料丛刊》（二），文物出版社，1978年，105—109页。
[6] 山东省文物考古研究所：《临淄北朝崔氏墓》，《考古学报》1984年第2期。
[7] 淄博市博物馆：《淄博和庄北朝墓葬出土青釉莲花尊》，《文物》1984年第12期。
[8] 济南市博物馆：《济南市马家庄北齐墓》，《文物》1985年第10期。
[9] 山东省文物考古研究所：《济南市东八里洼北朝壁画墓》，《文物》1989年第4期。
[10] 山东省文物考古研究所：《山东临朐北齐崔芬壁画墓》，《文物》2002年第4期。
[11] 李开岭等：《山东乐陵出土北齐墓志》，《考古》1987年第10期。
[12] 济南市博物馆：《释北齐宜阳国太妃傅华墓志铭》，《文物》1985年第10期。
[13] 张光明：《山东淄博市发现北魏傅竖眼墓志》，《考古》1987年第2期。
[14] 马长寿：《碑铭所见前秦至隋初的关中部族》序言，中华书局，1985年。前秦苻坚时，"四夷宾服，凑集关中。四方种人皆奇貌异色。晋人为之题目，谓胡人为侧鼻，东夷为广面阔额，北狄为匡脚面，南蛮为肿蹄"。

孝武帝愤于高欢专权而西奔长安，高欢另立孝静帝于邺城，从此魏分东、西，关中为宇文氏控制的西魏、北周政权所有。宇文氏治下的西魏北周共历47年（535—581），统治范围主要在以长安为中心的关陇地区，即雍、华、岐、同、原、夏、灵、泾等州所在的"关中"和秦、交、渭、河、凉、甘等州，相当于今陕西、宁夏的大部分和甘肃河西走廊地区。虽然一度"南清江汉、西兼巴蜀"，至宣帝大象元年（579）拓展到整个江北之地，但西魏北周的统治中心始终在以长安、原州为中心的关中地区。

关中地区魏晋、十六国、北朝墓葬以长安（西安）、原州（固原）最为集中。墓葬的发现始于二十世纪五十年代的基本建设，而大量发现是在二十世纪八十年代以后，以北周墓葬最多。魏晋墓包括：1954年在西安东郊清理的24座汉至隋唐墓葬中，M13可能为曹魏时期墓[1]；1977年在华阴县西关清理了2座晋墓，其中M1前原有清人所立的前秦王猛墓碑[2]；1985年在长安县206基建工地发现M12等3座晋墓[3]；1988年在西安东郊田王镇清理了5座晋墓，其中1座（M462）墓顶壁画北斗七星，隶书"元康四年（294）地下北斗"字样[4]；1995年咸阳师专校内发现10座西晋墓[5]。十六国墓葬以1953年发掘的西安草厂坡1号墓最早引人注意[6]，后来又在西安、咸阳发现了一批十六国墓葬，包括西安财政干部培训中心后赵墓（M7）[7]、西安南郊雁塔区和长安区发现的2座十六国墓[8]、西安洪庆原十六国梁猛墓[9]等。咸阳市发现的十六国墓较多，2006年以《咸阳十六国墓》结集出版，发表了24座十六国墓的报告。这批材料大大深化了我们对十六国的认识，一些以前归入北朝的墓葬可能是十六国墓[10]。

关中北魏墓包括1955年清理的西安任家口正光元年（520）邵真墓[11]、1981年发现的固原东郊漆棺墓[12]、1982年发现的彭阳新集2座北魏墓[13]、1984年清理的华阴县熙平

---

[1] 俞伟超：《西安白鹿原墓葬发掘报告》，《考古学报》1956年第3期。
[2] 夏振英：《陕西华阴县晋墓清理简报》，《考古与文物》1984年第3期。
[3] 陕西省考古研究所：《陕西长安县206基建工地汉、晋墓清理简报》，《考古与文物》1989年第5期。
[4] 陕西省考古研究所：《西安东郊田王晋墓清理简报》，《考古与文物》1990年第5期。
[5] 咸阳市文物考古研究所：《咸阳师专西晋北朝墓清理简报》，《文博》1998年第6期。
[6] 陕西省文物管理委员会：《西安南郊草厂坡村北朝墓的发掘》，《考古》1959年第6期。发掘者断其年代为北朝早期，张小舟断为前后秦时期，参《北方地区魏晋十六国墓葬的分区与分期》，《考古学报》1987年第1期；苏哲断为后赵或前秦，参《西安草厂坡1号墓的结构、仪卫俑组合及年代》，载《宿白先生八秩华诞纪念文集》，文物出版社，2002年，185—200页。
[7] 西安市文物保护考古所：《西安财政干部培训中心汉、后赵墓发掘简报》，《文博》1997年第6期。
[8] 西安市文物保护研究所：《西安南郊清理两座十六国墓葬》，《文博》2011年第1期。
[9] 西安市文物保护考古研究院：《陕西西安洪庆原十六国梁猛墓发掘简报》，《考古与文物》2018年第4期。
[10] 咸阳市文物考古研究所：《咸阳十六国墓》，文物出版社，2006年。
[11] 陕西省文物管理委员会：《西安任家口M229号北魏墓清理简报》，《文物参考资料》1955年第12期。
[12] 固原县文物工作站：《宁夏固原北魏墓清理简报》，《文物》1984年第6期；宁夏固原博物馆：《固原北魏墓漆棺画》，宁夏人民出版社，1988年。
[13] 宁夏固原博物馆：《彭阳新集北魏墓》，《文物》1988年第9期。

二年（517）杨舒墓[1]、1987年固原寨科乡北魏墓[2]、1999年长安县孝昌二年（526）韦彧墓等[3]。

西魏墓葬主要是1955年发现的大统三年（537）残墓[4]、1984年发掘的咸阳大统十年（544）侯义墓[5]、1999年清理的西安市大明宫建材市场大统十六年（550）凉州武威太守白兴墓[6]。此外，1977年发现的汉中崔家营子墓也被断为西魏墓葬[7]。关中北周墓葬主要集中于咸阳、固原二地及西安近郊，其中最重要的一批发现当属1986—1990年配合咸阳机场建设而发掘的12座北周墓葬，这批墓葬不但规格高，而且大多保存完好。迄今发现的关中北周墓有：固原保定五年（565）大将军大都督宇文猛墓[8]、天和四年（569）柱国大将军李贤夫妇合葬墓[9]、建德四年（575）柱国大将军田弘夫妇墓[10]等；咸阳保定四年（564）骠骑大将军拓跋虎夫妇合葬墓[11]，保定五年（565）隋上将军王士良夫妇合葬墓，天和六年（571）宇文通墓及宇文通母乌六浑氏、宇文俭母权氏迁葬墓[12]，建德三年（574）骠骑大将军叱罗协墓，建德五年（576）仪同大将军王德衡墓，建德七年（578）谯忠孝王宇文俭墓[13]，宣政元年（578）北周武帝宇文邕孝陵[14]、骠骑大将军若干云墓、大都督独孤藏墓，大成元年（579）上柱国尉迟运墓，咸阳机场三、四、五、十一、十三号墓，咸阳北郊周陵乡北朝墓[15]等。发现于西安附近的有西安北郊大象元年（579）同州萨宝安伽墓[16]、大象二年（580）史君墓[17]、长安县韦曲镇2座北朝墓（其一出土"韦咸妻苟夫人"墓志）[18]、灞桥区洪庆发现的6座北周至隋代家族迁葬

---

[1] 崔汉林等：《陕西华阴北魏杨舒墓发掘简报》，《文博》1985年第2期。
[2] 宁夏回族自治区博物馆等：《原州古墓集成》，文物出版社，1999年。
[3] 田小利：《长安发现北朝韦彧夫妇合葬墓》，《中国文物报》1999年11月14日第1版。
[4] 茹士安等：《西安地区考古工作中的发现》，《考古通讯》1955年第3期。
[5] 咸阳市文管会：《咸阳市胡家沟西魏侯义墓清理简报》，《文物》1987年第12期。
[6] 赵大伟：《西安发现西魏墓葬》，《沈阳日报》1999年7月1日第3版。
[7] 汉中市博物馆：《汉中市崔家营子西魏墓清理记》，《考古与文物》1981年第2期。
[8] 宁夏文物考古所固原工作站：《固原北周宇文猛墓发掘简报》，载《宁夏考古文集》，宁夏人民出版社，1996年。
[9] 宁夏回族自治区博物馆：《宁夏固原北周李贤夫妇墓发掘简报》，《文物》1985年第11期。
[10] 原州联合考古队：《北周田弘墓——原州联合考古队发掘调查报告》，日本勉诚出版社，2000年。
[11] 咸阳市渭城区文管会：《咸阳市渭城区北周拓跋虎夫妇墓清理记》，《文物》1993年第11期。
[12] 邢福来等：《咸阳发现北周最高等级墓葬——再次证明咸阳北原为北周皇家墓葬区》，《中国文物报》2001年5月2日第1版。
[13] 陕西省考古研究所：《北周宇文俭墓清理发掘简报》，《考古与文物》2001年第3期。
[14] 陕西省考古研究所等：《北周武帝孝陵发掘简报》，《考古与文物》1997年第2期；曹发展：《北周武帝陵志、石志、后玺考》，《中国文物报》1996年8月11日第3版。
[15] 李朝阳：《咸阳市郊清理一座北朝墓》，《考古与文物》1998年第1期。
[16] 陕西省考古研究所：《西安发现的北周安伽墓》，《文物》2001年第1期；《西安北郊北周安伽墓发掘简报》，《考古与文物》2000年第6期。
[17] 西安市文物保护考古所：《西安市北周史君石椁墓》，《考古》2004年第7期。
[18] 陕西省考古研究所：《长安县北朝墓葬清理简报》，《考古与文物》1990年第5期。

墓等[1]。此外，还有二十世纪五十年代发现的几座北周残墓，如咸阳底张湾建德元年（572）步六孤氏墓和陕西华县发现的1座土洞墓，此二墓均发现壁画残迹，但无正式报告发表[2]。北周墓还发现于秦岭北侧山地的商洛地区（商洛行署基建工地3座）[3]，以及潼关以东河南陕县保定四年（564）昌州刺史刘伟夫妇合葬墓[4]。这些北周墓仅固原三墓有圆形封土，皆逐层夯筑而成，呈一条直线排列，其中田弘墓的封土直径经复原为30.8米，残高4米左右[5]。而咸阳发现的帝陵和勋贵墓都没有封土，也没有发现其他标记性和祭祀性设施，这当与北周倡导的薄葬有关，如武帝曾遗诏"墓而不坟"[6]，明帝遗诏"因地势为坟，勿封勿树"，谯王宇文俭墓志"不树不封"等。考古发现表明，北周皇室成员也许真正废除了地面的标记性和祭祀性设施，而固原三墓非属皇室成员，又远离帝陵区，因此还有封土之制。关中北周墓无论地面设施还是地下墓室结构、随葬品和壁画，都与同时期的东部北齐墓差别极大，有十分明显的关中地域特征。

9. 河西地区

西晋末期，张轨"以时方多难，阴图据河西"[7]，于永宁元年（301）出镇武威，任凉州刺史，河西进入前凉时期。376年张氏前凉被前秦所灭。淝水之战后，河西地区进入后凉、北凉、南凉、西凉四雄并立时期，除南凉秃发氏外，其他各政权均立于河西走廊：吕光建立的后凉（386—403）都武威、沮渠蒙逊北凉（397—460）都张掖、李暠西凉（400—421）都敦煌。北魏太武帝太延五年（439）大举伐凉，攻破姑臧，擒沮渠牧犍并徙凉州三万余户入平城，北凉余部进入高昌地区，继续残存至460年被柔然所灭。北魏自太延五年（439）开始统治河西，西魏北周继之。河西走廊的墓葬以汉末魏晋和五凉时期居多，主要集中于各割据政权的中心统治地区酒泉、敦煌、张掖、武威等。

1944—1945年，由夏鼐先生主持的西北科学考察团历史考古组对敦煌佛爷庙的东汉晚期至唐代墓葬进行了考古发掘，其中属魏晋时期的墓葬有翟宗盈墓等10座，这是第一次对河西墓葬作正式考古发掘[8]。中华人民共和国成立后河西墓葬的发现与发掘逐渐增多，迄今所见墓葬资料以敦煌和酒泉最多，武威地区次之，张掖地区最少。敦煌墓葬主要分布于故

---

[1] 陕西省考古研究所：《西安洪庆北朝、隋家族迁葬墓地》，《文物》2005年第10期。
[2] 宿白：《宁夏固原北周李贤墓札记》，《宁夏文物》1989年第3期；步六孤氏墓北壁壁画参《文物参考资料》1954年第10期图版98。
[3] 商洛地区文管会：《商州市北周、隋代墓葬清理简报》，《考古与文物》1997年第4期。
[4] 黄河水库考古工作队：《一九五六年河南陕县刘家渠汉唐墓葬发掘简报》，《考古通讯》1957年第4期。
[5] 原州联合考古队：《北周田弘墓》，文物出版社，2009年，38—42页。
[6] 《周书》卷六《武帝纪下》，106页。
[7] 《晋书》卷八十六《张轨传》，2221页。
[8] 夏鼐：《敦煌考古漫记（一）》，《考古通讯》1955年第1期。

城以西的祁家湾墓地、以东的佛爷庙湾和新店台墓地，已发表的资料有如下几批：1960年和1970年发掘的敦煌县新店台、义园湾7座晋墓[1]；1980年发掘的佛爷庙湾3座五凉时期墓葬[2]；1983年北京大学考古整理的敦煌县新店台46座、祁家湾1座西晋十六国墓葬[3]；1985年发掘的祁家湾117座西晋十六国时期墓葬[4]；1987年发掘的新店台至佛爷庙湾的116座晋、前凉、唐代墓葬[5]；1993年清理的安西县五道沟汉晋墓群[6]；1995年清理的佛爷庙湾西晋、十六国至唐代墓葬600余座，其中5座西晋时期的画像砖墓资料已系统发表[7]。

酒泉地区墓葬主要分布于今酒泉市至嘉峪关市的公路北侧戈壁滩上，发掘的墓葬有如下几批：1956年清理的酒泉下河清M1、M18[8]；1972年清理的嘉峪关新城公社跃进大队4座画像砖墓[9]；1972年清理的嘉峪关新城8座魏晋墓[10]；1977年清理的酒泉丁家闸5座、嘉峪关新城公社观蒲大队3座魏晋十六国时期墓葬[11]；1979年发掘的嘉峪关新城M12、M13两座魏晋时期画像砖墓[12]；1993年清理的酒泉西沟村7座魏晋墓[13]；1998年清理的长城村1座砖室墓[14]。

武威地区发现的墓葬主要有：1976年发掘的武威南滩2座魏晋墓[15]；1984年发掘的韩佐乡五坝山墓群中的2座魏晋墓[16]；1985年清理的1座魏晋墓[17]；1985年清理的松树乡28座西晋初至前凉时期墓葬[18]；1986年发掘的煤矿机械厂1座五凉时期砖室墓[19]；此外，1975年在武威还发现一块前秦建元十二年（376）墓表[20]。

---

[1] 敦煌文物研究所考古组：《敦煌晋墓》，《考古》1974年第3期。
[2] 甘肃省敦煌县博物馆：《敦煌佛爷庙湾五凉时期墓葬发掘简报》，《文物》1983年第10期。
[3] 敦煌县博物馆考古组、北京大学考古实习队：《记敦煌发现的西晋、十六国晋墓》，载北京大学中古史研究中心：《敦煌吐鲁番文献研究论集》（四），北京大学出版社，1987年。
[4] 甘肃省文物考古研究所：《敦煌祁家湾——西晋十六国墓葬发掘报告》，文物出版社，1994年。
[5] 何双全：《敦煌新店台、佛爷庙湾晋至唐墓群》，《中国考古学年鉴（1988）》，文物出版社，1989年。
[6] 赵雪野：《安西县五道沟汉—晋墓群》，《中国考古学年鉴（1994）》，文物出版社，1995年。
[7] 甘肃省文物考古研究所：《敦煌佛爷庙湾西晋画像砖墓》，文物出版社，1998年。
[8] 甘肃省文物管理委员会：《酒泉下河清第1号墓和第18号墓发掘简报》，《文物》1959年第10期。
[9] 嘉峪市文物清理小组：《嘉峪关汉画像砖墓》，《文物》1972年第12期。
[10] 甘肃省文物队等：《嘉峪关壁画墓发掘报告》，文物出版社，1985年。
[11] 甘肃省博物馆：《酒泉、嘉峪关晋墓的发掘》，《文物》1979年第6期。
[12] 嘉峪关市文物管理所：《嘉峪关新城十二、十三号画像砖墓发掘简报》，《文物》1982年第8期。
[13] 甘肃省文物考古研究所：《甘肃酒泉西沟村魏晋墓发掘报告》，《文物》1996年第7期；柴生芳：《酒泉市果园乡西沟村汉晋墓群》，《中国考古学年鉴（1994）》，文物出版社，1995年。
[14] 吕占光：《嘉峪关长城村晋墓清理简报》，《陇右文博》1998年第2期。
[15] 武威地区博物馆：《甘肃武威南滩魏晋墓》，《文物》1987年第9期。
[16] 何双全：《武威县韩佐乡五坝山汉墓群》，《中国考古学年鉴（1985）》，文物出版社，1985年。
[17] 何双全：《武威市五坝山古代墓群》，《中国考古学年鉴（1986）》，文物出版社，1988年。
[18] 田建：《武威市旱滩坡西晋、前凉时期墓群》，《中国考古学年鉴（1986）》，文物出版社，1988年。
[19] 武威市博物馆：《甘肃武威十六国墓葬清理记》，《文物》1993年第11期。
[20] 武威地区文化馆钟长发等：《武威金沙公社出土前秦建元十二年墓表》，《文物》1981年第2期。

张掖地区仅见1994年发表的高台县画像砖墓资料[1]。

河西墓葬主要集中于汉末和魏晋、十六国时期，墓葬文化面貌有很强的延续性，其中不乏规模巨大的墓葬，当与这个时期大量中原和关中世家大族西迁有关。但北魏征服河西后，大量人口被迁往平城，河西墓葬急剧减少。

10. 辽西地区

鲜卑部落联盟解体后，慕容鲜卑从东部鲜卑中分离出来。曹魏初年，慕容部首领莫护跋始居辽西，建都大棘城（今义县附近）。慕容廆统治时期，通过招引中原流民发展经济，慕容鲜卑势力逐渐强大。中原永嘉之乱后，慕容鲜卑逐渐参与到逐鹿中原的战争中，慕容皝建立的前燕政权一度扩张到华北和中原地区，先后定都龙城（今朝阳）、蓟城（今北京）、邺城（今安阳），直到太和五年（370）投降前秦。前秦淝水之战后，慕容垂伺机于中山（今定县）建立后燕政权，北魏拓跋珪伐燕，后燕退居龙城，被北燕所取代，直到太延二年（436）被北魏所灭。北魏于辽西地置营州，东魏北齐因之。

以今朝阳、北票为中心的辽西之地是三燕政权的据点，这里发现了前燕建国以前的慕容鲜卑墓葬、三燕时期（337—436）墓葬，还有少量北魏统一之后的墓葬。内蒙古哲里木盟发现的一批文化内涵与三燕关系密切的墓葬，被认为是三燕遗存的源头，如舍根墓地[2]、科左中旗六家子墓群[3]、北玛尼吐墓葬[4]、科左后旗新胜屯墓群[5]、义县保安寺墓[6]等。这批墓葬的年代多在曹魏以前，可能是早期慕容鲜卑的遗存。朝阳、北票等地发现的一批墓葬继承了哲里木盟墓葬的某些因素，又与三燕墓葬关系更为紧密，可能是三燕墓葬的前身，当为慕容氏始居辽西大棘城时期的墓葬，时代相当于曹魏至前燕建国前后，如1956年发现的北票房身村3座石板墓[7]，二十世纪九十年代以后发现的北票仓粮窖鲜卑墓[8]，朝阳王子坟山晋墓[9]，朝阳田草沟M1、M2[10]，锦州永昌三年（324）李廆等墓2座[11]，锦州前山墓[12]等。

---

[1] 张掖地区文物管理办公室等：《甘肃高台骆驼城画像砖墓调查》，《文物》1997年第12期。
[2] 张柏忠：《哲里木盟发现的鲜卑遗存》，《文物》1981年第2期。
[3] 张柏忠：《内蒙古科左中旗六家子鲜卑墓群》，《考古》1989年第5期。
[4] 钱玉成：《科右中旗北玛尼吐鲜卑墓群》，《内蒙古文物考古文集》第1辑，中国大百科全书出版社，1994年。
[5] 田立坤：《科左后旗新胜屯鲜卑墓地调查》，《文物》1997年第11期。
[6] 刘谦：《辽宁义县保安寺发现的古代墓葬》，《考古》1963年第1期。
[7] 陈大为：《辽宁北票房身村晋墓发掘简报》，《考古》1960年第1期；田立坤：《三燕文化遗存的初步研究》，《辽海文物学刊》1991年第1期。
[8] 孙国平等：《辽宁北票仓粮窖鲜卑墓》，《文物》1994年第11期。
[9] 辽宁省文物考古研究所等：《朝阳王子坟山墓群1987、1990年考古发掘的主要收获》，《文物》1997年第11期。
[10] 辽宁省文物考古研究所等：《辽宁朝阳田草沟晋墓》，《文物》1997年第11期。
[11] 辛发等：《锦州前燕李廆墓清理简报》，《文物》1995年第6期。
[12] 鲁宝林等：《辽宁锦州市前山十六国时期墓葬的清理》，《考古》1998年第1期。

辽西三燕时期的墓葬主要分布于朝阳、北票二地，如朝阳三合成墓[1]、袁台子东晋壁画墓[2]、北票喇嘛洞村前燕墓[3]、朝阳奉车都尉墓[4]、十二台乡砖厂墓[5]、朝阳建兴十年（395）崔遹墓[6]、袁台子北燕墓[7]、北票西官营子太平七年（415）冯素弗墓及妻属墓[8]、朝阳八宝村、大平房村、北庙村等4座石室墓等[9]。其中喇嘛洞墓地是迄今所见规模最大的一处以三燕墓葬为主的墓地，面积约1万平方米，墓葬420座。

后燕被北魏所灭（436）以后的墓葬主要发现于朝阳、锦州等地，如朝阳工程机械厂北魏墓葬[10]、西上台珍珠岩厂砖室墓[11]、刘贤墓[12]、凌河机械厂皇兴二年（468）张略墓、朝阳大街南大沟墓[13]、西大营子北魏墓[14]、锦州北魏墓[15]等。

辽西地区作为慕容鲜卑的统治中心，墓葬文化具有很强的地域特征。

11. 辽东地区

东汉末年，公孙氏政权割据辽东，领有乐浪、玄菟二郡。曹魏景初二年（238）灭公孙氏。至西晋时期，辽东之地属平州。西晋末年，高句丽势力不断南侵，于313年攻破乐浪、带方郡，中原王朝势力退出了朝鲜半岛。此后高句丽与前燕、后燕多年争夺辽东，互有进退。至五世纪初，辽东地区遂为高句丽所有，中原的后燕势力退至辽西。

辽东地区墓葬以公孙氏割据以来的汉末魏晋时期为主，包括辽阳三道壕北园一号墓[16]，三道壕窑业四场"车骑墓"，窑业二场令支令张君墓[17]、三道壕北窑场太康年间

---

[1] 于俊玉：《朝阳三合成出土的前燕文物》，《文物》1997年第11期。
[2] 辽宁省博物馆文物队等：《朝阳袁台子东晋壁画墓》，《文物》1984年第6期。
[3] 辽宁省文物考古研究所：《三燕文物精粹》，辽宁人民出版社，2002年；张克举等：《辽宁北票喇嘛洞鲜卑贵族墓地》，《中国文物报》1996年12月22日第1版；田立坤等：《朝阳发现的三燕文物及相关问题》，《文物》1994年第11期。
[4] 田立坤：《朝阳前燕奉车都尉墓》，《文物》1994年第11期。
[5] 李宇峰：《辽宁朝阳两晋十六国时期墓葬清理简报》，《北方文物》1986年第3期；辽宁省文物考古研究所等：《朝阳十二台乡砖厂88M1发掘简报》，《文物》1997年第11期。
[6] 陈大为等：《辽宁朝阳后燕崔遹墓的发现》，《考古》1982年第3期；李宇峰：《辽宁朝阳发现十六时期后燕崔遹墓碑》，《文物》1981年第4期。
[7] 璞石：《辽宁朝阳袁台子北燕墓》，《文物》1994年第1期。
[8] 黎瑶渤：《辽宁北票县西官营子北燕冯素弗墓》，《文物》1973年第3期。
[9] 朝阳地区博物馆等：《辽宁朝阳发现北燕、北魏墓》，《考古》1985年第10期。
[10] 辽宁省文物考古研究所等：《辽宁朝阳北朝及唐代墓葬》，《文物》1998年第3期。
[11] 朝阳地区博物馆等：《辽宁朝阳发现北燕、北魏墓》，《考古》1985年第10期。
[12] 曹汛：《北魏刘贤墓志》，《考古》1984年第7期。
[13] 辽宁省文物考古研究所：《朝阳市发现的几座北魏墓》，《辽海文物学刊》1995年第1期。
[14] 孙国平：《朝阳西大营子北魏墓》，《辽宁文物》1983年第4期。
[15] 刘谦：《锦州北魏墓清理简报》，《考古》1990年第5期。
[16] 李文信：《辽阳北园壁画古墓记略》，《国立沈阳博物院筹备委员会汇刊》第1期，1947年。
[17] 李文信：《辽阳发现的三座壁画古墓》，《文物参考资料》1955年第5期。

墓[1]，三道壕三号墓、鹅房一号墓、北园二号墓等3座壁画墓[2]，北园三号墓[3]，三道壕7、8、9号墓[4]，三道壕窑业二场一号、二号墓[5]，唐户屯墓群[6]，棒台子壁画墓[7]，南雪梅村壁画墓及石墓[8]，南环街壁画墓[9]，上王家壁画墓[10]，辽阳旧城东门壁画墓[11]，沈阳伯官屯6座砖室墓[12]，陈相屯石椁墓[13]，瓦房店市马圈子墓[14]，旅大营城子墓[15]，大连前牧城驿东汉墓[16]，本溪晋墓[17]等。此外，在朝鲜半岛北部发现了数千座乐浪时期的墓葬，汉末以后以砖室墓为主，可引以为参考的重要墓葬有大同江面砖室墓[18]、南井里砖室墓[19]，以及乐浪灭亡以后（东晋时期）的砖室墓，如带方太守张抚夷墓[20]等；高句丽时期的石室墓有安岳三号墓（冬寿墓）[21]等。

二、墓葬文化区的形成

南北朝时期的北方和南方存在大大小小的地域子传统，但总的来说还是南北方的差异更为明显，由于南北方持续数百年的政治对峙和文化隔阂，南北方的丧葬模式走上了

---

[1] 辽阳博物馆：《辽阳市三道壕西晋墓清理简报》，《考古》1990年第4期。
[2] 辽阳市文物管理所：《辽阳发现三座壁画墓》，《考古》1980年第1期。
[3] 汤池：《汉魏南北朝的墓室壁画》，《中国美术全集·绘画编》，文物出版社，1989年。
[4] 王增新：《辽阳三道壕发现的晋代墓葬》，《文物参考资料》1955年第11期。
[5] 东北博物馆：《辽阳三道壕两座壁画墓的清理工作简报》，《文物参考资料》1955年第12期。
[6] 东北文物工作队：《东北文物工作队1954年工作简报》，《文物参考资料》1955年第3期；沈欣：《辽阳唐户屯一带的汉墓》，《考古通讯》1955年第4期；《辽阳市北郊新发现两座壁画古墓》，《文物参考资料》1955年第7期。
[7] 李文信：《辽阳发现的三座壁画古墓》，《文物参考资料》1955年第5期；王增新：《辽阳市棒台子二号壁画墓》，《考古》1960年第1期。
[8] 王增新：《辽宁辽阳县南雪梅村壁画墓及石墓》，《考古》1960年第1期。
[9] 辽宁省文物考古研究所：《辽宁辽阳南环街壁画墓》，《北方文物》1998年第3期。
[10] 李庆发：《辽阳上王家村晋代壁画墓清理简报》，《文物》1959年第7期。
[11] 辽宁省博物馆等：《辽阳旧城东门里东汉壁画墓发掘报告》，《文物》1985年第6期。
[12] 沈阳市文物工作组：《沈阳伯官屯汉魏墓葬》，《考古》1964年第11期。
[13] 周阳生：《沈阳陈相屯魏晋石椁墓清理》，《辽海文物学刊》1993年第1期。
[14] 大连市马圈子汉魏晋墓地考古队：《辽宁瓦房店市马圈子汉魏晋墓地发掘》，《考古》1993年第1期。
[15] 许明纲：《旅大市营城子古墓清理》，《考古》1959年第6期。
[16] 旅顺博物馆：《辽宁大连前牧城驿东汉墓》，《考古》1986年第5期。
[17] 辽宁省博物馆：《辽宁本溪晋墓》，《考古》1984年第8期。
[18] 关野贞等：《乐浪郡时代の遗迹》，古迹调查特别报告，东京青云堂印刷所，1925年。
[19] 小场恒吉、榧本龟次郎：《乐浪王光墓——贞柏里·南井里二古坟发掘调查报告》（古迹调查报告），朝鲜古迹研究会，1935年。
[20] 朝鲜总督府：《朝鲜古迹图谱》一，东京，1915年。
[21] 朝鲜科学院考古学及民俗学研究所编《遗迹发掘调查报告》三《安岳第三号古坟发掘报告》（朝文附中文概要），（朝鲜）科学院出版社，1958年；洪晴玉：《关于冬寿墓的发现与研究》，《考古》1959年第1期。

独自发展的道路。考古发现的南北方墓葬主要集中在各政权的京畿地区，北方主要是上述11个区域，南方主要是六朝都城建康附近。这些京畿地区的墓葬大多属高等级的贵族和官吏，他们是每个时期礼仪规范的制定者和执行者，丧葬模式具有一定的时代典型性。每个地区的墓葬文化都是在本地丧葬传统与新的丧葬礼制结合基础上产生的，墓葬的分布反映了丧葬模式的地域性（图1.1）。

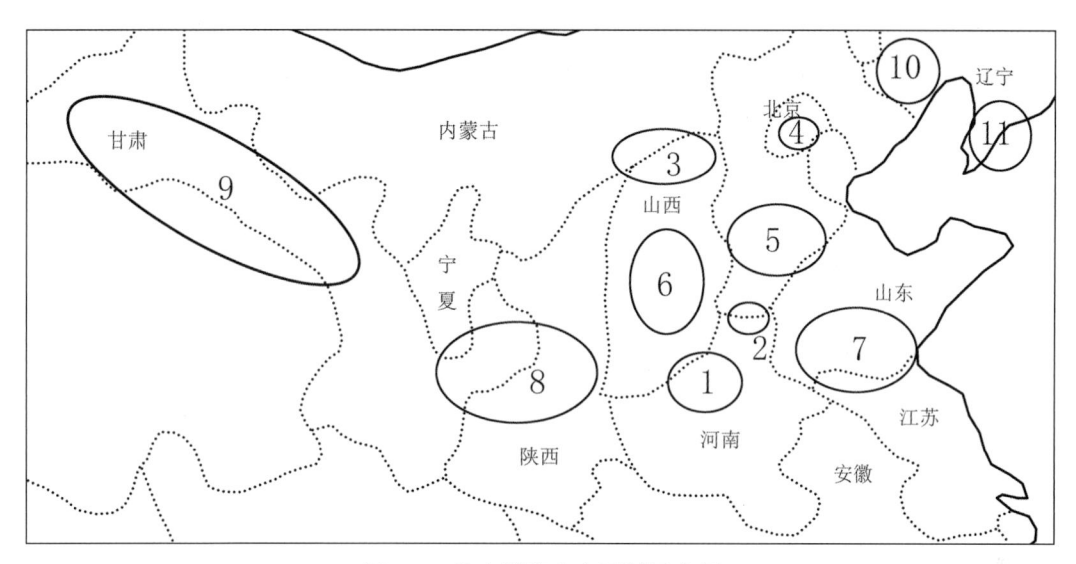

图1.1 北方墓葬分布区域示意图
1. 洛阳地区 2. 邺城地区 3. 云代地区 4. 幽蓟地区 5. 定冀地区 6. 并州地区 7. 青齐地区 8. 关中地区 9. 河西地区 10. 辽西地区 11. 辽东地区

1. 曹魏西晋的统治中心在以洛阳为中心的中原、北方地区，墓葬以河南省北部的洛阳、孟津、偃师、新安、巩义、焦作、郑州等地最为集中，其次是河套东部和雁北一带的呼和浩特、兴和、和林格尔、察右前旗、右玉等地。山东中南部的东阿、苍山、诸城、滕州，陕西华阴、西安等地也有少量分布，北京、山西长治和运城仅有零星发现。这些墓葬分布地点都处于统一的北方版图之内，与南方吴、蜀之地墓葬文化存在一定的差异。

京畿地区洛阳一带是曹魏西晋新的丧葬礼制推广施行的地区，主要表现为以薄葬为特征的丧葬模式。从曹操开始，魏晋统治者对寿陵规制提出了具体的要求，主要是对汉代奢华埋葬方式的简省，包括对地面陵园设施的革除、对墓内随葬品的数量和种类的限定等措施，也有丧葬和祭祀方式的改变。洛阳曹魏西晋高等级墓葬反映了"魏晋模式"的产生和定型，新的丧葬模式因政权势力所及输出到京畿以外地区，逐渐与当地传统结合而促成了全国范围内丧葬模式转型，产生了魏晋模式的多个变体，形成了青齐、辽东、云代、河西等多个地域子传统。

青齐地区是东汉墓葬最集中的地区之一，魏晋时期在本地传统基础上注入了来自洛阳地区的薄葬因素。辽东地区从汉末到魏晋时期一直保持着与青齐地区同步发展的轨迹，反映了两地泛海交流的情况。辽西地区是慕容鲜卑的据点，也有来自中原的文化传统。云代地区在魏晋时期被注入了浓厚的拓跋鲜卑传统，与洛阳葬俗发生了分野。河西地区在魏晋时期基本是本地汉代丧葬传统的延续。长江中下游地区主要表现为南方汉墓传统的持续发展，但在西晋统一时期也受到中原因素的影响，发生了丧葬礼俗上的汉晋变迁。

2. 西晋永嘉之乱后，北方政治格局发生巨大变化，人口发生了大规模迁徙。从西晋末至北魏统一北方之前，北方地区出现了几个主要的墓葬集中区，都是十六国政权的统治核心地区。随着拓跋鲜卑实力的增强和平城成为北魏都城，云代地区成为墓葬最集中的地区，也是西晋以后新的丧葬模式产生的地区，主要表现为鲜卑传统与中原魏晋模式的结合，并随着鲜卑的汉化进程而发生了丧葬模式的嬗变。

在北魏以平城为都的近百年间（398—494），平城集中了中原地区的大量人口及大部分社会精英，其他地区相对陷入人口与物质的空虚。这个时期的墓葬在中原地区极少发现，前一阶段墓葬集中的洛阳、青齐仅有零星发现，幽蓟、并州等地基本不见。中原地区仅在洛阳和邺城发现了几座竖穴土坑墓，墓葬文化面貌迥异于中原魏晋墓葬，也与云代地区墓葬有所差别，属十六国时期进入中原的少数民族墓葬。十六国时期关中地区"戎狄居半"，仅在作为十六国多个政权都城的长安附近发现了一些十六国墓葬。中原墓葬的急剧减少，反映了中原人口大量流亡的现实，除了人口向平城集中外，也开启了北人南迁浪潮，导致中原魏晋传统向长江中下游输出，以建康为中心的六朝京畿地区和南北朝交接的襄阳等地出现了很多北方文化因素。河西地区在永嘉之乱后，成为中原魏晋文化的保持和发展之地，是北方地区除云代地区以外墓葬最集中的地区，从汉末到十六国时期基本没有中断，丧葬模式上保持着汉末以来自成体系的发展。

平城地区是这个时期丧葬模式的代表。拓跋鲜卑定都平城之后，一直处在对中原礼仪制度的摸索、继承与改造过程中。《魏书·礼志》："太祖南定燕赵，日不暇给，仍世征伐，务恢疆宇。虽马上治之，未遑制作，至于经国仪轨，互举其大，但事多粗略，且兼阙遗。高祖稽古，率由旧则，斟酌前王，择其令典，朝章国范，焕乎复振。"[1]不过草创之初的平城政权在制定中原化的礼仪制度时，常常不知所本，以至到了太和十四年（490），在讨论五德配尚问题时，还发生了"承秦（前秦）""承晋"之争[2]。四世纪的平城是一

---

[1]《魏书》卷一百八之一《礼志四》，2733 页。
[2] 太和十四年八月诏："丘泽初志，配尚宜定，五德相袭，分叙有常。然异同之论，著于往汉，未详之说，疑在今史。群官百辟，可议其所应，必令衷合，以成万代之式。"高闾、崔光等各持"承秦""承晋"之议。《魏书》卷一百八之一《礼志四》，2744 页。

个草原文化与农耕文化、中原文明与西域文明融合的城市，可谓"胡风国俗，杂相揉乱"[1]。北魏定都平城之前，这里已是汉人与北方游牧民族如乌桓、鲜卑等族杂居之地。鲜卑旧俗"死则潜埋，无坟垄处所，至于葬送，皆虚设棺柩，立冢椁，生时车马器用皆烧之以送亡者"[2]，烧物之俗至文成帝去世仍在沿用[3]。定都之后，尤其在北魏统一北方的战争中，又从辽西、河西、陕北、关中、南朝以及太行山以东各地徙来人口达百万以上[4]，其中有汉人，也有高丽、高车、匈奴、柔然、丁零等族。北魏太武帝平定河西之后，通往西域的丝绸之路重新得以贯通，来自西域和中西亚的文化源源不断地输入平城。正是由于平城处于制度的草创时期，多元文化得以渗透。拓跋政权虽致力于建立中原式的礼制，但整个平城时期实际上鲜卑旧俗与中原礼制互相糅杂，形成了独具特色的平城模式。

3. 北魏迁洛以后的墓葬分布又有明显变化，云代地区墓葬急剧减少，而以政治中心洛阳成为最集中的地区。孝文帝下诏"迁洛之人，自兹厥后，悉可归骸邙岭，皆不得就茔恒代"[5]，北魏洛阳郭城西北北邙山成为北魏后期墓葬最为集中之地，多属贵族、官吏的高等级墓葬。墓葬的分布范围大致与曹魏西晋洛阳地区相同，但文化面貌经过近二百年的辗转变迁，已经发生了巨大的变化，反映了新的墓葬规范。定冀、青齐地区也集中了大量北朝世家大族的墓地，与洛阳地区呈现较为一致的丧葬文化面貌，但也保留了很强的地域传统，如青齐崔氏家族墓地采取的圆形石室墓，成为青齐地区最具特色的丧葬模式，既有本地汉代以来石室墓的传统，也带有浓厚的世家大族特征。北魏后期的并州地区墓葬仅发现于太原、榆社等地，北魏迁洛以后并州与北方边镇一样逐渐被边缘化，仅有的北魏后期几座墓葬，表现出与洛阳较大的文化差异。关中地区北魏后期的墓葬数量不多，主要集中于政治、军事中心长安和原州附近，因文化传统和历史背景的差别而表现出明显的地域性。

洛阳地区是这个时期丧葬模式的代表。孝文帝迁都洛阳促进了北魏文化的进一步中原化，与平城的糅杂相比，洛阳丧葬模式表现出相当强的趋同特征，但洛阳模式并非简单恢复汉制或晋制，而是在继承平城丧葬模式的基础上，兼采汉、晋模式。

4. 东西魏和北齐、北周时期的墓葬主要分布于北方的西部和东部。东魏北齐墓葬集中于安阳、磁县一带的邺城地区，其次是并州的晋阳附近，定冀和青齐地区也有少量发

---

[1]《南齐书》卷五十七《魏虏传》，990页。
[2]《宋书》卷九十五《索虏传》，2322页。
[3]《魏书》卷十三《文明皇后传》："高宗崩，故事：国有大丧，三日之后，御服器物一以烧焚，百官及中宫皆号泣而临之。后悲叫自投火中，左右救之，良久乃苏。"328页。
[4] 宿白：《云冈实力的集聚和"平城模式"的形成和发展》，《中国石窟·云冈石窟》，文物出版社、平凡社，1991年。
[5]《魏书》卷二十《文成五王·广川王传》，527页。

现。关中的西安、固原二地是西魏北周墓葬集中分布的地区。北朝东、西部由于政治体制上的巨大差异，以及经济基础和文化传统的影响，形成了墓葬文化上的东西之别。东部的青齐地区因地理位置的特殊性，与南朝的联系更为密切；定冀地区在与中心地区保持一致的基础上，仍反映了一定的地方特色。西部的长安、原州墓葬地方特色十分明显，反映了关中自成体系的文化发展轨迹，基本文化面貌被后来的隋唐所继承。

邺城地区的东魏北齐丧葬模式主要是对北魏洛阳传统的继承，陈寅恪说"洛阳文物人才虽经契胡之残毁，其遗烬再由高氏父子之收掇，更得以恢复炽盛于邺都"[1]，同时深受南朝文化新风的影响。宇文氏统治关中期间，为了与关东高齐、江南萧梁抗衡，利用熟悉本土掌故的关中世家苏绰等人，创立了一套以关中地域为本位的制度，"凡西魏北周之创作有异于山东及江左之旧制，或阴为六镇鲜卑之野俗，或远承魏（西）晋之遗风。若就地域言之，乃关陇区内保存之旧时汉族文化，以适应鲜卑六镇势力之环境，而产生之混合品"[2]。关中墓葬文化迥异于关东，正是这种关中本位观念的反映。

5. 在上述四个历史时期里，墓葬的分布呈现出显著的区域中心变动，反映了魏晋北朝时期文化的显著特征——地域传统。历史学家常以中央与地方势力的消长解释汉至六朝时期政治格局的变动，如日本学者谷川道雄认为汉代统治是建立在中央与地方势力的均衡合作上的，但汉末三国时期这种均衡被打破了，导致了地方社会的自立性增强，到六朝时期出现了更加明显的中央集权衰落和地方势力的增长，出现了由豪族共同体支撑的地域社会[3]。地域社会可谓汉唐之间的主要特征，它也是我们解释这个时期丧葬模式的基本背景。

秦汉中央集权政治模式下，帝国范围内的生死观念、礼仪制度、丧葬行为具有相当强的趋同性，无论政权核心地区的中原和关中，还是边疆地区的东北、西北和西南地区，丧葬模式皆表现出较强的一致性。汉帝国崩亡后，这种状况发生了改变，丧葬模式上出现了明显的汉晋之变。汉晋之变不仅表现在从厚葬向薄葬的转变上，更重要的是出现了地域的分化，在中原核心地区、边疆地区和南方地区都出现了各具特色的丧葬模式，在墓室空间形态、画像内容和图式、随葬之物上都产生了巨大的差异，表明当时的丧葬行为出现了地域性。中原地区形成的新的魏晋模式，在西晋时期短暂传入南方之后，并没有得到长期的发展，而河西地区和东北地区作为中原文化的保持和发展之地，丧葬模式也基本保持着汉末以来自成体系的发展。经过永嘉之乱后，北方地区为大大小

---

[1] 陈寅恪：《隋唐制度渊源略论稿》，上海古籍出版社，1982年，43页。
[2] 前揭《隋唐制度渊源略论稿》，2页。
[3] （日）谷川道雄著，郭兴亮、王志邦译：《六朝时代与地域社会——〈六朝地域社会丛书〉总序》，《东南文化》1991年第5期。

小的胡族所占据和更替统治，出现了不同于汉晋传统的物质文化和丧葬行为，丧葬模式的地域性更加明显。这些区域的墓葬文化随着政治格局的变动而不断发生异动，直到北魏统一之后才逐渐趋同，到隋唐时期形成了新的统一的丧葬模式。

南方墓葬文化的地域性不如北方那么支离破碎，但也存在统治中心与边缘地区的差异。韦正将六朝墓葬分为长江下游、长江中游、赣中南闽西北、福建沿海、两广、西南六大区域，六大区域在整个六朝时期变化不大[1]。与北方不同，南方从东吴至南朝时期，一直以长江下游的建康地区为政治、经济中心，在制度和文化上具有较强的一致性。永嘉南渡之初，"中州士女避乱江左者十六七"[2]，中原汉晋传统文化随着衣冠士族的南迁而传布于江左。跟随世家大族南迁的还有大规模的北人南迁浪潮，谭其骧先生认为南迁的路线主要有东西二线，其中西线的水路是循汉水南下入湖北，陆路则取金牛道入四川，因此汉水流域的汉中、襄阳就成为移民重要的集散地；东线水路多循淮水和其东南向的支流向东南迁徙[3]。建康地区在东晋时期尚有北方侨族和本地大族的争斗，丧葬模式上有魏晋因素，但影响并不大，一直保持着相对自成体系的发展；进入南朝以后，丧葬模式上出现了迥异于北方的现象。

---

[1] 韦正：《六朝墓葬的考古学研究》，北京大学出版社，2011年，17—19页。
[2] 《晋书》卷六十五《王导传》，1746页。
[3] 谭其骧：《晋永嘉丧乱后之民族迁徙》，《长水集》，人民出版社，1987年。

墓葬时空

时间和空间序列

洛阳　邺城　云代　幽蓟
定冀　并州　青齐　关中
河西　辽西　辽东　小结

魏晋南北朝墓葬文化有显著的地域传统，各区域墓葬在建材、空间结构、随葬品组合与形制、墓室画像等方面，存在巨大差异。由于考古发现的墓葬遗存主要是地下墓室部分，墓室的建材和空间结构又相对完整，因此可以用统一的标准对各区域墓葬进行分类。若以墓葬建筑材料和形制结构为分类标准（图2.1），参考随葬品组合和墓室画像，可以对各区域墓葬进行分期，建立墓葬文化的时间和空间序列。

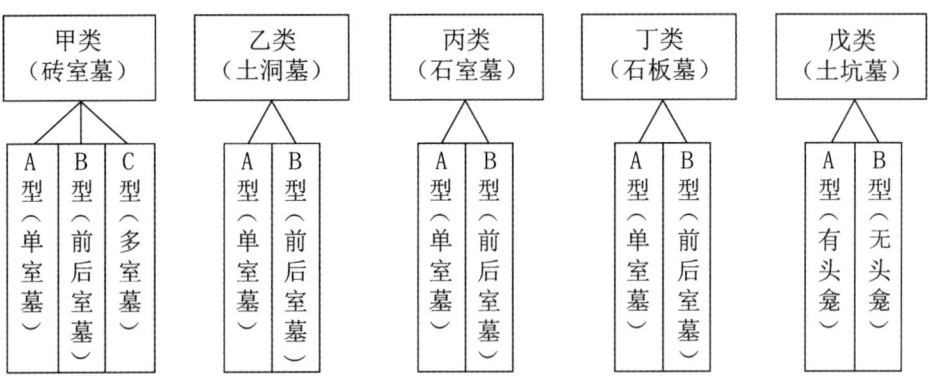

```
甲类              乙类          丙类          丁类          戊类
（砖室墓）        （土洞墓）    （石室墓）    （石板墓）    （土坑墓）
 ├─A型(单室墓)    ├─A型(单室墓) ├─A型(单室墓) ├─A型(单室墓) ├─A型(有头龛)
 ├─B型(前后室墓)  └─B型(前后室墓)└─B型(前后室墓)└─B型(前后室墓)└─B型(无头龛)
 └─C型(多室墓)
```

图 2.1　墓葬形制分类标准

　　在墓葬分类标准中，各要素代表不同的含义：（1）建筑材料和建筑方式是划分墓葬类型的主要要素，砖室墓、土洞墓、石室墓、石板墓、土坑墓有地域差异，也有等级含义。砖室墓是东汉以后建造墓葬的主要方式，被各等级的墓葬采用，也是墓室壁画的主要载体；土洞墓是相对简陋的墓葬，但在西晋、十六国、北魏、北周时期也常被高等级墓葬采用；石室墓和石板墓是在山东和辽东、辽西地区流行的墓葬，都以石为建材，前者多为石块垒砌，后者多为较规整的石板叠砌，二者在结顶方式上存在差异，也是墓室壁画的载体；土坑墓是最简陋的墓葬，为中下层百姓所有，流行于各时期，但土坑墓在空间大小和随葬品多寡上也存在差异，在安阳地区曾发现被十六国统治者使用的情况。（2）墓室数目具有墓葬等级和年代的意义，多室墓的等级一般较高，但东汉以后发生了由多室墓向单室墓的转变，西晋以后各等级的墓葬均采取单室墓形制。（3）墓室空间结构具有礼仪的意义。西汉时期发生了由竖穴土坑墓向横穴式宅第墓的转变，这是因丧葬礼仪发生改变引起的。同样从魏晋开始，横穴式宅第墓转变为单室、穹窿顶结构。墓室的单室化不能简单解释为"薄葬"，而是丧葬行为引起的墓室空间的整体改变，原来横向平铺的宅第墓单室化后，平面空间缩小，而墓室空间纵向升高，空间的这种变化又引起了墓内陈设、装饰方式的改变。因此以形制结构为主要标准划分墓葬类型，不仅是为了分期和分区，也是为了讨论丧葬行为和生死观的变迁。

一、洛　阳

1. 类型

洛阳地区墓葬包括砖室墓、土洞墓、竖穴土坑墓三大类（图2.2）。

甲类：砖室墓。

A型：单室砖墓。由墓道、甬道和墓室几部分组成，多人祔葬墓带有耳室或侧室。前有长斜坡式墓道，个别为竖井式墓道。甬道为小砖券顶，墓室一般是穹窿顶或四角攒尖顶。这种单室墓将埋葬空间和祭祀空间合一，墓室内普遍发现的帐座反映了墓内祭祀行为。单室砖墓是西晋和北魏墓葬的主流形制。

西晋单室墓的墓壁较为平直，四角砖砌角柱，甬道口设木门或石门，一般以木棺为葬具。以洛阳元康九年（299）徐美人墓（M8）为例（图2.2-1），墓道长达37.3米，作五级台阶式内收，甬道设二道素面石门。在墓室一侧砖砌棺床，棺床前发现有石器座，可能是祭祀空间的帷帐座。墓内出土碑式墓志。

北魏单室墓的墓壁向外弧出，多四角攒尖顶或穹窿顶，整体结构如一个天圆地方的微缩宇宙形态，反映了墓葬营造理念的变化。墓内流行砖或石棺床。流行盝顶盖石墓志。墓道多为长斜坡式，级别较高的分前后二段墓道，前段是土壁，后段用砖砌。甬道口设石门。高等级墓内有画像石棺，内容以孝子故事、升仙、墓主家居、庖厨和牛车出行场面等内容为主。有的墓葬发现壁画，穹窿顶上绘制天象，四壁绘墓主宴饮和生活场景。墓室一般边长4.0—4.5米左右，最长可达7米。洛阳此类墓葬大多为元氏皇族和高级官吏所有。北魏延昌四年（515）宣武帝景陵是洛阳发掘的唯一一座北魏帝陵（图2.2-2），地面空间延续了北魏平城时期方山永固陵、迁洛后的孝文帝长陵的作法，有复古东汉陵园制度的迹象，如筑有高大圆形封土，设有神道，也可能原有陵园设施。直径105—110米的封土将墓道和墓室完全覆盖，墓道长40.6米，大部分为土壁，后部以砖砌壁，砖壁厚达2米，高达6.8米。墓道后接两道封门砖墙和两段砖砌甬道，甬道皆券顶、地面铺石。后甬道的后端是一道石门。墓室采取了弧方形结构，上承高大的穹窿顶，墓室面积46平方米，墓顶内高9.36米，形成一个上圆下方的微缩宇宙空间。在墓室的右侧设有一座长3.86、宽2.2、高0.16米的石棺床，原本应罩有一座帷帐，现仅存四个石质帐座。棺床偏于一侧是为了留出祭祀空间，虽墓葬已被盗扰，残存器物皆已移位，但出土的青瓷器盘口壶、鸡首壶、钵、唾盂、釉陶器等饮食器具和石灯等物，应是一组祭器，是下葬时举行墓内祭祀而留在棺床前的。

B型：前后室砖墓。由墓道、甬道和前堂、后室组成，有些有耳室或侧室。墓道多长斜坡式，作台阶式内收。甬道为小砖券顶，甬道口设木或石门。前室多方形或近方形，穹窿顶或四角攒尖顶；后室多长方形，券顶。前室象征"堂"，置帷帐、各类祭器和明器；后室为棺室，置各类生活用具。有的将随葬品依用途置于不同的耳室或壁龛，侧室主要为祔葬之用。这种形制的墓葬主要流行于曹魏西晋时期，是由多室墓向单室墓的过渡，北魏时期基本绝迹。曹魏西晋时期的前后室墓等级较高，有些是帝陵或重要勋贵的墓葬。已发掘的洛阳西朱村、曹魏太和二年（228）曹休墓、正始八年（247）墓代表了曹魏墓葬的最高等级，都是前堂、后室。虽然墓内物品大多已被盗扰或移位，仍有一些迹象表明前堂、后室在空间设置上的差别，前堂是作为祭祀空间来营造的，与作为棺室的后室在配置上不同，前堂宽敞高大，满足了墓内祭祀活动的需要。正始八年墓前室的铁帐构，复原后是一座精致的帷帐，与之同出的铜博山炉、铜饰、灯碗、玉杯等构成了棺前的祭祀空间（图2.2-3）。

西晋时期的前后室砖墓也属于贵族和官员墓，一般在前后室以及耳室间以甬道相通，墓壁成直线，流行在墓室四隅以砖砌出角柱。以洛阳元康三年（293）裴祗墓为例，前室近方形，穹窿顶，长3.1、宽3米；后室长方形，券顶，长4.44、宽1.76米。前室一侧设侧室，侧室又另设土洞式耳室。此为一例典型的祔葬墓，为裴祗及太夫人、夫人、女儿四人合葬墓。据墓志"太夫人柩止西箪，府君柩止北箪西面，夫人柩止北箪东面，女惠庄柩止北箪东入"，可知后室（主棺室）是裴祗母亲的棺室，前堂北侧室是裴祗夫妇棺室，北侧室东的侧室是裴祗女儿的棺室。三代四口人共用的前堂最为宽阔和高大（高达3米），应是每次下葬时举行祭祀活动的空间（图2.2-4）。

乙类：土洞墓。

A型：单室土洞墓。由墓道、甬道和土洞墓室三部分组成。墓道多为长斜坡式，甬道为小砖券顶，墓室以穹窿顶为主，少数四角攒尖顶。墓室以方形为主，但多不如砖室墓规整，也有少量长方形墓室和梯形墓室者。土洞墓的墓主身份并不比同时的砖室墓低。洛阳峻阳陵和枕头山墓地发掘的西晋帝陵陪葬墓多为单室土洞墓，代表了西晋土洞墓的最高等级。北魏时期也流行单室土洞墓，墓主是官员甚至元氏皇族，墓室面积普遍小于同时期的砖室墓。以建义元年（528）元邵墓为例，墓道内设一天井，墓室近方形，边长约4米，四角攒尖顶，墓室垒起一座土棺台（图2.2-5）。最新发表的洛南新区曹连

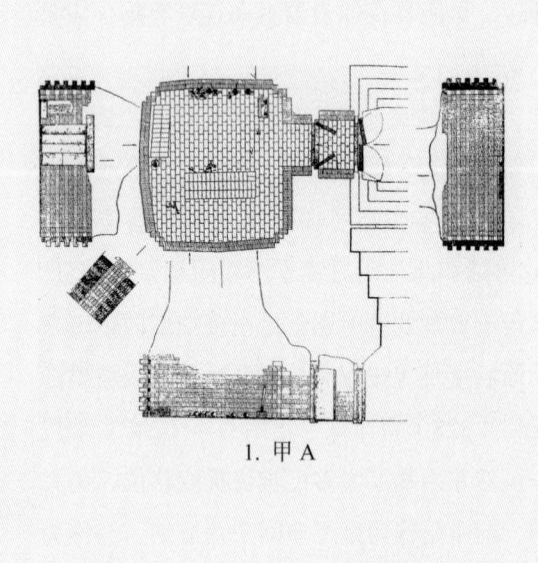

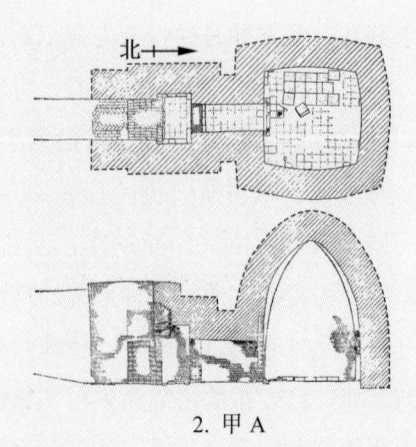

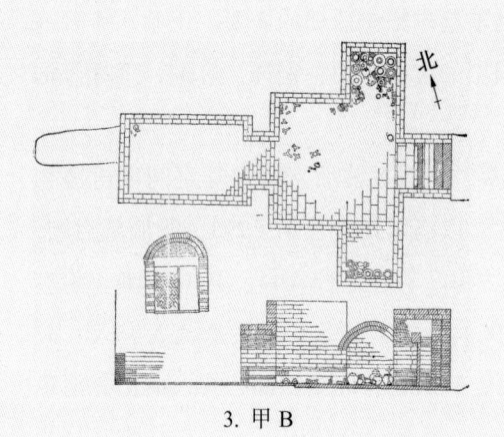

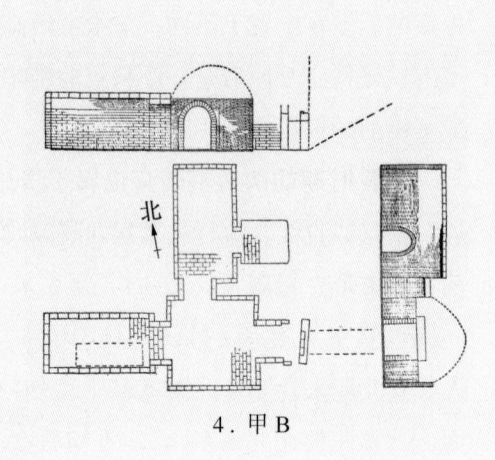

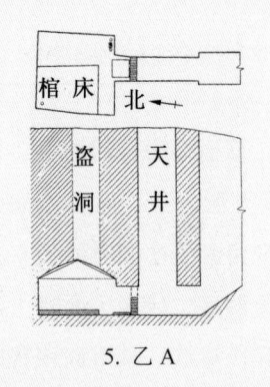

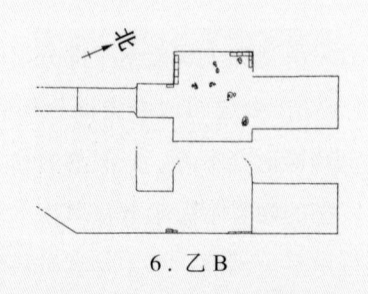

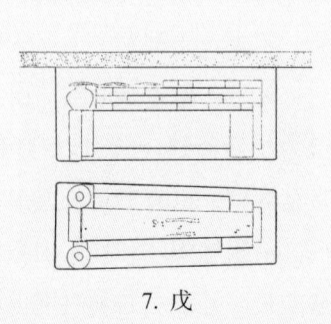

1. 甲A
2. 甲A
3. 甲B
4. 甲B
5. 乙A
6. 乙B
7. 戊

图2.2 洛阳地区墓葬类型

1. 元康九年徐美人墓 2. 延昌四年宣武帝景陵 3. 正始八年墓 4. 元康三年裴祗墓 5. 建义元年元邵墓 6. 孟津三十里铺M116 7. 洛阳轴承厂CM1

石棺墓有永安元年（528）墓志，墓葬形制规模与元邵墓相似，出土一具刻有孝子、升仙、武士等图案的完整石棺[1]。

B型：前后室土洞墓。这类墓葬数量较少。孟津三十里铺M116由墓道、墓门、甬道、前室和后室组成。前室长方形，长3、宽3.28米，地面残存铺地砖，穹窿顶；后室只是在前室后壁挖的一个较小的长方形土洞（图2.2-6）。

戊类：竖穴土坑墓。墓葬均为简单的长方形竖穴土坑，有的头部带有壁龛。空间仅能置棺，一般仅随葬几件陶罐、陶壶和铜钱，个别随葬马具，为平民墓葬。如洛阳轴承厂CM1，为砖棺墓，长1.4米，为二次葬，仅随葬几件陶罐、陶壶和铜镯、铜钱（图2.2-7）。

2. 分期

以上几类墓葬从形制上有明显的阶段性变化。根据墓葬的纪年物，参考随葬品组合，可将洛阳墓葬分为四期（表2.1、表2.2）：

表2.1 洛阳地区墓葬分期

期	墓葬类型	墓 例
1	甲B	正始八年墓M、洛阳西朱村大墓、曹休墓、涧西16工区M56、焦作朱村墓、偃师杏园村M6、偃师杏园村M55、洛阳谷水晋墓、洛阳M3。
2	甲B 甲A 乙A 乙B	裴祇墓（元康三年），谷水FM4、FM5、FM6，士孙松墓（永宁二年），洛阳东郊M177，洛阳城西M20，杏园村M34，郑州上街水厂M3、M7等9座，孟津三十里铺M117、M118、M120，洛阳春都路IM1568，洛阳LGCM3005，洛阳城西M1、M52，洛阳北郊C8M868，洛阳16工区M82等，洛阳58LSM3088，郑州南门外晋墓，巩县石家庄M11，徐美人墓，巩义仓西M40，新安晋墓，洛阳玻璃厂M88，起重机厂M79，城西单室砖墓M1（太康八年）等13座，洛阳西郊57LSM3004等4座，巩义北窑湾M20，孟津M21、M99，洛阳西郊小型墓16座，59AM1—M27，涧西16工区土洞墓8座，孟津M20，峻阳陵和枕头山墓地28座，孟津三十里铺M116。
3	乙A	延津马岗晋墓、洛阳轴承厂CM1、涧西部分小型墓、董富妻郭氏墓（太和十二年）。
4	甲A 乙A 戊	曹连石棺墓（永安元年），景陵（延昌四年），元睿墓（熙平五年），寇猛墓（正始三年），元怿墓（孝昌元年），元叉墓（永平元年），元昺墓（永平四年），司马悦墓（永平元年），偃师联体砖厂M2、M4，元邵墓（建义元年），侯掌墓（正光五年），染华墓（孝昌二年），元暐墓（孝昌三年），王温墓（太昌元年），偃师杏园村M4031、M1101、M926。

---

[1] 洛阳市文物考古研究院：《洛阳北魏曹连石棺墓》，科学出版社，2019年。

表 2.2 洛阳地区随葬品组合

期	随葬品组合
1	**陶俑**（极少量男女奴仆俑；动物模型）；**陶器**（罐、盆、壶、甑、盘、碗、耳杯、鼎、奁、勺、灯、熏炉；仓、井、灶、磨）；**金属器及其他**（铜铃、博山炉、铜饰、铁帐构、连弧纹铜镜、五铢钱、珠玉玛瑙石器 / 少量仿铜礼器）。
2	**陶俑**（镇墓兽、镇墓武士、男女侍仆各一二件；动物模型）；**陶器**（罐、盆、壶、甑、盘、碗、耳杯、空柱盘、槅、奁、案；仓、井、灶、碓、磨、车、猪圈、灯、熏炉）；**青瓷器**（虎子及少量青瓷器皿）；**金属器及其他**（"位至三公"铜镜、铁镜、剪、帐座、铜洗、熨斗、熏炉、灯、弩机、带钩、饰片、铜钱）。
3	少量陶瓶、壶、罐、铜钱、银镯、指环、玛瑙饰物等。
4	**陶俑**（大量陶俑，含镇墓兽和镇墓武士各一对，武士、文吏、具装俑、伎乐和骑马伎乐、侍仆、持物杂役、胡俑；动物模型）；**陶器**（碗、盆、瓶、钵、杯、盏托、盒、灯；仓、井、灶、碓、磨、车）；**青瓷器**（碗、盘口壶、鸡首壶、唾盂、钵、烛台）；**金属器及其他**（铜唾盂、铜镜、铜瓶、铁剪、金箔饰片等）。

第1期：曹魏至西晋初期（三世纪二十至六十年代）。均为前后室砖墓，一般前室方形、后室长方形。以陶俑、陶瓷器皿和少量金属器随葬。陶俑仅有几件男女奴仆，陶瓷器具包括罐、盆、壶、甑、盘、碗、鼎、奁等日常器，灯、熏炉、仓、灶等模型及动物俑。金属器包括铜铃、博山炉、铜饰、铁帐构、连弧纹铜镜、五铢钱等，有些还有珠玉玛瑙等器。前堂部分是祭祀空间，铁帐构、灯、熏炉及陶瓷饮食器构成了墓内祭祀场景。

第2期：西晋中后期（三世纪七十年代至四世纪初）。数量最多，既有前后室和单室砖墓，也有单室土洞墓，个别前后室土洞墓。前后室墓葬的各室之间均有甬道相通，无论前后室墓还是单室墓均流行在四角砖砌角柱，墓壁大多较直，少数墓壁略外弧。角柱和外弧的墓壁都是为了承受穹窿顶的压力。单室土洞墓多长斜坡台阶状墓道。随葬品组合中，陶俑组合较为固定，一般以各一件镇墓兽和镇墓武士、一至二件男女侍仆俑为固定组合。陶瓷器中不见旧式的仿铜礼器，而增加了空柱盘、耳杯、槅、虎子、车及少量青瓷器皿，这些新增加的器型成为西晋墓葬的标准组合。最流行的金属器包括"位至三公"铜镜、铜洗、熨斗、熏炉、灯、弩机、带钩等。墓中出现碑形墓志。

第3期：十六国至北魏迁洛以前（四世纪初至五世纪末）。墓葬数量较少，包括单室土洞墓和部分竖穴土坑墓，前者墓道较窄、无台阶，后者多以砖或陶作棺，墓内设施均较简单。随葬品仅有少量陶瓶、壶、罐、铜钱、银镯、指环、玛瑙饰物。第2期的主要器类与器型均不见，仅有罐、壶等得到延续，但形制上有所不同。

第4期：北魏定都洛阳期间（五世纪末至六世纪三十年代）。包括单室砖墓和单室土洞墓，共同特征是墓道出现一至二组天井和过洞，墓壁多外弧，多四角攒尖顶，流行石门、石棺床和画像石棺。个别墓葬出现壁画,大多为贵族、官吏墓葬。少量规模较小的单室土洞墓和竖穴土坑墓都是小型平民墓。随葬大量陶俑,一般包括镇墓兽和镇墓武士各一对、武士、文吏、具装俑、伎乐、侍仆、持物杂役、胡俑。陶瓷器不见前期的榼、案、耳杯、勺等,而增加了许多青瓷碗、盘口壶、鸡首壶、唾盂等,这些青瓷器可能是长江中游的输入品。还有铜唾盂、铜镜、铜瓶、铁剪、金箔饰片等。流行盝顶盖方形石墓志。纪年多集中于北魏定都洛阳时期。

3. 等级

洛阳从西晋开始出现墓志,北魏大量流行,以墓志标识身份。从身份明确的墓葬看,墓主多是皇室成员、重臣和官吏,在墓室规模和空间设置上有明显的等级差别(表2.3)。

表2.3 洛阳地区身份明确的墓葬

墓葬	墓主身份	形制	墓室面积	墓道	石构	画像
曹魏太和二年曹休墓	大司马长平侯	甲B	前4.25×3.5 后3.6×1.75	斜坡台阶式墓道		无
元康三年裴祗墓	大司农关中侯	甲B	前3.1×3 后4.4×1.7	斜坡墓道	石条封堵	无
永宁二年士孙松墓	尚书郎北地传宣故命妇	甲B	前7×7.1 后7×3.9	斜坡墓道	石门	无
元康九年徐美人墓	贾皇后乳母美人	甲A	4.3×4.5	斜坡台阶式墓道	石门	无
枕头山M4	晋文帝峻阳陵陪葬墓	乙A	4.7×1.9	斜坡台阶式墓道	石门	无
太和十二年郭氏	太原郡狼孟县董富妻	乙A	3.1×1.4	斜坡墓道		无
延昌四年景陵	宣武帝景陵	甲A	6.7×6.9	斜坡墓道	石门 石棺床	无
孝昌元年元怿	清河王(孝文帝第四子)	甲A	5.5×5.5	斜坡墓道	石棺床	守门武士
孝昌二年元义	使持节侍中骠骑大将军仪同三司冀州刺史江阳王	甲A	7.5×7			墓壁残存四神壁画
熙平元年元睿	平远将军洛州刺史	甲A	4.4×4.4	竖井墓道		无
永平元年司马悦	豫州刺史	甲A	6.7×7	斜坡墓道		无

（续表）

墓　　葬	墓主身份	形制	墓室面积	墓　道	石构	画像
永平四年元因	辅国将军汲郡太守阳平王	甲A	5.1×5.1	斜坡墓道		无
建义元年元邵墓	侍中司徒公骠骑大将军常山文恭王	乙A	4×3.9	斜坡墓道、一天井	土棺床	无
永安元年曹连墓	安西将军凉州刺史	乙A	3.2×3.5	斜坡墓道、一天井	石棺	石棺画像
正光五年侯掌墓	奉朝请燕州治中从事史	乙A	3.2×3	竖井墓道		无
孝昌二年染华墓	镇远将军射声校尉赠乐陵太守	乙A	4.8×4.8	斜坡墓道、一天井		无
孝昌三年元暐	使持节散骑常侍尚书左仆射都督三州诸军事雍州刺史南平王	乙A	3.3×3.5	斜坡墓道、二天井	石棺	墓室曾有壁画

曹魏时期唯一身份确定的是太和二年（228）大司马曹休墓，是一座前堂、后室带对称耳室的墓葬（甲B型）。各室之间仅以隔墙相隔而无甬道，作为祭祀空间的前堂呈横列式，这些都保留了东汉墓葬的特征。这种墓葬与洛阳正始八年（247）墓[1]、可能属魏明帝郭皇后的西朱村M1（景元四年，263）[2]，以及发现于安阳西高穴的曹操墓都是同样形制[3]，规模差别不大，代表了曹魏墓的最高等级。

西晋时较高等级的墓葬采用单室砖墓（甲A型）、前后室砖墓（甲B型）和单室土洞墓（乙A型）三种形制。以较大的墓室面积、多级内收的斜坡台阶式墓道、石门等表示墓主的身份，如大司农关中侯裴祇墓、尚书郎北地傅宣命妇士孙松墓、贾皇后乳母徐美人墓、峻阳陵陪葬墓等。与此同时的小型墓葬则多为无台阶、无石门、较小墓室的单室土洞墓和竖穴土坑墓（戊类）。这种彰显墓主身份的方式与汉代已大不同，不再以墓室数目代表等级，而是以墓室内部空间大小彰显身份。从数量上看，前后室砖墓作为东汉遗留下来的旧制，逐渐被单室砖墓取代，后者成为洛阳西晋的主流墓葬形制。

十六国至北魏迁洛以前墓葬发现较少，仅太和十二年（238）董富妻郭氏墓身份明确，为长方形墓室（乙A型），墓室面积3.1×1.4米，当为平民中较高等级者。而同时

---

[1] 李宗道等：《洛阳16工区曹魏墓清理》，《考古通讯》1958年第7期；洛阳市文物工作队：《洛阳曹魏正始八年墓》，《考古》1989年第4期。
[2] 洛阳市文物考古研究院：《河南洛阳市西朱村曹魏墓葬》，《考古》2017年第7期。
[3] 河南省文物考古研究所、安阳县文化局：《河南安阳市西高穴曹操高陵》，《考古》2010年第8期。

的其他墓葬大多为竖穴土坑墓，墓室面积仅能容棺、墓内无特别设置，墓主主要为平民或进入中原的少数民族。

迁洛以后的北魏墓葬身份可考者均为单室砖墓（甲 A 型）和单室土洞墓（乙 A 型）。方形墓室者占了绝大多数，完全舍弃了汉代以来以墓室多少表示身份的作法，而主要以墓室面积大小、有无石门、石棺椁（多有画像）等表示身份。土洞墓还以有无天井表示身份。墓志的规范化是这个时期的突出现象，改变了西晋洛阳和北魏平城时期碑形墓志、砖志混杂的现象，一律是带盝顶的方形石志，志文格式较为规范。根据墓志，身份可考者均为元魏皇室成员或官吏墓葬，属大中型墓。大型墓和中型墓的区别主要是墓室大小，大型墓墓室边长一般在 5 米见方以上，墓主为皇室成员或高级官吏，如宣武帝景陵、江阳王元乂墓、清河王元怿墓、阳平王元昺墓等。中型墓墓室边长一般在 3—5 米见方，如洛州刺史元睿墓、凉州刺史曹连墓、奉朝请燕州治中从事史侯掌墓、镇远将军射声校尉染华墓等。但也有例外，如豫州刺史司马悦墓墓室面积甚至大于景陵，常山文恭王元邵墓边长不到 5 米，南平王元暐墓边长仅 3.3 米，这表明北魏后期丧葬模式还没有完全统一。值得注意的是，砖室墓和土洞墓之间似乎并没有明确的身份差别。

二、邺　城

1. 类型

邺城地区墓葬包括砖室墓、土洞墓和竖穴土坑墓三大类（图 2.3）。

甲类：砖室墓。只有单室墓（甲 A 型）一种。均方形墓室，四壁略外弧，由长斜坡墓道、甬道、石门和墓室组成，多为穹窿顶。甬道口上方多设高大门墙，大多曾有壁画。流行砖棺床或石棺床。多设盝顶盖方形墓志。

大型墓的墓室边长在 5 米以上，设石门、石棺床或砖棺床，流行在墓道、甬道、门墙、墓室四壁彩绘，多为皇室成员或重要勋贵墓葬。以武定八年（550）茹茹公主墓为例，斜坡墓道长达 22.79 米，设三道封门墙、石门和高大门墙，墓道两侧设壁龛，墓室设砖棺床，墓室边长约 5.2 米，随葬陶俑 1000 多件（图 2.3-1）。湾漳大墓也属此类，墓道长达 37 米，墓室边长 7.5 米。

中型墓的墓室边长在 5 米以下，为中低级官吏墓葬。如天统二年（566）尧峻墓，长斜坡墓道，甬道内设三道封门砖、石门，墓室面积 4.4×4.5 米（图 2.3-2）。属于此类的墓葬还有安阳固岸墓地 M6、M46、M51 等东魏北齐墓，讲武城太宁二年（562）比

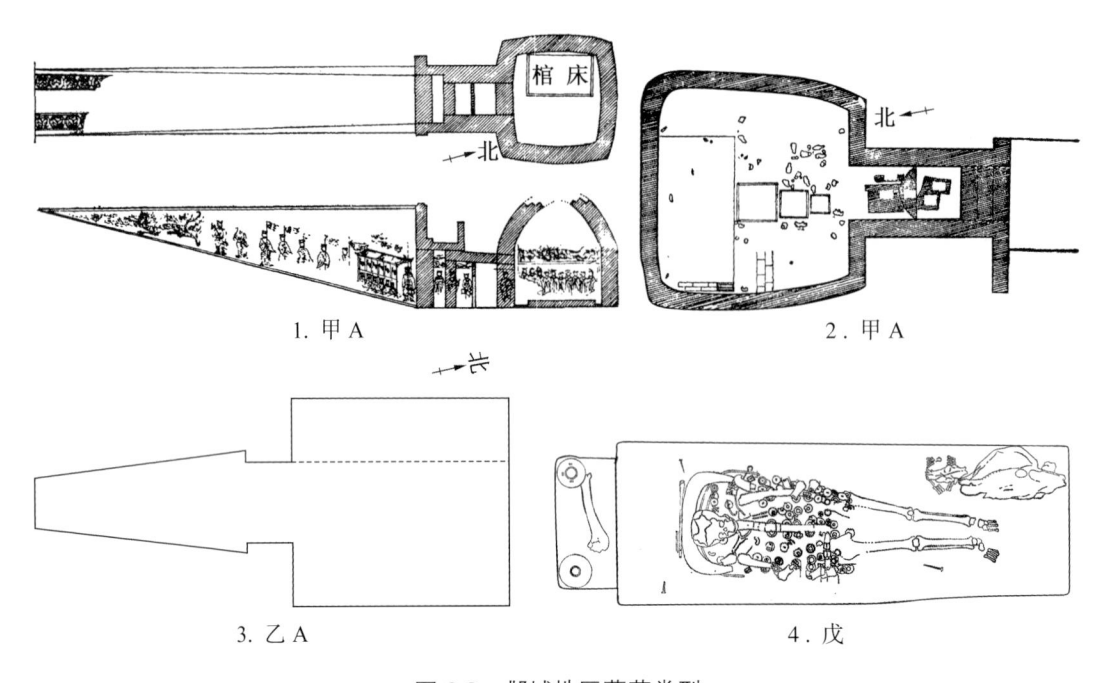

图 2.3　邺城地区墓葬类型
1. 武定八年茹茹公主墓　2. 天统二年尧峻墓　3. 武平六年范粹墓　4. 安阳孝民屯 M154

丘尼垣墓（M1），天统四年（568）和绍隆墓，武平元年（570）憨悼王妃李尼墓，濮阳武平七年（576）李云墓等。

乙类：土洞墓。仅有单室墓（乙 A 型）一种。是中低级官吏墓葬，均有斜坡墓道，方形或长方形墓室，穹窿顶，墓葬规模小于同等级砖室墓，多有壁画痕迹。如武平六年（575）骠骑大将军凉州刺史范粹墓，斜坡梯形墓道，方形墓室边长 2.8 米（图 2.3-3）。属此类的墓葬还有安阳固岸墓地东魏时期的 M57，北齐的 M2、M72、M48 等，天保四年（553）元良墓，武平七年（576）颜玉光墓等。

安阳固岸墓地东魏武定六年（548）谢氏冯僧晖墓（M57）是一座带天井的土洞墓，墓室内有一座围屏式石棺床，正面线刻墓主夫妇像，两侧为孝子故事（郭巨、丁兰、韩伯瑜），东西两壁为鞍马、牛车出行及男女侍者，并有青龙、凤鸟、麒麟、千秋万世、力士、神兽等图像[1]。这座墓较好地保存了石棺床的考古原境，在石棺床前地面上摆放着一组 7 件陶瓷器，完整地呈现了面向棺床的祭祀场景。

戊类：竖穴土坑墓。墓葬均为简单的长方形竖穴土坑，空间仅能置棺，一般仅随

---

[1] 河南省文物考古研究所：《河南安阳固岸墓地考古发掘收获》，《华夏考古》2009 年第 3 期；林圣智：《图像与装饰——北朝墓葬的生死表象》，台湾大学出版中心，2019 年，211—215 页。

葬几件陶罐、陶壶和铜钱，个别随葬马具，应是进入中原的少数民族首领墓葬。头部带壁龛。多以木棺为葬具，如安阳孝民屯 M154，长 2.5、宽 0.8 米，龛内置陶瓷瓶、罐和牛腿骨，木棺内置镏金铜马具一副（图 2.3-4）。也有的不带壁龛，葬具有木棺、陶罐或砖棺。砖棺者墓顶多为人字形斜插，起加固作用，如安阳大司空村 M38。这类墓葬可能也是进入中原的少数民族墓葬。类似砖棺墓曾在北京大兴三合庄魏晋墓群中发现。

2. 分期

以上几类墓葬从形制上有明显的阶段性变化，根据墓葬的纪年物，参考随葬品组合和墓室画像，可以分为三期（表 2.4、表 2.5）：

表 2.4　邺城地区墓葬分期

期	墓葬类型	墓　　例
1	戊	安阳孝民屯 M154 等 5 座、安阳大司空村 M38。
2	甲 A	姚赵氏墓（武定五年）、固岸墓地谢氏冯僧晖墓（武定六年）、茹茹公主墓（武定八年）、湾漳大墓。
3	甲 A、乙 A	高润墓（武平七年），元良墓（天保四年），讲武城 M1（太宁二年）、M56，尧峻墓（天统二年），和绍隆墓（天统四年），李云墓（武平七年），范粹墓（武平六年），颜玉光墓（武平七年），沁阳石棺床墓等。

表 2.5　邺城地区随葬品组合

期	主　要　随　葬　品
1	**陶器**（罐、瓶、壶）；**金属器及其他**（镏金铜马具、马饰、铜镞、"长宜子孙"铜镜、玛瑙珠等）。
2	**陶俑**（镇墓兽和镇墓武士各一二对、具装俑、侍卫骑俑、伎乐骑俑、侍从骑俑、持盾俑、箭箙俑、步行伎乐俑、文吏、女官、杂役、胡俑；动物模型）；**陶器**（编钟、编磬；仓、井、灶、碓、磨、厕；盘、瓶、长颈壶、碗、钵、杯；仿铜陶鼎、方壶等）；**青瓷器**（莲花盖罐、碗等）；**金属器及其他**（西方金币、玛瑙、料珠、金饰、石灯等）。
3	**陶俑**（种类大致同 2 期；胡俑和武装俑比例增加）；**陶器**（仓、井、灶、碓、磨、厕等）；盘、壶、长颈瓶、绿釉或黄釉扁壶等）；**青瓷器**（鸡首壶、盘口壶、莲花盖罐、四系罐、莲瓣碗、高足莲瓣盘、虎子、白釉莲花罐、碗等）；**金属器及其他**（镏金铜壶、玛瑙、料珠、金银饰物、石灯等）。

第 1 期：西晋晚期至十六国慕容垂据邺城期间（四世纪初至四世纪末）。仅发现了一些小型竖穴土坑墓，反映了十六国时期中原空虚的情况。这些土坑墓空间仅能置棺，

一般仅随葬几件陶罐、陶壶和铜钱，有的随葬镏金马具和马饰，墓主可能是进入中原的少数民族首领。

第2期：东魏至北齐早期高洋统治时期（六世纪四五十年代）。均为单室砖墓，方形墓室，四壁略外弧，由长斜坡墓道、甬道、石门和墓室组成，多为穹窿顶，甬道口上方多设高大门墙，大多曾有壁画，壁画分层布局。流行砖棺床或石棺床，多设盝顶盖墓志。其中大型墓墓室边长在5米以上，最长达7.5米，设三道以上封门墙、甬道前后分段，设石门、石棺床，流行大面积壁画，尤以墓道两侧规模庞大的仪仗队列突出，墓主为皇帝或皇室重要成员。中型墓墓室边长小于5米，设二道封门墙，不见石门、石棺床，壁画面积较小，尤其墓道不见出行仪仗，墓主为普通贵族或官员等。以庞大的陶俑群随葬，墓葬等级越高，陶俑尤其是具装俑和武装仪卫俑越多。一般包括镇墓兽和镇墓武士各一二对、具装俑、侍卫骑俑、伎乐骑俑、侍从骑俑、持盾俑、箭箙俑、步行伎乐俑、文吏、女官、杂役、胡俑、动物模型等。陶器除了日用陶器和模型明器外，还包括编钟、编磬、仿铜陶鼎、方壶等仿铜礼器，一般出现在高等级墓中。另外出现了大量青瓷器，应是墓内祭祀供奉饮食的容器，这些青瓷器可能来自长江流域。高等级墓还随葬西方金币、玛瑙、料珠、金饰、石灯等。

茹茹公主墓和湾漳大墓是邺城最高等级的墓葬，流行大面积壁画。壁画采取分栏布局，根据墓葬各部位象征的不同功能而定，如墓道象征宅前门道，在墓道地面绘有地毯式的莲花、花草图案；在墓道两壁分别绘制与墓主身份相称的出行仪仗队列，并以屋宇作为背景，均由青龙白虎引导；甬道象征门廊，在两壁绘制属吏和侍卫，表示属吏在门廊等待谒见；墓室象征内室，在四壁绘墓主的内庭生活景象，如墓主端坐、侍者供奉、伎乐宴享、属吏拜见等内容。墓道、甬道、墓室的上层以及门墙和墓顶象征高于世俗生活的天上虚拟世界，绘制与升天有关的内容，如墓室顶部的日月星辰等天象，墓道、甬道上层和门墙的方相氏、四神、羽人等。值得注意的是，安阳固岸墓地东魏武定六年（548）谢氏冯僧晖墓石棺床采取了北齐流行的围屏石榻形式，但画像内容明显继承了洛阳画像的传统题材，如鞍马、牛车出行、孝子故事等，与北齐石棺床多粟特图像明显不同。

第3期：北齐中后期（六世纪六七十年代）。墓葬数量增多，包括单室砖墓和单室土洞墓两类。土洞墓为方形或近方形墓室，穹窿顶，墓葬规模小于同等级砖室墓，多有壁画痕迹。大型单室砖墓，墓室边长在5米以上，设三道封门墙、石门、石棺床，有大面积壁画等，墓主为皇室重要成员，如左丞相文昭王高润。中型单室砖墓墓室边长一般3—5米，设一至三道封门墙，无石门、砖棺床，仅在门墙或墓室绘壁画，墓主为中级官吏或贵族，如骠骑大将军赵州刺史尧峻及两位夫人合葬墓、东徐州刺史和绍隆及妻元华合葬墓、豫州刺史李云墓、司马氏太夫人比丘尼垣墓、愍悼王妃李尼墓等。土洞墓墓主也是中级官吏或贵族，但墓葬规模小于同等级的砖室墓，如骠骑大将军开府仪同三司凉州刺史范粹墓，边长不到3米；高洋妃颜玉光墓边长仅2.4米等。除墓室面积、墓葬结构外，墓志也是区别墓主身份的一个标志，如高润墓志边长73.5厘米、四铁环；尧峻墓志边长86厘米、四铁环，其妻吐谷浑氏墓志边长64厘米、四铁环，独孤氏墓志边长43厘米、二铁环。

陶俑种类大致同前期，但胡俑和武装俑比例增加；陶瓷器中编磬、编钟等仿铜礼器消失，而青瓷器比例大大增加，有来自长江流域的青瓷鸡首壶、盘口壶、莲花盖罐、四系罐、莲瓣碗、高足莲瓣盘、虎子等，也有北方所产的绿釉或黄釉扁壶、白釉莲花罐、长颈瓶、碗等，有的纹样带有明显的外来文化风格。

本期壁画墓有高润墓、讲武城M56、尧峻墓、颜玉光墓等。高润墓的墓道、甬道、门墙和四壁均有壁画痕迹，代表了墓葬的最高等级，北壁不再分层布局，而是一幅"举哀图"占据了整个壁面。等级稍低的其他墓葬也未见分层布局的迹象，其中讲武城M56不是上下分栏，而是以红色栏框将各画面相隔，组成屏风画布局，可能代表一种新的壁画布局方式的出现，类似屏风画在青齐地区北齐墓中较为流行。

邺城地区墓葬无论形制结构还是随葬品和壁画，都是北魏洛阳规制的延续和进一步规范化，并呈现出很强的一致性，天圆地方的单室墓形态成为墓葬的主流，等级越高，墓室纵向隆起越高，表明墓室空间的营造理念发生了很大变化。在空间营造上更加强调身份等级，以墓道、墓志、出行俑群和出行壁画等手段塑造身份。墓道出现大场面的出行行列，地面也有绘画，墓道的礼仪涵义更加明确。

三、云　代

1. 类型

云代地区墓葬包括砖室墓、土洞墓、竖穴土坑墓三大类（图2.4）。

甲类：砖室墓。

A型：单室砖墓。由长斜坡墓道（个别竖井墓道）、甬道和墓室组成，墓壁略外弧，四角攒尖顶。如太和元年（477）宋绍祖墓，墓道设两组过洞和天井，墓室弧方形，边长约4.1米，墓室中央设三开间仿木构石椁，甬道和石椁壁面有壁画。葬于太安三年（457）的尉迟定州墓也是一座弧方形、四隅券进式穹窿顶单室砖墓，在墓室右侧置有一座带前廊的三开间悬山顶仿木构石椁，椁内置一具石棺床。在石椁封门石上刻有 97 字铭文，内容与买地券相似。在墓道内发现排列整齐的动物头骨，是牲祭遗存[1]（图 2.4-1）。

B 型：前后室砖墓。由斜坡墓道、甬道、前后墓室组成，墓室四壁中部略向外凸出，墓室略成弧方形。如延兴四年（474）司马金龙墓，墓道内两侧砖砌两堵墙。前室左侧另设方形耳室，前室边长 4.4 米；后室边长超过 6 米，内设石棺床、石柱础、木板漆画等。司马金龙墓表和墓志为碑形，姬辰墓志为方形。冯太后方山永固陵太和五年（481）营建，八年而成，太和十四年（490）下葬，由墓道、甬道和前后室组成，墓道内以石墙护壁，有厚达 2.1 米的封门砖墙，甬道前后各有一道大型石券门，石工精细，但无门轴不能开合。墓室总长 17.6 米，前堂呈梯形，券顶；后室近方形，四壁外弧，为四角攒尖式墓顶，墓顶中央嵌有一块莲花图案的盖顶石。墓室地面以 50 厘米见方的大方砖铺地。根据棺椁残迹，可知后室是棺室，前堂应是祭祀空间，但与东汉同类型墓不同的是，此墓最宽敞高大的空间不在前堂，而是作为棺室的后室，南北长 6.4、东西宽 6.83、高 7.3 米，高度近前室的二倍，外弧、加宽的墓壁上承苍穹式的墓顶。方山永固陵在空间营造理念上显然更强调后室的地位（图 2.4-2）。怀仁县发现的丹扬王墓为一座前中后三室加左右侧室组成的砖室墓，但具体形制不清，据报道，墓砖浮雕四神、莲瓣、忍冬、连珠纹饰，墓道口两侧彩绘"守护神"，墓砖上有"丹扬王墓砖"字样。

乙类：土洞墓。仅有单室墓（乙 A 型）一种。由斜坡墓道（少数竖井墓道）、墓门和洞室构成。以大同电焊器材厂 M112 为例，墓室为不规则长方形，长 3.9、宽 0.73 米，内置线刻石棺床，未见木质葬具，发现殉牲迹象（图 2.4-3）。这类土洞墓在大同南郊发现较多，墓室长 3 米左右，宽 1 米左右，有的墓室设小龛存放随葬品。木棺为前宽后窄形，个别木棺有彩绘，发现殉牲现象，可能是鲜卑人墓葬。此类型中最特殊的一座是皇兴三年（469）邢合姜石椁墓，石椁内壁彩绘了 14 尊坐佛及飞天、供养人、护法神兽等形象，似模拟佛殿。

戊类：竖穴土坑墓。墓室呈长方形或梯形，大小仅能容棺，多有前宽后窄的木棺，多为单人葬，少量合葬，发现动物骨骼等殉牲迹象。与乙类土洞墓一样，多见于大同南郊墓群，应也是鲜卑人墓葬，但等级要低于土洞墓，如大同电焊器材厂 M235（图 2.4-4）。

---

[1] 大同市考古研究所：《山西大同阳高北魏尉迟定州墓发掘简报》，《文物》2011 年第 12 期；殷宪、刘俊喜：《北魏尉迟定州墓石椁封门石铭文》，《文物》2011 年第 12 期。

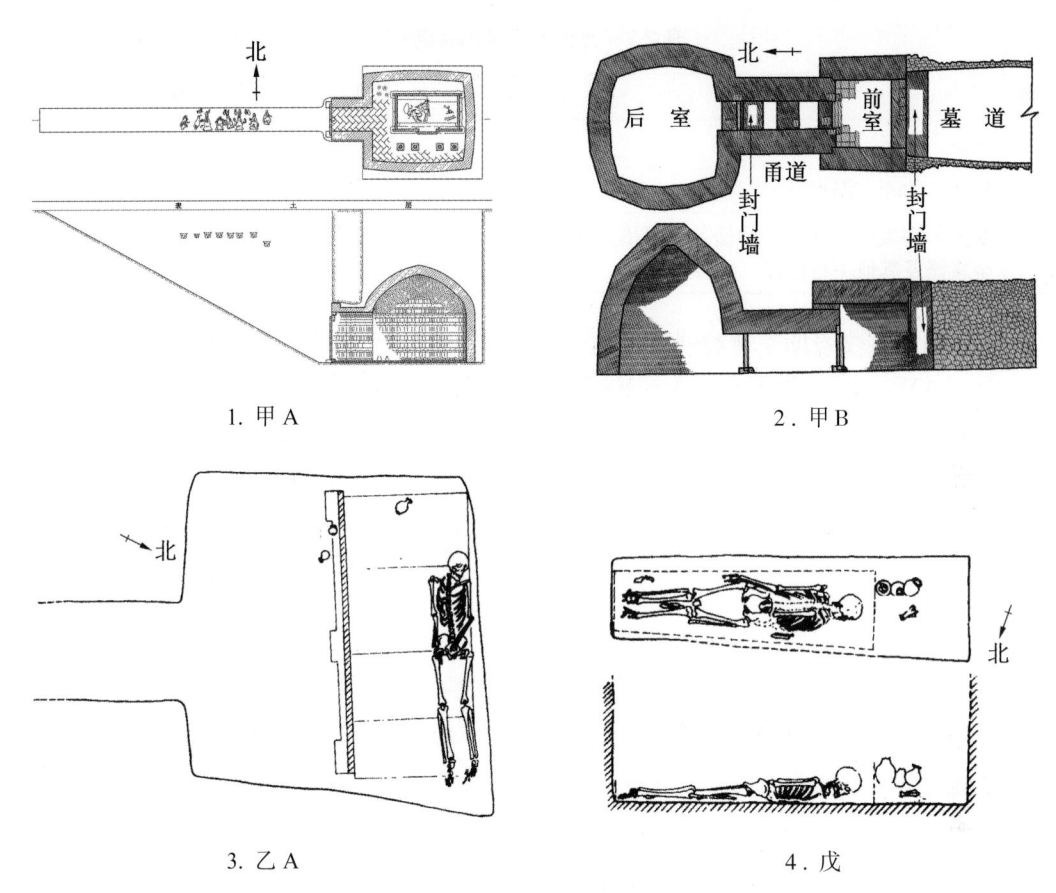

图 2.4　云代地区墓葬类型

1. 甲 A　　2. 甲 B　　3. 乙 A　　4. 戊

1. 太安三年尉迟定州墓　2. 太和八年冯氏永固陵　3. 大同电焊器材厂 M112　4. 大同电焊器材厂 M235

2. 分期

以上几类墓葬从形制上有明显的阶段性变化，根据随葬品组合和纪年材料，可将云代地区墓葬分为三期（表 2.6、表 2.7）：

表 2.6　云代地区墓葬分期

期	墓葬形制	墓　例
1	乙 A、戊 A、戊 B	三道湾墓地、善家堡墓地、下黑沟墓地、二兰虎沟墓地等。
2	甲 A、乙 A	美岱村北魏墓，固阳北魏墓，西沟子村 M1、M2 等。
3	甲 A、甲 B、乙 A、戊 A	大同电焊器材厂墓地、丹扬王墓、齐家坡墓、金属镁厂墓地、尉迟定州墓（太安三年）、沙岭壁画墓（太延元年）、邢合姜石椁墓（皇兴三年）、司马金龙墓（延兴四年、太和八年）、方山永固陵（太和八年）、和林格尔壁画墓、宋绍祖墓（太和元年）、智家堡壁画墓、云波里路壁画墓、文瀛路壁画墓、呼市大学路北魏墓、封和突墓（正始元年）、姚齐姬墓（太和十三年）、元淑墓（正始五年）等。

墓葬时空｜时间和空间序列

表 2.7　云代地区随葬品组合

期	主　要　随　葬　品
1	陶罐、陶壶、铜鍑等。
2	陶罐、陶壶、铜鍑等。
3	**陶器**（陶罐、陶壶等；陶俑、陶模型器、陶模型动物等）；**青瓷器**（鸡首壶、盘口壶、碗等）；**金属器及其他**（石托杯、砚台、石灯；铜鍑、西方风格的金银器、玻璃器）。

第1期：东汉晚期至曹魏时期（二世纪初至三世纪中）。以无壁龛的竖穴土坑墓为主，三道湾墓地和善家堡墓地的大多数墓葬都属本期。基本特征是墓室长方形或梯形，大小仅能容棺，多有前宽后窄的木棺，以单人葬为主，发现动物骨骼等殉牲迹象。随葬品较为简单，只有陶罐、陶壶、铜鍑及少量装饰品。本期墓葬的总体面貌与二兰虎沟墓地[1]接近，应该同属檀石槐迄柯比能鲜卑大联盟时期，墓葬形制和随葬品是典型的鲜卑风格。

第2期：北魏初期（以盛乐为都时期，即三世纪中至四世纪末）。除了少量东汉中原地区流行的前后砖室墓外，单室砖墓为新出现的墓葬形制。其中美岱村墓中出土了"皇帝与河内太守铜虎符"，这种直壁砖室墓在中原地区主要流行于曹魏至西晋初期。单室土洞墓成为本期的普遍形制。这个阶段，北魏墓葬受到中原墓葬因素的影响，但仍保留了鲜卑文化风格，如殉牲、陶器组合等。

第3期：北魏定都平城期间，最晚到迁洛前后（四世纪末至六世纪初）。墓葬数量多、种类丰富，四种墓葬形制俱备，可以代表北魏平城时期墓葬的几个等级，反映了平城地区人口集聚的情况。墓葬等级表现在建筑材料、墓室大小与结构繁简、随葬品多少等方面。其中前后室砖墓等级最高，墓主为帝后或异性重臣。单室砖墓也属等级较高的一类，墓主既有鲜卑贵族（如使持节平北将军平城镇将元淑）、非鲜卑族官吏（幽州刺史敦煌公宋绍祖、屯骑校尉建威将军洛州刺史封和突），也有普通平民（如廉凉州妻姚齐姬）。前后室墓是东汉以来的旧制，这个时期逐渐减少，单室砖墓逐渐成为主流。单室砖墓以墓室大小等区别墓主身份等级。单室土洞墓和竖穴土坑墓的墓主身份不清，应有等级差别。以电焊器材厂墓地100多座墓葬为例，其中M109、M107等出土了大量金银器皿和草原风格的装饰物品，M112有线刻石棺床，有的木棺还有彩绘，这些墓葬可能是鲜卑贵族墓葬，而其他大多数土洞墓和土坑墓则形制简陋、随葬品稀少，应为普通各族平民的墓葬。

---

[1] 郑隆：《内蒙古文物工作组再一次调查二兰虎沟的匈奴古墓》，《文物参考资料》1956年第11期；《察右后旗二兰虎沟古墓群》，《内蒙古文物资料选辑》，内蒙古人民出版社，1964年。

四、幽 蓟

1. 类型

幽蓟地区的墓葬发现较少,均为砖室墓(图2.5)。

A型:单室墓。均由墓道、短甬道和长方形墓室组成,多为券顶。如北京西郊八宝山发现的幽州刺史王浚妻华芳墓,甬道内设二道封门墙和青石墓门,墓室长5.6、宽2.7米。墓道偏于一侧,内有二道青石封门。墓室内棺前有一组构建祭祀场景的漆器和铜熏炉(图2.5-1)。

B型:前后双室墓。均由墓道、短甬道和长方形墓室组成,一般前室近方形、覆斗形顶,后室长方形、券顶。一般前室置随葬品,后室为棺室。如北京石景山八角村魏晋墓,甬道内置浮雕石墓门,门扉雕刻武士执戟和三角纹,前室长2.19、宽2.15米,后室长2.9、宽1.93米。前室内有一庑殿顶石椁,椁内壁绘墓主宴饮和牛车图(图2.5-2)。

C型:前中后三室墓。均刀把形墓,一般前后室长方形、中室近方形。如北京顺义大营村M3,前室长2.62、宽1.68,中室长宽各1.7,后室长2.8、宽1.05米,中后室均为棺室(图2.5-3)。

此外,2014年在北京大兴三合庄的基建项目中,发现了200余座东汉至明清墓葬,大部分魏晋墓属上述砖室墓,也有一部分简陋的砖室墓,用砖砌成梯形椁室。年代上可能比上述有纪年的西晋墓要晚,很可能是十六国至北朝时期的墓葬,墓葬形制与安阳一带所见十六国墓相似。十六国时期的幽蓟地区是辽东、辽西与中原联系的纽带,当有大量少数民族或汉人流民内迁至此。其中1座发现"元象二年(539)四月十七日乐良(浪)郡朝鲜县人韩显度铭记",墓主应来自高句丽灭乐浪后侨置于辽西和冀东的朝鲜县[1]。大兴墓群魏晋墓内发现烟熏痕迹,可能是墓葬封闭前烧物祭祀的痕迹。此外还发现一组十座相连的迁葬墓,围绕在一个共用前堂的三面,除后部并列二座为长方形券顶,较为讲究外,左右两侧各四座,形制相同,结构简陋,各室内皆有二次葬人骨。墓顶为人字形斜插结构,与安阳大司空村十六国墓相似,可能是十六国时迁居于此的鲜卑或乌桓人墓。

幽蓟地区墓葬还包括1963年在怀柔韦里村发现的1座北齐墓,墓室被破坏,形制不清,出土傅显隆墓志一合,长52、宽14厘米,盝顶盖。书"大齐武平二年

---

[1] 北京市文物研究所:《北京市大兴区三合庄东魏韩显度墓》,《考古》2019年第9期。

1. 甲 A

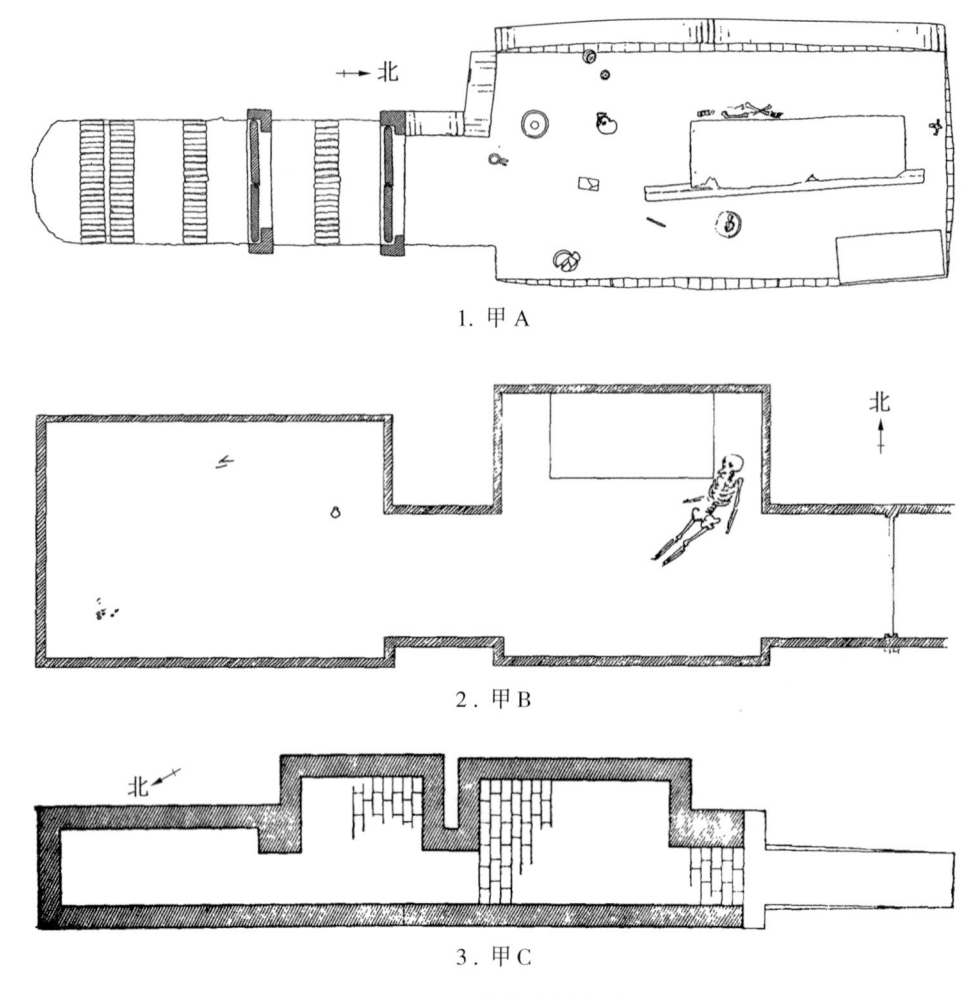

2. 甲 B

3. 甲 C

图 2.5　幽蓟地墓葬类型
1. 八宝山华芳墓　2. 石景山八角村魏晋墓　3. 顺义大营村 M3

（571）……平北将军幽州治中……渔阳四县令傅显隆铭"，出土陶俑多件，均已碎断，系女俑，梳高髻，衣服有彩绘。1973 年发现的王府仓墓为半圆形单室砖墓，墓室原有壁画，出土的常平五铢及陶瓷器表明其时代可能为北齐，但该墓破坏严重，具体形制不清。

2. 分期

幽蓟地区墓葬可以分为二期：

第 1 期：西晋时期（三世纪七十年代至四世纪初）。以大营村 8 座、景王坟 2 座、华芳墓、八角村墓为代表。流行长方形刀把形墓，随葬品以中原魏至西晋流行的组合为主，也有少量区别于中原汉晋文化系统的器物，如扁壶、玻璃碗等。墓主身份大多不明确，应有等级之分，其中王浚妻华芳墓和八角村墓等级较高，表现为墓室面积较大，甬道设多道封门墙和石墓门，八角村墓还在墓室设大型石椁，彩绘墓主宴饮场面。华芳墓随葬了较多贵重的金属器和珍惜的玻璃器。华芳卒年正值王浚割据幽州之时，314年石勒攻破王浚时，"簿王浚官寮亲属，皆赀至巨万"[1]，其妻之奢华埋葬表明了当时幽州墓葬的最高等级。

第2期：北朝时期。主要是武平二年（571）傅显隆墓和王府仓北齐墓，二墓是幽蓟地区北齐墓葬的代表，但均被严重破坏，具体情况不清。傅显隆墓志为碑形，而同时期的中原地区均已流行盝顶盖方形墓志，反映了幽蓟地区墓葬发展相对滞后的状况。

五、定 冀

1. 类型

定冀地区发现的墓葬较少，均为砖室墓，由墓道、甬道和墓室组成，多为穹窿顶，墓室均有较大弧度（图2.6）。

A型：单室砖墓。以吴桥M2为例（图2.6-1），墓室为圆角弧方形。属于此类的墓葬还有博陵太守邢伟及夫人封氏、房氏合葬墓，兖州瀛县令常文贵墓，吴桥无纪年的M1、M3、M4，祠部尚书赵州刺史崔昂墓等。以崔昂墓规模最大，墓室呈圆形，直径达10米，墓室北半部为半圆形棺床，有仿木构石墓门；其他几座墓室边长均在4—6米之间，未见石门、棺床等设置。

B型：前后室砖墓。赞皇发现的武定二年（544）都督五州诸军事司空公李希宗夫妇墓，墓门上方有砖砌仿木构门墙，前后室均为四角攒尖顶，后室边长4.5米，发现屏风痕迹，前室面积略小（图2.6-2）。景县发现的武定五年（548）左光禄大夫雍州刺史高长命墓，墓门上方也有高大砖砌门墙，并彩绘槛柱、门卒及兽首人身像（图2.6-3）。

C型：多室砖墓。景县发现的天平四年（537）冀州刺史高雅夫妇和子女合葬墓，墓室为椭圆形，墓门上方也有高大砖砌门墙，在主室的东侧和后部另建小室，以葬其子女，属袝葬性质（图2.6-4）。

定冀地区发现的砖室墓多为世家大族墓，多聚族而葬，除了上述李氏、崔氏、高氏墓外，还有景县封氏墓群（正光二年封魔奴墓、兴和三年封延之墓、河清四年封子绘），

---

[1]《晋书》卷三十五《裴楷传》，1051页。

1. 甲 A　　　　　　　　　　　　2. 甲 B

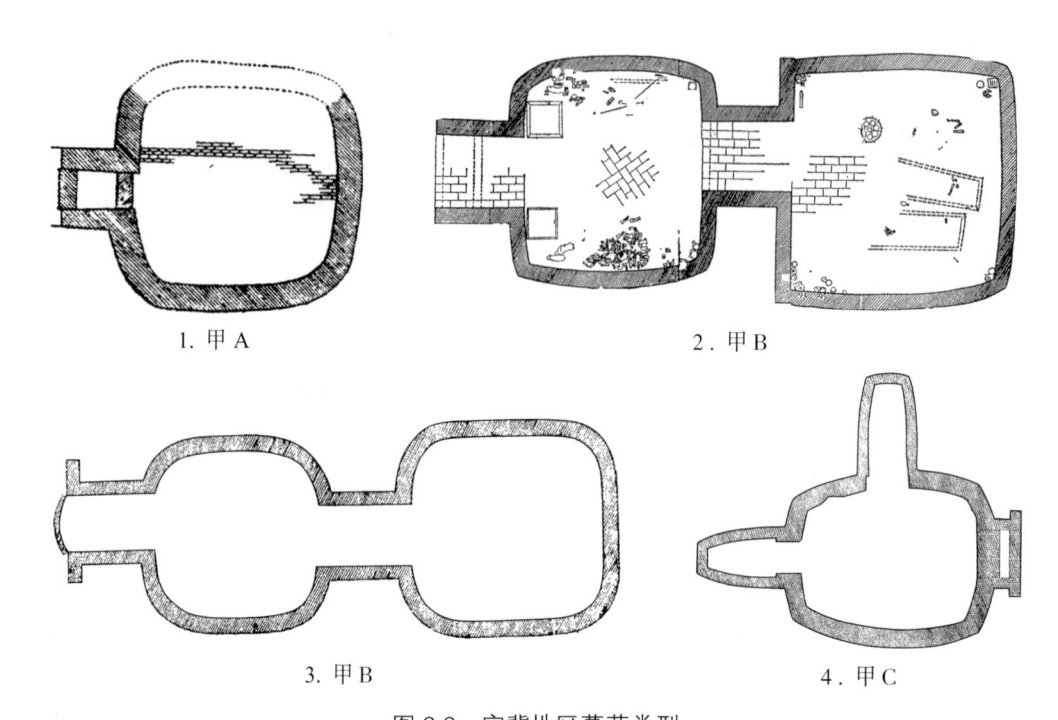

3. 甲 B　　　　　　　　　　　　4. 甲 C

图 2.6　定冀地区墓葬类型
1. 吴桥 M2　2. 武定二年李希宗墓　3. 武定五年高长命墓　4. 天平四年高雅墓

无极甄凯墓等。较早的是多室砖墓，较晚的是单室砖墓，墓室结构的变化趋势与中原地区保持一致。

2. 分期

定冀地区的砖室墓可以分为前后两个阶段。

第 1 期：北魏后期至东魏初期（六世纪初至三十年代）。以单室砖墓为主，以弧方形墓室为特色。随葬品主要有镇墓俑、胡俑、仪仗鼓吹俑，陶模型明器，陶碗、碟、杯类小件饮食器和青瓷唾壶、罐等大件饮食器。也有铜长颈瓶、镰斗、金银首饰、金箔云母片等。青瓷器应是长江中游输入品。

第 2 期：东魏中期至北齐时期（六世纪四十至七十年代）。以单室砖墓为主，墓室向外的弧度增大，大多呈椭圆形，个别为圆形，流行在墓门上方砖砌高大的仿木构门墙，绘以门卒、异兽等壁画。随葬品中，骑马俑的比例增大，出现较多胡俑和着鲜卑服饰的俑。陶俑的形象相对显得丰壮。青瓷器随葬十分普遍，除了青瓷杯、碗、碟外，出现了较多的盖罐、唾壶、盘口壶、鸡首壶、尊等大件精致的青瓷器，这类青瓷器可能也多来自长江流域窑场。此外，本期墓葬还出土了东罗马金币和玻璃器等来自西方的器物。

六、并 州

1. 类型

并州地区墓葬分为砖室墓和土洞墓两大类（图2.7）。

甲类：砖室墓。

A型：单室砖墓。是并州地区北齐墓的主流，均由长斜坡墓道、甬道和墓室三部分组成，弧方形墓室，墓壁外弧几近圆形。此类墓葬根据墓主身份之别而有等级之分，最高等级者为河清元年（562）定州刺史顺阳王厍狄迴洛墓、武平元年（570）右丞相东安

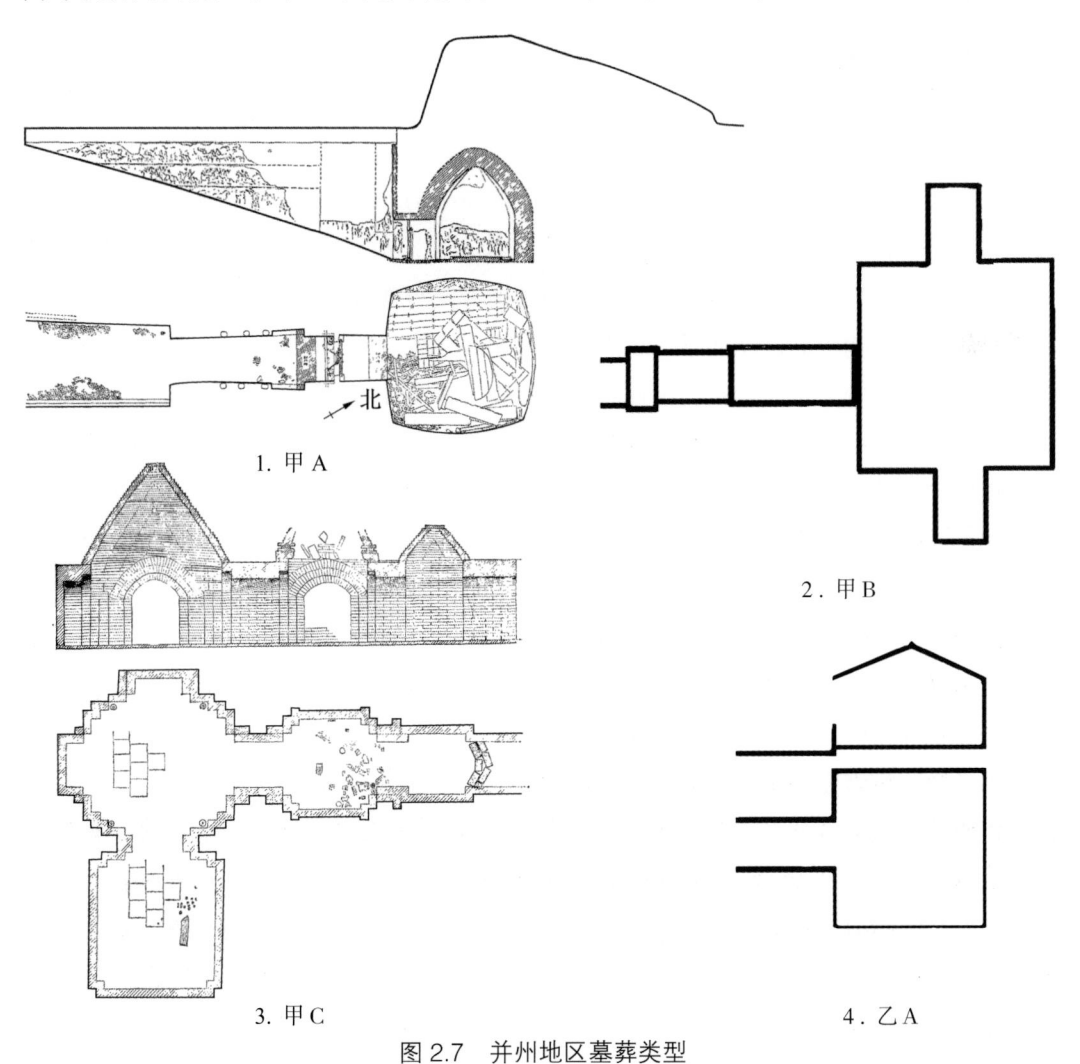

1. 甲A

2. 甲B

3. 甲C

4. 乙A

图2.7 并州地区墓葬类型
1.武平元年娄叡墓 2.太和廿三年李诜墓 3.运城十里铺西晋墓 4.天保十年张肃俗墓

墓葬时空｜时间和空间序列

王娄叡墓、武平二年（571）北齐太尉武安王徐显秀墓等，均有仿木构石墓门、砖棺床和大型木椁，墓室边长在5.5米左右。

库狄迴洛墓地面尚存高大封土，由长斜坡墓道、砖砌券顶甬道、石门和弧方形墓室组成，墓室中部置一座房形木椁，椁内置木棺一具，棺内发现并列的人骨架三具。椁前遗留有四件石柱础，可能曾是一个由帷帐构成的祭祀空间。甬道口发现的三合青石墓志表明，此墓是一座河清元年（562）迁葬的夫妇合葬墓，墓主是北齐定州刺史、太尉公、顺阳王库狄迴洛及其妻斛律氏、尉氏。据墓志，库狄迴洛先是窆于晋阳大法寺，以太牢之礼祭之，后与早逝的二妻合葬于朔州城南。

娄叡墓地面还有夯筑封土，墓道长21.3米，内设天井、木柱和瓦顶；墓室四壁外弧，有青石墓门，穹窿顶。墓室西部有砖砌棺床，有一椁二棺。墓门、墓道、甬道、墓顶和四壁均分层布置壁画（图2.7-1）。

徐显秀墓是晋阳地区的一座高等级墓葬。墓葬地表尚存夯筑封土，地下斜坡墓道内设有2组天井和过洞，甬道和墓室砖砌，石门门楣、门槛上以浮雕和彩绘方式装饰莲花、模拟宝珠、忍冬等图案。墓室为弧方形穹窿顶结构，在西侧砖砌棺床，另一侧摆放着以镇墓兽和武士为中心的陶俑群及一组陶瓷器，墓志放置在棺床近墓门处。在墓道、甬道和墓室四壁皆有彩绘壁画，壁画内容和布局方式与邺城墓葬相似，皆是以正壁的墓主像为视觉中心构成的仪仗出行、宴饮场景。

次等者为骠骑大将军青州刺史韩裔墓和骠骑大将军开府仪同三司贺拔昌墓，前者甬道上方有仿木构门罩、浮雕石门，后者墓室边长2.4米，均不见棺床、木椁、壁画等。

B型：并州地区还有一类带耳室的单室砖墓，年代要早于前述单室墓，如曲沃县发现的太和廿三年（499）李诜墓，分主室和左右耳室，穹窿顶，主室后部有砖砌棺床，墓道内设一天井和过洞，墓室呈方形，边长约2.6米，四角嵌有砖雕兽头和莲花装饰（图2.7-2）。

C型：多室砖墓。这类墓葬发现较少，以运城十里铺西晋墓为例，分前中后三室及一侧室，各室以短甬道相通，均为四角攒尖顶，中室、后室和侧室四角砖砌角柱，顶端作砖砌模拟斗拱，后室西壁及南壁砌成拱券门状，四壁门角处各有一圆形门轴。中室主要置随葬品；侧室发现棺木遗迹，应为主室，长3、宽2.7米（图2.7-3）。

乙类：土洞墓。均单室墓（乙A型）。由墓道和土洞墓室组成，均四角攒尖顶。此类墓葬发现较少。太原发现的天保十年（559）张肃俗墓边长2.9米（图2.7-4）。贺娄悦墓形制与此相似。此外，榆社发现的神龟年间方兴画像石棺墓[1]也属此类，但具体形制不清。

---

[1] 王太明、贾文亮：《山西榆社县发现北魏画像石棺》，《考古》1993年第8期。

2. 分期

以上几类墓葬从形制上有明显的阶段性变化，根据墓葬纪年物，参考随葬品组合和墓室画像情况，可以分为三期（表2.8、表2.9）：

表2.8　并州地区墓葬分期

期	墓葬形制	墓　　例
1	甲B	运城十里铺晋墓、长治西晋墓。
2	乙A、甲B	辛祥墓（神龟三年）、李诜墓（太和廿三年）、方兴墓（神龟年间）。
3	甲A、乙A	太原热电厂壁画墓、子辉墓（天保七年）、库狄迥洛墓（河清元年）、韩裔墓、娄叡墓（武平元年）、贺娄悦墓（皇建元年）、张肃俗墓（天保十年）、贺拔昌墓（天保四年）、太原徐显秀墓、忻州九原岗壁画墓、朔州水泉梁壁画墓等。

表2.9　并州地区随葬品组合

期	主　要　随　葬　品
1	**陶俑**（男女侍、动物）；**陶器**（双耳罐、矮领罐、勺、盘、耳杯、榼、樽、仓、井、磨、碓、灶、牛车）；五铢钱等。
2	**青瓷器**（盘口壶、盏托）、石灯、陶灶、铜镜、铜手镯、砖雕人物和牵马俑等。
3	**陶俑**（镇墓俑、出行仪仗、庖厨童仆、动物）；**陶器**（罐、壶、仓、井、灶、车、磨、碓、厕）；**青瓷器**（鸡首壶、盘口壶、贴花瓶、盂、灯、盏托）；**铜器**（长颈瓶、唾壶、熏炉、盒、鎏金镳斗、高足盘）；金银珠玉琥珀饰；蚌壳饰物；常平五铢等。

第1期：西晋时期（三世纪中至四世纪初）。以运城十里铺多室砖墓为代表，墓室四角砖砌角柱的特征沿用了洛阳西晋墓的作法，随葬的器物群也与洛阳地区晋墓基本一致。

第2期：迁洛以后的北魏时期（五世纪末至六世纪前期）。包括单室土洞墓和带对称耳室的砖室墓。单室土洞墓是同时期洛阳地区常见的形制。带对称耳室的砖室墓是中原地区魏晋流行的墓制，北魏迁洛前的平城地区仍然流行，迁洛后的洛阳地区砖室墓耳室趋于蜕化，仅见的洛阳孝昌二年（526）元乂墓仅有对称假耳室[1]。本期方兴石棺（神龟年间遂远将军、郡太守）是一具画像石棺，画像题材与洛阳所见相似。右帮刻有生前生活和死后乘龙升天景象，前挡部分上下分为三层，上层刻墓主姓名官职，中层中间为墓主坐塌宴饮，两侧为侍仆与朱雀，下层为乐师舞女。左帮的中部刻出行狩猎，前部刻胡人顶杆杂技，以鼓乐伴奏，胡人伎乐在平城墓室壁画和陶俑组合中是非常常见的题材。

---

[1] 洛阳博物馆：《河南洛阳元乂墓调查》，《文物》1974年第12期。

第 3 期：北齐时期（六世纪五十至七十年代）。墓葬形制趋于一致，以单室砖墓为主，流行在墓室置房形椁。随葬品种类丰富，基本组合与邺城地区一致。有大量陶俑和模型明器，青瓷器较多而且重视装饰。大型墓还有较多铜容器和金银珠玉琥珀饰物等。本期墓葬有明显的等级之别，主要表现在墓室大小、墓内设置、壁画布局、随葬品多寡等方面，最高等级者均有仿木构石墓门、砖棺床和大型木椁，墓室边长在 5.5 米左右，墓门、墓道、甬道、墓顶和四壁均分层布置壁画，出土墓志在 70 厘米见方以上。次等者墓室边长不到 3 米，不见棺床、木椁、壁画，或仅有墓室壁画，墓志边长不到 50 厘米。壁画作风与邺城基本保持一致，如在墓道绘出行仪仗，甬道绘侍卫，墓室分层绘天象、墓主坐帐宴饮、鞍马出行等，均与邺城发现的茹茹公主墓、湾漳大墓壁画基本相同。娄叡墓所见的"十二时"形象在稍早的邺城湾漳大墓中也有迹可循。与邺城地区相比，并州墓葬壁画十分发达，表现出一定的地域差异，如娄叡墓上栏骑卫中有圆领窄袖女骑形象，此为妇女男装之最早一例，"当是出自北方少数民族的风习"[1]。又如娄叡墓墓道绘出行与回归场景，但并不以青龙白虎作出行队列的引导，而将青龙白虎绘于门扉，此种差别可能是由墓葬的等级造成的，以青龙白虎引导出行行列的墓顶壁画题材，在邺城地区仅限于皇室成员使用，如茹茹公主闾氏墓和帝陵湾漳大墓。

七、青　齐

1. 类型

青齐地区墓葬包括砖室墓、石室墓、石板墓三大类（图 2.8）。

甲类：砖室墓。分二型。

A 型：单室砖墓。墓室方形或近方形。临沂洗砚池晋墓 M2 是一座单室砖墓，前有短甬道，与南方地区发现的凸字形墓接近。以高唐发现的兴和三年（541）征东将军济州刺史房悦墓为例，墓室边长约 4.2 米，以绳纹小砖作人字形铺地，墓室内四周设排水沟（图 2.8-1）。寿光发现的孝昌元年（525）尚书右仆射使持节镇东将军贾思伯墓与此类似，为圆角方形平面，四壁残留壁画痕迹。

B 型：前后室砖墓。东阿县发现的青龙元年（233）迁葬的陈思王曹植墓，前后门道两壁中部有砖砌凹槽，前室边长 4.35 米，后室长 2.2、宽 1.78 米。后室无后壁。前室中部

---

[1] 宿白：《太原北齐娄叡墓参观记》，《文物》1983 年第 10 期。

1. 甲A　　2. 甲B　　3. 甲B

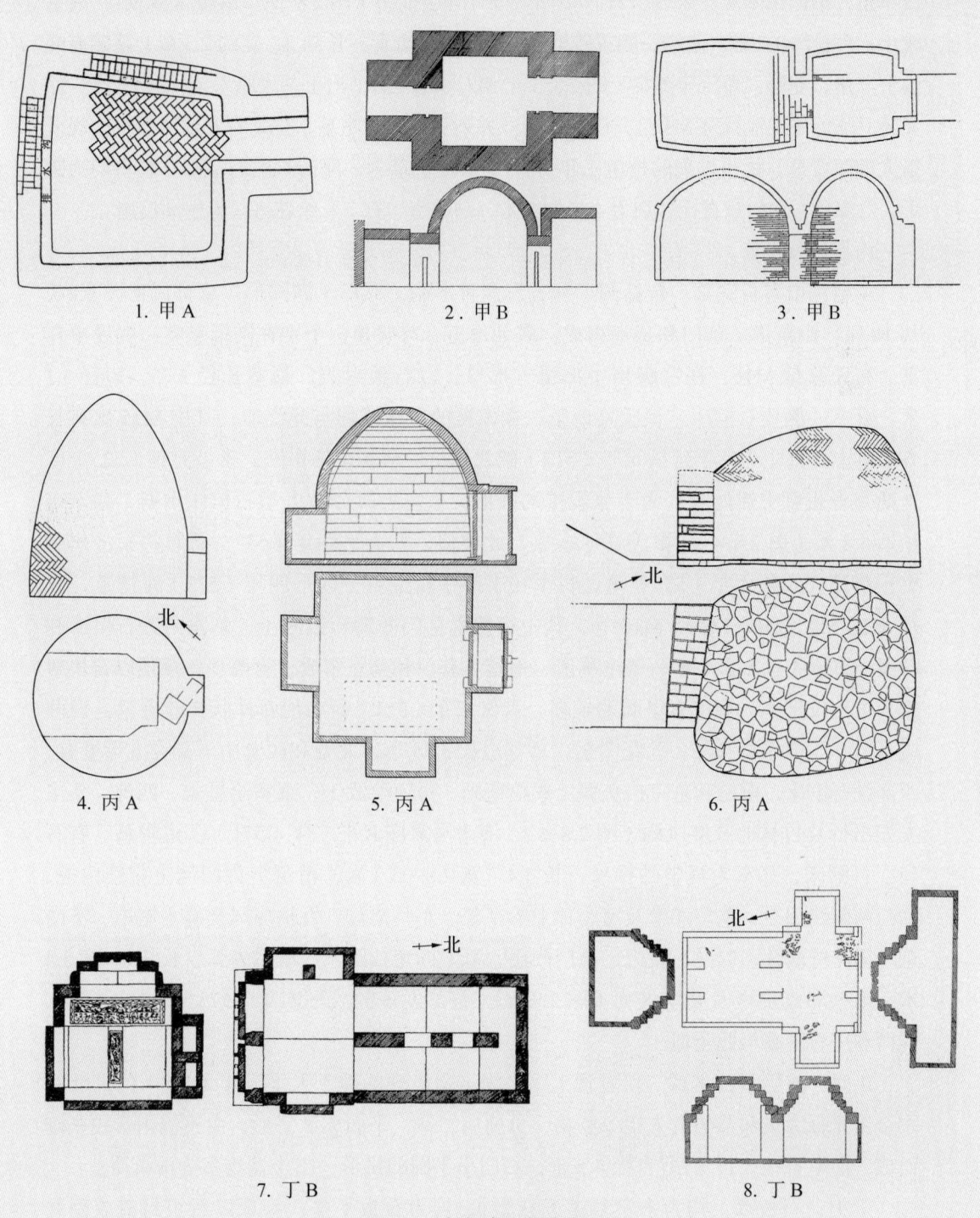

4. 丙A　　5. 丙A　　6. 丙A

7. 丁B　　8. 丁B

图 2.8　青齐地区墓葬类型

1. 兴和三年房悦墓　2. 青龙元年曹植墓　3. 诸城晋墓 M1　4. 孝昌元年崔鸿墓　5. 天保二年崔芬墓　6. 济南东八里洼壁画墓　7. 苍山元嘉元年画像石墓　8. 滕州元康九年画像石墓

57

设单棺，棺内以木炭、朱砂、日月星形云母片分层铺垫（图2.8-2）。诸城晋墓M1，前室较小，边长约1.7米，墓室一侧置砖棺床，后室弧长方形，长约3、宽约2.3米，墓砖有绳纹、三角、菱形、卷云等图案（图2.8-3）。M2与此类似，出土"太康六年（285）作"铭文砖。临沂洗砚池晋墓M1是共用前堂、双并列后室的砖室墓，也是青齐地区发现的规模最大的西晋墓。德州发现的神龟二年（519）高道悦墓为一座砖筑前后室墓，墓室均为圆形，穹窿顶，前后室直径分别为4米和5米，前后室均有"彩绘花卉"等壁画痕迹。

丙类：石室墓。

A型：单室石室墓。包括圆形和方形两种形制。圆形（椭圆形）墓都属崔氏家族，共19座。由墓道、墓门和墓室组成，多无甬道，穹窿顶，个别在圆形墓室一侧设单耳室。崔氏墓地M16，在穹窿顶中部留方形口，以石板封盖，墓室长径3.75、短径3.1米，墓室一侧置石棺床。崔氏墓地第二次发掘的5座墓均与此类似，其中M15出有长方形墓志，墓主为卒于延昌元年（512）的北魏员外散骑常侍崔猷。孝昌元年（525）度支尚书青州刺史崔鸿墓，为十分规整的圆形，墓室大部分被大型石棺床占据，墓室直径达5.8米（图2.8-4）。崔氏墓地多数与此类似，如天平四年（537）冠军将军济州刺史崔鹔墓、元象元年（538）镇远将军秘书郎中崔混墓、武平四年（573）崔博墓，以及M2、M4、M6—M10、M13等，其中崔博墓墓门两侧彩绘武士，墓室内置石棺床和石案。方形（近方形）墓一般由墓道、甬道、墓门和墓室组成，穹窿顶，墓顶以石块封盖，个别设壁龛，墓室有壁画的较多。天保二年（551）行台府都军长史崔芬墓，设两道石门，门扉浮雕忍冬、莲花图案，墓室边长3.58米，北壁和西壁中下部设方形壁龛，西部设石棺床，甬道和墓室白灰面上彩绘壁画，甬道绘武士，墓室绘星象、四神、墓主夫妇出行及竹林七贤屏风画（图2.8-5）。济南马家庄武平二年（571）□道贵墓，有石门、石棺床，墓室为规整的梯形，长3.4、宽2.8—3.3米，甬道上方门墙上彩绘白虎，墓门两侧绘门卫，墓室四壁及穹窿顶上绘星象、车马出行、九格屏风及墓主坐榻。济南东八里洼壁画墓，以乱石封门，墓门凸出，墓室四角抹圆，四壁微外弧，长3.9、宽3.4米，墓壁彩绘屏风及宴饮人物（图2.8-6）。益都发现的武平四年（573）线刻石室墓、淄博和庄石室墓与此类似。

B型：前后室石室墓。仅发现1座，为济南发现的葬于天平五年（538）的征北将军金紫光禄大夫邓恭伯夫人崔令姿墓，分前后二室，平面成8字形，由不规则石块垒砌而成，前室直径3.1、后室直径4.5米，石门呈半圆的拱形，出土器物多为滑石质。

丁类：石板墓。均为多室墓（丁B型），均为石板平垒，墓顶以石板封盖成藻井顶，有耳室和多个墓室，前室均叠涩藻井顶，后室平顶，均为画像石墓。苍山元嘉元年画像石墓，由墓门、横前室和二并列长方形后室组成，前室两侧设耳室，耳室左小右大，前室长2.02、宽1.66米，后室各长3.02、宽1.84米，该墓出土带"元嘉元年"铭记的画像石（图2.8-7）。滕州元康九年（299）画像石墓，前室长2.46、宽3.08米，后室长2.36、总宽2.75米，共有6块画像石（图2.8-8）。

2. 分期

以上几类墓葬从形制上有明显的阶段性变化，根据墓葬的纪年物，参考随葬品组合和墓室装饰的情况，可以分为五期（表2.10、表2.11）：

表2.10 青齐地区墓葬分期

期	墓葬形制	墓 例
1	丁B、甲A、甲B	苍山元嘉元年墓，临沂洗砚池晋墓M1、M2，滕州元康九年墓，东阿曹植墓（青龙元年），诸城晋墓M1、M2（太康六年）。
2	丁B	苍山庄坞乡晋墓。
3	丙A、甲A	崔猷墓（延昌元年）、崔氏M10、崔鸿墓（孝昌元年）、崔氏M16、崔氏M17、贾思伯墓（孝昌元年）等。
4	丙A、丙B、甲A	崔鹔墓（天平四年），崔混墓（元象元年），崔令姿墓（天平五年），房悦墓（兴和三年），崔芬墓（天保二年），崔德墓（天统元年），崔氏M2、M4、M6、M8、M9、M11等。
5	丙A	济南道贵墓（武平二年）、崔博墓（武平四年）、济南东八里洼壁画墓、淄博和庄墓、益都线刻石室墓（武平四年）等。

表2.11 青齐地区随葬品组合

期	主 要 随 葬 品
1	**陶器**（罐、盆、碗、瓶、空柱盘、盏托、壶）；**模型明器**（榻、耳杯、庋、灯、磨、仓、井、灶、碓、案、瓢、勺、车）；**陶俑**（男侍、女侍、胡人）；**青瓷器**（盘口壶、碗、盏）；**其他**（铜镰斗、铜洗、"位至三公"铜镜、铁剪、铁镜、银手镯、玉璜、玉珠、石球、石璧、石圭、玛瑙珠、云母片、砖铭等）；**漆器**。
2	**陶器**（罐、盆、碗、钵、盘）；**模型明器**（仓、井、灶、灯、耳杯、釜甑、磨、碓、厕、案、圈、镰斗）；**青瓷器**（盘口壶、鸡首壶、四系罐、碗、盆）；**其他**（铜洗、铜魁、铜镜、银手镯、银簪）等。
3	**陶器**（长颈瓶、碗、杯）；**模型明器**（庋）；**陶俑**（镇墓兽、男侍、女侍、胡人、十二时辰俑）；**青瓷器**（盘口壶、鸡首壶、盘、狮形水盂、盖罐、高足盘、罐、碗）；**其他**（铜印、铜镰斗、云母金箔、碑形墓志、盝顶盖方形墓志）等。
4	**陶器**（罐、壶、瓶、碗、盘）；**模型明器**（庋、灯、磨、仓、车、井、蒸笼）；**陶俑**（镇墓兽、镇墓武士、男女侍、滑石俑）；**青瓷器**（鸡首壶、盖罐、盘口壶、高足盘、唾壶、虎子）；**其他**（铜镰斗、铜镜、滑石灯、盝顶盖方形墓志）。
5	**陶器**（罐、盘、长颈瓶）；**模型明器**（仓、井、灶、磨、碓、庋、车、厕、蒸笼）；**青瓷器**（碗、高足盘、莲花尊、莲瓣碗）；**陶俑**（镇墓兽、镇墓武士、武装步卒、风帽胡俑、男女侍、跪拜俑、联体俑）；**其他**（鎏金铜灯、常平五铢、铜戒、方形墓志）。

第 1 期：汉末至西晋末期（三世纪至四世纪初）。包括多室石板墓、单室砖墓、前后室砖墓三种类型。多室石板墓是汉代多室回廊式墓制的简化，是对本地发达的汉画像石墓传统的继承。前后室砖墓的前室方形、后室长方形的特征是魏晋时洛阳地区流行的墓葬形制，墓壁由直壁向外弧形演变的趋势也与中原魏晋墓保持一致。随葬品的大致组合也与中原魏晋墓相同，如以庖厨操作为内容的一组模型明器、简单的男女侍仆俑、少量的青瓷器，以及铜鐎斗、铜洗、"位至三公"铜镜等。青齐地区魏晋墓葬常有利用汉画像石改建墓室或直接借用汉墓墓室的现象，苍山元嘉元年墓的时代是本期墓葬中最早的一座，当属汉末曹魏初期墓葬。这种墓葬形制始于东汉以后，在辽东地区最为流行，该墓的耳室是不对称的一大一小，与辽阳三道壕窑业二厂令支令墓完全相同，属汉末至曹魏初期公孙氏割据时期[1]。根据辽东地区石板支砌墓的排比，此种结构的墓葬逐渐发展为耳室大小对称，直至消失；本地这种石室墓也遵循了这种规律。

临沂洗砚池晋墓是青齐地区规模最大的西晋墓，墓葬采用南方六朝墓的凸字形结构，还出土了大量精美的漆器和来自长江下游的青瓷器，表明青齐地区在西晋时期与南方的关系是十分密切的。

第 2 期：东晋时期（四世纪初至五世纪初）。墓葬数量明显比西晋减少，以苍山庄坞乡晋墓为例，继承了石板支砌多室墓作法，从形制看属东汉晚期，而随葬品则是典型的晋代遗物，显然是利用了东汉墓室建造的。随葬器物基本沿袭了第 1 期的组合，也包括陶器、模型明器、青瓷器等几大类，但出现了一批东晋墓葬常见的器型，如青瓷四系罐、盘口壶、鸡首壶、船头形灶、圆形槅、覆钵形盖的仓等，与洛阳魏至西晋墓中所见同类器差别较大，而与南京附近东晋墓所见更加接近[2]。

第 3 期：北魏后期（六世纪初至二十年代）。包括单室圆形石室墓和单室砖墓，而以圆形（或椭圆形）石室墓为主。圆形石室墓当为崔氏家族墓地独有的一种葬制，一般无甬道，石墓门凸出于墓室，设石棺床，穹窿顶。前期的双室砖墓和多室石板墓消失，随葬品也发生了很大的变化，槅、耳杯、空柱盘等洛阳魏晋墓的典型器型基本绝迹，而采用了洛阳北魏墓的常见组合，陶俑数量大量增加，出现了镇墓兽、镇墓武士、仪仗俑等。崔氏 M10 还出土了十二生肖俑，M17 出有十二生肖的奁台，这是目前所知最早用于随葬的十二生肖实物。

第 4 期：东魏和北齐前期（六世纪三十至六十年代）。以石室墓为主，石室墓的形

---

[1] 李文信：《辽阳发现的三座壁画古墓》，《文物参考资料》1955 年第 5 期。
[2] 如镇江谏壁砖瓦厂东晋墓的仓、圆形槅，南京郎家山东晋 M4 的灶等。镇江博物馆：《江苏镇江谏壁砖瓦厂东晋墓》，《考古》1988 年第 7 期图一一；江苏省文物管理委员会：《南京南郊郎家山第四号六朝墓清理简报》，《文物参考资料》1956 年第 4 期图 6。

制多样化，包括圆形、长方形（梯形）的单室墓和前后室墓，仍以崔氏单室圆形墓为主。唯一的一座砖室墓（房悦墓）在墓室四周设有排水沟的作法，为长江中下游墓葬习见。随葬品基本沿用了前期的组合，但具体器型发生了变化，陶俑数量和种类有所增加，人物面相变得丰润，制作工艺有所提高。这个时期流行壁画，布局方式与内容与邺城一带差异较大，一般在甬道绘武士门吏，门墙上绘白虎图像，墓室上部（含墓顶）绘星象及引导升仙场面，下部以屏风画的形式布局画面，绘墓主生活场面、竹林七贤与荣启期等历史人物内容，这种题材屡屡发现于南京地区的南朝大墓中[1]，显然是在南朝文化的影响下出现的。

第5期：北齐末期（六世纪七十年代）。均为单室石室墓，以近方形的石室墓为主，流行壁画或线刻画像，壁画仍以屏风方式布局画面，题材中既有中原墓葬壁画的内容，也有南朝风格的竹林七贤等内容。益都发现的"武平四年"石室墓线刻画像以商旅为主要内容，带有明显的域外风格，可能与北朝时期十分活跃的粟特商人有关。类似的刻有粟特文化内容的石棺床多出自安阳、西安等地北齐、北周墓中。随葬品中陶俑的数量和种类大量增加，具体形象也有较多变化，如镇墓兽的背部毛发茂密，并竖立戟状鬃毛，镇墓武士的服饰刻划精细逼真，人物形象丰壮，陶俑的造型风格更接近隋墓。青瓷器更重装饰，流行莲瓣碗、盘、钵等器物，还出现了莲花尊等装饰复杂的大件器物，这些精致的青瓷器可能与邺城一带所出一样来自长江流域窑场。

八、关　中

1. 类型

关中地区墓葬分为砖室墓、土洞墓两大类（图2.9）。

甲类：砖室墓。均由长斜坡墓道、甬道和墓室组成，墓顶以穹窿顶为主。

A型：单室砖墓，占砖室墓的绝大多数。华阴熙平二年（517）镇远将军华州刺史杨舒墓（图2.9-1），墓顶作方形藻井状，墓门上方砖雕仿木构门楼，墓室四角各有一个砖砌角柱，墓室内砖砌棺床。也有弧方形的穹窿顶墓，在长斜坡墓道出现天井和过洞，

---

[1] 在南京西善桥、丹阳胡桥、吴家村、金家村发掘的南朝大墓中均发现了"竹林七贤"和荣启期的拼镶砖画。发掘报告分别参：南京博物院等：《南京西善桥南朝墓及其砖刻壁画》，《文物》1960年第8、9期合刊；罗宗真：《南京西善桥油坊村南朝大墓的发掘》，《考古》1963年第6期；南京博物院：《江苏丹阳胡桥南朝大墓及砖刻壁画》，《文物》1972年第2期；南京博物院：《江苏丹阳县胡桥、建山两座南朝墓葬》，《文物》1980年第2期。

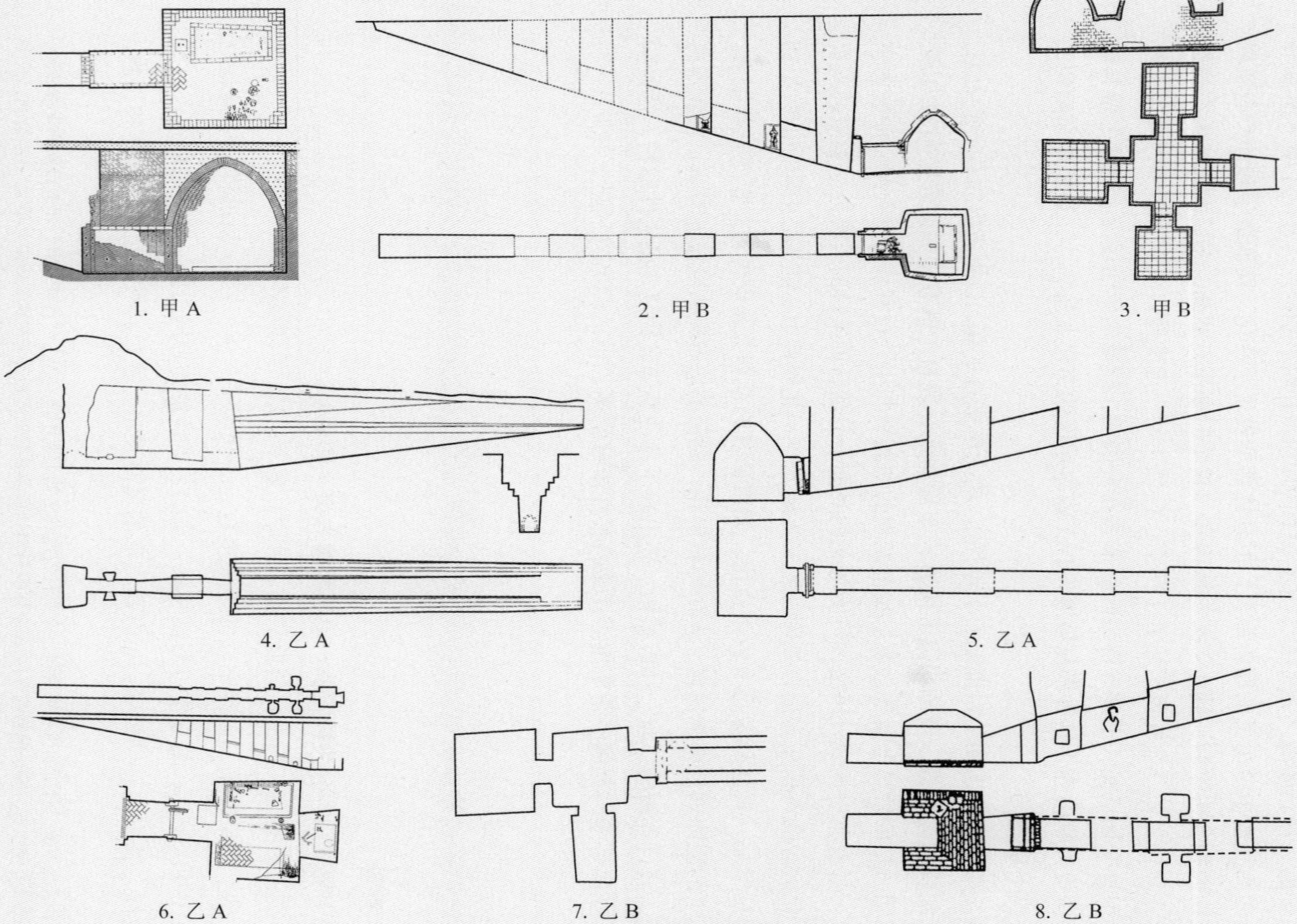

图 2.9 关中地区墓葬类型

1. 熙平二年杨舒墓　2. 大象元年安伽墓　3. 华阴城西 M1　4. 彭阳新集 M2　5. 建德五年王德衡墓　6. 宣政元年周武帝孝陵
7. 西安田王晋墓 M462　8. 建德三年叱罗协墓

如西安大象元年（579）同州萨宝安伽墓（图 2.9-2），设贴金浮雕和彩绘的石墓门，墓道有五天井，天井两壁和过洞上方有壁画，墓室正中置彩绘围屏式石棺床，刻粟特人生活场景及袄教祭祀场景。

B 型：双室砖墓。有前后二室，前室带左右耳室，各墓室均方形，以甬道沟通，穹窿顶。在华阴县城西发现 2 座，如华阴城西 M1（图 2.9-3），甬道口上方砖砌门楼，以造型砖和彩绘彩云组成图案装饰。

乙类：土洞墓。均由长斜坡墓道、甬道和墓室组成，有的在墓道或墓室设侧室和耳室。

A 型：单室土洞墓，为关中墓葬的主流形制。梯形墓室，穹窿顶，墓道台阶式内收，墓道设天井和过洞，墓圹内设土刻房屋模型。如彭阳新集 M2，有二天井，天井两壁有壁龛（图 2.9-4）。大多北周贵族和官吏墓都采取单室土洞墓形制，一般墓道有多组天井、过洞、壁龛，大多发现平行宽带纹等壁画，设有石门或木门，如建德五年（576）大将军王德衡墓，发现三天井（图 2.9-5）；宣政元年（578）周武帝孝陵，墓道设四壁龛，墓室后部设一壁龛（图 2.9-6）。属于此类的墓葬还有保定五年（565）大将军原州刺史宇文猛墓（5 天井、1 壁龛），天和四年（569）柱国大将军原州刺史李贤墓（3 天井、1 壁龛），建德元年（572）步六孤氏墓（3 天井），建德七年（578）上柱国宇文俭墓（5 天井），大成元年（579）上柱国尉迟运墓（5 天井），咸阳机场 M13（无天井）、M3（3 天井）、M4（3 天井）、M6（2 天井）、M11（5 天井）、M14（3 天井）等，天井和过洞是为了建墓工程出土的需要，数目越多，墓葬规模越大，墓葬的等级也越高。

B 型：前后室土洞墓。前后室均方形，以甬道相通。如西安田王晋墓 M462（图 2.9-7），穹窿顶上有壁画北斗七星和日月，并隶书"元康四年（294）地下北斗"。西安草厂坡墓与此类似。北周贵族墓中也有一些采取了前后室土洞墓形制，墓道有多组天井、过洞、壁龛，设木质墓门，大多在墓道、甬道等处发现二条平行的红色宽带纹，以建德三年（574）骠骑大将军叱罗协墓为例，墓道设六天井、四壁龛，过洞外部彩绘楼阁（图 2.9-8）。属于此类的墓葬还有：建德四年（575）柱国大将军田弘墓（5 天井）、宣政元年（578）骠骑大将军若干云墓（3 天井）、宣政元年（578）大都督金州刺史独孤藏墓（3 天井）等。

2. 分期

以上几类墓葬的形制有明显的阶段性变化，根据墓葬的纪年物，参考随葬品组合和墓室装饰的情况，可以分为五期（表 2.12、表 2.13）。

表 2.12　关中地区墓葬分期

期	形　制	墓　　例
1	甲A、乙B	西安白鹿原M13，华阴晋墓M1、M2，西安田王晋墓M462（元康四年）等3座，长安韦曲206工地M12、M17、M19，长安南里王村晋墓。
2	乙B	西安草厂坡墓、咸阳师专M5、西安财政干部培训学校M7。
3	甲A、乙A、乙B	固原漆棺墓，杨舒墓（熙平二年），邵真墓（正光元年），韦曲M1、M2，彭阳新集M1、M2，咸阳周陵乡北朝墓。
4	乙A、乙B、	侯义墓（大统十年）、宇文猛墓（保定五年）、拓跋虎墓（保定四年）、刘伟墓（保定四年）、李贤墓（天和四年）、叱罗协墓（建德三年）。
5	甲、乙A、乙	若干云墓（宣政元年）、王德衡墓（建德五年）、独孤藏墓（宣政元年）、宇文俭墓（建德七年）、田弘墓（建德四年）、孝陵（宣政元年）、尉迟运墓（大成元年）、步六孤氏墓（建德元年）、安伽墓（大象元年）等。

表 2.13　关中地区随葬品组合

期	主　要　随　葬　品
1	**陶器**（罐、碗、甑、釜、奁、耳杯、勺）；**模型明器**（磨、仓等）；**陶俑**（男侍、女侍）；**其他**（铜博山炉、"位至三公"铜镜等）。
2	**陶器**（罐、盆、碗、钵、盘）；**模型明器**（仓、井、灶、牛车等）；**陶俑**（具装俑、武士、鼓吹、牵马俑等）；**其他**（铜镜）等。
3	**陶器**（罐、长颈瓶、盘、碗、勺）；**模型明器**（仓、井、灶、磨、碓、灯等）；**陶俑**（镇墓兽、镇墓武士、具装俑、武士、鼓吹、牵马俑等）；**青瓷器**（盘口壶、唾壶等）；**其他**（金银饰物、铜镰斗、壶、透雕铜饰、波斯银币）等。
4	**陶器**（罐、长颈瓶、盘、碗、勺）；**模型明器**（房屋、仓、井、灶、磨等）；**陶俑**（镇墓兽、镇墓武士、具装俑、武士、鼓吹、牵马俑、胡人俑）；**青瓷器**（鸡首壶、盘口壶、高足盘、唾壶）；**其他**（鎏金银壶、玻璃碗等）。
5	**陶器**（罐、盘、碗、勺）；**模型明器**（仓、井、灶、磨、碓、牛车）；**青瓷器**（盘口壶、高足盘、唾壶等）；**陶俑**（镇墓兽、镇墓武士、具装俑、武士、鼓吹、牵马俑、胡人俑）；**其他**（金银玛瑙珠玉类饰物、鎏金铜带、玉蹀躞带等）。

第1期：曹魏西晋时期（三世纪二十年代至三世纪末）。以双室砖墓和单室砖墓为主，只有少量双室土洞墓和单室土洞墓。带侧室的双室砖墓是汉多室墓制的遗留，单室砖墓则是魏晋模式下的主流形制。西安田王晋墓的长斜坡墓道作分级内收的作法，曾广泛流行于中原曹魏至西晋前期墓葬中。华阴晋墓M1在墓门上砖砌高大门楼、长安县南里王村带天井的洞室墓等，沿袭了本地汉墓传统。随葬品主要是中原魏晋墓中常见的组合，包括陶瓷饮食具和炊具、陶庖厨模型、少量仿铜或仿漆器的陶器、家禽家畜，人物

俑仅有一二件男女侍俑。本期墓葬发现了简单的壁画，如门楼上的彩云纹装饰、墓室四壁的彩色宽带纹、墓顶的北斗七星残迹等。

第 2 期：十六国时期（四世纪前期至五世纪前期）。沿袭了第 1 期墓葬的前后室形制，但西安草厂坡墓在墓道两侧设壁龛是新的作法。沿用了第 1 期的基本随葬品组合，但开始大量出现陶俑，包括具装俑、武士、鼓吹、牵马俑等，未见镇墓俑。陶俑造型均较质朴草率，身体比例失调，人物形象瘦削。

第 3 期：北魏时期（五世纪后期至六世纪前期）。双室和单室土洞墓成为主流，继续使用单室砖墓，不见双室砖墓。较重视墓门门楼装饰，砖室墓以砖砌仿木构门楼，土洞墓则以土刻和彩绘相结合构成多层楼阁，并流行简单的天井结构。随葬品除沿用前期者外，新出现了少量在汉文化系统以外的金属装饰品和货币，如透雕铜饰、波斯银币等。陶俑群中新出现了镇墓兽和镇墓武士。陶俑的造型仍较拙朴，人物形象瘦削。未见壁画，但在葬具上发现了画像，以汉式主题为画像题材，人物形象和服饰特征带有明显的非汉文化因素。

第 4 期：西魏至北周武帝前期（六世纪四十至六十年代）。均为土洞墓，双室土洞墓的前室为藻井顶，后室是平顶，前后室之间不设甬道；单室墓顶为藻井顶或穹窿顶。流行木质墓门，长斜坡墓道内有三组以上天井、过洞，有的附设壁龛和耳室。墓主多为高级官吏和贵族，以天井的多少区别墓葬的等级。随葬品最大的变化是陶俑群的流行，新出现了胡人俑。伎乐、鼓吹类俑的比例明显增大。陶俑的造型比较拙朴，肢体比例失调，尤其具装俑的骑士与铠马的比例严重失真，人物形象变得较为丰满。此外随葬品中还出现了较多的中西亚器物，如镏金银壶、玻璃碗等。开始普遍发现壁画，壁画遍及墓道、甬道、墓室等各部位，继承了第 1 期壁画的平行宽带纹作法，以彩绘楼阁形象取代此前的砖雕或土刻门楼，以栏框相隔绘单幅人物画像，流行挂剑仪卫门吏等形象。壁画布局方式和内容与同时期的邺城、晋阳差别较大。

第 5 期：北周武帝后期至北周末（六世纪七八十年代）。主流墓葬形制仍为土洞墓，但双室土洞墓有减少的趋势。出现了带多组天井的单室砖墓。随葬品的陶俑群组合没有大变，但陶俑的制作变得稍微精细，人物比例大体适中，人物形象仍较丰满圆润，某些陶俑的形象已经接近隋俑。此外出现了大量金银玛瑙珠玉类饰物、镏金铜带、玉蹀躞带等贵重器物，以及较多的大件青瓷器制品，有青釉、白釉、黑釉等。壁画布局与内容与第 4 期大致相同。此外，本期还发现石墓门和葬具上的画像，主题反映了较多异域意味。总体来看，本期墓葬因素与第 4 期前后紧密相继，其间差别主要是陶俑形象上的变化，陶俑的总体形象更接近北齐陶俑。

3. 等级

关中魏晋十六国墓葬发现较少，墓主身份不明确，从墓葬规模来看，双室砖墓（华阴晋墓）有高大门楼，墓室有简单壁画，随葬品包括大型铜容器、马具以及金银玛瑙等贵重饰品；双室土洞墓（草厂坡墓）随葬大量陶俑，尤其是以牛车为中心的武装仪卫俑。这些墓葬代表了魏晋十六国关中墓葬的较高等级，草厂坡墓可能是十六国首领的墓葬。

北魏时期身份明确的墓葬有镇远将军华州刺史杨舒、阿阳令假安定太守邵真，二墓均为单室砖墓。杨舒墓有高大的仿木构砖砌门楼，室内有砖棺床，四角有砖砌角柱，墓室面积4米见方。邵真墓均无这些特别设置，墓室面积3米见方，可见墓葬的室内设置、墓室面积为区别墓葬等级的主要标准，此点与洛阳北魏墓是一致的。土洞墓中的双室墓有韦曲M1、M2，此二墓有天井和过洞，墓道和甬道顶部土刻四层楼阁，前后室面积均在3米见方。彭阳新集M1、M2为单室土洞墓，均有二组天井，也有土刻楼阁，这些土洞墓墓主身份均不明确，从墓葬规模和随葬品来看，均为较高等级墓葬。这种带一至两个天井的土洞墓在洛阳北魏墓中十分流行，墓主身份既有元姓贵族，也有中低级官吏。

西魏墓明确者仅大统十年（544）太师少府参军事侯义墓1座，为单室土洞墓，墓室2.8米见方，墓室内设土棺床，这种形制可能沿袭了洛阳北魏后期官吏墓葬的规范。

北周墓葬发现较多，而且大多身份明确，均为皇帝或高级官吏（均为右八命以上），除安伽墓为单室砖墓外，均为土洞墓，且以单室者为主流。这些墓葬均采用了长斜坡墓道、多天井（壁龛）的土洞墓制。墓葬等级大致与墓葬总长度、墓室面积、天井和壁龛的数目、陶俑数量等成正比，多采用木质墓门（少数为石墓门），大多有壁画（表2.14）。

表 2.14　关中北周墓葬形制与等级

墓　葬	官　职	纪　年	形制	总长	天井/壁龛	墓门	墓室尺寸
拓跋虎尉迟氏	使持节骠骑大将军开府仪同三司大都督云宁县开国公	保定四年（564）	乙A				
宇文猛	大将军大都督（五州）诸军事原州刺史	保定五年（565）	乙A	53	5天井1壁龛	砖门	3.6×3.5

（续表）

墓　葬	官　　职	纪　年	形制	总长	天井/壁龛	墓门	墓室尺寸
李贤吴辉	使持节柱国大将军大都督（十州）诸军事原州刺史河西桓公	天和四年（569）	乙A	48	3天井1壁龛	木门	4×3.8
叱罗协	骠骑大将军柱国大将军开府仪同三司南阳郡开国公	建德三年（574）	乙B	71	6天井4壁龛	木门	前3.8×3.8 后2.7×1.7
田弘夫妇	少师柱国大将军雁门襄公	建德四年（575）	乙B	52	5天井	木门	前3.2×3.2 后3.3×1—1.5
王德衡	使持节仪同大将军新市县开国侯	建德五年（576）	乙A	39	3天井	石门	3.4×4.3
宇文俭	上柱国大冢宰忠孝王	建德七年（578）	乙A	50	5天井	木门	3.6×3.6
宇文邕阿史那氏	北周武帝	宣政元年（578）	乙A	68	5天井4壁龛	木门	5.5×3.8
若干云	骠骑大将军开府仪同大将军任城郡公	宣政元年（578）	乙B	28	3天井		前2.2×2.2 后2.6×1.1—1.3
独孤藏	大都督武平公金州刺史	宣政元年（578）	乙B	30	3天井	木门	前2.7×2.7 2.7×0.8—1.4
尉迟运贺拔氏	使持节上柱国卢国公	大成元年（579）	乙A	46	5天井	木门	3.4×3.7
咸阳M3			乙A	22	3天井		2.4×3.1
咸阳M4			乙A	21	3天井		2.5×3
咸阳M5			乙A	11	1天井		0.9×2.4
咸阳M6			乙A	45	2天井		2.5×3
咸阳M11			乙A	31	5天井		3×3
咸阳M13			乙A	11			2.3×1.9
安伽	大都督同州萨宝	大象元年（579）	甲A	35	5天井	石门	3.6×3.4

柱国大将军叱罗协墓是规模最大的墓葬，全长71米，有前后二室，六天井、四壁龛，虽被盗，仍发现206件陶俑。北周其他墓葬的规模无有出其右者，即使武帝孝陵也

墓葬时空｜时间和空间序列

只是单室墓，五个天井，此当与叱罗协的特殊地位相关。叱罗协是北周的开国元勋，立有赫赫战功，晚年虽受宇文护之株连而免职，但仍受到武帝的特别恩待。有五天井的墓葬还有宇文猛墓、田弘墓、宇文俭墓、尉迟运墓、安伽墓等，均为右九命。墓葬总长在50米左右，墓室（主室）边长3—3.5米左右，无壁龛或仅有一个壁龛，墓葬规模显然小于叱罗协墓和孝陵，属次一等的墓葬。李贤墓虽仅有三天井，但墓葬总长48米，墓室面积4米见方，有大面积壁画。

有三天井的墓葬有王德衡墓、若干云墓、独孤藏墓等，墓葬总长不超过30米，墓室边长不超过3.5米，多在3米见方以下，均无壁龛，随葬陶俑较少。保存完好的王德衡墓和若干云墓分别发现陶俑108件和138件，不及孝陵和叱罗协墓的劫余之数。

咸阳机场M5为发现的最低等级墓葬，全长仅11米，发现一个天井，墓室面积仅2.5平方米左右。

北周时期已经形成了一套以长斜坡墓道、多天井制为特征的墓葬等级规范，这种规范是在魏晋以来关中墓制的基础上，受到洛阳地区北魏墓葬的强烈影响而逐渐形成的，与同时期的邺城墓葬差别较大，表明北魏分裂后东西部文化走上了不同的发展轨迹。

九、河　西

1. 类型

河西地区墓葬分为砖室墓、土洞墓两大类（图2.10）。

甲类：砖室墓。以酒泉、嘉峪关、武威等地较多，敦煌较少。一般由长斜坡墓道、甬道、拱券形墓门、墓室及耳室、壁龛组成。流行在墓门上方砖砌高大门楼，以镶嵌的造型砖构成模仿地面建筑的仿木构结构，墓室有壁画者往往在门楼上也有彩绘。

A型：单室墓。墓室平面近方形，有的墓壁外弧，流行在墓室后壁设二层台，左右壁设砖或土棺床，一般为覆斗藻井顶。门楼和墓壁有壁画。如敦煌佛爷庙湾95M39（图2.10-1），墓室两侧设一大一小二土洞耳室，四角设砖灯台。酒泉丁家闸墓地、武威南滩等地都发现了这种单室墓。

B型：前后双室墓。一般前室近方形、覆斗藻井顶，后室长方形、覆斗藻井顶或弧券顶，有的在前室墓门处地面砌筑方坑以象征院落。前室四壁也作出屋檐状，壁龛和耳室多设于前室左右。前室砖砌二层台放置随葬品，后室为棺室。墓室四壁有的有壁画。嘉峪关72M1，前室屋檐状结构下有壁龛，东西壁有对称的高大耳室，墓室四角有兽头

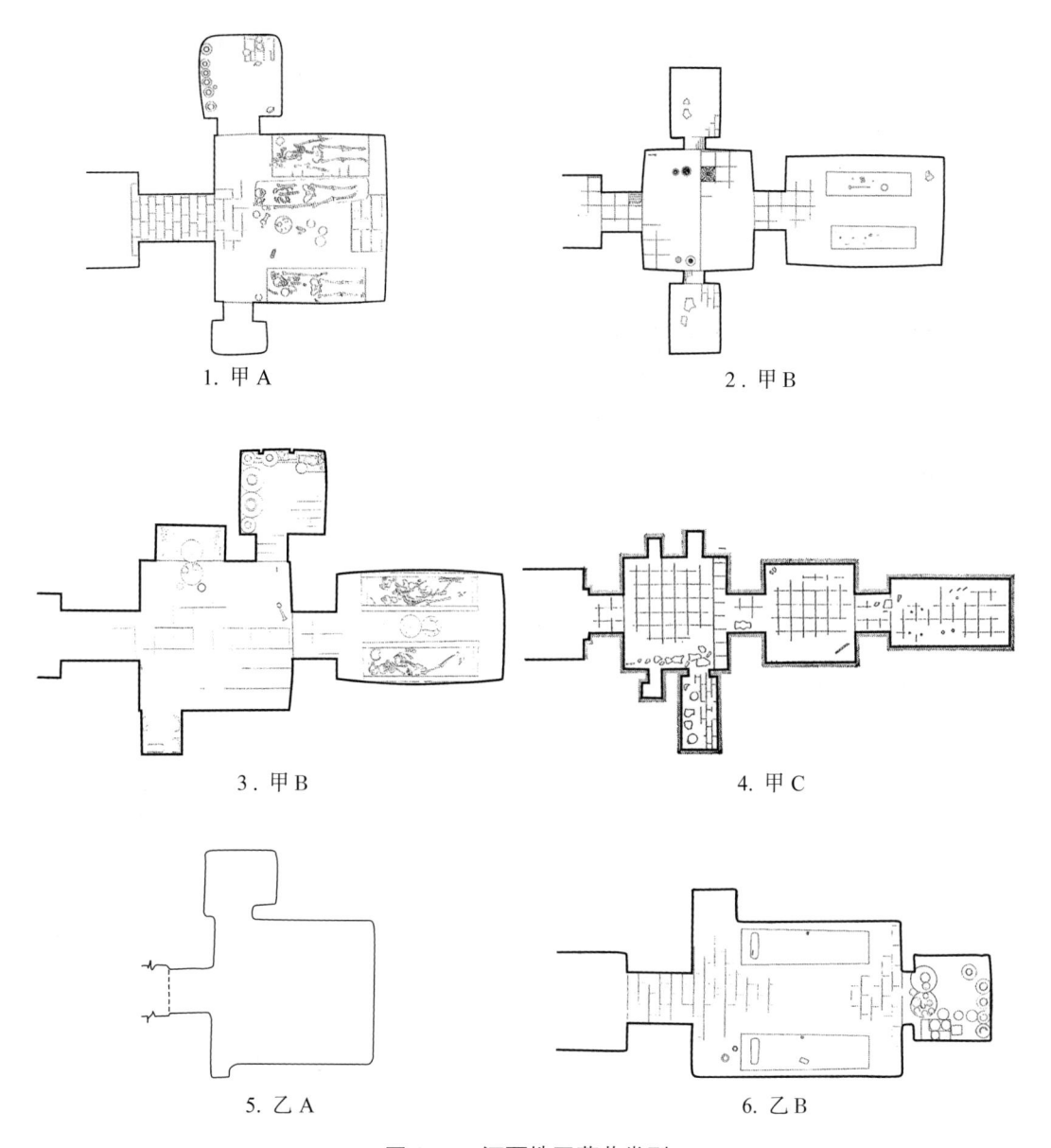

```
        1. 甲 A                           2. 甲 B


        3. 甲 B                           4. 甲 C


        5. 乙 A                           6. 乙 B
```

图 2.10　河西地区墓葬类型

　　1. 敦煌佛爷庙湾 95M39　2. 嘉峪关 72M1　3. 敦煌佛爷庙湾 M133　4. 嘉峪关 72M3　5. 敦煌祁家湾 M210　6. 敦煌佛爷庙湾 M118

造型砖，有砖砌灯台。此墓出土一件"甘□二□"铭文的朱书陶壶，可能是曹魏"甘露二年"（257）（图 2.10-2）。与此类似的墓葬还有嘉峪关 72M4、M5、M8 等。敦煌佛爷庙湾 M133 前室设一个耳室及左右壁龛，四角设凸出的砖灯台。耳室北壁以砖构建灶台，并作出三格壁橱，分层放置随葬品（图 2.10-3）。酒泉丁 M2、M5，观 M11，西沟村 M6、M7 等与此类似，有的在墓室的地面设有院落式方坑。

C 型：前中后三室墓。前、中室均近方形，覆斗形顶，墓顶以砖封堵，成藻井式。墓顶砖中部钻小孔，以铜挂钩悬挂铜镜，后室长方形、弧券顶。前室四壁以凸出的砖作出屋檐状，屋檐下建有壁龛，耳室大多设于前室左右。前室砖砌二层台，放置随葬品；后室为棺室。中室地面低于前室，后室地面又低于中室。墓室四壁大都有壁画，一般前室描绘墓主庄园经济生活，中室绘燕居，后室绘内室内容。嘉峪关 72M3 的前室屋檐东西龛有榜题"各内"，四个耳室分别朱书榜题"藏内""炊内""牛马圈""车庑"，前室至中室过道旁有小龛，有榜题"中合"。中室无耳室，但有壁龛（图 2.10-4）。

乙类：土洞墓。一般由墓道、甬道、墓室组成，有高大门楼，墓室一般为覆斗形藻井顶；双室墓前室覆斗形，后室弧券形。与砖室墓相比，土洞墓在设置上有一些特殊性，如门楼以土坯镶嵌，一般无装饰。墓道在较晚阶段出现天井和过洞。墓室内以砖或土坯围框、以泥沙填筑而成尸床，上置木质尸罩。流行祔葬。流行朱书镇墓文的斗瓶随葬。土洞墓是敦煌地区主要的墓葬形制，在河西其他地区不及砖室墓流行。敦煌祁家湾发现的 117 座墓均为土洞墓，原发掘报告对墓葬进行的详细分类以及随葬的 21 对镇墓斗瓶上的纪年，为我们提供了河西土洞墓分类上可靠的时序。

A 型：单室墓。方形或近方形墓室，墓室一侧设尸床，方形藻井顶，墓葬构筑较为规整。较早的设有壁龛，较晚的壁龛消失，而在墓道内设天井。流行随葬有纪年文字的斗瓶。如敦煌祁家湾 M210，墓室一侧为规整的耳室，与之相对为小壁龛，镇墓斗瓶发现朱书纪年"元康六年（296）"（图 2.10-5）。

B 型：前后双室墓。前后二室间以甬道相通，一般前室近方形、后室长方形或梯形。有的有耳室和壁龛，较晚时趋于退化。如敦煌佛爷庙湾 M118（图 3.10-6），后室一角砖砌灶台。

除以上二类外，还有少量的竖穴土坑墓，一般为长方形墓室，敦煌新店台发现的 1 座为圆形竖穴墓（87DXM7），这类墓是最低等级的墓葬。此外，1985 年在武威松树乡旱滩坡发掘了 28 座墓葬，分砖室墓和土洞墓两类，均为单室，被定为"西晋初至前凉"时期，武威五坝山也发现 1 座魏晋土洞墓，但均无正式发掘报告[1]。

2. 分期

以上几类墓葬形制上有明显的阶段性变化，根据墓葬的纪年物，参考随葬品组合和墓室装饰的情况，可以分为四期（表 2.15、表 2.16）。

---

[1] 田建：《武威市旱滩坡西晋、前凉时期墓群》，何双全：《武威市五坝山古代墓群》，均见《中国考古学年鉴（1986）》，文物出版社，1988 年。

表 2.15　河西走廊墓葬分期

组	墓葬形制	墓　　　　例
1	甲A、甲B、甲C、乙A、乙B	嘉峪关72M1（甘露二年）、M3、M4、M5、M6、M7、M8，酒泉下河清M1，高台骆驼城，佛爷庙湾M133，酒泉丁M2、M1，西沟村M6、M7，新店台M43，祁家湾M321（泰熙元年）、M306、M309（元康五年）、M210（元康六年）、M320（咸宁二年）、M209（太康六年），新店台M4（永嘉三年）、M40（永安元年）、M67等。
2	甲A、甲B、乙A、乙B	酒泉西沟村M2、M3，佛爷庙湾M39、M37，翟宗盈墓，武威南滩M2，下河清M18，新城M12、M13，嘉峪关72M2，酒泉观M9、M10、M11，酒泉丁M3，长城村晋墓，佛爷庙湾M118，祁家湾M362、M208（建兴九年）、M220、M226、M319（建兴二年）、M320（建兴元年）、M351（建兴卅七年）、M67（建兴十七年）、M356（建兴卅一年）、M305、M355、M322、M65（建兴廿七年）、M364（建兴四年）、M365，义园湾70M4、M5等。
3	甲B、乙A、乙B	武威煤矿机械厂，武威南滩M1，新店台M20（建元六年）、M64（建兴卅六年），M349（升平十二年），义园湾60M1（升平十三年），祁家湾M202、M218（建兴廿九年）、M224、M223、M328（建兴十八年）、M31（建兴廿五年）、M33（建兴廿六年）等。
4	甲B、乙A、乙B	酒泉丁M5、M336（建初五年）、M369（建初十一年），祁家湾M312（玄始九年），佛爷庙湾80M1（庚子六年、玄始十年）、80M3（麟加八年、咸安五年）、M348（建元十三年）、M371（建元六年）、M310（神玺二年）。

表 2.16　河西地区随葬品组合

期	随　葬　品　组　合
1	**陶器**（罐、樽、釜、灯、壶、盘、甑、碗、钵、碟、斗瓶）；**模型明器**（灶等）；**铜器**（釜、甑、鼎、盘、铜俑）；**其他**（耳杯、铁镜、首饰、料珠、石炭精猪、漆奁、编制物等）。
2	**陶器**（罐、樽、釜、灯、壶、盘、甑、碗、碟、斗瓶、槅）；**模型明器**（仓、井、灶等）；**铜器**（博山炉、铜俑等）；**其他**（漆椟、奁、石砚、石炭精猪、金银云母装饰品）等。
3	**陶器**（罐、樽、釜、灯、壶、盘、甑、碗、碟、斗瓶、槅）；**模型明器**（仓、井、灶、磨、碓、灯等）；**其他**（铜镜、漆奁、铜叉、弩机、铜钱、金箔片、云母片）等。
4	**陶器**（罐、樽、釜、灯、壶、盘、甑、碗、碟、斗瓶、槅）；**模型明器**（仓、井等）；**其他**（铜镜、铜钱、金银云母等）。

第1期：曹魏西晋时期（三世纪中期至四世纪初）。流行单室、前后室和前中后三室砖墓，以及前后室和单室土洞墓。多室砖墓墓室结构较为复杂，除复杂的照墙结构外，墓室内往往在四壁砖砌屋檐、壁龛，四角砖砌灯台；流行多耳室和壁龛，耳室和壁龛制作规整。根据多室砖墓的朱书榜题，可知不同部位的耳室代表不同的功能。多墓室的特征显然继承了汉墓多室制。单室土洞墓的结构和规模都相对简单，除小型长方形土洞墓外，一般单室土洞墓都有小耳室和壁龛。随葬品以波浪纹罐、樽、釜、灯、壶、

盘、甑、碗、钵、碟、斗瓶等为基本组合，具体器型稍显原始性，如器物整体相对高大粗笨，灶仅是象征性地将釜置于土坯或砖上等。铜镜以西汉流行的日光镜、昭明镜和东汉流行的"位至三公"镜为主，铜弩机、铜小刀等常见。个别大型砖室墓还常见铜釜、甑、耳杯等容器和铜俑、金银云母饰物。多数砖室墓的照墙和墓室、土洞墓的照墙上流行壁画，照墙壁画为复杂的神禽异兽、升仙内容、英雄名士题材；墓室壁画相对简单，依墓室的结构差别布局画面，主要题材是反映庄园经济的农桑操作、兵屯、出行，反映宴居生活的宴宾待客、主仆进食、庖厨操作，反映内室场景的丝帛、简册等用具。

第2期：前凉前期（四世纪初至四世纪中期）。三室砖墓消失，双室砖墓、单室砖墓和双室土洞墓、单室土洞墓的耳室和壁龛呈蜕化趋势，一般仅有一个耳室和一个壁龛，但规模较大的砖室墓仍有复杂的仿地面居宅结构，有的在墓室地面作院落式的方坑。随葬品基本组合没有大的变化，个别器型发生了更替，如槅的数量逐渐增多。主要器型之一的罐上的装饰不见绳纹，而以波浪纹罐最为常见。灶和仓的造型仍较简单。铜镜主要有神兽镜，铜钱的数量和种类呈减少趋势。较大型的砖室墓仍见铜模型器、容器和金属装饰品。砖室墓的壁画题材没有变化，照墙的装饰逐渐简化，而墓室装饰复杂化，一般以墓门后壁为中轴线，左右壁分别布置庄园经济和宴居相关的内容。

第3期：前凉后期（四世纪中期至七十年代）。砖室墓减少，仅见不带耳室和壁龛的前后室墓，墓室四壁略外弧是本组出现的一个显著特征，应是中原魏晋模式的墓葬形制传入的结果。土洞墓的数量占了绝大多数，耳室和壁龛继续蜕化，一般仅有象征性的耳室和壁龛，制作不甚规整。方形单室土洞墓的墓道出现了天井结构。随葬品的明显变化是器物形体变小，有明器化的趋势，此外罐上纹饰简化，槅取代碟，耳杯消失，灶、井和仓等模型明器刻划精细。前后室砖墓继续流行壁画，大多保存状况较差，仅发现零星的画像砖。

第4期：前秦、后凉、西凉、北凉时期（四世纪七十年代至五世纪早期）。砖室墓大多已经单室化，仅见酒泉丁M5等少数几座，无壁龛和耳室，但等级较高的墓葬仍有复杂的仿地面居宅结构，如酒泉丁M5墓室地面有仿院落式的方坑。双室土洞墓消失，单室土洞墓成为墓葬的主流，方形单室土洞墓的墓道流行天井作风。随葬品沿用了前期的组合，总的趋势是器体变得修长，器物装饰逐渐简化。酒泉丁M5以墓室壁画繁缛著称，分上中下五层，分别象征天上、人间和地下，以界栏相隔，此种布局代表了一种新的壁画形制的出现。

河西地区的墓葬壁画是一个十分引人注目的现象，是同时期的北方地区壁画最集中的地区，主要发现于酒泉、敦煌等地的砖室墓中，武威、高台等地砖室墓中偶有发现。一般在门楼式照墙和墓室壁面以画像砖的形式作画，流行一砖一画，少量墓葬有通壁的绘画。土洞墓仅在照墙上偶见。绘画技法是在砖面以白垩土为底，墨线勾画轮廓，着红、赭、灰等彩色。壁画布局方式与墓葬形制结构的关系十分密切。

前中后三室砖墓的照墙上与各种造型砖相结合，镶嵌各种形象的画像砖。题材主要是神禽异兽（青龙白虎、朱雀玄武、麒麟、辟邪、天鹿、仁鹿、受福、玄鸟、凤、飞鱼、带翼神兽）、双阙（鸡首和牛首人身者守卫阙门）、升仙内容（东王公、西王母、力士、羽人）、英雄名士（伯牙抚琴、李广射猎）等。墓室依各室象征功能的不同而布局不同题材，并与墓室结构和随葬品的安排相统一。前室主要绘庄园生活内容（农桑、畜牧、坞壁、牛车出行），有的还有兵屯内容；中室绘墓主宴居生活内容（主仆进食、宴宾待客、庖厨相关）；后室绘内室生活内容（丝帛、简册、漆奁、女侍）等。此类墓例有嘉峪关72M3、M6、M7，酒泉西沟村M5，高台骆驼城画像砖墓，酒泉下河清M1等。

前后二室砖墓的照墙布局与三室墓无显著差别，墓室囊括了三室墓的前中二室内容，大抵以前室后壁为中心，向左右二壁展开，如后壁绘墓主夫妇宴乐场面，一侧壁绘庄园生活，另一侧壁则绘宴居生活。后室内容与三室墓无差别，也象征内室。此类墓例有嘉峪关72M1、M4、M5、M12、M13，佛爷庙湾M133，酒泉西沟村M7，酒泉丁M5等。

单室砖墓（甲A型）照墙部位内容仍无明显差别，墓室内容则在多室墓基础上简化，如有关庄园生活的内容简化为摄粮、庭院嬉戏，宴居生活的内容简化为墓主进食、休闲纳凉等，象征内室生活的丝帛、简册等不见。如佛爷庙湾M39、M37等。

土洞墓（乙B型）画像砖主要发现于较大型墓葬的照墙上，内容也以神禽异兽、升仙内容为主，墓室极少发现壁画，偶见零星的单块画像砖。如敦煌佛爷庙湾M118。

壁画布局方式与内容的差别除与墓葬形制密切相关外，还与墓葬年代相关，但由于所见壁画墓延续时间较短，这种变化并不十分明显，大致而言，墓葬的装饰逐渐由重视照墙向重视墓室变化，较早的墓葬墓室装饰相对简单，嘉峪关72M1出土了"甘露二年（257）"镇墓瓶，是曹魏墓葬；较晚的墓葬照墙和墓室装饰均较复杂，如嘉峪关72M6等，这些墓葬大多属西晋；更晚的墓葬照墙装饰减少，而墓室通壁画像，上下分层，十分繁缛，如酒泉丁M5前室上下分五层，以土红宽带作界栏，分别象征天上、人间、地下三部分，天上绘日月祥云、东王公、西王母、九尾狐、三足乌、汤王纵鸟、神禽异兽；人间绘庄园生活（农桑、放牧、坞壁、庖厨）、墓主宴乐、歌舞乐伎、出行；地下图案单一，绘龟形象。后室均绘室内生活用具（弓箭、奁盒、拂尘、丝帛），也是上下分层。

十、辽　西

1. 类型

辽西地区墓葬包括砖室墓、石室墓、石板墓、竖穴土坑墓四大类（图2.11）。

甲类：砖室墓。以小砖砌筑，由墓道、甬道和墓室组成，多为券顶或四角攒尖顶。

A型：单室砖墓。锦州前山墓的墓室长方形，均为券顶，墓室二侧壁均外弧，墓道偏于一侧，整体平面成刀形（图2.11-1）。也有的墓道位于墓门中间，如朝阳北魏刘贤墓，发现碑形墓志（图2.11-2）。

B型：前后室砖墓。这类墓葬数量很少，如锦州靠山屯水库M1，由甬道、长方形主室和后室组成（图2.11-3）。

丙类：石室墓。均由墓道、甬道和方形单墓室组成（丙A型），墓顶以石板叠涩内收成穹窿顶，此类墓均为合葬墓。如朝阳工程机械厂M9，有阶梯形长墓道，过洞式甬道，发现二具木棺。与此类似的还有朝阳工程机械厂M8（图2.11-4）、M5（有一侧室），朝阳皇兴二年（468）张略墓，朝阳凌河机械厂87CLM2、88CLM1、88CLM2等。

丁类：石板墓。以石板或石块平砌墓室，墓室大多为前宽后窄、前高后低的梯形体，顶部多以数块大石块平铺，少量叠涩成穹窿顶；多以前宽后窄的木棺为葬具，多为单人葬。此类墓葬占辽西墓葬的绝大多数。根据墓室的单室和多室分二型。

A型：单室墓。平面形状多为前宽后窄的梯形，少量带有一个小耳室，墓顶多以石板平铺或以石块起矮券。以朝阳田草沟M2为例，保存完好，未见墓道和甬道，木棺前段有朱彩痕迹（图2.11-5）。部分墓葬出现短甬道和墓门，规模较大的还出现了壁画，如朝阳十二台乡砖厂88M1，有斜坡墓道、短甬道和墓门，墓门上还有高大的门墙，木棺原有漆画，出有整套甲骑具装（图2.11-6）。属于此类的墓葬有：朝阳后燕建兴十年（395）崔遹墓、北票北燕太平七年（415）冯素弗墓（有头龛、壁画）、西官营子M2（有壁画）、朝阳八宝村M1、朝阳北庙村M1（短甬道，有壁画）和M2、朝阳奉车都尉墓、朝阳南大沟墓等。此外，朝阳大平房村壁画墓和袁台子北燕墓也属此类，大平房村墓在主室和耳室壁面绘家居、庖厨图。

B型：多室墓。以较为规整的大石板和石柱竖立支砌椁室，墓顶以石板平铺封盖，长方形椁室，前部设左右耳室（一大一小），中壁设对称小龛，后壁设一小龛。如朝阳袁台子东晋壁画墓，曾有木棺，出有鎏金铜帐构及成套漆案与食具，椁室绘有门吏、出行、墓主宴饮、牛耕、庭院、玄武等壁画（图2.11-7）。

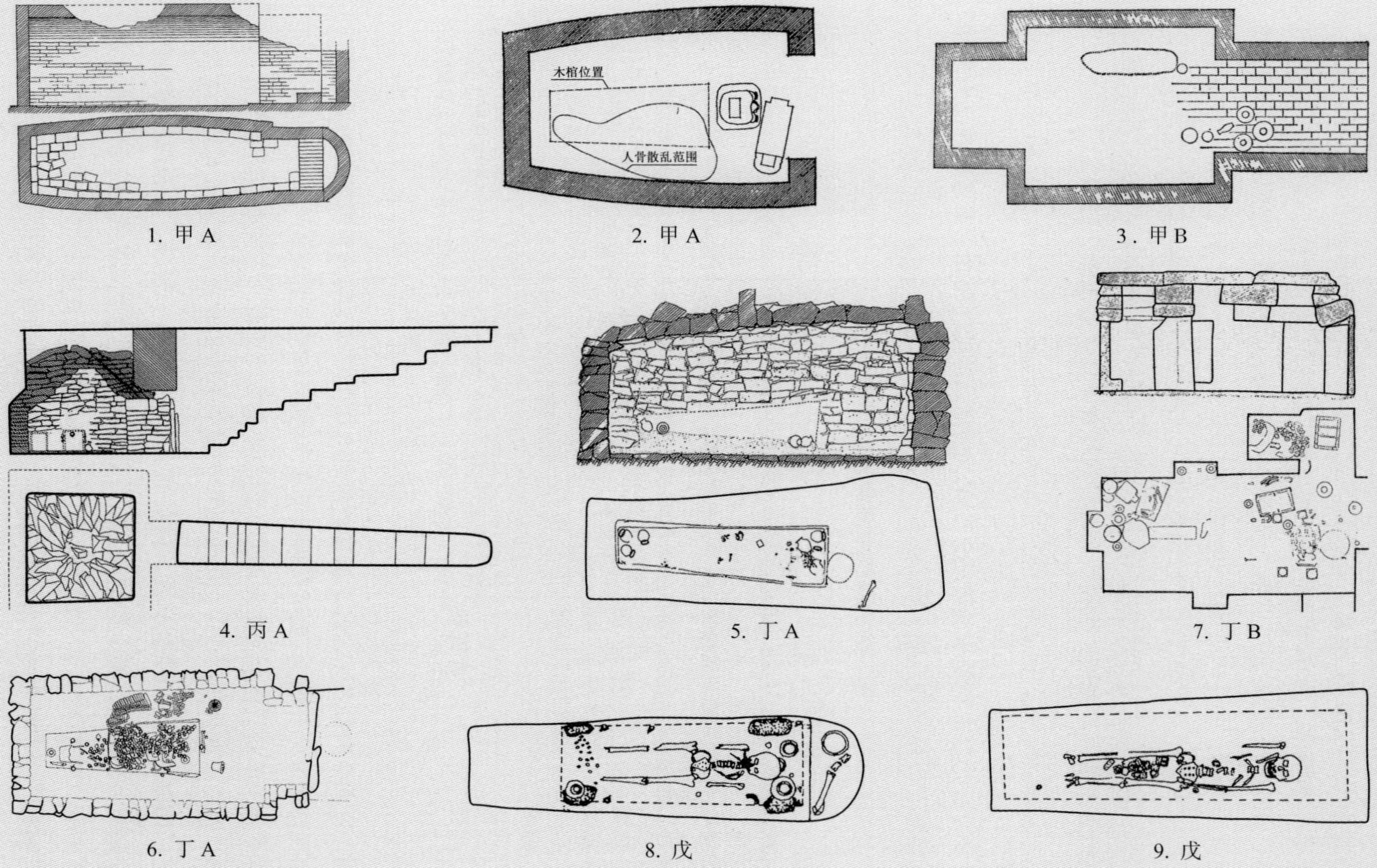

图 2.11 辽西地区墓葬类型

1. 锦州前山墓 2. 朝阳北魏刘贤墓 3. 锦州靠山屯水库 M1 4. 朝阳工程机械厂 M8 5. 朝阳田草沟 M2 6. 朝阳十二台乡砖厂 88M1
7. 朝阳袁台子东晋壁画墓 8. 朝阳王子坟山 M9022 9. 北票仓粮窖鲜卑墓地 M9001

戊类：竖穴土坑墓。墓室平面以梯形者居多，也有部分长方形者，如 1987 和 1990 年度发掘的朝阳王子坟山 21 座墓。一般有前宽后窄的梯形木棺，大小仅能容纳死者，随葬品置于壁龛和棺内，为小型墓葬。有的在土圹前壁设有小壁龛。以朝阳王子坟山 M9022 为例，棺底四角垫放卵石，棺内头部置陶罐、壶，身旁置金银牌饰，手部佩戴金指环，足部有陶壶，壁龛内置陶尊和牛腿骨（图 2.11-8）。也有的无壁龛，墓室平面略呈长方形或梯形。此类墓葬在王子坟山墓地、北票喇嘛洞鲜卑贵族墓地、北票仓粮窖鲜卑墓地多见。均以前大后小木棺为葬具。以北票仓粮窖鲜卑墓地 M9001 为例，随葬的配饰和铜钱置于棺内，陶罐、壶和铁马具、兵器置于填土中（图 2.11-9）。

2. 分期

以上几类墓葬形制上有明显的阶段性变化，根据墓葬的纪年物，参考随葬品组合和墓室装饰的情况，可以分为三期（表 2.17）。

表 2.17　辽西地区墓葬分期与随葬品组合

期	形制	随葬品	墓　例
1	丁 A、戊 A、戊 B	陶器（罐、壶、尊）；其他（"位至三公"铜镜、镰斗、鎏金马具和佩戴饰物、提梁罐）。	田草沟 M1、M2，房身村晋墓 M1、M2、M3，王子坟山墓地、仓粮窖鲜卑墓、喇嘛洞部分鲜卑墓、三合成墓。
2	丁 A、丁 B、甲 A、甲 B	陶器（罐、壶、尊）；陶器模型；其他（镰斗、鎏金马具和佩戴饰物、玻璃器皿）。	喇嘛洞部分鲜卑墓，十二台乡砖厂 M2、M3、M4、88M1，单家店 M1、M3、M4，前山墓，李廆墓（永昌三年），奉车都尉墓，大平房村壁画墓，八宝村 M1、M2、北庙村 M1、M2，袁台子东晋壁画墓，崔遹墓（建兴十年），冯素弗墓（太平七年），袁台子北燕墓，安和街墓，靠山屯墓等。
3	丁 A、甲 A、丙 A	陶器（罐、壶）；青瓷器（盘口壶、碗）等	朝阳工程机械厂 M9、M8、M7，凌河机械厂 87M1（张略墓，皇兴二年）、87M2、88M1、88M2，南大沟墓，刘贤墓（文成帝时），珍珠岩厂北魏墓等。

第 1 期：曹魏至两晋之际，属于慕容鲜卑进入辽西之始至前燕建国之前的遗存（三世纪三十年代至四世纪初期）。包括石板墓（丁 A 型）和竖穴土坑墓（戊类）两类。石板墓主要是平顶的单室墓，少量带有耳室，附设小龛或二层台，一般无墓道和甬道，多为前宽后窄、前高后低的梯形体。以前宽后窄的梯形木棺为葬具。多为单人葬。随葬品以鲜卑系统的陶罐、陶壶和鎏金马具、佩戴饰物为主，只有少量带有中原风格的器物。鲜卑遗物中最有特色的当属鎏金饰物和马具，如朝阳王子坟山 M8713、田草沟 M2、房身村 M2 等出土的鎏金花树状冠饰，被公认为慕容鲜卑贵族喜戴的"步摇冠"。马具除了马衔、马镫外，还有附属的马具佩饰如銮铃、带卡、带扣等。五铢钱和"位至三公"铜镜广泛流行于中原魏晋墓葬中。从墓葬葬俗和陶器的基本特征来看，与内蒙古哲里木

盟墓葬十分相似[1]，而且前后衔接，具有很强的继承性，这批墓葬可能是东部鲜卑的遗存，是三燕文化之源。此外，尚未见马镫和马具具装，马具佩饰还存在很多早期特征，时代上应该早于发现马镫和马具具装的安阳孝民屯 M154、朝阳十二台乡 88M1 和北票喇嘛洞墓地 M17 等前燕墓葬。

第 2 期：三燕时期（四世纪初至五世纪三十年代）。墓葬形制类型较为多样，新出现了以石板和石柱结合支砌的多室石板墓（丁 B 型）和砖室墓（甲类），但仍以平顶梯形的单室石板墓（丁 A 型）为主要形制。丁类支砌石椁墓是辽东地区汉末至魏晋墓葬中普遍流行的形制，这类墓葬显然受到辽东的影响。以袁台子壁画墓为代表的支砌石椁墓，可能是三燕时期被徙于棘城的辽东大族墓葬[2]。锦州前山墓采用了东晋墓葬常见的椭圆长方形单室券顶结构。墓葬出现了壁画，如大平房村 M1、北庙村 M1、袁台子东晋壁画墓、冯素弗及其妻属墓，壁画内容主要有门吏、出行、墓主宴饮、牛耕、庭院、四神等，其中北庙村 M1 和冯素弗墓等均有狗的图像。一二期墓葬中也多见以狗殉葬的习俗，鲜卑、乌桓等族信奉狗具有护送死者亡灵的作用，在丧礼中担任重要角色。"肥养犬，以采绳婴牵，并取亡者所乘马、衣物、生时服饰，皆烧以送之。特属累犬，使护死者神灵归乎赤山。……至葬日，……牵犬马历位。……然后杀犬马，衣物烧之。"[3] 本期随葬品继续沿用了第一期的陶罐和陶壶的器型，但器体有增高趋势。镏金马具和佩戴饰物也继承了第一期而种类更加丰富。较为突出的是出现了马镫和成套的马具具装，马镫都是木芯外包镏金铜片，其中朝阳十二台乡 88M1 出土的马镫为扁圆形，蹬脚处略向内凹，此与安阳孝民屯 M154 所出相同。而袁台子壁画墓和冯素弗墓所出马镫成圆角三角形，踏脚处较平直，可能代表了马镫形制的发展过程[4]。本期墓葬还出土了较多典型中原魏晋墓的器物，如朝阳大平房村出土的灶井碓磨等模型器和东晋器物，锦州前山墓出土的陶俑和圆形槅等。高等级墓葬（如冯素弗墓、袁台子壁画墓）中来自中原的因素更多。

本期也是墓室壁画流行的时期，在大平房村墓、北庙村 M1、冯素弗墓（西官营子 M1）、西官营子 M2、袁台子壁画墓等石板墓中都发现了壁画。除袁台子墓外，均为前宽后窄的石椁墓。从壁画特征来看，袁台子墓以外的另外 4 座墓较为一致，均以家居场面、庭院生活为主题，墓主形象为夫妇对坐形式。袁台子墓则差别较大，除仍有墓主夫

---

[1] 张柏忠：《哲里木盟发现的鲜卑遗存》，《文物》1981 年第 2 期；《内蒙古科左中旗六家子鲜卑墓群》，《考古》1989 年第 5 期。
[2] 田立坤：《三燕文化的类型与分期》，载巫鸿主编：《汉唐之间文化艺术的互动与交融》，文物出版社，2001 年，205—226 页。
[3] 《三国志》卷三十《魏书·乌丸传》注引《魏书》，832—833 页。同书《鲜卑传》注引《魏书》"其言语习俗与乌丸同。其地东接辽水，西当西城"，836 页。
[4] 杨泓：《中国古代马具的发展和对外影响》，《文物》1984 年第 9 期。

妇对坐宴饮、车骑出行、庭院生活场景外，出现了手持麈尾的男性墓主正面像，并出现了四神形象。

第3期：北魏迁洛以前（五世纪三十年代至五世纪末）。墓葬急剧减少，石板墓（丁A型）衰落，梯形墓基本消失，而出现了少量叠涩穹窿顶方形石室墓（丙A型），可能是受到辽东地区叠涩顶石室墓制的影响。长斜坡墓道、方形墓室略外弧的砖室墓（甲A型）成为本组最主要的墓葬形制，保持了与北魏京畿地区墓葬的同步。未见壁画。随葬品中鲜卑式的马具和饰物基本不见。

十一、辽 东

1. 类型

辽东地区墓葬包括砖室墓、石室墓、石板墓三大类（图2.12）。在汉乐浪四郡所在的今平壤一带墓葬文化面貌与辽东十分相似，因此也将部分典型墓葬纳入分类中。

甲类：砖室墓。一般由墓道、甬道、墓室、侧室或耳室组成，多为穹窿顶。此类墓主要分布于（中国）旅大、沈阳以及朝鲜平壤和黄海南北道境内。

A型：单室墓。长方形墓室，四壁外弧，墓门向一侧略偏，穹窿顶，如大连前牧城驿M802（图2.12-1）。

B型：前后室墓。有的前后室均近方形，墓门偏于一侧，如南山里4号墓（图2.12-2）。也有的前室横长方形、后室竖长方形，墓门位于中间，如大同江面8号墓（图2.12-3）。

C型：前后室带耳室墓。前后室皆近方形，前室一侧设小耳室，各室四壁均外弧，如大同江面1号墓（图2.12-4）。

丙类：石室墓。用石条或不规则石块垒砌而成，一般由墓道、短甬道和墓室组成。

A型：单室墓。由前廊、左右耳室和主室组成。如本溪小市镇晋墓的墓室用石块平砌，而耳室用整块石板支筑。室内置石板尸床，曾有木棺葬具。墓口用大石板封盖（图2.12-5）。

B型：前后室墓。墓门前均有墓道和甬道。如营城子M46，二室间有短甬道，平面成日字型，前后室各以花纹砖砌筑尸床，未见木质葬具（图2.12-6）。

C型：多室墓。如营城子M52，由墓道、甬道、前室和并列二室组成，以花纹砖封门（图2.12-7）。

丁类：石板墓。用石板竖立，结合石柱支砌而成若干墓室，一般墓门有立柱，立柱

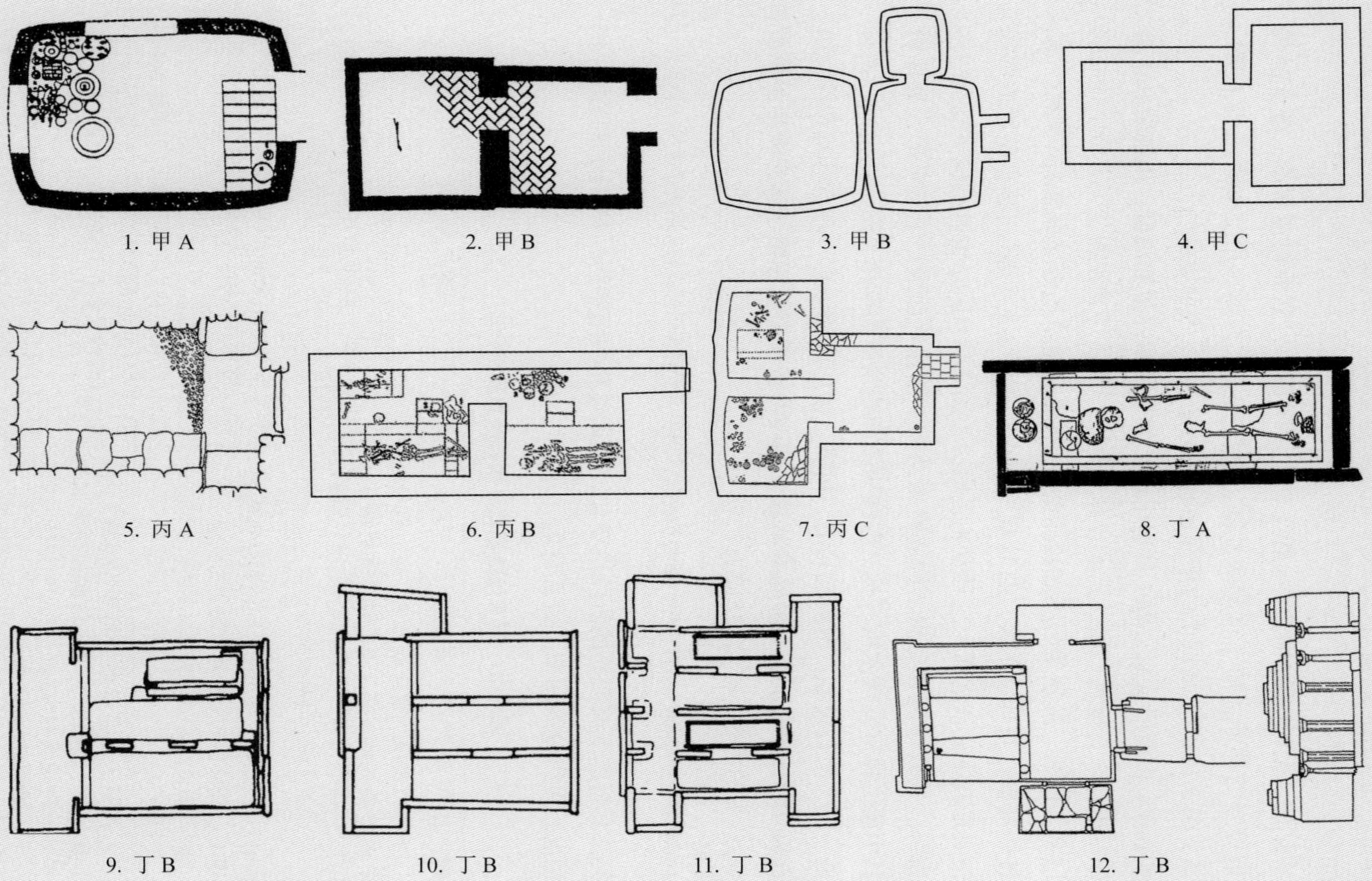

图 2.12 辽东地区墓葬类型

1. 大连前牧城驿 M802　2. 朝鲜南山里 4 号墓　3. 朝鲜大同江面 4 号墓　4. 朝鲜大同江面 8 号墓　5. 本溪小市镇晋墓　6. 旅大营城子 M46
7. 旅大营城子 M52　8. 辽阳三道壕 7 号墓　9. 辽阳东门里壁画墓　10. 辽阳三道壕窑业二场令支令墓　11. 辽阳棒台子 2 号墓　12. 朝鲜安岳 3 号墓

79

上置栌斗、下垫柱础石，墓顶多为几块石板平铺而成平顶，少数为叠涩顶。一般将尸体直接置于尸床上，而不用棺。墓门、墓壁和墓顶多有壁画。此类墓葬主要分布于以辽阳为中心的地区。

A型：单室墓。无耳室和回廊，一般在墓室设明器台，墓葬构造简单，随葬品稀少，当属较低等级的埋葬。如三道壕7号墓，单椁室，长方形，出"太康二年（281）八月造"瓦当（图2.12-8）。属同类的墓葬还有三道壕8号、9号墓。

B型：多室墓。由前后墓室、廊、耳室组成。如辽阳东门里壁画墓，由前廊和二椁室组成，二椁室中各以石板为尸床，三人合葬。墓壁、横枋、立柱和墓顶石板上均有彩色壁画，绘门卒、出行、燕居等（图2.12-9）。三道壕窑业二场令支令墓有三椁室，前廊左右两侧各一耳室，右耳室较大。右耳室壁画有榜题"令支令张"。根据壁画内容可知，右耳室主要是墓主宴饮之所，左耳室则是庖厨（图2.12-10）。也有结构更复杂的多室墓，除前廊外，还有中廊和后廊，构成回廊结构，整体平面成"工"字形，如棒台子2号墓，其中第二椁室发现木棺一具，壁画构图和线条较为草率（图2.12-11）。朝鲜安岳3号墓是一座大型石板墓，由斜坡墓道、甬道、前后廊和侧廊、左右耳室和椁室组成。墓顶用石板互相抹角叠涩成方形藻井状顶。前廊西壁墨书墓志铭，墓主为卒于东晋永和十三年（357）的冬寿（图2.12-12）。

2. 分期

以上几类墓葬形制上有明显的阶段性变化，根据墓葬的纪年物，参考随葬品组合和墓室装饰的情况，可以分为四期（表2.18）。

表2.18 辽东地区墓葬分期与随葬品组合表

期	形 制	随葬品	墓 例
1	丁B、甲A、甲B	以陶罐、瓮、瓶为主，也有陶模型器如灶、井。还出有一批仿铜和仿漆器陶器，如陶鼎、盉、灯、博山炉、壶、耳杯、奁等。	东门里壁画墓，唐户屯部分墓，三道壕M14、M27（永元十七年），伯官屯M2，前牧城驿M802，南山里4号墓。
2	丁B、丙B、甲A、甲B	以陶瓮、壶为代表，也有仿铜陶器、仿漆器的朱砂彩绘陶壶和圆盒。	令支令墓，车骑墓，南环街M1，陈相屯墓，营城子M46，马圈子M1，南山里M6，大同江面M7、M8。
3	丁A、丁B、丙B、甲C	陶实用器皿类型增多，以罐、瓮、壶、瓶、灶为主，仿铜和仿漆器的陶器大量减少，仅见少量的耳杯、圆形带盖的奁等。	棒台子M2，棒台子壁画墓，三道壕M3，鹅房M1，北园M2、M6，南雪梅M1、M2，南林子墓，三道壕西晋墓（太康七年、九年、十年），迎水寺墓，三道壕M7（太康二年）、M8、M9，马圈子M2、M3，营城子M47、M52，伯官屯M1，大同江面M1，南寺里M29等。

(续表)

期	形 制	随葬品	墓 例
4	丁B、丙A	以陶罐、瓮、侈口壶为代表，有的有网状暗纹装饰。仿铜和仿漆器的器型基本不见，出现了少量青瓷器，如虎子。此外还出土了一批高句丽的器物，如镏金带扣、四叶泡形饰、杏叶形饰、马衔等。	上王家村墓、冬寿墓（永和十三年）、本溪小市镇墓、南井里M119、张抚夷墓等。

第1期：东汉中后期。仅有平顶石板墓（丁B型）和不带耳室的砖室墓（甲A、甲B型），尤以前者居多，是在继承汉代多室木椁、砖椁墓的基础上简化而成的，一般仅有前廊，椁室较少。后者平面均为长方形，墓壁较平直。石板墓中多有壁画，主要有出行图、宴居图、门卒、庖厨、楼阁等，墓主坐像均为单人侧面像。随葬品包括大量汉代墓葬流行的仿铜和仿漆器陶器。

第2期：汉末至曹魏初期公孙氏割据辽东时期（三世纪三十年代之前）。各类墓葬均出现前后室，墓室结构复杂化，石板墓出现左右耳室。墓壁大多平直，但砖室墓墓壁开始略外弧，墓门偏于墓室一侧。壁画主要见于石板墓，墓主画像中开始出现女主人形象，而且由于墓室增多而出现多幅墓主坐像，出行图中以马车和骑吏为主，牛车尚未占主导地位。随葬品的种类与前期相似，但仿铜和仿漆器的器型减少，出现仿漆器的朱砂彩绘陶器。

第3期：曹魏灭公孙氏至高句丽灭乐浪郡之前（三世纪三十年代至四世纪初）。墓葬发现最多，其中石板墓出现前后回廊和中廊，椁室也逐渐增多，砖室墓出现耳室，墓壁普遍外弧。石板墓的壁画题材没有大的变化，但线条和构图趋于草率。随葬品中陶实用器皿增加，而明器减少，尤其是仿铜和仿漆器的器型少见，出现少量釉陶器物。

第4期：高句丽灭乐浪郡之后的东晋时期（四世纪）。石板墓仅见叠涩顶一种，多室回廊制趋于简化（丁B型）。石室墓的耳室和前室也趋于退化，且墓壁普遍弧度加大。本溪小市镇晋墓形制与朝鲜高句丽时期冬寿墓接近，其遗物是高句丽墓葬常见的马具马饰，被认为是四世纪后叶高句丽势力西侵时的墓葬[1]。上王家村壁画墓和冬寿墓的墓主正面坐像可以作为这个阶段壁画的代表，墓主手持麈尾，端坐于莲花流苏帷帐中的榻上，墓主形象高大，而两侧侍者形象相对较小，这种墓主形象与北京石景山八角村魏晋墓十分接近。随葬品中还出现了东晋风格的青瓷器如虎子等。本期墓葬在朝鲜半岛北部发现较多，墓主多为内地汉人，永和十三年（357）卒的冬寿为亡命朝鲜的前燕慕容皝司马。

---

[1] 辽宁省博物馆：《辽宁本溪晋墓》，《考古》1984年第8期。

小 结

以上 11 个区域在墓葬形制、随葬品和墓室画像的变化上具有明显的阶段性,有的区域文化特征延续性较强,有的则有发展的中断情况,这与政治格局变化、人口流动有关。各区域之间也存在文化的交流与传承。

各区墓葬的类型(表 2.19)及分期结果如下(表 2.20):

表 2.19 墓葬类型对照表

地区	甲类(砖室)			乙类(土洞)		丙类(石室)		丁类(石板)		戊类(土坑)	
	A	B	C	A	B	A	B	A	B	A	B
洛阳	▲	▲		▲	▲					▲	▲
邺城	▲			▲						▲	▲
云代	▲	▲		▲						▲	▲
幽蓟	▲	▲	▲								
定冀	▲	▲									
并州	▲	▲	▲	▲							
青齐	▲	▲				▲	▲	▲			
关中	▲	▲		▲	▲					▲	▲
河西	▲	▲	▲								
辽西	▲	▲						▲	▲	▲	▲
辽东	▲	▲	▲			▲	▲	▲	▲		

注:丁类 B 型为多室石板墓,戊类 A、B 型分别为带头龛和无头龛者,其他类 A、B、C 型分别代表单室、前后室和多室墓。

1. 洛阳地区分四期:曹魏至西晋初(三世纪二十年代至四十年代);西晋(三世纪后期至四世纪初);十六国至北魏迁洛前后(四世纪初至五世纪末);北魏都洛期间(五世纪末至六世纪三十年代)。

2. 邺城地区分三期:西晋末至十六国慕容垂据邺城期间(四世纪初至四世纪末);东魏至北齐早期(六世纪四五十年代);北齐中后期(六世纪六七十年代)。

表 2.20　墓葬分期对照表

公元	汉	魏	西晋	十六国	北魏	东西魏北齐周
洛阳地区		1	2	3	4	
邺城地区				1		2　3
云代地区	1		2		3	
幽蓟地区			1			2
定冀地区					1	2
并州地区			1		2	3
青齐地区		1		2	3	4　5
关中地区		1		2	3	4　5
河西地区			1	2　3　4		
辽西地区			1	2	3	
辽东地区	1　2	3		4		

3. 云代地区分三期：东汉晚期至曹魏时期（二世纪初至三世纪中期）；北魏都盛乐时期（三世纪中期至四世纪末）；北魏都平城时期（四世纪末至六世纪初）。

4. 幽蓟地区分二期：西晋（三世纪七十年代至四世纪初）；北齐后期（六世纪七十年代）。

5. 定冀地区分二期：北魏后期至东魏初期（六世纪初至三十年代）；东魏北齐时期（六世纪四十至七十年代）。

6. 并州地区分三期：西晋（三世纪中期至四世纪初）；北魏后期（五世纪末至六世纪前期）；东魏北齐（六世纪五十至七十年代）。

7. 青齐地区分五期：汉末至西晋（三世纪至四世纪初）；东晋十六国（四世纪初至五世纪前期）；北魏（五世纪前期至六世纪前期）；东魏和北齐前期（六世纪三十年代至六十年代）；北齐后期（六世纪七八十年代）。

8. 关中地区分五期：曹魏西晋（三世纪二十年代至三世纪末）；十六国（四世纪前期至五世纪前期）；北魏（五世纪后期至六世纪前期）；西魏至北周武帝前期（六世纪四十年代至六十年代）；北周武帝后期至北周末（六世纪七八十年代）。

9. 河西地区分四期：曹魏西晋（三世纪中期至四世纪初）；前凉前期（四世纪初至四世纪中期）；前凉后期（四世纪中期至七十年代）；前秦、后凉、西凉、北凉时期

墓葬时空｜时间和空间序列

（四世纪七十年代至五世纪早期）。

10. 辽西地区分三期：曹魏至两晋之际（三世纪三十年代至四世纪初期）；三燕时期（四世纪初至五世纪三十年代）；北魏迁洛以前（五世纪三十年代至五世纪末）。

11. 辽东地区分四期：东汉中后期；汉末至曹魏初期（三世纪三十年代之前）；曹魏灭公孙氏至高句丽灭乐浪郡之前（三世纪三十年代至四世纪初）；高句丽灭乐浪之后的东晋时期（四世纪）。

墓葬文化

区域互动与嬗变

曹魏西晋

十六国至北魏前期

北魏后期

东西魏—北齐周

上一章 11 个区域墓葬的分期结果是在综合分析墓葬形制、随葬品和壁画情况的基础上得出的，反映了各地区墓葬文化的阶段性演变。从分期对照表（表 2.20）可以看出，各区域墓葬文化发展的阶段性并不一致，反映了不同的区域特征发展轨迹。墓葬区域特征的形成主要因文化传统、历史背景等的差别所致，同时不断受到其他地区（尤其是政治中心地区）墓葬因素的影响。以下将分四个阶段讨论各区域墓葬文化的特征、文化构成及互动。

一、曹魏西晋

曹魏西晋时期的墓葬遍及整个北方地区，以洛阳最为集中，也是新的丧葬模式产生的地区，其他地区则在本土汉传统的基础上受到洛阳模式的影响而发生了嬗变。

洛阳地区曹魏、西晋墓葬文化面貌具有很强的延续性，数量可观的一批较高等级墓葬反映了当时政治中心地区的丧葬规范。曹魏建国，礼仪制度多承汉制，但开启了"薄葬"的时代。曹魏初年施行的薄葬，除了盗墓盛行的原因外，应主要是由当时的经济背景决定的。《宋书·礼志》载："汉以后，天下送死奢靡，多作石室石兽碑铭等物。建安十年，魏武帝以天下雕弊，下令不得厚葬，又禁立碑。"[1] 晋初礼仪大多依前代故事，也施行薄葬，如不树不封、禁止立碑、素棺、殓以时服等。

> 汉献帝建安末，魏武帝作终令曰："古之葬者，必在瘠薄之地，其规西原上为寿陵。因高为基，不封不树。"……魏武以送终制衣服四箧，题识其上，春秋冬夏日有不讳，随时以敛；金珥珠玉铜铁之物，一不得送。文帝遵奉，无所增加……汉礼明器甚多，自是皆省矣。
>
> 文帝黄初三年，又自作终制："礼，国君即位，为椑，存不忘亡也。寿陵因山为体，无封无树，无立寝殿，造园邑，通神道。"……此诏藏之宗庙，副在尚书、秘书三府，明帝亦遵奉之。明帝性虽崇奢，然未遽营陵墓也。
>
> 晋宣帝豫自于首阳山为土藏，不坟不树，作顾命终制，敛以时服，不设明器。文、景皆谨奉成命，无所加焉。
>
> 景帝崩，丧事制度，又依宣帝故事[2]。

---

[1]《宋书》卷十五《礼二》，407 页。
[2]《宋书》卷十五《礼二》，404—405 页。

魏晋薄葬不唯有经济凋敝和防止盗墓的因素，也有生死观方面的原因。魏晋是人文觉醒的时代，也是对汉代儒家思想的反叛时代。以正始名士、竹林七贤为代表的知识分子，一方面反叛儒家的伦理纲常，另一方面又发展了汉代以来的升仙理想，他们对成仙的追求是脱离俗世的人间。汉代神鬼仙人各得其所，彼此不能逾越，宏大的丧礼场面是为了宣扬和强化这种伦理。墓地是一个宣示和强化儒家伦理的场所，表面上是孝行，实质是维护儒家伦理。到了魏晋，儒家的伦理纲常被遗弃，墓葬仅是一个藏尸之所，因此变得非常简略。以"厚葬"为特征的丧葬模式消失了，而开始了延续数百年的"薄葬"时代。

从洛阳一二期墓葬来看，曹魏西晋主要是奢华的汉墓进行简化，汉代流行的多室墓制逐渐向单室墓制转变，耳室与壁龛呈消退的趋势，墓葬不再作壁画。简陋的土洞墓也开始施用于高等级，洛阳第二期（西晋中后期）的120座墓葬中，单室墓约占近90%，其中单室砖墓和单室土洞墓约各占一半，而且大多不带耳室，或仅有象征性的假耳室。汉代以墓室多少代表身份的作法发生了变化，主要以石门、分级内收的台阶、墓室的大小等区别尊卑。随葬品的组合也发生了变化，汉代繁多的明器数量和种类都趋于减少，铜器、漆器也极少用于随葬，出现了以牛车为中心的新的明器组合，大致包括牛车、镇墓兽、武士、男女侍仆俑，仓灶井等庭院生活模型，以及槅、耳杯等仿漆器的明器。陶瓷器增加了空柱盘、耳杯、槅、虎子及少量的青瓷器；金属器物以"位至三公"铜镜、铜洗、熨斗、熏炉、灯、弩机、带钩等最为常见。还出现了碑形墓志。

这套新的丧葬制度在西晋中后期表现得最为典型，墓葬大多较好地遵循了改革后的墓葬规范，反映了当时政制统一、社会安定、经济恢复的历史背景。俞伟超曾将这时的墓葬遗存归纳为"晋制"[1]，这是一种由曹魏发其端而定型于西晋的新的埋葬模式，是对汉代丧葬方式的系统性变革，形式上是"薄葬"，实际上是丧葬模式和墓葬功能的变革，可将其称为"魏晋模式"，具体表现是：

1. 因墓地祭祀制度的衰亡而致标记性设施和祭祀性设施消失。墓地不再有高大的封土和树木，也没有了墓碑、神道、寝殿、便殿等设施，即《晋书·礼志》所谓"园邑寝殿遂绝"。按曹丕的说法，这种变革是出于节俭和防盗的考虑，实际上反映了汉代以来墓祭制度的变革。西汉诸陵有完善的陵庙制度，墓地是一个重要的祭祀场所，明帝开始的以"上陵礼"为代表的墓祭成为一种盛大的政治礼仪，是整饬统治秩序、宣扬儒家

---

[1] 俞伟超：《魏晋墓制非日本古坟之源》，载《古史的考古学探索》，文物出版社，2002年，359—369页。俞伟超在此文中根据新发现的魏晋墓葬，进一步完善了"晋制"的论述。

伦理的手段。这种上陵礼应是在墓地的石殿进行的，石殿是东汉取代陵庙的主要墓祭场所，应是以石结构为主的礼制性建筑。杨宽认为东汉陵园的石殿是从地方上石结构的祠堂发展而来的[1]。根据《古今注》的记载，东汉顺帝以后诸陵，如冲帝怀陵、质帝静陵、桓帝宣陵、灵帝文陵，不见石殿记载，仅述"为寝殿行马，四出门。园寺吏舍在殿东（或殿北）"[2]。石殿祭祀制度在曹魏时得到延续。曹操死后曾依汉礼在墓地设有寝殿，但旋即被曹丕拆除，"古不墓祭，皆设于庙。高陵上殿皆毁坏，车马还厩，衣服藏府，以从先帝俭德之志……自后园邑寝殿遂绝"[3]。对曹操的祭祀改在都城宗庙中进行，但曹丕为曹操追加尊号时，还是在墓道口建石室以藏金玺，"刻金玺，追加尊号，不敢开埏，乃为石室，藏玺埏首，以示陵中无金银诸物也"[4]。此石室是对东汉石殿的继承。晋武帝时进一步废除了所有的地面祭祀设施，将金玺藏于墓室的便房。墓地祭祀的衰亡反映了魏晋对于丧葬的态度发生了变化，不再把丧葬作为重要的政治社会活动，逐渐取消了"谒陵"之制[5]。受风气所及，魏晋丧葬的"社交属性"消失，而变成了更私人化的行为。新的埋葬模式下，地面设施消失，既没有封土，也没有墓碑、寝殿、祠堂、神道等设施，一些原本建于地面的设施可能转入地下，如墓碑消失后转入地下成为墓志（西晋墓室发现的碑形墓志可能表明了这种转变），取消藏玺印等物的石殿而将玺印入藏墓室的便房。

从考古发掘情况来看，京畿地区的魏晋帝陵或重要勋贵墓代表了这种新的丧葬制度，如可能属曹魏勋贵墓的洛阳涧西正始八年（247）墓[6]，以及安阳西高穴曹操高陵[7]、孟津太和二年（228）曹休墓[8]、洛阳西朱村魏明帝曹睿的高平陵[9]等，都不见封土遗存。曹操高陵有陵园和地面建筑遗迹，但存在明显的"毁陵"迹象，垣墙和相关建筑都只剩基槽和柱础部分，且基槽和柱础表面都比较平整，这表明曹丕黄初三年（222）"高陵上殿屋皆毁坏"的事实是存在的[10]。西晋诸帝也未发现明确的封土和地面祭祀性设施，通过

---

[1] 杨宽：《中国古代陵寝制度史研究》，上海古籍出版社，1985年，132页。
[2] 《后汉书·礼仪志下》引《古今注》，3149页。
[3] 《晋书》卷二十《礼志中》，634页。
[4] 《晋书》卷二十《礼志中》，632页。
[5] 《晋书》卷二十《礼志中》，634页。宣帝遗诏"子弟群官皆不得谒陵墓。于是景、文遵旨，至武帝，犹再谒崇阳陵，一谒峻平陵，然遂不敢谒高原陵，及惠帝复止也"。
[6] 李宗道等：《洛阳16工区曹魏墓清理》，《考古通讯》1958年第7期；洛阳市文物工作队：《洛阳曹魏正始八年墓》，《考古》1989年第4期。
[7] 河南省文物考古研究所、安阳县文化局：《河南安阳市西高穴曹操高陵》，《考古》2010年第8期。
[8] 洛阳市第二文物工作队：《洛阳孟津大汉冢曹魏贵族墓》，《文物》2011年第9期。
[9] 洛阳市文物考古研究院：《河南洛阳市西朱村曹魏墓葬》，《考古》2017年第7期。
[10] 河南省文物考古研究院等：《安阳高陵陵园遗址2016—2017年度考古发掘简报》，《华夏考古》2018年第1期。

对洛阳枕头山墓地、峻阳陵墓地的钻探，西晋文帝司马昭崇阳陵、武帝司马炎峻阳陵及其陪葬墓的墓室皆为长斜坡墓道的土洞墓[1]，这与司马懿倡导的"土藏"是相符的。

2. 以墓道和墓志作为塑造身份的重要手段。墓道既是一种工程便利设施（建造墓室、下葬），也是一种身份的象征，曹操墓、西晋帝陵等都有长斜坡墓道。被禁止之后转入地下的墓志与汉墓地面的墓碑一样，具标识身份的作用，但墓志转入地下后不具备实际的标识作用，而成了塑造死者来世身份的标识，作用与买地券等丧葬文书相似。

3. 墓室空间的简化与营造理念的变化。汉代以前堂后室为中轴、在前后左右横向安排多墓室的情况简化了，仅保留了前堂后室的基本结构，甚至直接简化为单室墓。与此同时，以四角攒尖或穹窿顶方式结顶，扩展了墓室的纵向空间，这种方形墓室上承苍穹式墓顶的空间形态，犹如一个天圆地方的微缩宇宙，反映了魏晋模式下新的墓室空间营造理念：抛弃了横向平铺的模拟宅第理念，变为立体化的微缩宇宙；汉墓埋葬空间、祭祀空间分离的作法变为埋葬空间与祭祀空间合于一室，棺椁偏于一侧，另一侧是祭祀空间。

4. 随葬物品简化。汉代流行的各类葬玉消失，金银铜铁减少；陶俑和模型明器也大为减少，陶俑仅有简单的镇墓兽和武士、侍仆俑组合。随葬品种类和质量都大为降低，与魏晋经济凋敝有关，也与丧礼的社会性减弱有关，丧葬不再是重要的社交礼仪，丧葬环节所获赠赙物品大为减少，随葬品的来源主要是死者生前旧物和丧家自备的祭器，以祭台、床榻、几案和以漆器为代表的一组祭器，构建了墓内祭祀活动的场景。

5. 墓室画像衰退。与东汉墓室画像的繁荣景象不同，魏晋墓室画像极为衰退，迄今中原地区不见明确的魏晋画像，仅在汉传统保持和发展之地的辽东、河西等地继续流行汉代以来的画像传统。进入东晋十六国之后，河西、辽东墓室画像继续发展，南方地区也开始出现墓室画像。中原地区直到北魏统一才重新开始流行墓室画像。墓室画像的衰退与墓室空间形态及墓葬功能有关，墓室不再模拟宅第，也不再是一个面向公众的公共空间，而是被营造成一个更加私人化的丧葬空间，除了参加葬礼的人，墓室空间的营造不再预设观者。

京畿地区产生的魏晋模式因政权势力所及而输出到京畿以外地区。吴桂兵对两晋墓葬做过系统的类型学和文化因素分析，将两晋墓葬遗存归纳为洛阳文化因素、孙吴文化因素、建康文化因素、民族文化因素、地域文化因素，认为汉晋变迁总体上是汉代因素的延续及消失、新的因素不断产生的过程，当中原地区出现洛阳因素时，南方地区出现了孙吴因素，孙吴灭亡后洛阳因素影响到南方地区，东晋建立后形成了新的建康因素；而在北方地区，西晋灭亡后洛阳因素在西安、河西地区继续存在和发展，但在中原地区

---

[1] 中国社会科学院考古研究所洛阳汉魏故城工作队：《西晋帝陵勘察记》，《考古》1984年第12期。

由于少数民族的进入而荡然无存[1]。

魏晋模式输出到各地后,与当地的丧葬模式相互作用,促进了当地丧葬模式的汉晋转型,产生了魏晋模式的多个变体,形成了山东、辽西、辽东、雁北河套、河西走廊、长江中下游等多个地域子传统。

离洛阳较近的晋东南地区墓葬面貌最为接近。这个地区墓葬发现极少,不见曹魏墓,仅发现了少量西晋墓。文化面貌与同时期的洛阳基本保持一致,也是洛阳墓葬规范所及地区。运城十里铺西晋墓由前中后三室及一侧室组成,这种多室墓制在同时期的洛阳地区基本不见了,表明并州在接受中心地区的墓葬新制度上相对滞后;而墓室四角砖砌角柱的作法则与洛阳地区相同,随葬品中未见镇墓兽,但侍仆俑和陶日用器、庖厨明器等与洛阳地区基本相同,已经是典型的西晋器物群。

幽蓟地区是北方地区重要的经济中心和军事重镇,也是北方游牧民族南下的重要通道。西晋名臣卫瓘、张华、唐彬等任幽州刺史期间,幽蓟地区军事稳定、边地安宁,经济得到恢复,成为北方较重要的一个贸易中心。幽蓟地区墓葬演变的基本趋势仍与中心地区保持一致,但稍微滞后于洛阳等中心地区,也有一些地方特色。迄今所见墓葬多属西晋一代,时代均在西晋中后期(幽蓟一期),墓葬基本形制是洛阳一期流行的前室方形、后室长方形砖墓,墓壁略向外弧,等级较高的墓葬(如王浚妻华芳墓和八角村墓)设多道封门墙和石墓门等,但也有较多不同于洛阳晋墓者,如墓道多偏于一侧,平面呈刀把形等;随葬品基本沿用了洛阳西晋的组合,也有少量区别于中原的器物,如来自游牧民族地区的扁壶、来自域外的玻璃碗等。值得注意的是北京石景山八角村墓石椁上彩绘的墓主宴饮场面,这是华北地区发现的唯一一例西晋壁画墓。壁画中心的墓主形象[2]及表现方式,可以在中原东汉曹魏墓中找到原型,如与河北安平逯家庄熹平五年(176)东汉墓发现的墓主形象非常接近,都是正面端坐于帷帐之下的高大形象[3],手持的麈尾也见于中原壁画,如洛阳朱村东汉晚期至曹魏时期的砖石结构墓壁画,不同的是朱村墓为夫妇并坐,而且为侧向[4]。晚于八角村墓的墓主画像在东北、朝鲜半岛也有发现,如朝阳袁台子壁画墓[5]、辽阳上王家村壁画墓[6]、朝鲜永和十三年(357)前燕慕容皝司马

---

[1] 吴桂兵:《两晋墓葬文化因素研究》,南京大学出版社,2017年,228—229页。
[2] 郑岩:《墓主画像研究》,载《刘敦愿先生纪念文集》,山东大学出版社,1998年,450—468页。
[3] 河北省文物研究所:《安平东汉壁画墓》,文物出版社,1989年。
[4] 洛阳市第二文物工作队:《洛阳汉墓壁画》,文物出版社,1996年,190—195页,图版二、三、五、八;洛阳市第二文物工作队:《洛阳市朱村东汉壁画墓发掘简报》,《文物》1992年第12期。
[5] 辽宁省博物馆文物队等:《朝阳袁台子东晋壁画墓》,《文物》1984年第6期;刘中澄:《关于朝阳袁台子晋墓壁画的初步研究》,《辽海文物学刊》1987年第1期。
[6] 李庆发:《辽阳上王家村晋代壁画墓清理简报》,《文物》1959年第7期。

冬寿墓[1]、朝鲜德兴里"永乐十八年"(东晋义熙五年,409)壁画墓[2]等。从东北和朝鲜几座墓的年代和地域来看,似可看出这种墓主像由中原,经幽蓟、辽西,向辽东、朝鲜传播的路线,幽蓟地区可能处于沟通中原与东北的重要路线之上。汉末由于中原的丧乱,大量幽冀吏民迁往东北"三郡乌桓"之地(辽东、辽西、右北平)[3];慕容廆时,"刑政修明,虚怀引纳,流亡士庶多襁负归之。廆乃立郡以统流人……于是路有颂声,礼让兴矣"[4],当时流寓辽西的中原流民,以冀州、豫州、青州、并州人居多。大量来自中原传统文化深厚地区的流民,促进了东北的经济开发,也加强了东北与中原的文化联系,东北也成为中原汉晋传统文化的保持和发展之地。

青齐地区是汉文化传统深厚的地区之一,汉末至西晋末的墓葬包括石板支砌多室墓和前后室砖墓两种类型。石室墓多是本地汉代画像石墓传统的延续,有的直接利用汉画像石墓改建而成。砖室墓则保持了与洛阳墓制的一致性,如墓葬四壁外弧的作法及基本明器组合等。陈思王曹植墓(青龙元年,233)遵循了洛阳的墓葬规范,结构与洛阳正始八年墓接近,但采取了更为简略的前后室墓制(不带耳室),从甬道发现的砖砌凹槽来看,可能用的是木门而不是石门。尽管发现了云母、木炭等"雍尸"物品,但少贵重器物,随葬的陶器也都比较粗糙。这种简陋的埋葬主要是由当地经济条件决定的,也与曹植的个人经历有关。西晋中后期青齐地区葬俗与洛阳的一致性增强,诸城发现的太康年间墓采取的是前后室形制,墓壁略外弧,穹窿顶,随葬品种类与器型也与洛阳晋墓基本一致,是以庖厨操作为内容的一组模型明器、简单的男女侍仆俑、少量的青瓷器等。青齐地区墓葬的地域特色还表现在与东北的紧密联系上,辽东地区东汉至魏晋时期最流行的多室石板墓,与青齐地区汉魏晋墓非常相似,如三道壕窑业二厂令支令墓[5]与山东苍山元嘉元年墓(汉末魏初)形制结构相同,都是采用了一大一小二耳室、横前室和并列后室。两地石板墓的演变规律相同,由不对称的耳室发展为大小对称的耳室,直至消失。辽东石板墓上流行的壁画由本地汉墓发展而来,主要是墓主燕居、出行、庄园生活主题,一般在墓门处绘门卒与门犬,耳室绘墓主宴饮与庖厨,墓室绘乐舞百戏和车骑出行,墓顶盖石绘日月云气。这些主题和布局方式都是中原东汉中晚期壁画的习见作法,尤其与青齐地区接近,如山东梁山汉墓[6]、济南青龙山壁画墓[7]、

---

[1] 朝鲜科學院考古學及民俗學研究所編《遺跡發掘調查報告》三《安岳第三號古墳發掘報告》(朝文附中文概要),(朝鲜)科學院出版社,1958年。
[2] 云铎、铭学:《朝鲜德兴里高句丽壁画墓》,载《东北考古与历史》第1辑,文物出版社,1982年,228—230页。
[3] 仅建安九年曹操破袁尚后的二年,迁往三郡的幽冀吏民人数就至少有二十多万户。马长寿:《乌桓与鲜卑》,上海人民出版社,1962年,147页。
[4] 《晋书》卷一百八《慕容廆载记》,2806页。
[5] 李文信:《辽阳发现的三座壁画古墓》,《文物参考资料》1955年第5期。
[6] 关天相等:《梁山汉墓》,《文物参考资料》1955年第5期。
[7] 济南市文化局文物处:《山东青龙山汉画像石壁画墓》,《考古》1989年第11期。

徐州黄山陇壁画墓[1]等。公孙度割据辽东后，与青、齐、兖、徐的联系是十分紧密的，初平元年（190）越海收东莱诸县，置营州刺史，为避乱而迁往辽东的中原人以青齐士庶为众[2]。由墓葬情况可以看出，青齐地区在沟通中原与辽东的联系上起了重要的桥梁作用。

云代地区曹魏西晋时期的墓葬形制和随葬品等，与中原汉文化系统墓葬的区别是显而易见的，包含了浓厚的草原民族葬俗，其中很多遗存可能属于拓跋鲜卑。自东汉晚期开始，云代地区成为拓跋鲜卑的聚居地。拓跋力微至猗卢统治时期，相当于中原的曹魏西晋。这一时期拓跋鲜卑主要活动在以盛乐为中心的河套地区，开始了与中原的初步接触。如力微时，太子沙漠汗作为质子长期居于洛阳，深受魏晋习俗的影响，"太子风彩被服，同于南夏"[3]。但在永嘉之乱以前，拓跋鲜卑还没有大举进入中原，所受中原魏晋文化的影响还较小。云代地区第一期墓葬与洛阳差别较大，以无壁龛的竖穴土坑墓为主，基本特征是墓室成长方形或梯形，大小仅能容棺，多有前宽后窄的木棺，以单人葬为主，发现动物骨骼等殉牲迹象。随葬品较为简单，只有陶罐、陶壶、铜镞及少量装饰品，还没有出现陶俑随葬等。也出现了汉式的单室砖墓，这种直壁砖室墓在洛阳地区主要流行于曹魏至西晋初期。

关中也是曹魏西晋的腹心地区。魏晋墓葬发现很少，墓葬文化的发展趋势与中原地区保持了一致，也受到中原晋墓新规范的影响，但关中地方特色十分明显，主要是汉文化传统的延续。在墓葬形制上，以双室砖墓和单室砖墓为主，带左右侧室的双室砖墓是汉多室墓制的遗留；砖室墓中砖砌门楼、土洞墓中的天井、墓顶的天象图等，也是汉墓传统的延续；砖室墓墓壁外弧的现象、土洞墓长斜坡墓道作分级内收的作法以及随葬品的基本组合，则是洛阳魏晋墓中出现的新规范。关中魏晋墓葬在关中墓葬发展历史中起了重要的承上启下作用，如西魏北周至隋唐时期关中地区最具特色的多天井土洞墓制度，在本地东汉和魏晋墓中已现端倪[4]。双室土洞墓也是对本地东汉墓的继承，如咸阳185煤田地质队工地发现的3座东汉晚期的土洞墓，为前后室制，二室间不设甬道[5]。

河西地区是中原文化的保持和发展之地，中原新模式的传入相对滞后，魏晋时期仍保留有较多本地汉传统和中原汉墓的作法，如地面上流行家族茔域，一般以砾石砌成方

---

[1] 葛治功：《徐州黄山陇发现汉代壁画墓》，《文物》1961年第1期。
[2] "原在辽东，一年中往归居者数百家，游学之士，教授之声，不绝"；"越海避难者，皆来就之而居，旬月而成邑"。《三国志》卷十一《魏书·邴原管宁传》，350页。
[3] 《魏书》卷一《序纪》，4页。
[4] 西安市文物管理处：《西安东郊秦川机械厂汉唐墓葬发掘简报》，《考古与文物》1992年第3期。
[5] 陕西省考古研究所：《陕西省185煤田地质队咸阳基地筹建处东汉墓发掘简报》，《考古与文物》1993年第5期。

形垣墙，一面开门，前有神道、墓阙等设施，垣墙内按一定规则排列数座墓葬，有砾石或夯土筑城的封土，茔域内还用砾石垒成祭台，起墓地祭祀作用[1]。这种茔域是汉代墓园制度的延续，是标记性和祭祀性设施。河西墓葬的地下墓室更具地方特色，流行前中后多室、前堂后室等东汉墓室形态，并在墓门上方砖砌高大门楼，以镶嵌的造型砖构成模仿地面建筑的仿木构结构，在墓室四壁砖砌屋檐、壁龛，四角砖砌灯台，流行多耳室和壁龛，常以朱书榜题标明耳室模拟生前宅第的功能，显然河西魏晋墓依然保留着汉代宅第式墓的传统。如1972年在嘉峪关新城发现的M3是一座西晋墓，由前中后三室组成，前室四壁砌出屋檐；四个耳室分别朱书榜题"藏内""炊内""牛马圈""车庑"；前室至中室过道旁有小龛，有榜题"中合"；后室长方形，是棺室。三室内壁面都有小型壁画和画像砖，画像内容有明显区别，如前室绘制出行图、坞壁、狩猎、庖厨、农事等内容，中室绘绢帛、屠宰、牛棚车，后室绘蚕茧、丝束、绢帛、梳刷等内容，有明显模拟生前宅第的现象[2]。

河西地区也出现了魏晋模式下新的墓室形态，敦煌佛爷庙湾M37是一座方形单室砖墓，还保留了一大一小两个耳室，墓顶为叠涩覆斗形顶，顶部正中以镶嵌一彩绘莲花砖作为藻井。墓室沿两侧壁各设一砖棺床，上置木棺。墓室东壁（正壁）设一祭台，上部彩绘帷幔及垂幛，祭台前面的墓室中央摆放一组陶器和漆器祭祀器皿及铜灯等物。两个耳室内分别放置木俑、庖厨用品。甬道口的墓门上是高大的门楼，以造型砖和画像砖装饰，彩绘内容主要是李广射虎、伯牙抚琴、子期听琴等历史故事和各类瑞兽[3]。同批发现的M39与此墓相似；M133是前堂后室式，但结顶方式和祭祀空间的营造、画像内容都比较接近。

长江中下游地区有着深厚的汉代和孙吴丧葬传统，当中原地区流行不树不封时，此地还保留有一些地面遗迹。三吴地区（吴、吴兴和会稽三郡）率先在西晋时期接受了来自北方的新式墓制，出现了弧壁的前后二室墓和单室墓，如江苏宜兴周氏家族墓，年代从西晋元康七年（297）一直延续到建兴四年（316）[4]，多采弧壁穹窿顶，其中永宁二年（302）的4号墓有前后二室，都采弧壁穹窿顶，前室北壁置一石案，后室正中置一砖砌棺床，棺床前也有一座石案，这两座石案都应是祭台。类似的弧壁砖室墓在湖南地区也

---

[1] 关于河西墓葬茔域设置及源流的讨论，参徐苹芳：《中国秦汉魏晋南北朝时代的陵园和茔域》，《考古》1981年第6期；孙彦：《河西魏晋十六国壁画墓研究》，文物出版社，2011年，39—53页。
[2] 嘉峪关市文物清理小组：《嘉峪关汉画像砖墓》，《文物》1972年第12期。
[3] 甘肃省文物考古研究所：《敦煌佛爷庙湾——西晋画像砖墓》，文物出版社，1998年，11—22页。
[4] 华东文物工作队清理小组：《江苏宜兴周墓墩古墓清理简报》，《文物参考资料》1953年第8期；罗宗真：《江苏宜兴晋墓发掘报告》，《考古学报》1957年第4期；南京博物院：《江苏宜兴晋墓的第二次发掘》，《考古》1977年第2期。

有发现，如常德元康四年（294）墓[1]、长沙永宁二年（302）墓、安乡光熙元年（306）刘弘墓[2]等，都是弧壁单室墓[3]，其中刘弘墓的墓室内设有一座帷帐围绕的棺床，根据发现的"宣成公印""镇南将军印"金印及"刘弘"玉印，可知墓主是见于正史的西晋洛阳人刘弘，与晋武帝有旧交，卒后采取洛阳新式墓制，可能与他的经历有关。魏晋模式下的墓室空间营造显然已经传入南方地区，但并未成为主流，而到东晋时期更为罕见了。

二、十六国至北魏前期

十六国至北魏前期是一个由割据走向统一的时期，十六国墓葬零星发现于各割据政权的中心，但由于十六国政权大多延祚日短，加上游牧民族的丧葬习俗，发现的墓葬不多，只有在持续中原化并统一北方的拓跋鲜卑北魏政权时期才出现大量中原式的墓葬。由于北魏时期大量人口集中到都城平城，平城集中了这个时期大部分贵族和官吏的墓葬，其他地区只有零星发现。在北魏前期都城平城（今大同）御河两岸集中了大量四世纪的墓葬，相当一部分属高等级贵族、官吏或皇室成员墓，这些墓葬的分布有明显的规律性，墓区规划受城市布局的影响而经历了多次调整，如西郊由于鲜卑的西向祭天传统而成为墓葬禁区，随着中原文化的影响逐渐形成了从北至南、以北为尊的三大墓区。北郊方山应是一个重要的贵族墓葬区，除了冯太后方山永固陵和孝文帝"虚宫"（衣冠冢）外，可能还葬有早期鲜卑统治者拓跋猗㐌的祁皇后。东郊和南郊是墓葬分布最密集的地区，其中东郊墓区多官吏墓葬和家族墓区，南郊可能是南朝人降入北魏者的墓葬区。在东郊和南郊家族墓地的墓位排列上，一直存在从西向东排列墓位的鲜卑传统，但由北向南的中原式布局逐渐占据主导[4]。平城墓区和墓位排列上从以西为尊向以北为尊的转变，反映了拓跋政权的中原化进程。鲜卑传统以西郊祭天，初建国时即在牛川祭天，都平城后未迅速放弃西郊礼，但同时主张以周礼为范，在南郊祭天，直到孝文帝汉化改革高潮之年的太和十八年（494），才罢省西郊祭天杂事[5]，从西郊到南郊的转变反映了拓跋北魏国家的转型[6]。

---

[1] 湖南省文物管理委员会：《湖南常德西郊古墓葬群清理小结》，《文物参考资料》1955年第5期。
[2] 安乡县文物管理所：《湖南安乡西晋刘弘墓》，《文物》1993年第11期。
[3] 湖南省博物馆：《长沙两晋南朝隋墓发掘报告》，《考古学报》1959年第3期。
[4] 曹臣明：《平城附近鲜卑及北魏墓葬分布规律考》，《文物》2016年第5期。
[5] 石松日奈子著，筱原典生译：《北魏佛教造像史研究》，文物出版社，2012年，15—19页。
[6] 康乐：《从西郊到南郊——国家祭典与北魏政治》，稻乡出版社，1995年。

北魏平城时期的丧葬模式，总的来说，是对中原汉晋传统的继承和创新。主要有如下表现：

1. 陶俑群的出现是平城墓葬的一个突出特征，最早的是呼和浩特大学路北魏墓，可能为北魏定都平城前后（四世纪末）的墓。与洛阳晋墓相比，已经发生了很大变化，陶俑的数量和种类增加了，包括以鞍马、牛车为中心的甲胄武士、男女侍、乐舞俑及动物模型、庖厨明器等，造型稚拙，比例不调，不见镇墓兽，显然北魏俑群不是直接继承洛阳晋墓，而可能与关中十六国墓葬俑群一样，反映了胡族对晋卤簿制度的吸收与改造[1]。当时（迁都平城前后）北魏的统治者拓跋珪等贵族曾经作为前秦的俘虏被迁往长安、蜀地、中山等地（376—386年间），在长安居留时间最长，这些地点都是汉晋传统文化较为发达的地区，北魏统治者很容易受到汉晋文化、礼仪制度的熏陶[2]，复国后模仿汉晋礼仪创立适应胡族习俗的卤簿制度是可能的。

2. 陵园设计上对东汉制度的复古。方山永固陵是平城等级最高的墓葬，墓地发现了完善的标记性和祭祀性设施，是一座由陵墓、陵庙和佛寺组成的陵园，包括思远佛寺、文石室、灵泉殿、永固堂、石碑、鉴玄殿等[3]。佛寺是平城陵园制度的创新，但永固堂显然是对东汉石殿的复古。永固堂设计为供奉冯氏神主的陵庙，"起永固石室，将终为清庙焉"[4]。据《水经注·㶟水》的记载，永固石室是一座全石结构的陵庙，"二陵之南有永固堂，堂之四周隅，雉列榭、阶、栏、槛，及扉、户、梁、壁、椽、瓦，悉文石也。檐前四柱，采洛阳之八风谷黑石为之，雕镂隐起，以金银间云矩，有若锦焉。堂之内外，四侧结两石跌，张青石屏风，以文石为缘，并隐起忠孝之容，题刻贞顺之名。庙前镌石为碑兽，碑石至佳，左右列柏，四周迷禽暗日"[5]。这种以石结构陵庙作为陵园祭祀中心的作法，取法于东汉的石殿制度。北魏在平城营建之初，就模拟中原制度建造宫

---

[1] 苏哲：《西安草厂坡1号墓的结构、仪卫俑组合及年代》，载《宿白先生八秩华诞纪念文集》，文物出版社，2002年，185—200页。
[2] 李凭：《北魏道武帝早年经历考》，《中国史研究》1992年第1期。什翼犍建国三十九年（376）拓跋氏被前秦所灭，拓跋珪等被俘往长安，后又流亡蜀地、中山等处，一直到登国元年（386）复国，九年间，"道武帝所受的汉文化熏陶应该主要来自于居留长安的时期"。
[3] 《魏书》卷七《高祖纪》："（太和三年六月辛未）起文石室、灵泉殿于方山。……（秋八月己亥）幸方山，起思远佛寺。……（太和五年夏四月己亥）行幸方山。建永固石室于山上，立碑于石室之庭，又铭太皇太后终制于金册，又起鉴玄殿"，146—147、150页；《魏书》卷十三《文成文明皇后传》："（承明元年）太后与高祖游于方山，顾瞻川阜，有终焉之志……高祖乃诏有司营建寿陵于方山，又起永固石室，将终为清庙焉。太和五年起作，八年而成，刊石立碑，颂太后功德。……太后立宣王庙于长安，又立思燕佛图于龙城，皆刊石立碑"，328—329页。思远佛寺考古队将陵园建设工程分为二期：一期始于太和三年，以思远佛寺为主要工程；二期是陵园建设。参大同市博物馆：《大同北魏方山思远佛寺遗址发掘报告》，《文物》2007年第4期。
[4] 《魏书》卷十三《文成文明皇后传》，329页。
[5] [北魏]郦道元著，陈桥驿校正：《水经注校正》卷十三《㶟水》，中华书局，2007年，312页。

室和各类礼制、陵寝建筑，"太祖欲广宫室，规度平城四方数十里，将模邺、洛、长安之制，运材数百万根"[1]。冯太后当政的太和年间，以王遇、蒋少游、李冲等将作大匠广营宫室、明堂、寺庙、陵寝，"后于平城将营太庙、太极殿，遣少游乘传诣洛，量准魏晋基址"[2]。蒋少游等对洛阳前代宫室、陵寝遗迹当是非常熟悉的。由于魏晋陵寝多无地面建筑，他们在洛阳所见的前代陵寝当主要是东汉遗迹。迁洛后孝文帝曾下诏保护前代帝陵，对东汉光武及明、章帝陵进行祭祀。孝文帝之所以能祭祀东汉三陵，也是由于东汉帝陵尚存高大的封土和某些陵园设施[3]。在东汉陵寝遗迹中，石殿必是最醒目的建筑，自然成为了蒋少游等建造方山永固堂的设计渊源。永固堂建成后，也采取了东汉时期的墓地祭祀制度，冯氏去世后至迁洛前，孝文帝共11次谒陵[4]，正是效仿东汉明帝的会陵制度，是对祖先的安魂之礼，也是一项重要的政治活动。

3. 平城时期的北魏墓大量使用石质葬具，流行房形石椁和石棺床。房形石椁模拟木结构的房屋形制，有廊柱、出檐、屋顶、斗拱等结构，有的还有彩画木构房屋，有的堂内还陈设着棺床和棺，一般置于墓室正中，占据墓室大部分空间，其作用相当于墓室。太安四年（458）解兴石堂是平城地区纪年最早的石椁，此外还有和平元年（460）张智朗石椁、皇兴三年（469）邢合姜石椁、太和元年（477）宋绍祖墓石椁、太和年间的智家堡壁画墓石椁等，内壁皆有彩绘壁画，一般绘墓主宴饮、家居和户外活动场景。只有邢合姜石椁最特殊，是一座模拟佛殿的墓室，反映了平城地区佛教对传统丧葬的渗透。这种房形石椁可能源自东汉墓地的祠堂[5]，从外形看，这些房形石椁与东汉中晚期的墓地祠堂较为接近。从功能上看，墓地祠堂是祭祀安魂之所，但经过魏晋丧葬模式的巨变，地面祭祀性设施消失了，有些设施可能转入地下（如墓碑被禁止后转入地下而成为墓志），地面祠堂可能也转入地下成为祠堂形的房形椁。既然汉代以后的墓室既能藏形，也能安魂，那么作为祭祀设施的祠堂转入地下也未尝不可。以汉传统中的祠堂作为墓室葬具，是平城墓葬的一种复古表现，这种作法对迁洛后的北魏、北齐北周乃至隋唐都产生了深远的影响。值得注意的是，目前发现的这类房形椁大多是石质的，但我们也不能排除房形木椁可能是更普遍的墓内设施，正如木棺的使用可能更普遍一样。在考古

---

[1]《魏书》卷二十三《莫含附莫题传》，604页。
[2]《魏书》卷九十一《术艺·蒋少游传》，1971页。
[3]《魏书》卷七《高祖纪》："初营方泽于河阴，遣使者以太牢祭汉光武及明、章三帝陵，又诏汉、魏、晋诸帝陵，各方百步不得樵苏践蹋"。179页。
[4] 在冯氏去世后，孝文帝于太和十四至十八年间（490—494）共11次谒陵，迁洛次年将冯氏神主迁于太和庙。参大同市博物馆：《大同北魏方山思远佛寺遗址发掘报告》，《文物》2007年第4期。
[5] 郑岩：《青州北齐画像石与入华粟特人美术——虞弘墓等考古新发现的启示》，载巫鸿主编：《汉唐之间文化艺术的互动与交融》，文物出版社，2001年，82—83页。

发现的大同北魏墓中确实也发现了房形木椁的遗存，虽大部分已朽烂，但可看出整体形状与房形石椁相似，一般内置木棺或棺床，其作用应与房形石椁是一样的[1]。石棺床也是平城北魏葬具的一个特色，在尉迟定州墓[2]、司马金龙墓、宋绍祖墓、大同南郊M112等都发现了石棺床，此外还有很多流散石棺床，如智家堡砂场石棺床[3]、京大高速公路北魏墓石棺床[4]、波士顿美术馆藏石棺床[5]等。石棺床的侧面大多刻有纹饰，以忍冬纹、水波纹、莲花、铺首衔环等为主，也有的有强烈的佛教意味。北魏平城时期石质葬具的流行，当与平城发达的石雕工艺有关，平城诸帝的东征西伐促进了平城实力的积聚，其中必有大量优良的石工。这些优良的石工不但建造了云冈石窟、永固堂等大型石质建筑，可能也同时兼作石质葬具。

4. 平城砖室墓中开始出现壁画，有绘在墓壁上的，也有绘在石椁上的。题材和布局上是对东汉壁画的复古，沿用了汉墓的传统内容，如孝子故事、四神、墓主宴饮、牛车出行等。以大同沙岭壁画墓为例，墓主是卒于太延元年（435）的破多罗太夫人，墓室四壁及甬道、墓顶的壁画保留较为完整，是以正壁（东壁）庑殿顶屋宇下端坐的墓主夫妇像为视觉中心，在左右两壁分栏配置神兽和庞大的车马出行、宴饮百戏及粮仓、毡帐、杀羊等世俗生活场面。值得注意的是，平城北魏墓室壁画除了中原传统的题材外，出现了莲花、忍冬、摩尼宝珠、化生童子、力士、护法神等佛教图像元素，这当与平城时期兴盛的佛教活动有关。从画像人物的服饰来看，有两种显然不同的风格：宋绍祖墓和司马金龙墓的人物均着中原传统的褒衣博带服装；而智家堡壁画墓的人物均着鲜卑服装，与固原发现的太和年间漆棺画人物接近[6]。孝文帝太和改制之前，云代地区物质文化是汉魏传统与鲜卑旧俗并存，但出现了越来越多的汉文化系统因素，甚至受到汉晋传统正朔所在的江东地区文化新风的影响，如司马金龙墓漆画作品的风格可能就是东晋顾恺之画风影响下的产物[7]。关于平城石椁、石棺床和壁画的讨论详见第五章。

十六国至北魏前期将近二百年的时间里，中原墓葬几乎是一片空白，反映了西晋永嘉之乱后中原人口剧减、魏晋传统遭到严重破坏的现实。目前仅在洛阳和邺城发现了极少的十六国时期墓葬，两地墓葬文化面貌基本一致，都是简单的竖穴土坑墓，随葬陶罐、壶等简陋的器物。从仅有的几座可能属十六国少数民族的墓葬来看，墓葬文化面貌

---

[1] 张志忠：《大同北魏墓葬房形椁研究》，"汉唐墓葬壁画艺术国际学术研讨会"发言，2019年。
[2] 大同市考古研究所：《山西大同阳高北魏尉迟定州墓发掘简报》，《文物》2011年第12期。
[3] 王银田、曹臣民：《北魏石雕三品》，《文物》2004年第6期。
[4] 大同市博物馆编：《平城文物精粹》，江苏凤凰美术出版社，2016年，82—83页。
[5] 林圣智：《图像与装饰——北朝墓葬的生死表象》，台湾大学出版中心，2019年，243页。
[6] 固原县文物工作站：《宁夏固原北魏墓清理简报》，《文物》1984年第6期。
[7] 杨泓：《北朝文化源流探讨之一——司马金龙墓出土遗物的再研究》，《北朝研究》1989年第1期。

与魏晋时期差别较大，其竖穴土坑墓的头龛形制、出土器物与云代地区所见相似，如洛阳轴承厂CM1出土的陶罐、壶等器物，与山西右玉县善家堡墓地[1]的人字纹陶壶相似。邺城地区也有少量十六国少数民族贵族的墓葬，以安阳孝民屯M154为代表的一批小型竖穴土坑墓，其头龛形制、出土的陶罐、镏金马具以及殉牲的习俗，与辽西慕容鲜卑葬俗相同，如出土了与辽西朝阳十二台乡88M1[2]和北票喇嘛洞墓地M17[3]相近的成套马具。两晋之际，以辽西为中心的慕容鲜卑势力发展很快，前后燕时期统治中心逐渐内迁至中原地区，先后以蓟城、邺城、中山为都；直到北魏拓跋珪攻破中山，慕容宝才退回龙城（397）。邺城发现的这批墓葬应与四世纪活跃于邺城一带的前、后燕有关。

青齐地区仅发现1座大致东晋时期的墓葬——苍山庄坞乡晋墓利用汉画像石墓改建而成，随葬器物组合基本与洛阳西晋墓相同，但出现了一批长江下游东晋墓常见的器型，如青瓷四系罐、盘口壶、鸡首壶、船头形灶、圆形槅、覆钵形盖的仓等，与洛阳魏至西晋墓中所见同类器差别较大，而与南京附近东晋墓所见更加接近。青齐地区在四世纪曾先后被前燕、前秦、后燕短暂统治，但绝大部分时间属东晋版图。

西晋末年永嘉之乱中，原居于关中北部和西部的匈奴、羯、氐、羌等少数民族纷纷进入关中，关中地区形成了"戎狄居半"的情形，少数民族在十六国时期先后以长安为中心，建立了前赵、前秦、西燕、后秦、大夏等政权。北魏太武帝拓跋焘神䴥四年（431）灭赫连夏后，在关中设雍州（治长安）、原州（治高平镇，今固原）等州。前后几年中，拓跋焘东征西讨，先后击退柔然，消灭北燕、北凉，又在太平真君十一年（450）瓜步（今江苏六合）之役中重创刘宋，南北对峙局面形成，北魏进入相对稳定的发展时期。统一之后的关中地区，拓跋鲜卑和其他杂胡相继入关，但在北魏分裂、孝武帝入关之前，关中地区居民当仍以氐、羌、匈奴等族为主[4]。各少数民族与汉族长期杂处，加上戎狄统治集团的各种汉化政策，加速了游牧民族的汉化进程，十六国至北魏前期关中墓葬主要是本地魏晋传统的延续，并与河西十六国时期墓葬联系密切。如西安草厂坡1号墓继承了本地魏晋前后室土洞墓的形制，但新出现了在墓道设壁龛的作法。随葬品的基本组合与西晋墓相同，也由陶器和以牛车为中心的一组模型明器、陶俑等组成，一个突出的变化是陶俑的数量大大增加，尤其是出现了具装俑、武士俑和仪仗鼓吹俑等不见于西晋的俑群，但未见镇墓俑；陶俑造型均较质朴草率，身体比例失调，人物

---

[1] 王克林等：《山西省右玉县善家堡墓地》，《文物季刊》1992年第4期。
[2] 辽宁省文物考古研究所等：《朝阳十二台乡砖厂88M1发掘简报》，《文物》1997年第11期。
[3] 辽宁省文物考古研究所：《三燕文物精粹》，辽宁人民出版社，2002年；张克举等：《辽宁北票喇嘛洞鲜卑贵族墓地》，《中国文物报》1996年12月22日第1版；田立坤等：《朝阳发现的三燕文物及相关问题》，《文物》1994年第11期。
[4] 马长寿：《碑铭所见前秦至隋初关中部族》序言，中华书局，1985年。

形象瘦削。俑群的组合和造型特征均明显区别于西晋，表明西晋俑群在这一时期已经开始变化。根据对草厂坡1号墓仪卫俑组合的分析[1]，这种新出现的俑群可能是晋卤簿制度的反映，不过有很大的简化，而且反映了胡族的传统和习俗。关中十六国新出现的俑群组合可能是云代地区北魏前期墓俑群的渊源。

关中北魏墓葬仍然发现很少。彭阳新集墓当属北魏早期[2]；韦曲M1、M2除采用前后室外，墓葬结构与彭阳新集墓接近，都是长斜坡分级内收的墓道、带天井和过洞的土洞墓，都以土刻房屋模型与墓道、甬道一起，构成楼阁庭院式墓葬，故其时代当与新集墓接近；固原漆棺墓可能是太和八年至十年间（484—486）的墓葬[3]。北魏前期的几座墓既有双室土洞墓，也有单室土洞墓和单室砖墓，其基本形制是本地魏晋、十六国传统的延续，土洞墓的天井数量增加到两个；以土刻房屋作楼阁模型，置于墓道和甬道上部地面，与墓葬结合构成院落式结构。土刻楼阁模型是关中汉代以来砖雕和彩绘楼阁式门墙传统的延续，但与墓葬结合构成的院落结构，与河西走廊十六国时期砖室墓更为接近，如酒泉前凉时期的观M11的前后室地面、丁M3墓门处、后凉至北凉时期的丁M5前室地面均筑院落式方坑，与照墙、墓道、甬道和墓室内的屋檐等，一起构成院落[4]。因此，关中墓葬在结构上与河西联系十分紧密，从门墙和院落式结构的演变看，似乎可以看出关中某些汉魏晋传统传入河西，到十六国北魏时期，河西又反过来影响关中的情况。关中北魏墓葬的随葬品也沿用了十六国的一套组合，由陶器和以牛车为中心的一组模型明器、陶俑等组成，俑群的基本组合与草厂坡十六国墓接近（如彭阳M1），也仍然未见镇墓兽，陶俑的制作也较粗糙，比例不调，形象瘦削。与同时期的平城地区相比，无论陶俑的组合还是造型风格都差别较大。

固原北魏墓的漆棺画采用汉式题材，如以银河两侧的东王公、西王母、侍女及日月为主题，以瑞禽、忍冬点缀其间；前挡绘墓主坐榻、侍者供奉、菩萨；侧板分上下三栏绘孝子、历史故事等，但画中人物均着鲜卑装。该墓同出银耳杯、波斯银币、透雕铜饰、铜镰斗、琥珀、珍珠等物。棺画中的东王公、西王母见于河西十六国时期的墓葬中，如后凉至北凉之间的酒泉丁M5，墓室上层绘东王公、西王母及日月祥云等。棺画中的典型汉画题材与鲜卑旧俗共存的现象，同样见于差不多同时的平城北魏墓，反映了北魏前期汉化过程中的华夷糅杂现象。北魏在太武帝拓跋焘统一关中、平定河西后，与

---

[1] 苏哲：《西安草厂坡1号墓的结构、仪卫俑组合及年代》，载《宿白先生八秩华诞纪念文集》，文物出版社，2002年。
[2] 宁夏固原博物馆：《彭阳新集北魏墓》，《文物》1988年第9期。
[3] 孙机：《固原北魏漆棺画》，载《中国圣火——中国古文物与东西文化交流中的若干问题》，辽宁教育出版社，1996年，122页。
[4] 甘肃省博物馆：《酒泉、嘉峪关晋墓的发掘》，《文物》1979年第6期。

西域的交通得以畅通，当时平城与河西、西域沟通的主要交通线是"鄂尔多斯沙漠南缘路"，固原正处于这条中西交通的要道上，北魏接受西域各国的供奉、由河西移民实代，主要借此交通线[1]。因此，固原墓中出现河西壁画题材、西亚物品，当反映了北魏统一后丝绸之路重新贯通的历史。

十六国时期的河西地区是纷乱的中原之外少有的一片乐土，"五凉"统治时期的河西集中了大量来自中原和关中的移民，成为中原文化的保持和发展之地，同时又与西域保持着紧密的文化联系，前秦苻坚曾遣吕光远征龟兹，俘获大德智人鸠摩罗什，促进了河西佛教活动的兴盛。尤其值得注意的是，北凉沮渠氏据有河西期间，不但发展了与西域诸国的关系，还同时受南方刘宋和中原北魏的册封，实际上成了南北朝政权与西域交往的中介。河西墓葬一方面保持了汉代以来丧葬模式的延续，如多室墓制、壁画传统等，另一方面也接受了中原地区产生的魏晋丧葬模式，还出现了西来的文化新风，如墓葬中出现了一些佛教因素。多种因素的结合产生了极具地方特色的河西魏晋十六国丧葬模式。北魏太武帝太延五年（439）攻占姑臧（武威）后，河西走廊被纳入北魏版图，大量人口被迁往平城，目前极少发现北魏时期的墓葬。

东北地区是另一个中原文化的保持和发展之地，文化发展轨迹与河西地区较为相似，从汉末至魏晋十六国时期保持着自成体系的发展，北魏统一后大量人口内迁，墓葬数量急剧减少。辽东和辽西地区由于人口构成的差异，墓葬文化面貌差别较大。辽东自汉末公孙氏统治时期开始，保持着与山东地区相似的丧葬模式；而辽西地区被慕容鲜卑占据后，出现了大量鲜卑遗存。

三、北魏后期

北魏太和十八年（494）迁都洛阳之后的墓葬，以洛阳地区最为集中，此外在定冀、并州、青齐、关中也有少量发现。

洛阳是北魏迁洛后墓葬最集中的地区，孝文帝迁都洛阳，放弃了在平城方山预营的寿陵，以洛阳瀍河以西为中心建立新的陵墓区，这是孝文帝汉化改革的重要举措之一，目的是恢复中原礼制。北魏洛阳时期的墓葬，是在延续平城传统基础上的进一步中原化，具体有如下表现：

1. 陵园设置进一步复古东汉。平城方山永固陵陵园还是一座由陵墓、陵庙和佛寺合

---

[1] 前田正名著，李凭等译：《平城历史地理学研究》，书目文献出版社，1994年，48页。

一的陵园，反映了平城时期佛教对丧葬的渗透和文化糅杂的情况。迁洛后还有代北习俗的遗留，但进一步复古东汉，建立了完善的陵园制度。北魏陵墓区位于瀍河两侧的北邙山区，宿白先生根据出土墓志及考古调查发掘所得，总结北邙陵墓的分布规律是：大致以孝文帝七世祖道武帝子孙墓地为中心，在左右两侧分布安排明元、景穆、献文、太武、文成子孙墓地，墓地内墓位的排列规则是父为祖坟，子墓在左前方或右前方，父子左右夹处，兄弟并列成行。九姓帝族、勋旧八姓、降臣等集中于一处墓地，这是代北习俗的沿用，制度当始自盛乐平城之金陵[1]。

考古调查已基本确认北魏孝文帝长陵[2]、宣武帝景陵、孝庄帝静陵[3]的位置，并发现了大批陪葬帝陵的勋贵墓葬。根据考古调查，可知北魏在洛阳部分恢复了东汉的陵寝制度，主要表现是重新建立了圆形封土之制；建造墙垣围绕的陵园，内设祭祀性建筑和神道石刻；恢复了魏晋模式下被禁止的墓志、墓表等设置。邙山发现的高等级北魏墓封土皆为圆形，但与东汉不同的是高度和直径的比值较大，即封土的外观略尖，使用封土的仅限于高等级墓，大致有三个等级：帝陵的封土直径100—110米，如长陵封土地面直径111.5米、景陵封土直径105米[4]；亲王和王妃墓封土次之，直径30—60米，如清河王元怿墓现存封土直径55.7米、江阳王元乂墓封土现存34—40米；一部分亲王墓和勋贵墓的封土直径在30米左右[5]。这些有封土的墓葬在北魏墓葬中比例并不高，一些高级贵族墓和大多数官吏墓葬都没有使用封土。

长陵陵园为东西长443、南北宽390米的近方形陵园，四周有夯筑的垣墙，正中设陵门，内有异穴合葬的2座陵寝，分别属于孝文帝和文昭皇后，各有圆形封土，在封土前发现建筑基址3座，推测与祭祀有关，与东汉帝陵相比有明显的继承关系，但也有不同，如祭祀性建筑基址在封土的东南方向而不是东侧。长陵奠定了迁洛时期帝陵制度的基础[6]。宣武帝景陵以圆形封土为中心，封土直径105—110米，残高24米，平顶，虽然没有发现陵园遗迹，但在封土墓道延长线一侧发现了一具石刻武士像，应属当时的神道石刻，表明景陵原来可能也是有陵园建筑的[7]。2012年在洛阳西工区衡山路发现的疑为节闵帝元恭的

---

[1] 宿白：《北魏洛阳城和北邙陵墓——鲜卑遗迹辑录之三》，《文物》1978年第7期。
[2] 洛阳市第二文物工作队：《北魏孝文帝长陵的调查和钻探》，《文物》2005年第7期。
[3] 黄明兰：《洛阳北魏景陵位置的确定和静陵位置的推测》，《文物》1978年第7期；中国社会科学院考古研究所洛阳汉魏城队、洛阳古墓博物馆：《北魏宣武帝景陵发掘报告》，《考古》1994年第9期。
[4] 洛阳市文物考古研究院：《邙山陵墓群考古调查与勘测第一阶段考古报告》（上册），文物出版社，2018年，195页。
[5] 洛阳市文物考古研究院：《邙山陵墓群考古调查与勘测第一阶段考古报告》（上册），文物出版社，2018年，91—101页。
[6] 洛阳市第二文物工作队：《北魏孝文帝长陵的调查和钻探》，《文物》2005年第7期。
[7] 中国社会科学院考古研究所洛阳汉魏城队、洛阳古墓博物馆：《北魏宣武帝景陵发掘报告》，《考古》1994年第9期。

墓规模巨大，但没有发现任何地面遗迹[1]，这可能与元恭在位短促，被高欢毒杀有关。

拓跋氏迁洛后对东汉陵园制度的复古措施，不仅来自前代留下来的礼仪文本，可能还就地以东汉陵园遗迹为范本。太和十九年（495）颁布迁洛者死葬洛阳的诏令后不久，孝文帝先后下诏保护邙山上的前代墓葬，并祭祀汉陵。"（十九年九月）丁亥，诏曰：'诸有旧墓，铭记见存，昭然为时人所知者，三公及位从公者，去墓三十步；尚书令仆、九列，十五步；黄门、五校，十步；各不听垦殖。'"（二十年五月）初营方泽于河阴，遣使者以太牢祭汉光武及明、章三帝陵，又诏汉、魏、晋诸帝陵，各方百步不得樵苏践蹋。"[2]孝文帝之所以能祭祀东汉三陵，正是由于东汉帝陵尚存高大的封土和某些陵园设施。而需要保护的身份明确的"旧墓"遗迹应是汉墓而非晋墓，因为晋墓既无碑表标记，又无封土。邙山上的东汉墓葬遗迹可能成为北魏墓地空间营造的现实范本。

2. 墓室空间营造进一步规范化。洛阳北魏墓以单室砖墓和单室土洞墓为主流，墓壁均外弧，流行石墓门、石棺床等，完全舍弃了北魏前期还存在的多室墓制，墓葬的等级制度更加严格，以墓室面积大小、有无石门、石棺椁（多有画像）来区别身份，土洞墓还以有无天井表示身份。随葬品基本沿用了北魏前期的组合，陶俑群由镇墓俑、出行仪仗、侍仆和庖厨操作四类组成，陶俑的制作工艺变得精细，盝顶盖式的方形墓志取代碑形墓志；大量出现的鸡首壶、盘口壶等青瓷器可能是南方输入品。

3. 对平城墓室画像的继承与创新。墓室画像是洛阳北魏墓的一个十分突出的现象，有壁画和石棺线刻画两类（表5.4）。壁画墓有江阳王元乂墓（孝昌二年）[3]、清河王元怿墓（孝昌元年）[4]、安东将军王温墓（太昌元年）[5]，保存状况较差。画像石棺椁已有多具，贺西林[6]、林圣智[7]等都有较全面的收集，郑岩等也对其图像特征及文化、艺术源流进行了探讨[8]。其中画像资料较为完整的有：收藏在波士顿美术馆的横野将军甄官主簿宁懋石室（孝昌三年，527）[9]、收藏在明尼阿波利斯美术馆的赵郡贞景王元谧石棺

---

[1] 刘斌：《洛阳北邙山北魏大墓考古记》，《大众考古》2014年第5期。
[2] 《魏书》卷七《高祖纪》，178—179页。
[3] 洛阳博物馆：《河南洛阳北魏元乂墓调查》，《文物》1974年第12期。
[4] 徐婵菲：《洛阳北魏元怿墓壁画》，《文物》2002年第2期；韦娜等：《洛阳古墓博物馆》，中州古籍出版社，1995年。
[5] 洛阳市文物工作队：《洛阳孟津北陈村北魏壁画墓》，《文物》1995年第8期。
[6] 贺西林：《北朝画像石葬具的发现与研究》，载巫鸿主编：《汉唐之间的视觉文化与物质文化》，文物出版社，2003年，341—376页。
[7] 林聖智：《北朝時代における葬具の圖像と機能—石棺床圍屏の墓主肖像と孝子傳圖を例として—》，（日本）《美術史》第154册，2003年。
[8] 郑岩：《魏晋南北朝壁画墓研究》，文物出版社，2002年。
[9] 郭建邦：《北魏宁懋石室和墓志》，《中原文物》1980年第2期；郭建邦：《北魏宁懋石室线刻画》，人民美术出版社，1987年；黄明兰：《洛阳北魏世俗石刻线画集》，人民美术出版社，1987年。

（正光五年，524）[1]、收藏在康萨斯城纳尔逊美术馆的孝子石棺（属孝昌二年的东莞太守秦洪，或正光五年的秦洛二州刺史王悦）[2]、永安元年（528）曹连石棺[3]、洛阳出土升仙石棺[4]、开封博物馆藏升仙石棺等。另外洛阳出土北魏冯邕妻元氏墓，志盖及四缘刻有与曹连石棺棺底相似的仙禽神兽图案[5]。除了画像石棺外，清河王元怿、南平王元暐用了素面石棺，他们的身份高于以上几座画像石棺的墓主。北魏宣武帝景陵没有发现石棺，只是采用了普通的石棺床。可见是否采用石棺椁、石棺椁上有无画像，并不能反映墓主的身份等级。洛阳石棺椁的画像内容以升仙为主题，图像配置上与平城地区画像关系密切，是在继承平城丧葬图像的基础上，加入了一些新因素（如孝子故事）而形成的。关于洛阳丧葬画像的讨论详参第五章。

北魏后期的洛阳丧葬模式也影响到了其他地区。定冀地区是中原地区经济基础较好的地区，也是北朝高门士族最为集中之地，如（清河、博陵）崔氏、（范阳）卢氏、（赵郡）李氏等。这些高门氏族虽经永嘉之乱，但由于家学的繁荣，加上十六国少数民族统治者对汉文化比较重视[6]，魏晋文化传统得以流传，定冀成为北方地区不多见的一个文化中心。北魏拓跋氏汉化程度较低，但在攻取后燕之后，为了入主中原的需要，大量定冀士人被招入北魏朝廷，太武帝神䴥三年（430）"访诸有司，咸称范阳卢玄、博陵崔绰、赵郡李灵、河间邢颖、渤海高允、广平游雅、太原张伟等，皆贤俊之冑，冠冕州邦，有羽仪之用"[7]，其中七人除张伟外均为冀州士人。定冀地区已经发现的墓葬，大多属于高门士族的家族墓地，如景县封氏、河间邢氏、赞皇（赵郡）李氏、景县（渤海）高氏、无极（中山）甄氏等墓地，但经科学发掘的墓葬不多，均为北魏迁洛以后的墓葬。因与政治中心地区比较邻近，墓葬文化面貌反映了与中心地区较强的一致性。定冀地区发现的北魏墓主要是单室砖墓，形制结构大致与洛阳地区相同，以弧度较大的方形墓室为特色。随葬品基本种类与器型也与洛阳北魏墓相似。

并州地区发现了3座迁洛以后的北魏墓，从墓葬形制看，砖室墓（太和二十三年李诜墓）较早，主要继承了迁洛前平城的作法，如带对称耳室、在墓道设天井和过洞等；

---

[1] 黄明兰：《洛阳北魏世俗石刻线画集》，人民美术出版社，1987年。黄明兰著录的年代为孝昌五年（529），但据藏于美国明尼阿波利斯（Minneapolis）美术馆的墓志，应为正光五年（524），参郑岩《魏晋南北朝壁画墓研究》，文物出版社，2002年，139页。
[2] 洛阳博物馆：《洛阳北魏画像石棺》，《考古》1980年第3期。
[3] 洛阳市文物考古研究院：《洛阳北魏曹连石棺墓》，科学出版社，2019年。
[4] 洛阳博物馆：《洛阳北魏画像石棺》，《考古》1980年第3期。
[5] 施安昌：《北魏冯邕妻元氏墓志纹饰考》，《故宫博物院院刊》1997年第2期。
[6] "时二京倾覆，幽冀沦陷，廆刑政修明，虚怀引纳，流亡士庶多襁负归之……于是推举贤才，委以庶政……廆览政之暇，亲临听之，于是路有颂声，礼让兴矣。"《晋书》卷一百八《慕容廆载记》，2806页。
[7] 《魏书》卷四《世祖纪上》，79页。

土洞墓（神龟三年辛祥墓）时代稍晚，与迁洛后的洛阳北魏墓相似，如方形墓室、四角攒尖顶，在墓室四角设灯台等。画像石棺（神龟年间方兴墓）的主要题材和画风，与洛阳画像石棺接近，但其中的某些题材如胡人杂技场面不见于洛阳，而在平城墓葬中发现了类似造型的陶俑。

青齐地区墓葬在北魏后期继续保留了鲜明的地方特色，迁洛以后（三期）的墓葬最具特色的是圆形（或椭圆形）石室墓，仅有少数几座砖室墓。陶俑中出现了十二生肖俑，这是目前所知最早用于随葬的十二生肖实物；陶俑的面相较为清秀，但工艺水平不如洛阳，大多制作粗糙。青齐发现的北魏后期墓葬中，崔氏家族占了绝大多数，共21座，一个显著特征是采用圆形（或椭圆形）石室墓形制，仅北齐崔芬墓和崔德墓例外，迄今未发现崔氏以外的北朝圆形墓葬。

关中北魏后期墓葬较少发现，仅华州刺史杨舒墓、阿阳令邵真墓为有明确纪年（熙平二年、正光元年）的北魏后期墓。此二墓均为单室砖墓，墓室内的砖棺床和耳室、四壁外弧等特征与洛阳较为接近，随葬品也与洛阳北魏后期的组合相同，如杨舒墓的青瓷唾壶、黑釉盘口壶、仓井灶等模型，均是洛阳北魏后期墓的典型器型。但也有很多不同于洛阳的特征，如杨舒墓墓门上砖刻仿木构门楼，则是本地传统的延续。邵真墓陶俑中出现了镇墓兽和镇墓武士，其中镇墓兽当为关中较早的一例，此前墓葬中不见。该镇墓兽为背部耸立芒刺的趴卧状怪兽，与洛阳北魏墓中人面、兽面成对的蹲立状镇墓兽完全不同，这种镇墓兽的形象为西魏北周所继承。

四、东西魏—北齐周

东西魏—北齐周时期的墓葬，以邺城和关中两个政治中心最为集中，其次是并州、定冀和青齐。高欢天平元年（534）立孝静帝于邺城，迄承光元年（577）北齐被北周所灭，邺城成为洛阳之后中原的政治、文化中心；同时，东魏北齐时期并州的地位十分重要，东魏时高氏大丞相府设于晋阳，北齐时晋阳更作为别都而备受高齐政权重视，高氏皇帝频繁往返于邺城与并州之间，并州的经济在东魏北齐时期也得到恢复。并州在北朝后期是与邺城并列的政治和军事中心。高氏统治下的东魏北齐文化主要是洛阳北魏传统的延续，"洛阳文物人才虽经契胡之残毁，其遗烬再由高氏父子之收掇，更得以恢复炽盛于邺都"[1]。

---

[1] 陈寅恪：《隋唐制度渊源略论稿》，上海古籍出版社，1982年，43页。

邺城和并州作为高齐政权并重的两个政治、军事中心，集中分布着东魏北齐的高等级墓葬。邺城西部古漳河和滏阳河一带，是东魏、北齐墓葬集中分布的区域，迄今已发现 300 余座墓葬。这些墓葬的分布规律性较强，大致分为元魏皇宗陵区、高齐皇宗陵区和中下层官吏及平民墓区三个区域，元魏皇宗陵区以孝静帝元善见的西陵为中心，遵循以南、东为尊的原则；高齐皇宗陵区以北齐神武帝高欢义平陵为中心，墓位按自东南向西北依长幼尊卑为序排列，在高氏皇陵区的外围分布着勋贵及上层官吏的家族墓地，如尧氏、司马氏、暴氏等；中下层官吏及平民墓区位于邺城外郭城西侧[1]。

从墓葬文化面貌看，邺城文化的"恢复炽盛"主要是洛阳模式的延续和进一步规范化，同时也有很多西方因素的注入。墓葬形制上继承了洛阳北魏的单室砖墓和单室土洞墓形制，但与洛阳北魏墓不同的是，洛阳砖室墓与土洞墓的等级差别并不明显，而邺城砖室墓等级明显高于土洞墓，砖室墓平面形状大致与洛阳相同。天圆地方的单室墓形态成为墓葬的主流，等级越高，墓室纵向隆起越高，表明墓室空间的营造理念发生了很大变化。流行在甬道口上方砌高大门墙，大型墓设多道封门墙、石门、石棺床，流行分层布局的壁画。除墓室面积、墓葬结构、壁画因素外，墓志的边长和铁环数量也成为区别墓主身份的一个标志。从随葬品来看，基本沿用了洛阳北魏墓葬的组合，新的因素是瓷器数量大量增加，陶俑中的具装俑、武装仪卫俑和胡人俑增多，金银玛瑙珠玉饰物、西方金银货币和首饰大量出现。瓷器中有大量来自长江流域的青瓷器，也有北方所产的绿釉或黄釉扁壶、白釉莲花罐、长颈瓶、碗等，有的纹样带有明显的外来文化风格，如范粹墓出土的扁壶上饰以五人一组的乐舞场面，皆为手持琵琶，头戴胡帽，身穿窄袖长衫，脚穿半筒靴的胡人，可能表现的是唐代文献记载的"胡腾舞"[2]。随葬品中的大量西方器物和装饰表明北齐时中西文化交往增多和北齐的胡化趋势。北齐社会的胡化趋势从当时统治者的个人喜好和社会风气可见一斑，"诸宫奴婢、阉人、商人、胡户、杂户、歌舞人、见鬼人滥得富贵者将万数"[3]。《颜氏家训》记北齐风气，"齐朝有一士大夫，尝谓吾曰：'我有一儿，年已十七，颇晓书疏，教其鲜卑语及弹琵琶，稍欲通解，以此伏事公卿，无不宠爱，亦要事也'"[4]。

邺城墓葬壁画比较发达，非常强调威仪，在墓道绘由青龙白虎引导的仪仗出行队列，在墓室分层绘代表升仙的虚幻世界和反映墓主生前地位的家居宴饮、出行场面。高等级墓葬中的青龙白虎引导仪仗出行的题材，可能渊源于南朝萧梁礼制[5]。壁画画风在

---

[1] 沈丽华：《邺城地区东魏北齐墓群布局研究》，《考古》2016 年第 3 期。
[2] 韩顺发：《北齐黄釉瓷扁壶乐舞图像的初步分析》，《文物》1980 年第 7 期。
[3] 《北齐书》卷八《帝纪·后主幼主》，112 页。
[4] 王利器撰：《颜氏家训集解》卷二《教子》（增补本），中华书局，1993 年，21 页。
[5] 宿白：《关于河北四处古墓的札记》，《文物》1996 年第 9 期。

北魏后期洛阳壁画的基础上，继续受到南朝画风的影响，壁画人物的丰腴形象、陶俑的丰壮造型等，应是在南朝画风影响下形成的，太原娄叡墓的鞍马人物形象，可能是与南朝张僧繇画风相似的北齐杨（子华）派作品[1]。

并州墓葬大多为北齐时期的高等级墓葬。由于与邺城地区紧密联系，并州地区墓葬文化面貌与邺城地区基本一致，如单室砖墓和单室土洞墓是主要形制，流行壁画；随葬大量陶俑和模型明器，瓷器较多并且重视装饰，大型墓还有较多铜容器和金银珠玉琥珀饰物；采用了与邺城同样的等级制度，以墓室大小、墓内设置、壁画布局、随葬品多寡、墓志的大小等表示尊卑。但也有一些地方性特征，如娄叡墓在墓道设天井的作法，当沿袭了本地北魏后期墓葬的作法；没有邺城砖室墓盛行的墓门门墙；大型墓葬中流行置大型木椁；大型墓葬除随葬大量陶俑和金银珠玉琥珀饰物外，还往往随葬较多铜容器；陶俑的造型也与邺城有所差别，工艺逊略于邺城。

从娄叡墓、库狄迴洛等墓壁画的布局与题材来看，并州高等级墓与邺城高等级墓的壁画作风基本保持一致，如在墓道绘出行仪仗，甬道绘侍卫，墓室分层绘天象、墓主坐帐宴饮、鞍马出行场面等，均与邺城发现的茹茹公主墓、湾漳大墓壁画基本相同；娄叡墓所见的"十二时"形象在稍早的邺城湾漳大墓中也有迹可循[2]。与邺城地区相比，并州墓葬壁画也表现出一定的差异，如娄叡墓上栏骑卫中有圆领窄袖女骑形象，此为妇女男装之最早一例，"当是出自北方少数民族的风习"。

定冀地区东魏北齐时期（二期）墓葬主要延续了本地北魏墓的形制，如墓室向外的弧度较大，个别还呈圆形，但墓门上方砖砌高大的仿木构门墙，绘以门卒、异兽等壁画的作风，则与政治中心邺城地区相同。随葬品也与邺城地区基本保持一致，陶俑的数量大大增加，仪仗俑、胡俑和着鲜卑服饰的俑比例较大；瓷器随葬十分普遍，除了青瓷器外，还出现了黄釉、黑釉、酱釉瓷器，流行在肩或腹部贴、刻莲瓣装饰；随葬东罗马金币和玻璃碗等来自西方的器物等。

青齐地区仍然沿袭了北魏时期的本地传统，以石室墓为主；砖室墓在墓室四周设有排水沟的作法，为长江中下游墓葬习见。随葬品不甚丰富，但出现了如莲花尊之类的大件复杂器物；陶俑的数量和种类较少，而且陶俑的工艺明显逊于邺城地区。墓葬流行壁画或线刻画像；壁画以屏风方式布局画面，题材中有与邺城壁画相似之处，如门墙上方绘白虎等作风，但更多的是南朝风格的内容，尤以屏风式的竹林七贤与荣启期题材较为突出。东八里洼壁画墓和崔芬墓都以屏风画的形式绘树下人物、宴饮场面，"明显仿效

---

[1] 宿白：《北朝造型艺术中人物形象的变化》，《中国石窟寺研究》，文物出版社，1996年，349—354页。
[2] 宿白：《关于河北四处古墓的札记》，《文物》1996年第9期。

南朝竹林七贤和荣启期砖画。尤其是崔芬墓壁画树下人像侧后还有女侍，更是南齐在东昏侯萧宝卷时开始流行的画风"[1]。在南京西善桥、丹阳胡桥、吴家村、金家村发掘的南朝大墓中均发现了"竹林七贤"题材的拼镶砖画[2]，反映了东晋南朝社会对于隐逸之士的崇尚，南朝几座大墓均为南朝最高等级的墓葬，而青齐发现的几座墓葬均为中下级官吏，可见对于七贤题材的崇尚已经不限于社会上层，而已经成为南北朝社会的一种流行趋向。

北魏末年，尔朱天光、贺拔岳等入关镇压莫折念生、万俟丑奴起义之后，关中地区逐渐形成了鲜卑化很深、势力强大的武川军人集团；永熙三年（534），魏孝武帝元修亲领六坊之众及文武官吏近万人西奔长安。此为北魏统一关中以来鲜卑等族大规模入关，这些势力后来逐渐为宇文泰所控制，并成为西魏北周立国的基础。西魏北周时期，关中地区主要成为鲜卑等杂胡政治活动的中心地区。

由于成为西魏北周的政治中心，这一阶段的高等级墓葬大量发现，主要集中于西安和固原附近。所有墓葬均为土洞墓，双室墓减少，逐渐形成了以单室土洞墓为特征的一套严格的埋葬规范，其基本结构是有长斜坡墓道、多组天井和过洞、木质墓门、藻井顶或穹窿顶，以墓道长短、墓室大小、天井和壁龛的数目等区别墓主的身份；墓葬大多有壁画。随葬品主要继承了十六国北魏的传统组合，也以牛车为中心的陶俑和庖厨明器为主；但俑群中胡人俑、伎乐俑、鼓吹类俑的比例明显增大；陶俑采取半模制成，故陶俑均背部扁平，陶俑的形象变得臃肿，人物比例极为失调；镇墓兽仍为趴卧状的怪兽。高等级墓中出现了大量金银玛瑙珠玉类饰物、镏金铜带、玉蹀躞带等贵重器物，其中镏金银壶、玻璃碗等来自中西亚的器物增多。

关中壁画比较简单，没有东魏北齐壁画反映仪仗出行、墓主生活的庞大场面，也不采取上下分栏布局的方式安排画面，壁画题材也明显不同。绘平行宽带纹的作法曾出现于华阴西晋 M1，最具特色的彩绘楼阁题材是关中东汉以来墓葬装饰的传统，不过此前主要是砖雕或土刻，这种彩绘门楼的作法为此后的关中唐墓继承，如李贤墓墓室以棺椁为中心，分别绘侍女和伎乐二组内容。此布局无先例。唐墓墓室壁画之多伎乐、伎乐之布置方法与此类似，当主要来源于关西旧制[3]。以栏框相隔绘单幅人物画像、墓道两侧绘挂刀仪卫门吏，是新的壁画内容，其中以栏框相隔绘单幅画像的作法，可能来自邺城

---

[1] 杨泓：《南北朝墓的壁画和拼镶砖画》，载杨泓：《汉唐美术考古与佛教艺术》，科学出版社，2000年，84—102页。
[2] 南京博物院等：《南京西善桥南朝墓及其砖刻壁画》，《文物》1960年第8、9期合刊，37—42页；罗宗真：《南京西善桥油坊村南朝大墓的发掘》，《考古》1963年第6期；南京博物院：《江苏丹阳胡桥南朝大墓及砖刻壁画》，《文物》1974年第2期；南京博物院：《江苏丹阳县胡桥、建山两座南朝墓葬》，《文物》1980年第2期。
[3] 宿白：《宁夏固原北周李贤墓札记》，《宁夏文物》1989年第3期。

地区，如磁县讲武城 M56 绘车辆人物等内容，每幅画周边有红色栏框；门吏的题材曾见于洛阳北魏晚期清河王元怿墓、曹连墓、邓县南朝墓券门等。

关中西魏北周时期的墓葬形制、壁画内容与布局、陶俑的形象等，均与同时期的东魏北齐墓差别较大，明显属于不同的发展系统。东魏北齐的墓葬主要是对洛阳北魏后期墓制的继承与发展，而西魏北周墓葬主要是本地魏晋十六国北魏传统的发展。关中与关东墓葬的差别，主要是经济背景、文化传统方面的客观原因造成的。邺城发现的制作精细、形象逼真的陶俑，大量装饰复杂的精美瓷器，正反映了良好的农桑基础、工艺传统；而关中华戎交错、农桑也不发达，工艺水平自然不可与关东同日而语，墓中所见陶俑的制作十分粗劣。到北朝晚期，关中与关东墓葬出现了许多一致的现象，如关中陶俑制作变得稍微精细，人物比例大体适中，总体形象接近北齐陶俑，瓷器的造型也接近关东地区。

从以上的分析可以看出，中原北方魏晋北朝墓葬的区域文化明显随着时代的不同而变动，在每个历史时期里，都存在一个起主导作用的核心地区，核心地区的丧葬模式对同时期的其他地区有一定的示范作用。中原北方地区存在五个特征明显的核心地区，即曹魏西晋的洛阳、北魏前期的平城、北魏后期的洛阳、东魏北齐的邺城、西魏北周的关中，与以建康为中心的南方地区存在明显的差异。

魏晋核心地区洛阳的墓葬制度渊源于汉墓传统，是对汉墓传统的改革，到西晋中后期形成了一种新的墓葬规范——魏晋模式，这种新的规范对同时期及以后的墓葬产生了深远的影响，形成了山东、辽西、辽东、平城、河西、长江中下游等多个地域子传统。西晋永嘉之乱后，中原北方地区由于诸胡的内迁，传统礼仪制度受到破坏，与魏晋传统迥异的异族文化逐渐渗入，致使文化面貌上华夷糅杂。但由于十六国时期入主中原的各少数民族政权大多采取主动汉化政策，因此十六国时期尽管各地文化面貌差别较大，但总的发展趋势是一致的，即魏晋传统文化逐渐恢复发展，而少数民族因素逐渐减少。四世纪末北魏定都平城后，平城地区成为北方的核心地区，北魏通过战争、移民、重用汉族士人推行汉化政策等措施，大量吸收中原传统，一个显著表现是对东汉陵园制度的复古。北魏迁都洛阳之后，继续沿着北魏前期汉化的趋势发展，同时吸收来自南朝的文化新风，逐渐形成了北魏后期的墓葬规范。北魏分裂后的东西魏—北齐周时期，以邺城和长安为中心的北方地区出现了明显的东西差异。

与北方地区丧葬模式相比，南方地区保持着汉末以来独立的发展轨迹。建康及周围集中了东吴、东晋和南朝的高等级墓葬，流行聚族而葬，往往依据当时盛行的风水理论选择背倚山峰、两山环抱、面向开阔之地作为家族墓地，墓地内依长幼尊卑之序排列墓位,逐渐在建康周围山峰之间形成了一个个的陵区。六朝陵园制度不像北朝那样经历魏晋十六国的中断,基本保持了东汉制度的延续,但规模难以与东汉陵园同日而语,仅保留了一些基本的陵园设施,考古遗迹稀少,主要是封土和神道石刻,有的发现了一些建筑材料,表明可能存在地面祭祀性建筑。东晋诸陵继承了西晋"不树不封"的传统,但从文献记载来看,并没有完全照搬洛阳西晋制度,而是像北方拓跋政权一样,初步恢复了东汉陵园制度,没有如平原地区人工夯筑的封土,但依山而造的山陵就起到封土的作用。同样作为标记性设施的可能还有木构的"标"和"凶门柏历"[1]。同时,东晋也初步恢度了东汉的谒陵制度,晋安帝时尚书左仆射桓谦上书"百僚拜陵,起于中兴,非晋旧典,积习生常,遂为近法"。但迄今没有发现东晋的地面建筑遗迹,说明当时的祭祀性建筑可能是木构建筑。南朝陵园出现了垣墙、封土、神道石刻及祭祀性建筑。但受到南方地形的局限,有的陵园无法建造像平原地区那样规整的方形墙垣,可能只以竹木屏篱作为陵园的边界以阻挡人马的进入,这是对东汉陵园"行马"的继承[2]。

---

[1] 王志高:《关于东晋帝陵的两个问题》,《东南文化》2001年第1期。
[2] 王志高:《六朝建康城发掘与研究》,江苏人民出版社,2015年,212页。

汉唐之间

丧葬模式与礼仪空间

丧葬模式的转变

丧葬观念的转变：以招魂葬为例

墓葬形制与文化变迁：以弧壁砖室墓为例

肆

一、丧葬模式的转变

魏晋南北朝处于汉、唐文化的转变和过渡时期，其间政治格局、民族成分、礼仪制度和生死观念都发生了巨大的变化，这些都对汉唐之间丧葬模式的转变产生了重要的影响。从丧葬观念和具体的丧葬实践来看，汉唐之间的丧葬模式大致可以概括为厚葬与薄葬两种基本形式，它们在考古学上各有具体的体现。

1. 以"厚葬"为主的秦汉丧葬模式

先秦时期，儒家从孝悌和伦理的角度倡导厚葬，制定了一套复杂的丧葬程序，但由于思想观念的差异，儒家的厚葬也备受争议，诸子百家在丧葬观念上的见解大相径庭。如墨子从现实的功利思想着眼，认为厚葬有悖于圣人为政的宗旨，依据上古圣人的例子，制定了埋葬法："棺三寸，足以朽骨，衣三领，足以朽肉；掘地之深，下无菹漏，气无发泄于上，垄足以期其所，则止矣。哭往哭来，反从事乎衣食之财，佴乎祭祀，以致孝于亲。"[1] 崇尚自然的庄子也持类似的观点，反对儒家的厚葬[2]。

尽管出现了墨子和庄子的薄葬思想，但先秦时期的丧葬模式基本上还是以厚葬为主，当时的埋葬严格遵循着一套复杂的丧葬程序，包括招魂、发丧、护丧、奔丧、哭丧、吊丧、沐浴、饭含、敛（小敛、大敛）、停柩、奠（朝夕奠、朔奠等）、下葬等一系列环节。在这套丧葬程序中，有些环节给我们留下了大量的考古实物遗存，如复杂的棺椁系统、以礼器为中心的随葬品组合等，并以棺椁和礼器的套数来区分墓主的身份和等级。

先秦时期以厚葬为特征的丧葬模式，在秦汉时期得到了继承和发展。秦汉时期占统治地位的儒家思想和神仙观念成为厚葬的思想基础。慎终追远、养生葬死成为孝悌所要求的行为规范，上至皇帝，下至官吏百姓，无不以"厚葬为德、薄葬为鄙"。从秦始皇陵开始，渐开秦汉厚葬之先河，厚葬之风以西汉一代最为盛行。

《晋书·索䌹传》："汉天子即位一年而为陵，天下贡赋三分之，一供宗庙，一供宾客，一充山陵。"[3] 东汉思想家王符（85—162）在《浮侈篇》对汉代的厚葬之风给予严

---

[1] [清] 孙诒让撰，孙启治点校：《墨子闲诂》卷六《节葬下》，中华书局，2001年，190页。
[2] "庄子将死，弟子欲厚葬之。庄子曰：'吾以天地为棺椁，以日月为连璧，星辰为珠玑，万物为赍送。吾葬具岂不备邪？何以加此？'弟子曰：'吾恐乌鸢之食夫子也。'庄子曰：'在上为乌鸢食，在下为蝼蚁食，夺彼与此，何其偏也！'"参 [清] 王先谦撰：《庄子集解》卷八《列御寇》，中华书局，1987年，285—286页。
[3] 《晋书》卷六十《索靖附子䌹传》，1651页。

厉抨击："今者京师贵戚，必欲江南檽梓豫章之木。边远下土，亦竞相放效。夫檽梓豫章，所出殊远，伐之高山，引之穷谷，入海乘淮，逆河溯洛，工匠雕刻，连累日月，会众而后动，多牛而后致，重且千斤，功将万夫，而东至乐浪，西达敦煌，费力伤农于万里之地。……今京师贵戚，郡县豪家，生不极养，死乃崇丧。或至金缕玉匣，檽梓梗楠，多埋珍宝偶人车马，造起大冢，广种松柏，庐舍祠堂，务崇华侈。"[1]

秦汉的厚葬表现在陵园的配置、地面建筑与地下墓室的构建和随葬品的布置等多方面，这套借厚葬昭显墓主特殊身份的丧葬模式，在考古学上有着明确的反映，从最能体现秦汉厚葬的西汉帝陵和诸侯王陵来看，考古遗存可以分为地面和地下两部分，每一部分各有具体的配置，分别代表了不同的丧葬涵义（图4.1）。

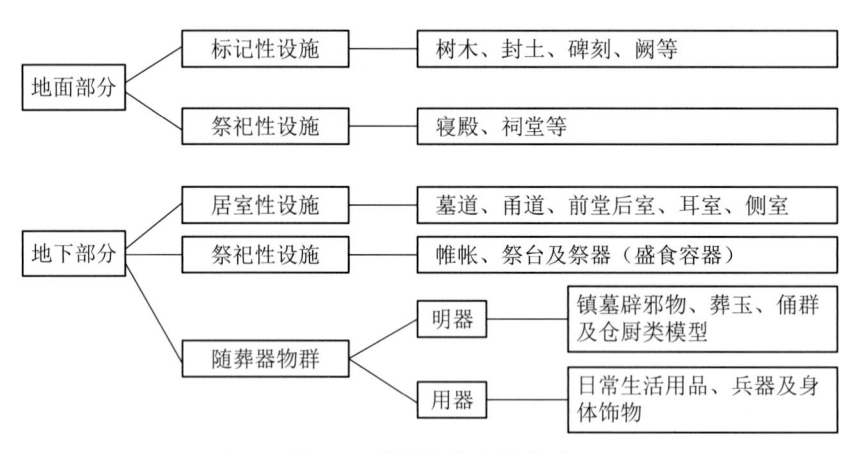

图 4.1　墓葬礼仪空间构成

（1）地面上皆有标记性设施和祭祀性设施。

标记性设施包括树木、封土，以及碑刻、阙等，在厚葬最盛行的西汉时期，帝陵和诸侯王陵皆有高大的封土，或因山为陵，或封土为陵，封土前还建有神道，立有人、兽石刻和墓碑等，碑和阙是直接表明墓主身份的设施。

祭祀性设施包括寝殿、祠堂等，为纪念性建筑或举行祭祀活动的场所。如考古发现的汉代帝陵和诸侯王陵的地面设施、贵族官吏墓葬的地面祠堂等。这些地面设施除了昭显威仪以示尊崇与厚葬外，一个重要功能就是祭祀。汉代非常重视墓祭[2]。上自天子，下及臣民，非常普遍，只有"被刑为徒"之人不到墓地祭祀先人[3]。汉代墓地祭祀的内

---

[1]《后汉书》卷四十九《王符传》，1636—1637页。
[2]《后汉书》卷二《明帝纪》注引《汉官仪》：古不墓祭，秦始皇起寝于墓侧，汉因而不改。诸陵寝皆以晦望、二十四气、三伏、社腊及四时上饭。《汉书·韦玄成传》："日祭于寝，月祭于庙，时祭于便殿。寝，日上四食。庙，岁二十五祠。便殿，岁四祠。又月一游衣冠。" 99页。
[3]"二曰讳被刑为徒，不上丘墓。"黄晖撰：《论衡校释》卷二十三《四讳》，中华书局，970页。

容往往是定期召集宗族，为亡者敬献食物、衣冠等。

（2）地下部分包括居室性设施、祭祀性设施以及随葬器物群。

居室性设施是"事死如事生"观念的直观反映，往往在以墓道和甬道组成的轴线上配置前堂后室式的墓室，再在左右两侧建造数量不等、功能不一的耳室和侧室。这样的墓室配置是为了象征生前的居室，前室内常常发现帷帐类设施，或许是墓内设奠的场所，后室常常放置棺椁，以象征生前居室之"寝"，耳室和侧室则象征车马库、仓库、厨房、厕所等设施。从已经发掘的徐州、永城等众多典型厚葬的汉代诸侯王陵来看，地下墓室都非常宏大，在山体内凿出墓道、甬道和前后墓室，再在两侧凿出大量的龛、耳室和侧室，以模拟墓主生前的府邸。如永城梁孝王陵全长90米，孝王后李氏陵除前后室外，还有三十多个侧室[1]。

祭祀性设施一般发现于宅第式墓的前堂部分。前堂往往是最阔大的墓室，常以帷帐为中心，配置祭台、几案、饮食。刘胜墓前堂内出土了2座帷帐，其中放在中部的帷帐十分精致，根据镏金银铜质构件上的刻铭文字和序号，可以复原为一座由四根立柱支撑的五脊四阿式顶铜质帷帐，帷帐内有漆案、薰炉、错金银小铜人及剑、戈、俎等物；帷帐外围可以分为三组：右侧（北部）陈列着一组供奉器物，包括炊具及食器（如鼎、釜、甗）、酒器（锺、罍、壶）、日常陈设器（灯、薰炉、盆、锅等），右侧靠前是一组仪仗铜构件，后部（西部）是一套铜车马明器"偶车马"。

与居室性设施和祭祀性设施相配套的是数量巨大的器物群，从其象征意义看，大致可以分为明器和用器两类。"明器"除了墓内设奠时盛放食物的祭器外，还包括一些专为丧葬而设的物品，如入殓时的"饭含""衣衾"等物（如玉塞、玉琀、玉覆面、金缕玉衣等各类"葬玉"）和具有象征意义的物品（如人俑、动物模型、家具模型）；"用器"是墓主生前所用之物，如某些具有纪念意义之物（如曾用的兵器），或日用生活物品（如钱币、生活用品和佩戴饰物等）。

汉代墓葬正是通过这一系列复杂的地面和地下配置，构造了一个完备的丧葬礼仪空间，形成了以厚葬为特征的汉代丧葬模式。

2. 以"薄葬"为主的魏晋丧葬模式

秦汉丧葬模式以厚葬为主，但即使在厚葬最为盛行的西汉时期，也有很多倡导薄葬的人士，如汉武帝时的士人杨王孙力主薄葬，"吾欲裸葬，以反吾真，必亡易吾意。死

---

[1] 河南省文物考古研究所编著：《永城西汉梁国王陵及寝园》，中州古籍出版社，1996年，68、84—90页；河南省商丘市文物管理委员会等编著：《芒砀山西汉梁王墓地》，文物出版社，2001年，13—14页。

则为布囊盛尸，入地七尺，既下，从足引脱其囊，以身亲土"[1]。杨王孙的裸葬成为当时主张薄葬者的最佳榜样，为他们所追慕和仿效。

秦和西汉时期盛行的厚葬之风到东汉时期渐有减弱之势，到汉末魏晋时期，随着儒学的衰落和玄学的流行，丧葬观念可能也发生了很大的变化，以"厚葬"为特征的丧葬模式消失了，而开始了延续数百年的"薄葬"时代。真正的薄葬是从曹魏时期开始的，而首创薄葬并真正施行了的是曹操。

曹操先后在其《终令》和《遗令》[2]中，分别对自己的寿陵规制提出了具体的要求，其中既包括对地面陵前设施的规定，如"因高为基，不封不树"；也有对墓内随葬品的数量和种类的限定，如"敛以时服，无藏金玉珍宝"。曹操的这些规定显然不是无的放矢，而是非常有针对性的，主要是针对汉代以"厚葬"为特征的陵寝制度所作的变革。

曹操对汉代"厚葬"之风的变革，简单地说是对汉墓的简化，但这种简化并不意味着简陋，仍然要体现帝王之尊，也要遵循一定的礼制。于是形成了一种有别于汉代，以"薄葬"为特征的新的陵墓制度，具体表现在三个方面：

（1）禁止了地面上的标记性设施和祭祀性设施，如"不树不封"，地面不再有高大的封土，也没有了墓碑、祠堂、神道等，即魏文帝曹丕《终制》："寿陵因山为体，无为封树，无立寝殿、造园邑、通神道。"曹操父子的这种变革有可能是出于对陵墓被盗的担忧，曹丕《终制》明言："自古及今，未有不亡之国，亦无不掘之墓也。丧乱以来，汉氏诸陵无不发掘，至乃烧取玉匣金缕，骸骨并尽，是焚如之刑，岂不重痛哉！祸由乎厚葬封树。"[3]无论出于何种原因，这些禁止地面标记的规定并非仅仅停留在纸上，而是真正实施了的，因为与汉代陵墓形成鲜明对比的是，至今没有发现曹魏时期高等级墓葬的地面设施，既没有封土，也没有墓碑，更没有发现寝殿、祠堂、神道等设施，山东东阿鱼山的曹植墓如此，"曹操墓"也是如此，可以说地面踪迹全无。

（2）禁止了随葬品中的明器。汉代入殓所用的各类葬玉基本上消失了，这可能与"敛以时服"有关；陶俑和模型器物也渐趋消失。葬玉之类的贵重物品很容易诱发盗墓，在经济十分凋敝的曹魏时期，曹操提出"无藏金玉珍宝"，应该主要指的是这类明器。安阳发现的曹操墓中没有发现任何葬玉，也没有发现汉代盛行的偶人与俑。至于出土的玉珮、铜带钩、铁甲、铁剑、玉珠、水晶珠、玛瑙珠等物，都应该是身前佩戴之物或珍爱之物，与衣物一样，都是"日有不讳，随时以敛"的"用器"，并非与厚葬有关的"明器"。

---

[1]《汉书》卷六十七《杨王孙传》，2907页。
[2]《三国志》卷一《魏书·武帝纪》，51、53页。
[3]《三国志》卷二《魏书·文帝纪》，82页。

曹操墓中还发现了一批非常特殊的铭文石牌，包括"魏武王常所用挌虎大戟""魏武王常所用挌虎短矛""魏武王常所用慰项石""渠枕""漆唾壶""竹簪""樗蒲扑""刀尺""胡粉""黄豆"等物品名称，与汉代盛行的遣策文字格式相同，尽管它们的性质不一定与遣册相同，也无法确定这些物品是否曾以实物的形式出现，但它们应该属于墓主生前日用之物，并非明器，不在薄葬制度下的禁止之列。

（3）简化了地下部分的居室性设施。与汉墓相比，魏晋墓葬的墓室数量大为减少，如最高等级的曹操墓只是带有一条斜坡墓道的双室砖墓，只有前后墓室和四个侧室，全长不超过60米。这种砖室墓在建筑难度和耗费上远不如"凿山为藏"的汉代诸侯王陵，与同等级的汉墓相比，已经简化了很多。山东东阿发现的曹植墓更是只有前后二室的砖室墓。洛阳正始八年（247）墓可能也是曹魏统治者的墓，但只有一个墓室，这种单室墓的墓内设奠场所一般在墓室的一侧，另一侧放置棺木。

尽管魏晋时期的墓室数量大为减少，但同样非常重视墓内的祭祀。以孝闻名的汉末至晋初重臣王详曾有遗令："气绝但洗手足，不须沐浴，勿缠尸，皆浣故衣，随时所服。所赐山玄玉佩、卫氏玉玦、绶、笥，皆勿以敛。西芒上土自坚贞，勿用磏石，勿起坟陇，穿深二丈，椁取容棺，勿作前堂、布几筵、置书箱镜奁之具，棺前但可施床榻而已，糗脯各一盘、玄酒一杯，为朝夕奠。"[1]王详的墓取消了封土、简化了墓室、减少了随葬品，但并没有省略墓内的祭奠，这样的墓葬与今天考古所见的魏晋墓葬非常相符。魏晋"前堂后室"型墓葬的前堂可能就是一个重要的祭祀场所；如果是单室墓，则将棺木陈于墓室一侧，另一侧或靠近墓门处为祭祀场所。魏晋墓葬中常见的砖台、几案（床榻）等可能是放置祭祀品的祭台，如王详墓棺前的床榻。即使没有这样的祭台，也会有一块专门的区域放置一些盛放食物的容器。在有些墓葬里，祭台和随葬品上方还会悬挂帷帐，这样的帷帐在魏晋墓里并不罕见，当然大多数只留下了帷帐座或其他金属构件，如洛阳正始八年（247）墓前室的铁帐构。辽宁朝阳袁台子东晋墓的低矮漆木几案上，放置着14个漆盘和其他器皿，从散落在旁的铜管、石座看，几案上方可能曾支着一顶帷帐[2]。

从地面设施到地下空间，魏晋墓葬都已与汉代的厚葬模式大不相同，地面建筑没有了祭祀类建筑和标记性设施；地下空间模仿生前宅第的意义已大为减弱，而主要只是一个藏尸和祭祀的空间。这种新的埋葬模式是针对汉代"厚葬"所作的变革，代表着一种新的埋葬规范的形成，这个新规范到西晋时期已经确立下来，并一直影响了整个魏晋南北朝时期。

---

[1]《晋书》卷三十三《王详传》，989页。
[2] 辽宁省博物馆文物队等：《朝阳袁台子东晋壁画墓》，《文物》1984年第6期。

二、丧葬观念的转变：以招魂葬为例

招魂是古代丧葬礼仪的重要环节，也是流播极广的民俗；招魂葬则是对非正常死亡而遗体不可得者的一种特殊葬法，曾在汉唐时期广为流行。史籍对招魂仪式的记载尚有迹可循，但对招魂葬的记载却渺茫无迹。研究者一直关注思想史视野下的招魂葬礼俗变迁[1]，但只有少数提及招魂葬的考古遗存[2]。招魂葬作为主要流行于汉唐时期的特殊葬俗，在一定程度上反映了中古社会、思想的变迁，因此有必要从文献和考古遗存上对招魂葬进行梳理和辨析，为中古丧葬礼俗研究和生死观讨论提供些许补益。

1. 先秦招魂仪式与魂魄观

周代施行的丧葬礼仪中，第一个环节是"复"，即"招魂复魄"，《仪礼·士丧礼》详解了中原士阶层的复礼过程：

> 复者一人，以爵弁服，簪裳于衣，左何之，扱领于带。升自前东荣，中屋，北面招以衣，曰："皋某复！"三。降衣于前。受用箧，升自阼阶，以衣尸。复者降自后西荣。

郑玄注：

> 复者，有司招魂复魄也。……北面招，求诸幽之义也。皋，长声也。某，死者之名也。……衣尸者覆之，若得魂反之。[3]

这是基于魂魄二元观的一个丧礼环节。人初死，由复者拿着死者生前的衣服站到东

---

[1] 方光亚：《论东晋初年的"招魂葬"俗》，《学海》1992年第2期；金式武：《招魂研究》，《历史研究》1998年第6期；韩国河：《魏晋时期丧葬礼制的承传与创新》，《文史哲》1999年第1期；朱松林：《试述中古时期的招魂葬俗》，《上海师范大学学报（哲学社会科学版）》2002年第31卷第2期；时国强：《先唐的魂魄观念及招魂习俗》，《山西师大学报（社会科学版）》2012年第39卷第1期；张焕君：《从中古时期招魂葬的废兴看儒家经典与社会的互动》，《清华大学学报（哲学社会科学版）》2012年第27卷第3期；何先成：《从长时段看中国传统社会的招魂葬》，《西部学刊》2016年第4期。

[2] 马格侠从墓志和考古遗存的角度讨论了唐代招魂葬的方式，认为唐代招魂葬盛行的原因与社会动荡、灵魂观念、夫妇合葬习俗有关，参见《唐代招魂葬习俗及其原因解析》，《燕山大学学报（哲学社会科学版）》2012年第13卷第1期。

[3] [汉]郑玄注，[唐]贾公彦疏，彭林整理：《仪礼注疏》卷三十五《士丧礼》，李学勤主编：《十三经注疏》（标点本），北京大学出版社，1999年，658—660页。

面屋翼上,面向北面长声呼唤死者的名字,三呼之后,将附有死者灵魂的衣服从前面扔下,另一人以衣箱接住,拿到寝室盖在死者遗体之上,复者从西面屋翼下来,复礼结束。

复礼中最重要的道具显然是死者生前之衣,它承载了死者的灵魂,经过复礼后,覆盖在遗体上则魂、魄合一,起到"招魂复魄"的作用。但若死者非正常死亡,衣物不可得,也可用生前其他物品代替,如以用过的箭来招魂,《礼记·檀弓上》:"邾娄复之以矢,盖自战于升陉始也。"郑玄注:"战于升陉,鲁僖(公)二十二年秋也。时师虽胜,死伤亦甚,无衣可以招魂。"孔颖达曰:"必用矢者,时邾人志在胜敌,矢是心之所好,故用所好招魂,冀其复反。"[1]

楚地也有招魂,但与中原地区的复礼有所不同。《楚辞》之《招魂》与《大招》内容大同小异,可能是为屈原或楚怀王的招魂之辞[2],应反映了战国楚地的招魂实况,与中原地区的复礼相比,更似一场盛大的巫术表演:"帝告巫阳曰:'有人在下,我欲辅之。魂魄离散,汝筮予之!'"[3]巫阳奉天帝之令举行了此次招魂仪式,大致程序是:在各类精致的丝织旌幡簇拥下,巫阳背对前方徐徐倒行,边走边喊"魂兮归来",以招引死者的灵魂回归。

巫阳的招魂辞由两部分组成:一是对四方及天上、地下各类恐怖景象的描绘,如东方有索魂的长人,南方有食人的蛮夷、恐怖的蝮蛇、封狐和九头巨蛇,西方千里流沙、干旱贫瘠,还有巨大的蚂蚁和玄蜂,北方飞雪千里,天上有虎豹豺狼和九头怪物,地下有杀气腾腾的幽都土伯;二是对美好的灵魂居所的描绘,"像设君室,静闲安些",将死者的遗像摆在堂的中央,四周是富丽堂皇的高堂水榭、亭台楼阁,室内有奢华的翡翠珠被、兰膏明烛,充满着奇珍异宝、美酒佳肴,又有奴婢成群、歌舞唱和。这套招魂仪式中,既有对将要散逸的亡魂的恐吓,也有对故居——郢都的美好描绘,以"外陈四方之恶,内崇楚国之美"[4]的手段招诱亡魂。

先秦时期的中原复礼和楚地招魂仪式皆以"招魂复魄"为目的,影响十分深远,甚至今天的民间还残存着类似的"喊魂"习俗。

无论中原的复礼,还是楚地的招魂,都反映了先秦时期已经形成的魂魄二元观。"人

---

[1] [清]孙希旦撰,沈啸寰、王星贤点校:《礼记集解》卷七《檀弓上》,中华书局,1989年,1132页。
[2] 《招魂》有宋玉招屈原魂、屈原招楚怀王魂二说,朱熹认为是宋玉哀悯屈原而作,参[宋]朱熹撰,蒋立甫点校:《楚辞集注》卷七《招魂》,上海古籍出版社,2001年,129页。《大招》也有景差招屈原魂、屈原招楚怀王魂二说,也有人认为《招魂》《大招》是楚人为怀王二次招魂之辞,参林家骊译注:《楚辞》,中华书局,2009年,224页。
[3] 《楚辞集注·招魂》,129—140页。
[4] [汉]王逸注:《楚辞章句补注》卷九《招魂章句》,吉林人民出版社,2005年,201页。

生始化曰魄,既生魄,阳曰魂。用物精多,则魂魄强。是以有精爽,至于神明"[1];"心之精爽,是谓魂魄;魂魄去之,何以能久?"[2]

魂与魄是生命的基本构成,魂主精神,魄主形体。在正常健康的生命里,魂魄合一;人死则魂魄离散,朝向不同的方向运行,魂是像气一样的轻物质,迅速向上散逸,魄因与肉体相联系而较重,以较慢的速度入地[3],即所谓"魂气归于天,形魄归于地"[4]。人初死即行招魂之礼,就是寄托了魂魄合一、死而复生的愿望,但它只是象征性的努力,魂魄最终还得离散,复礼的意义仅在于"尽爱之道"[5]。这种指导思想贯穿于整个丧葬礼仪的始终。魂魄离散之后去向不一样,那么对于魂、魄的处理方式也有所差别,即所谓"藏形于墓,安魂于庙"[6]。藏形指妥善地保存遗体,并在墓室内安排各类衣冠、饮食和娱乐设施,象征着生前世界在地下的延续;安魂指祭祀,为飘荡的灵魂安排一个接受生者供奉的场所。

墓葬的最初功能只有藏形,即《礼记·檀弓上》所谓"葬也者,藏也。藏也者,欲人之弗得见也"[7]。这样的墓葬要求葬毕即藏,考古发现的商周至西汉前期的竖穴式木椁墓皆是这种模式,除了以深埋、密封等方式表达"藏"的含义外,还往往以多重棺椁和衣物包裹遗体。《仪礼·既夕礼》记载了墓室空间的布置方式,陈列各类饮食器、用器、燕乐器、役器后,再加上支撑物和铺垫物,然后覆土、填实墓穴,墓葬完全封闭[8]。1972年发掘的安阳妇好墓的墓内堆积层次清晰,是了解商代贵族丧葬程序的极好范例,可知当时的葬礼由筑圹、奠基、搭建椁室、下葬与陈器、封闭椁室、回填墓穴等一套复杂的礼仪程序构成[9]。这套程序与后来成书的《仪礼》等礼书所记基本相符。不同的是,商代贵族的葬礼程序还伴随着复杂的祭奠、杀殉仪式,但从奠基、筑圹到回填,是一个连续封藏墓穴的过程,当墓穴被填实后再无进入的可能,属葬毕即藏的封闭空间,这样的墓葬只有藏形的功能,并没有用于祭祀(安魂)的空间。

至晚到西汉中期以前,这种封闭性极强的竖穴式墓是中国古代的主流丧葬模式。西

---

[1] [清]洪亮吉撰,李解民点校:《春秋左传诂·昭公七年》,中华书局,1987年,680—681页。
[2] 《春秋左传诂·昭公二十五年》,675页。
[3] (美)余英时著,侯旭东等译:《余英时英文论著汉译集·东汉生死观》,上海古籍出版社,2005年,134—140页。
[4] 《礼记集解》卷二十六《郊特牲》,714页。
[5] "复,尽爱之道也,有祷祠之心焉。望反诸幽,求诸鬼神之道也。"郑注:"复谓招魂,且分祷五祀,庶几其精气之反。"《礼记集解》卷十《檀弓下》,252页。
[6] [清]王先谦撰,沈啸寰、王星贤点校:《荀子集解·礼论》"故葬埋,敬藏其形也;祭祀,敬事其神也",中华书局,1988年,371页。
[7] 《礼记集解》卷九《檀弓上》,227页。
[8] 《仪礼注疏》卷四十,759—773页。
[9] 中国社会科学院考古研究所编著:《殷墟妇好墓》,文物出版社,1980年,9—14页。

汉中期以后，墓葬的功能发生了转变，它不仅是一个藏形之所，也具备了安魂功能，以往在宗庙里的祭祀活动都有可能在墓地进行，不但地面出现了祭祀性和标记性设施，而且封闭式的竖穴木椁墓逐渐被开放性的宅第式墓取代，这也成为汉代以后招魂葬流行的基础。

2. 汉唐时期的招魂葬

汉代以后的墓葬兼具藏形与安魂双重功能，藏形要求妥善地保护遗体，安魂要求设置灵魂的象征物和祭祀的空间，墓室就是一个让魂、魄合一的场所。但是在具体的丧葬实践中，还存在一种无形可藏的情形，是对非正常死亡而遗体不可得者的一种特殊葬法，即招魂葬。

清人赵翼认为招魂葬始于东汉，"招魂而葬，本起于东汉。光武姊元，为邓晨妻，起兵时元被害，后晨封侯，卒，帝追尊姊为公主，招其魂与晨合葬。此招魂葬之始也"[1]。不过，文献中也有早于光武帝葬姊的招魂葬实例，汉初刘邦称帝后曾为母举行招魂葬，"沛公起兵野战，丧皇妣于黄乡。天下平定，乃使使者以梓宫招魂幽野"[2]。

招魂葬的盛行当在东晋时期，永嘉之乱中长期的、大规模的战争导致人员伤亡惨重，不得其尸者甚众，招魂葬蔚然成风，以致在东晋初年的朝廷发生了一场关于招魂葬是否合乎礼仪的论战，起因于八王之乱后的司马越之招魂葬。

东海王司马越战死，被石勒烧骨焚柩，渡江后裴妃要为尸骨无存的司马越举行招魂葬[3]，此举成为招魂葬之争的导火索。袁瓌极力主张禁止招魂葬，称"故尚书仆射曹馥殁于寇乱，嫡孙胤不得葬尸，招魂殡葬。伏惟圣人制礼，因情作教，故椁周于棺，棺周于身，然则非身无棺，非棺无椁也。胤无丧而葬，招幽魂气，于德为愆义，于礼为不物。监军王崇、太傅司马刘洽皆招魂葬。请台下禁断"[4]。

袁瓌之流针对当时上层社会招魂葬不绝的现象，认为魂应安于庙，不应藏于墓，招魂葬是失礼行为，至于汉之新野公主、魏之郭循等招魂葬先例，是"末代所行，岂礼也"[5]。干宝亦认为"人死神浮归天，形沉归地。……若乃钉魂于棺，闭神于椁……岂顺鬼神之性而合圣人之意乎！则葬魂之名，亦几于逆矣"[6]。他们坚持先秦以来魂魄分离的

---

[1] [清]赵翼：《廿二史劄记》卷十九"祔葬变礼"条，中国书店，1987年，253页。事见《后汉书》卷十五《邓晨传》，583—584页。
[2] 《后汉书》卷三《章帝纪》，158页。
[3] 《晋书》卷五十九《东海王越传》，1626页。
[4] [唐]杜佑撰，王文锦等点校：《通典》卷一百三《凶礼二十五》"招魂葬议"条，中华书局，1988年，2701页。
[5] 《通典》卷一百三《凶礼二十五》，2701页。
[6] 《通典》卷一百三《凶礼二十五》，2702页。

观念，认为墓葬只为藏形，非为安魂；招魂而葬，于典有违，于礼有悖。

但也有主张招魂葬者，周生说"魂堂几筵设于窀穸，岂唯敛尸，亦以宁神也"[1]；李玮说"既葬三日，又祭于墓中，有灵座几筵饮燕之物，非唯藏形也"[2]。他们认为墓内所设魂堂、灵座、几筵诸物可代表死者之神魂，墓葬不仅是敛尸之地，亦可宁神，故而可以招魂而葬。

这场争论的焦点实为墓葬功能之争，墓葬到底是藏形的还是安魂的？主禁者和主葬者的分歧在于固守儒家经典还是承认丧葬现实，后者根据墓内设有魂堂、灵座、几筵等现实，认为墓葬是可以安魂的，这也反映了汉代以后墓室空间已经发生巨大改变的现实，墓内已经普遍出现祭祀性空间和设施。

关于招魂葬的争议最终以禁断而结束，但"裴妃不奉诏，遂葬越于广陵。太兴末，墓毁，改葬丹徒"[3]。这表明招魂葬在东晋时期已是既成事实，可能在民间更甚，在战乱频繁的中原地区更普遍。前燕慕容俊入主中原后，"廷尉监常炜上言：'……自顷中州丧乱，连兵积年，或遇倾城之败，覆军之祸，坑师沈卒，往往而然，孤孙茕子，十室而九。……虽招魂虚葬以叙罔极之情，又礼无招魂之文，令不此载'"[4]。慕容垂定都中山后，为被苻坚所杀的前燕末帝慕容暐及宗室举行招魂葬[5]；北魏宣武帝时，裴宣上言为战死者"招魂复魄，祔祭先灵"[6]。南朝也有招魂葬，梁元帝世子萧方军败，于麻溪溺死，求尸不得，元帝乃"招魂以葬之"[7]。

至于唐代，招魂葬更为普遍，甚至出现了"万里无人收白骨，家家城下招魂葬"[8]的盛况。《唐律疏议》对因在墓中熏狐狸而烧毁棺椁者定罪，即使棺内无尸，也等同于烧棺椁之罪[9]，这表明唐代民间的招魂葬现象极其普遍，也表明招魂葬形式已被官方认可[10]。

唐中宗和思赵皇后被武则天幽死，遗骨不可得，"及中宗崩，将葬于定陵，议者以韦后得罪，不宜祔葬，于是追谥后为和思，莫知瘗所，行招魂祔葬之礼"[11]。不同于赵皇

---

[1]《通典》卷一百三《凶礼二十五》，2702页。
[2]《通典》卷一百三《凶礼二十五》，2703页。
[3]《晋书》卷五十九《东海王越传》，1626页。
[4]《晋书》卷一百十《慕容俊载记》，2838—2839页。
[5]《晋书》卷一百二十三《慕容垂载记》"时慕容暐及诸宗室为苻坚所害者，并招魂葬之"，3087页。
[6]《魏书》卷四十五《裴骏附裴宣传》，1023页。
[7]《南史》卷五十四《元帝诸子传》，1345页。
[8][清]彭定求等编，王全点校：《全唐诗》卷三百八十二张籍《征妇怨》，中华书局，1980年，4279页。
[9][唐]长孙无忌等撰，刘俊文点校：《唐律疏议》卷十八《贼盗》"穿地得死人"条，中华书局，1983年，343—344页。
[10]张焕君：《从中古时期招魂葬的废兴看儒家经典与社会的互动》，《清华大学学报（哲学社会科学版）》2012年第27卷第3期。
[11]《旧唐书》卷五十一《后妃传·中宗和思皇后赵氏》，2171页。

后以衣冠祔葬于陵寝,同样被武则天秘杀的睿宗刘皇后、窦皇后,也以招魂礼葬之,但可能有单独的衣冠冢;在睿宗的桥陵兆域内曾先后发现两方五精石,其一言及二皇后陪葬桥陵之事,估计刘、窦二后的招魂衣冠冢当在靠近桥陵陵山处[1]。

文献中并没有记载招魂葬的具体礼仪程序,想必与普通丧葬最大的不同就是,以生前所用、所好之物代替遗体安葬,以衣冠进行招魂葬,即所谓衣冠冢,其源头必与周代以死者衣服招魂之礼相关。但招魂于衣冠然后葬之,是违背"魂气归于天,形魄归于地"的古礼的,此在东晋元帝时已有定论,但进入唐代后,社会各阶层皆大行衣冠招魂之礼,甚至没有了是否合乎古礼的质疑,或从一个侧面反映了唐代社会的开放性。

招魂葬在残缺不全的墓葬考古材料中很难找到明确的迹象,但墓志文字中常见招魂葬的事实。通过检索唐代墓志资料,可知唐代招魂葬实例骤增,大多为非正常死亡、遗体不可得而以衣冠招魂祔葬,少量为正常死亡但坟墓不可寻而招魂祔葬,身份既有皇族、官宦,也有平民,涉及社会各阶层。

唐代招魂葬在墓志铭文中有多种表述方式,有"拜手招魂""招府君之魂""谨招先妣之魂"等明确用语,也有如"羁魂""窆神""窆衣冠""奉……裳帷""攸魂往托"等较为隐晦的表达,还有模仿《楚辞·招魂》句式的志文,如横野军副使樊庭观墓志:"……魂兮归来,无游北方。北方异俗兮多豺狼,□冰积雪兮毒穷荒,魂兮归来,安此便房!"[2](表 4.1)这些表述方式虽然主要反映了墓葬的安魂功能,但其中应有不少是遗体不可得者的招魂葬,有些墓志详述了招魂葬的缘由与事实,如:

钱塘县尉元真病逝于河阴县,由于当时兵戈未息,"乃权厝于县佛果寺果园内",后遇史思明之乱,"丘垄遂平,失其所处……遂以大历四年(769)七月八日,招魂归葬于□南金谷乡焦古村从先茔,礼也"[3]。

唐庆州行营史武珍兵败,贞元元年(785)陷于卫州,尸骨寻访无所,夫人裴氏于贞元廿年(804)卒于洪州南昌,其子女"奉夫人之裳帷,招府君之魂,合祔于江阳县嘉宁乡五乍村之平原"[4]。

安南都护李象古于元和十四年(819)因部将杨湛清叛乱,一家妻儿七口不幸被害,沉于长江之滨,兵解之后,尸骨无存,其弟于长庆元年(821)"虔窆衣冠于洛阳先太师

---

[1] 沈睿文:《桥陵陪葬墓地研究》,《文博》2000 年第 5 期。
[2] 周绍良、赵超:《唐代墓志汇编》"开元一九六"《故京兆府宣化府折卫摄右卫将横野军副使樊公墓志铭并序》,上海古籍出版社,1992 年,1293 页。
[3] 《唐代墓志汇编》"大历〇一一"《唐故杭州钱唐县尉元公墓志铭并序》,1767 页。
[4] 《唐代墓志汇编》"贞元一三二"《唐故太原府都知兵马使兼庆州行营使试殿中监赐紫金鱼袋武公夫人裴氏墓志并序》,1934 页。

之茔右"[1]。单父县尉李会昌在同一场叛乱中身死，也于同日招魂葬于洛阳北邙，"不逮周文兮徒谢归魂，呜呼已而铭识空坟"，明确表明这是一座没有尸骨的"空坟"[2]。

表 4.1　唐代墓志所见招魂葬举例

首　　题	志　　文	下葬之年	卒葬年差
唐故游击将军行蜀州金堤府左果毅都尉张府君夫人吴兴姚氏墓志铭并序	远之巴蜀，永别相关，亡椟委灰，归魂未葬，岁月兹久，神识无依。……拜手招魂，合祔葬于万年县龙首乡原，礼也。	贞观四年	10 年
□□□□□□□□并序王初撰	倾者时属干戈，乱兵侵业，人皆流离，多阙享祀，权厝之所，……束茅像形，号诉申论，谨招先妣之魂，合葬事终之礼……	贞观四年	多年
大唐故金紫光禄大夫右屯卫司骑赵君墓志铭并序	终于战所。……捐躯殉节……露往霜来，叹游魂之靡托……乃招魂与夫人王氏同葬于河南县平乐乡之里。	永徽三年	同年
唐上轻车都尉张君故夫人可那氏墓志	去贞观十□年入辽身没，以显庆元年十月十八日招魂与夫人合窆于邙山之阳。	显庆元年	20 年
大唐陇州吴山县丞王君墓志铭并序	迁神于吴山县之官邸，春秋四十有三……，招魂合葬于邙山之阳翟村西二里，礼也。	显庆二年	18 年
齐冠军将军青州高阳郡守阳君墓志铭并序	夫人河南元氏，隋开皇十二年薨于乘氏。……迁君神合葬于洛州北邙山招觉寺东南二里。	显庆六年	69 年
唐故隰州大宁县令王君之墓志铭	以乾封二年十月廿二日招魂与君合。	乾封二年	28 年
大唐故□州刺史夏侯府君夫人李氏墓志铭	长子秦州□羌县令庆道等日穷先远，哀缠罔极，启滕室而招魂，列原阡而永厝。……合葬于同州蒲城县先君之旧茔，礼也。	咸亨四年	不明
唐故贝州司马太原王府君墓志铭并序	俄属家艰，途次南安之境，夜遇东陵之滑，雾起风焱，火延棺柩。……合葬于北邙山，礼也。	咸亨四年	28 年
大周故泉州龙溪县令郭君墓志铭并序	于是扬舲巨海，鼓棹辽川，风起涛惊，船坏而溺，形沉水府，神往修文，其化迹之时，即唐咸亨二年之岁也，春秋四十有一。……招魂宅兆于神都洛阳县。	长寿三年	23 年
大周故王府君墓志铭	即以吉辰招魂，合葬于合县界杨堡村东礼也。庶死而由识，魂兮可招，赴九泉而一归，同两剑而俱死。	长安四年	不明
唐故袁州刺史右监门卫将军驸马都尉天水权君墓志铭并序	公主以仙闻是□□□亡年，天汉从星，□传□□。即以其年岁己酉八月乙酉朔十八日壬戌招魂合葬于合宫县之北邙。	景龙年间	不明

[1]《唐代墓志汇编》"长庆○○五"《唐故安南都护充本管经略招讨使兼御史中丞李公墓志铭并序》，2061 页。
[2]《唐代墓志汇编》"长庆○○六"《唐故宋州单父县尉李公招葬墓志铭并序》，2062 页。

（续表）

首　题	志　文	下葬之年	卒葬年差
故京兆府宣化府折卫摄右卫郎将横野军副使樊公墓志铭并序	开元十二纪正月廿六日，暴亡于军城官舍，春秋卌有六。……盛衰俄忽，吉往凶归，引孤旐而启路，导□魂而赴国。……崔瑗得安神之所，苏韶遂幽魂之愿，衣冠会葬，如临郭泰之坟；车马倾都，若赴藤公之室。……其铭曰：……魂兮归来，无游北方。北方异俗兮多豺狼，□冰积雪兮毒穷荒，魂兮归来，安此便房！	开元十二年	同年
故潘州冯府君墓志铭	悯将军之纯至，嘉先士之晦名。恩诏追赠潘州刺史，招魂而合葬焉。盖殊常之礼也。	开元十七年	不明
□□□□州大都督参军陇西李公墓志铭并序	引归魂于交趾，祖神道于邙山。以尽祷祠之心，旁求诸□之意。至诚必感，子产知有所归；魂无不之，百有尤能为变。则明军中，以矢邾娄，用之于升陛左羲，以绥诸侯，将于道路，乃如刻木，是不忘亲。	天宝年间	不明
唐故太子洗马韦公墓志铭并序	骨肉归于地，魂气无不之也。……以天宝七载十一月十六日与韦公招魂合祔于河南府洛阳县平阴乡吕村之原，礼也。	天宝七载	41年
唐故杭州钱唐县尉元公墓志铭并序	时属艰虞，兵戈未息，乃权厝于县佛果寺果园内。贼臣思明，再侵京邑，纵暴豺虎，毒虐人神，丘垄遂平，失其所处。……眷眷幽魂，痛冥寞而无托。遂以大历四年七月八日，招魂归葬于□南金谷乡焦古村从先茔，礼也。	大历四年	12年
大唐守陇右西使左八监张文绪墓志铭并序	属西戎尚□，尊灵远寄，迁举靡遂，攀号溃心。空招万里之魂，望就九原之宅。……魂兮归来兮可安此。	大历四年	不明
唐故太原府都知兵马使兼庆州行营使试殿中监赐紫金鱼袋武公夫人裴氏墓志并序	军士溃散，陷没于卫州，寻访无所。……即以其年七月一日奉夫人之裳帷，招府君之魂，合祔于江阳县嘉宁乡五乍村之平原礼也。……招府君兮魂魄临，同合祔兮双剑沉。	贞元元年	19年
唐故处士崔府君墓志铭并序	将奉先考之裳帷，归高祖之兆域……共以其年八月廿七日，安神于洛阳北邙山之大茔。	元和十一年	20年
唐故归州刺史卢公墓志铭并序	后十三日，迁裳帷于荆州私第，以九月九日葬于邙山大墓。	元和戊戌岁	10年
唐故安南都护充本管经略招讨使兼御史中丞李公墓志铭并序	粤有安南都护兼御史中丞陇西李公讳象古，春秋五十三，以元和十四祀秋八月十九日遇部将杨湛清构乱于军部，公之室韦氏洎三男二女戕于一刻之间，沉于长江之滨。兵解之后，遗骸荡然矣。……归土之仪不及，招祔之礼空存，以长庆元年十一月九日嗣子缜虔窆衣冠于洛阳先太师之茔右。	长庆元年	2年

（续表）

首　　题	志　　文	下葬之年	卒葬年差
唐故宋州单父县尉李公招葬墓志铭并序	后不继至，为贼刃所加，……即时诏诛，凶党疑惧，遂愈弃僵尸，浑乱波瘗……举帛来魂……以长庆元年十一月九日次葬仲魂于北邙故原礼也。	长庆元年	2年
唐故贞士南阳曲府君故夫人蔡氏墓志铭并序	汝若礼从安祔，宜复归魂。……长庆卜以壬寅岁之十二月廿日复先考之灵魂，合皇妣之幽壤，于城西北蒋村十里之原，礼也。……	长庆年间	36年
大唐故岭南观察支使试大理评事崔君墓志铭并序	以其年八月七日夫人哀奉君之裳帷远自岭徼，归于东周河南县平乐乡杜郭里，归祔于先茔礼也。	长庆年间	同年
唐故试太常寺太祝范阳卢府君妻清河崔夫人墓志铭并序	以其月廿六日奉夫人裳帷，迁其先君以合祔，从龟之吉焉，礼也。	大和年间	同年
唐故东渭桥给纳判官试太常寺协律郎扶风马君墓志铭并序	奉裳帷归葬于河南府□□县平阴乡□□□祔君先茔，遇吉辰也。	大和六年	不明
唐故朝议郎守尚书比部郎中上柱国赐绯鱼袋陇西李府君墓志铭并序	于义兴启护先夫人帷裳，合祔于东周。	元和七年	不明
唐故邢州南和县令清河崔府君墓志铭并序	范阳夫人之殁也，即殡于偃师县漕口之北，世故流离，五十余载，已无旧老，孰辨丘封，有同五父之引，莫遂西阶之葬。然以乡县接联，精魂何远，且云非古，因以从宜，今所以衣服召灵之设，如合祔之礼焉。	开成年间	50余年
唐故常州武进县尉王府君夫人武功苏氏墓志铭并序	夫人子劝先三载亡，今奉夫人裳帷窆于劝之兆域。	会昌四年	3年
唐茅山燕洞宫大洞炼师彭城刘氏墓志铭并序	命爆奉帷裳还祔先兆。……扶护帷裳，陪先公旌旟发崖州……	大中年间	不明
故昭义军右骑射军副兵马使中散大夫检校太子詹事安定梁府君并故夫……招魂墓志铭并序	故夫人王氏以元和中窆于尧山之郊。□□□垒野为战场，茔域多，莫得其所，存质泣奉今夫人之命，招先亲之魂……	大中八年	39年
唐故李氏夫人河南纥干氏墓志并序	以其年十月十八日其夫哀奉惟裳，归葬河南府河南县张阳村平乐乡从李氏先茔，礼也。	咸通十二年	同年
唐京兆府鄠县丞安定张君亡妻中山刘氏夫人墓志并序	以咸通十五年闰四月十四日，奉夫人之帷裳，归祔于河南府河南县金谷原之大茔，礼也。	咸通十五年	不明
亡室姑臧李氏墓志铭并序	丁酉岁冬十二月辛巳，泣命长子储护帷裳，自东郊侯宋村归于东洛……	乾符年间	3年
	以明年春仲月廿六日协吉，遂奉裳帷迁神于翼□□□□山原祔先夫人茔，从其礼也。	不明	1年

虽然墓志中常见招魂葬实例，但很难与考古发现的墓葬对应起来。考古发掘的墓葬大多残破不堪，大多数情况下无法判断有无尸骨，考古材料所能提供的招魂葬信息非常欠缺。迄今发现的明确招魂葬墓例是云南昭通后海子东晋霍承嗣墓、河南偃师杏园唐代李延祯墓。通过观察可以甄别出些许招魂葬迹象。

霍承嗣墓是一座被盗的石砌单室墓，未发现任何尸骨、棺木和随葬品。墓室四壁绘有壁画，分上下两层，北壁下层正中绘墓主人坐像，左右两侧绘侍从和仪仗架，东、西二壁下层皆绘部曲形象，四壁上部分别绘日月、四神、玉女等形象，各有榜题[1]。在北壁墓主像旁有墨书题记8行，述招魂改葬缘由：

> 晋故使持节都督江南交宁二州诸军事……霍使君之像，君讳□，字承嗣，卒是荆州南郡枝江牧，六十六岁薨。先葬蜀郡，以太元十□□二月五日改葬朱提越渡，□余魂来归墓（图4.2）。

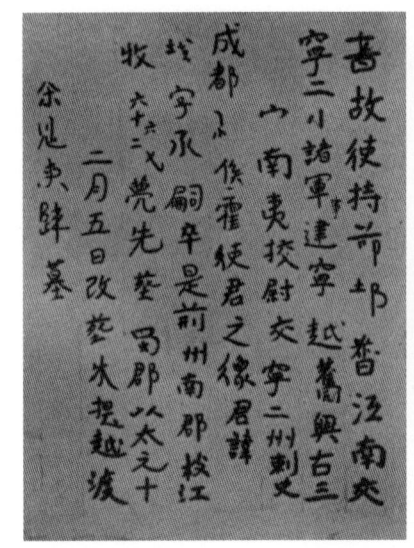

图4.2 东晋霍承嗣墓墓主画像及题记

从题记来看，这是一座东晋时期的招魂葬墓无疑。遗憾的是，此墓早年被盗，随葬品和葬具已不可知，未知其特殊葬式，但壁画中有两点可疑之处：

其一，有明确标识的墓主像。虽然从战国开始已有在墓葬中展示墓主像的作法，并屡见于汉唐时期的墓葬中，但无论是早期的侧面墓主像（如长沙出土的战国《人物御

---

[1] 云南省文物工作队：《云南省昭通后海子东晋壁画墓清理简报》，《文物》1963年第12期，图版壹—肆；胡振东：《昭通东晋壁画墓墓主考》，《思想战线》1980年第4期。

龙图》[1]《人物龙凤图》[2]），还是东汉晚期以后的正面墓主像（如河北安平逯家庄东汉墓[3]、北京石景山八角村西晋墓[4]、朝阳袁台子东晋壁画墓[5]、朝鲜冬寿墓[6]、朝鲜德兴里壁画墓[7]等）[8]，都没有明确标识墓主身份。霍承嗣墓正壁的人物像旁以榜题方式明确标识为"霍使君之像"，这也许正是它作为招魂葬的特殊之处。明确标识画像为墓主，有强调墓主身份、象征墓主灵魂供人祭拜的涵义。上述其他各例墓主画像均与遗体同葬，也就不必明确标识了。以死者之像进行招魂的形式，可能源于楚地传统，《楚辞·招魂》中有"像设君室"的作法，朱熹注曰"盖楚俗人死则设其形貌于室而祠之也"[9]，无论设于"君室"（寝室）的肖像，还是非衣或铭旌上的肖像，都有象征死者灵魂的涵义。

其二，四神像中"青龙"与"白虎"方位颠倒。在考古发现的实物遗存中，四神形象常以固定的组合方式出现在画像石、壁画、砖、陶器、铜镜等载体上，大多遵循前朱雀、后玄武、左青龙、右白虎的范式。霍承嗣墓的青龙绘在西壁，白虎在东壁，并分别朱书"右青龙"、墨书"左帛虎"[10]，这种图像和文字皆颠倒的现象，恐怕并不能以画工的疏忽来解释（虽然整幅壁画的技法和构图非常幼稚），应是慎重的有意行为，其中或有深意。若从墓室设计的角度来理解墓室壁画，正常方式应是以墓主像或棺椁为中心，按坐北朝南方式在左壁（东壁）绘青龙、右壁（西壁）绘白虎，而此墓是以观者（进入墓内祭祀的人）为中心，按面朝北方的方式配置青龙、白虎，这可能体现了招魂葬与正常埋葬的差异（图4.3）。

无独有偶，2011年发现的浙江余杭小横山南朝墓也有青龙、白虎方位颠倒的现象，在M109东壁嵌有仙人骑虎、西壁仙人驭龙画像砖，未见玄武和朱雀画像，但同一墓地的M1墓壁却是按照四神的正常方位布局龙虎图像的，发掘者怀疑M109颠倒青龙白虎的现象，可能与墓主非正常死亡而采取的厌胜习俗有关[11]。该墓与霍承嗣墓一样未见遗

---

[1] 湖南省博物馆：《新发现的长沙战国楚墓帛画》，《文物》1973年第7期。
[2] 孙作云：《长沙战国时代楚墓出土帛画考》，《人文杂志》1960年第4期。
[3] 河北省文物研究所：《安平东汉壁画墓》，文物出版社，1989年。
[4] 石景山区文物管理所：《北京市石景山区八角村魏晋墓》，《文物》2001年第4期。
[5] 辽宁省博物馆文物队等：《朝阳袁台子东晋壁画墓》，《文物》1984年第6期。
[6] 朝鲜科学院考古学及民俗学研究所编《遗跡發掘調查報告》三《安岳第三號古墳發掘報告》（朝文附中文概要），（朝鲜）科学院出版社，1958年；宿白：《朝鲜安岳所发现的冬寿墓》，《文物参考资料》1952年第1期；洪晴玉：《关于冬寿墓的发现与研究》，《考古》1959年第1期。
[7] 云铎、铭学：《朝鲜德兴里高句丽壁画墓》，载《东北考古与历史》第1辑，文物出版社，1982年，228—230页。
[8] 郑岩：《墓主画像研究》，载《刘敦愿先生纪念文集》，山东大学出版社，1998年，450—468页。
[9] 《楚辞集注》卷七《招魂》，133页。
[10] 徐光冀主编：《中国出土壁画全集》第十卷，图159、161、163，科学出版社，2012年。
[11] 杭州市文物考古研究所、余杭博物馆：《浙江余杭小横山南朝画像砖墓M109发掘简报》，《文物》2013年第5期；刘卫鹏：《浙江余杭小横山南朝画像砖墓飞仙和仙人》，《中国国家博物馆馆刊》2016年第9期。

图 4.3 东晋霍承嗣墓北、东、西壁画摹本

129

骨，是否表明也是一座招魂葬？

偃师杏园李延祯墓是一座土洞墓，墓主李延祯下葬于唐中宗景龙三年（709）。墓室呈长方形，结构较为特殊，在墓室四壁用椁板围绕一周，墓室中部由一道椁板分隔成东西两部分，西部砖砌棺床，东部摆放俑群。棺床用长方形砖铺砌，上置一棺，但未发现骨殖信息[1]。墓志表明李延祯卒于垂拱元年（685），景龙三年（709）迁葬，此时已距李延祯下葬邙山达24年之久，李延祯墓已难觅踪迹，只好"招魂葬于偃师县西十三里武陵原大茔"，属明确的招魂葬。李延祯之父李嗣本卒于上元二年（675），于景龙三年（709）与李延祯同日迁葬于武陵原大茔，此墓保存完好，墓内出土随葬品丰富（图4.4）[2]。

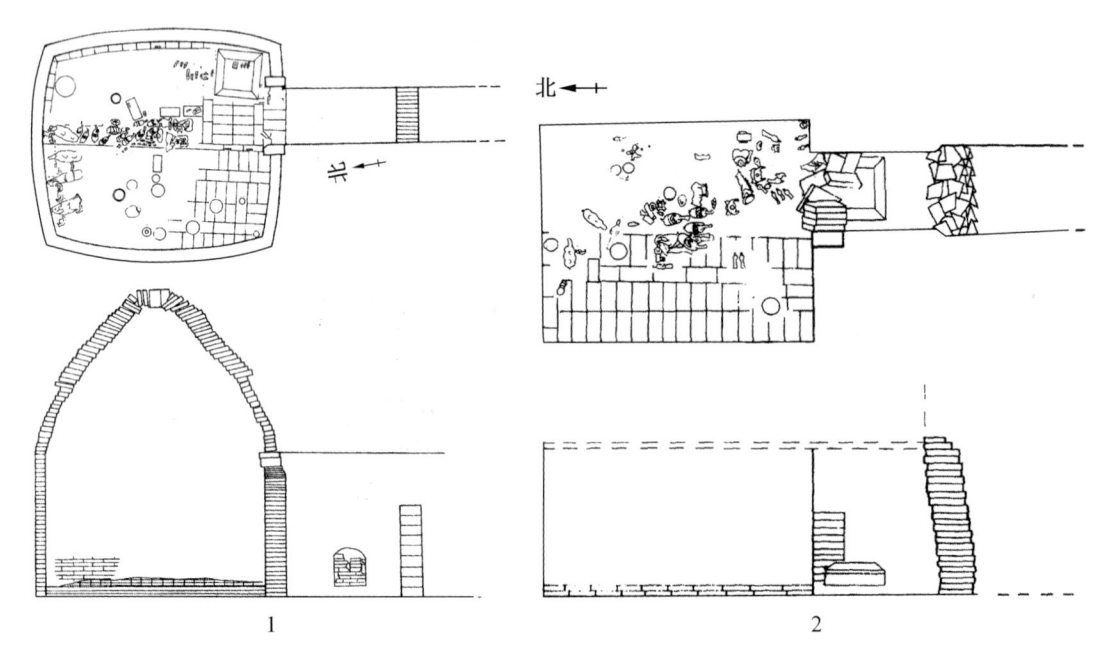

图 4.4　唐李嗣本墓、李延祯墓平剖面图
1. 李嗣本墓　2. 李延祯墓

对比李延祯的招魂葬墓和李嗣本的迁葬墓，可以发现二者的一些细微差别。

首先，李延祯墓的葬具较为特殊，先用椁板围绕墓室，又在墓室中部用椁板分隔成东西两部分。这种在墓室内安置椁板的情况，在以往的考古发掘中并不多见。其次，从李延祯墓室西部砖砌棺床上的木棺痕迹看，应是头南足北的葬式，但在这批偃师杏园唐墓中，其他均为头北足南葬式，而头南足北者仅有几例。对于同日下葬的李延祯和李嗣

---

[1] 中国社会科学院考古研究所河南第二工作队：《河南偃师杏园村的两座唐墓》，《考古》1984年第10期；中国社会科学院考古研究所：《偃师杏园唐墓》，科学出版社，2001年，19页。
[2] 《偃师杏园唐墓》，17页。

本墓来说，在葬式的方向上出现疏忽的可能性极小，有可能是招魂葬的一种特殊表达方式，以区别于正常下葬者。再次，李延祯墓与李嗣本墓的墓志志盖上均刻有写实性的十二生肖形象，然而二者的十二生肖排列方式明显不同。李嗣本墓志盖上的鼠形象刻在"李"字的正上方，即从正上方开始生肖按顺时针排列一周，这是正常排列方式，同批发现的其他墓志和以往发现的墓葬壁画十二生肖形象，一般都按子午向排列，即子鼠在上或午马在上，按顺时针或逆时针运行，这符合正常的阅读方式。而李延祯墓志上的鼠形象被刻画在志盖"铭"字正下方，即从志盖的左下角开始，将十二生肖顺时针排列一周。墓志纹饰中的这种微妙差别，可能也是招魂葬俗在细节方面的体现[1]（图4.5）。

从上述两例典型招魂葬的考古现象来看，招魂葬除了墓室内尸骨无存的特征外，也有一些不同于正常墓葬之处，如图像配置、墓室设置、葬具以及墓志特征等，也可能还有一些消失了的迹象，如衣冠等物。随着未来田野考古的精细化和技术手段的提高，我们将有可能获得更多关于招魂葬的信息。

通过上述对文献、墓志的梳理和对考古迹象的分析，可知招魂葬之俗始终以先秦以来的魂魄二元观为思想基础，招魂葬大致出现于汉代，而盛行于东晋，唐代更为普遍，在中古时期有愈演愈烈之势。东晋初期虽有招魂葬"不合古礼"的争议，但未能阻挡永嘉之乱后对招魂而葬的现实需求；唐代作为一个思想更加多元的社会，甚至没有了"敬神于庙"还是"安魂于墓"的分歧，社会各阶层都流行以衣冠招魂而葬。

招魂葬流行于汉以后的原因，除了论者常提到的社会动荡、合葬、异地任官等原因外，另一个不可忽视的原因可能是祭祀方式的改变。先秦"古不墓祭"的传统从秦始皇陵开始发生了改变[2]，墓地祭祀成为丧葬仪式中的重要内容。祭祀的目的是沟通生者与亡灵，东汉明帝正月上陵祭祀，"公卿百官及诸侯王、郡国计吏皆当轩下，占其郡国谷价，四方改易，欲先帝魂魄闻之也"[3]。

与地面墓祭同时发生的还有墓内祭祀，大约发端于战国而滥觞于汉代[4]，在墓地祠堂祭祀广为流行的东汉时期，墓内祭祀的现象更为普遍，这是造成墓室结构与空间改变的根本原因。"敬神于庙"和"安魂于墓"的分歧也因此得以化解，墓葬和宗庙、祠堂一样成为安魂之所，墓葬既可藏形，亦可安魂，在墓祭之俗流行的汉代、东晋和唐代，招魂葬的出现也就顺理成章了。

---

[1] 马格侠注意到李延祯墓在葬具、墓志十二生肖排列上的特殊性，参《唐代招魂葬习俗及其原因解析》，《燕山大学学报（哲学社会科学版）》2012年第13卷第1期。
[2] 《后汉书》卷二《孝明帝纪》注引《汉官仪》，99页。
[3] 《后汉书》卷二《孝明帝纪》，99页。
[4] 李如森：《汉代墓祀新探》，《北方文物》1998年第1期。

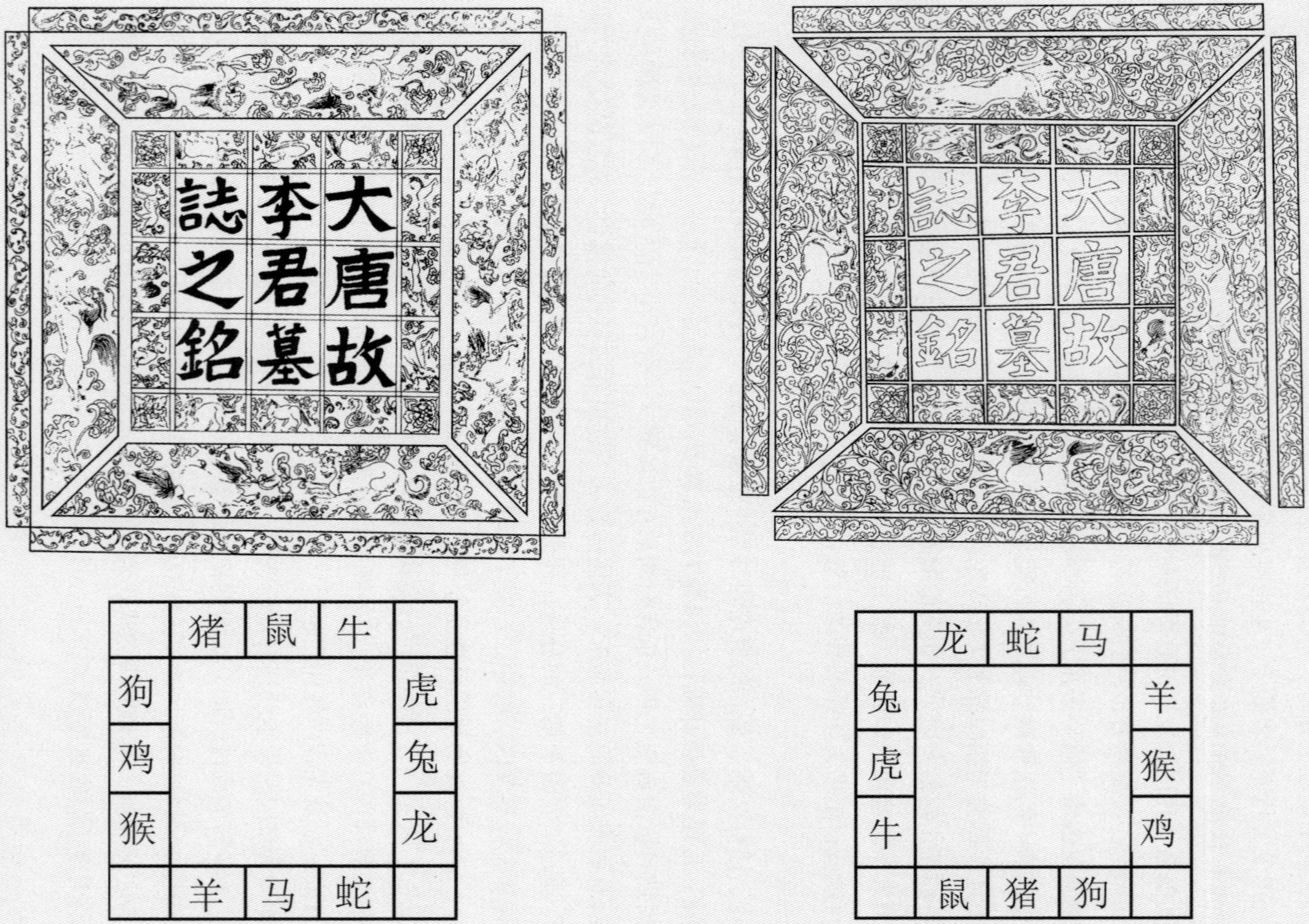

图 4.5 唐李嗣本、李延祯墓志盖纹饰
1. 李嗣本墓　2. 李延祯墓

先秦时期形成的魂魄二元观是中国古代丧葬礼俗的思想基础，贯穿于整个丧葬礼仪环节，无论丧礼阶段的招魂，还是葬礼阶段的墓室配置，皆围绕"魂气归于天，形魄归于地"这一基本理念进行。汉代以后，随着社会变迁，丧葬思想发生了改变，最大的变化应是墓葬从单一的藏形功能转变为兼具藏形、安魂双重功能，丧葬程序也发生了改变，墓葬结构与空间也因之发生了变化。

汉代以后兴起的招魂葬，以特殊的方式体现了墓葬的藏形和安魂功能，它作为一种非正常死亡而遗体不可得者的特殊葬式，一般以衣冠招魂而葬，主要盛行于东晋和唐代。招魂葬与正常埋葬的区别，除了墓室内尸骨无存外，在图像配置、墓室设置以及墓志等方面，也存在一些有意而为的行为。

汉代以后发生了由庙祭向墓祭的改变，墓葬和宗庙、祠堂一样成为安魂之所，墓葬既可藏形，亦可安魂。

三、墓葬形制与文化变迁：以弧壁砖室墓为例

墓葬的形制与结构是丧葬习俗在考古学上的直观反映，在绝大多数古代墓葬都被盗扰的情况下，它多易于保持相对完整，所以成了研究墓葬文化传统的重要材料。魏晋南北朝墓葬总体来说是汉墓传统的延续，但已发生很多因丧葬制度引起的变化，如因薄葬引起的墓室数目、随葬品组合和装饰等方面的简化等。在魏晋南北朝墓葬的诸多变化中，有一种十分特殊的现象：弧壁砖室，即砖砌墓壁呈弧形向外凸出，以往常被称作"弧方形墓"[1]，为适应墓壁的弧度而往往采用穹窿式墓顶，这是一种符合力学原理的设计，有助于承受较多的墓外土壤压力。这样的墓葬建造难度较大，但内部空间更宽敞，也更加坚固，因此常被高等级墓葬采用。弧壁砖室在魏晋南北朝墓葬中并未成为主流，但其形制演变、分布状态与魏晋南北朝时期的政治与文化关系密切。目前学术界对这种在文化上极具典型意义的墓葬形制鲜有系统的论述。王培新在整理乐浪墓葬材料时讨论了乐浪弧壁砖室墓与中国内地墓葬的关系[2]，但对这种特殊形制墓葬的发展、流布及与魏晋南北朝文化的关系未作更多的讨论。本节拟对魏晋南北朝弧壁砖室墓资料作一简单整理，讨论这种现象的兴起、发展及所涉文化传播等问题。

---

[1] 考古报告和论文中对这种墓葬形制的称呼较为混乱，所谓"弧方形""弧长方形""弧形外凸""腰鼓形""葫芦形"等大致都指此类形制。
[2] 王培新：《乐浪文化——以墓葬为中心的考古学研究》，科学出版社，2007年，111页。

1. 汉末：弧壁砖室墓的兴起

自西汉中期中原地区出现竖穴木椁墓向砖室墓的转变后，砖室墓就成为延续时间最长的主流墓葬形制，大部分为平直墓壁、券顶、单室或多室结构，但在个别时期和地区出现了特殊的墓壁弧形外凸现象，一般采用穹窿式墓顶。

王培新针对乐浪墓葬中广为流行的弧壁砖室墓，详细讨论了它的起源问题，认为它出现于东汉末期，流行于汉末公孙氏割据势力范围，即西北朝鲜（乐浪地区）、辽东和山东半岛北部地区[1]。他对这三个地区的弧壁砖室墓作了详细比较，认为无论单室墓还是前后二室墓（有的带侧室）的形制，三地都保持了同步发展。以乐浪砖室墓为例，单室墓的演变规律是由方形向长方形发展，四壁弧形向两侧壁弧形发展；二室墓的演变规律是前室规模逐渐缩小，后室由纵长方形向方形发展（图4.6[2]）。

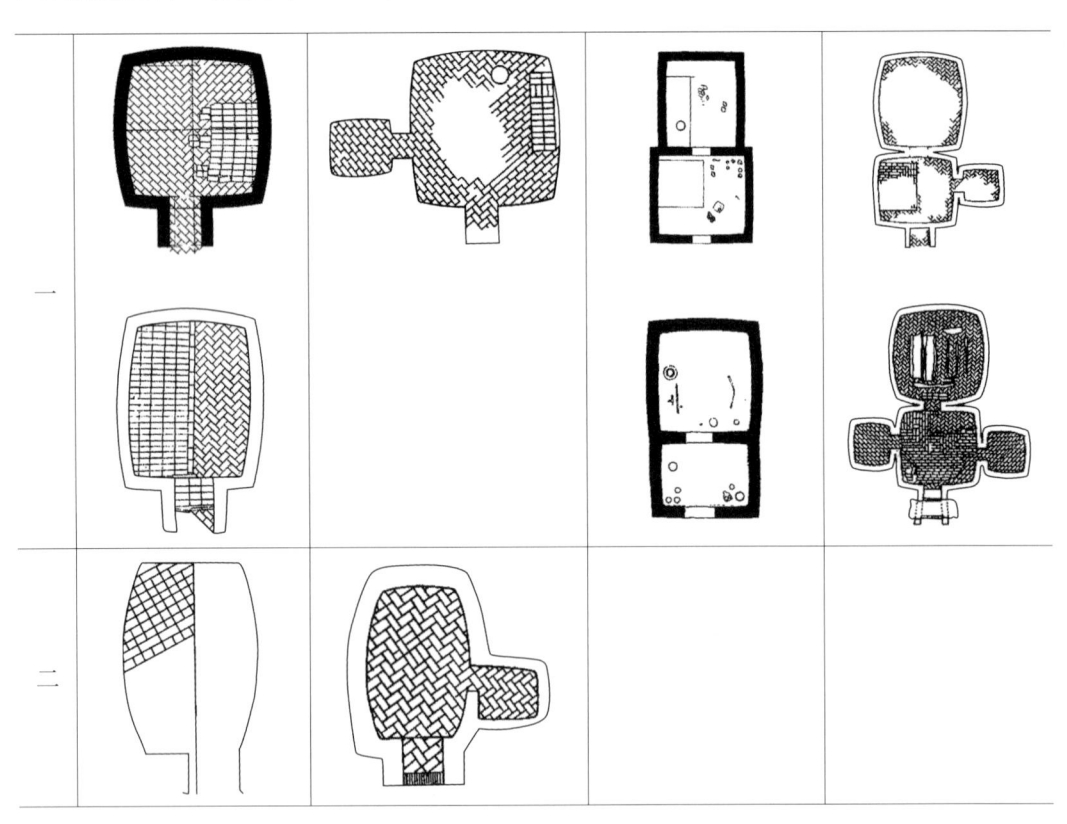

图 4.6 乐浪地区弧壁砖室墓的形制演变
一、汉末至曹魏前期；二、曹魏后期至乐浪郡灭之后

---

[1] 王培新：《乐浪文化——以墓葬为中心的考古学研究》，科学出版社，2007年，114页。
[2] 图4.6采自王培新《乐浪文化——以墓葬为中心的考古学研究》86页。

与乐浪弧壁砖室墓形制相似的墓葬，在辽东和山东地区有旅顺南山里 M6、大连前牧城驿 M802、瓦房店马圈子汉魏晋墓地 M2、山东福山东留公村汉墓、潍坊后埠下墓地 M14 等。

弧壁砖室墓在乐浪、辽东和山东地区出现的时间很难区分早晚，王培新认为它源自辽东，由于汉末公孙氏势力的扩张而带到了山东半岛和乐浪地区，但并未详细说明理由。事实上，这种特殊的墓葬形制在三地的流行情况是有差别的。据王培新的统计，乐浪地区自二十世纪初期发现墓葬以来，共发现砖室墓近 2 000 座，已发表的汉末以后砖室墓几乎都采取了弧壁、穹窿顶的形制，显然是该地的主流墓葬形制，而在辽东和山东发现的同时期墓葬绝大多数是直壁砖室墓或石室墓，弧壁砖室墓所占比例很小，并非墓葬的主流形制。因此，尽管乐浪墓葬的其他传统（如木椁墓、随葬品、墓砖图案等）大多来自中国内地，但也不能排除个别现象（如弧壁砖室）在本地滋生发展起来、并传入辽东和内地的可能。

文化的传播是人群流动的结果，乐浪地区在乐浪设郡之前和之后都与中国内地保持着频繁的人员往来。秦末动乱时，内地流民大量涌入朝鲜半岛北部，朝鲜王侯准设地安置燕、齐、赵流民。"及秦并天下，……二十余年而陈、项起，天下乱，燕、齐、赵民愁苦，稍稍亡往准，准乃置之于西方。"[1] 汉初发生七国之乱，又发生了一波新的移民朝鲜半岛浪潮。"汉初大乱，燕、齐、赵人往避地者数万口。"[2]

汉武帝元封三年（前108）置乐浪四郡之后，理应有更多的中原士庶移居朝鲜半岛；东汉末年，辽东郡守公孙度父子割据辽东及乐浪地区，社会一度相对安定、繁荣，而中原地区战乱频仍，于是乐浪成为中原士庶的理想避乱之地，其中包括很多中原大族，如汉末"王烈，字彦方，太原人也。……遭黄巾、董卓之乱，乃避地辽东，夷人尊奉之。太守公孙度接以昆弟之礼，访酬政事。欲以为长史，烈乃为商贾自秽，得免。曹操闻烈高名，遣征不至。建安二十四年，终于辽东，年七十八"[3]。中原士庶流寓之地并不仅限于辽东，也可能遍及朝鲜半岛各地，"桓、灵之末，韩濊强盛，郡县不能制，民多流入韩国。建安中，公孙康分屯有县以南荒地为带方郡，遣公孙模、张敞等收集遗民，兴兵伐韩濊，旧民稍出，是后倭韩遂属带方"[4]。

秦汉时期移民辽东和朝鲜半岛的中原士庶中有很多中原著姓大族，西汉初年的琅琊人王仲家族即其一例。汉初，王仲为避诸吕之乱而东奔乐浪山中。"王景，字仲通，乐浪䛁邯人也。八世祖仲，本琅琊不其人，好道术，明天文。诸吕作乱，齐哀王襄谋发兵，

---

[1]《三国志》卷三十《魏书·乌桓鲜卑东夷传》注引《魏略》，850 页。
[2]《后汉书》卷八十五《东夷列传》，2817 页。
[3]《后汉书》卷八十一《独行列传·王烈传》，2696—2697 页。
[4]《三国志》卷三十《魏书·乌桓鲜卑东夷传》，851 页。

而数问于仲。及济北王兴居反，欲委兵师仲，仲惧祸及，乃浮海东奔乐浪山中，因而家焉。父闳，为郡三老。更始败。土人王调杀郡守刘宪，自称大将军、乐浪太守。建武六年，光武遣太守王遵将兵击之。至辽东，闳与郡决曹史杨邑等共杀调迎遵，皆封为列侯，闳独让爵，帝奇而征之，道病卒。景少学易，遂广窥众书，又好天文术数之事，沈深多伎艺……"[1] 王仲家族经过数代经营，已成为乐浪地区较有影响的家族，王景之父王闳在东汉初年任郡三老，他们的籍贯甚至也改为"乐浪"。东汉明帝时，中原社会复归安定，王景率家族回归，受到朝廷重用，主持了修筑浚仪渠、治理汴河等大型水利工程。

因此，秦汉时期中国内地与乐浪地区的交往是较为频繁的，既有为避乱而出走乐浪者，也有因中原社会复归安定而回归者，其中不乏中原大族。他们既能将中原传统文化带入乐浪，也可能将个别文化现象带入中原。从弧壁砖室墓在乐浪地区的流行程度看，它很可能是一种兴起于乐浪的墓葬形制。

2. 西晋：弧壁砖室墓的扩散

尽管弧壁砖室墓在汉末至曹魏初年主要局限于乐浪、辽东、山东地区，但到西晋时期，分布范围有明显扩大的趋势，大致以山东半岛为中心，向中原和长江流域扩散，发现此类墓葬的地点明显增多，山东、河南、江苏、湖南等地都有发现，如山东诸城M1、M2前、后室墓壁均略外弧，四隅券进式穹窿顶，前室较小，后室弧长方形[2]。此外还有王培新列举的山东潍坊后埠下M100、M14等[3]。

南方的三吴地区（吴、吴兴和会稽三郡）似乎率先接受了这种北方传来的新式墓制，西晋出现了弧壁的前后二室墓和单室墓，如江苏宜兴发现的周氏家族墓，年代从西晋元康七年（297）一直延续到建兴四年（316），很好地反映了墓葬形制变化的过程（图4.7）[4]。这种弧壁砖室墓到东晋时期才传到南京，被高等级墓葬使用。

湖南常德元康四年（294）墓[5]、长沙永宁二年（302）墓都是弧壁单室墓，另一座长沙发现的弧壁前后二室墓也可能是一座西晋墓葬[6]（图4.8）。到东晋时期，湖南地区的弧壁砖室墓也与三吴地区一样，已极为罕见，多变为直壁形制。

---

[1]《后汉书》卷七十六《循吏列传·王景传》，2464页。
[2] 诸城县博物馆：《山东诸城县西晋墓清理简报》，《考古》1985年第12期。
[3] 王培新：《乐浪文化——以墓葬为中心的考古学研究》，科学出版社，2007年，112—113页。
[4] 华东文物工作队清理小组：《江苏宜兴周墓墩古墓清理简报》，《文物参考资料》1953年第8期；罗宗真：《江苏宜兴晋墓发掘报告》，《考古学报》1957年第4期；南京博物院：《江苏宜兴晋墓的第二次发掘》，《考古》1977年第2期。
[5] 湖南省文物管理委员会：《湖南常德西郊古墓葬群清理小结》，《文物参考资料》1955年第5期。
[6] 湖南省博物馆：《长沙两晋南朝隋墓发掘报告》，《考古学报》1959年第3期。

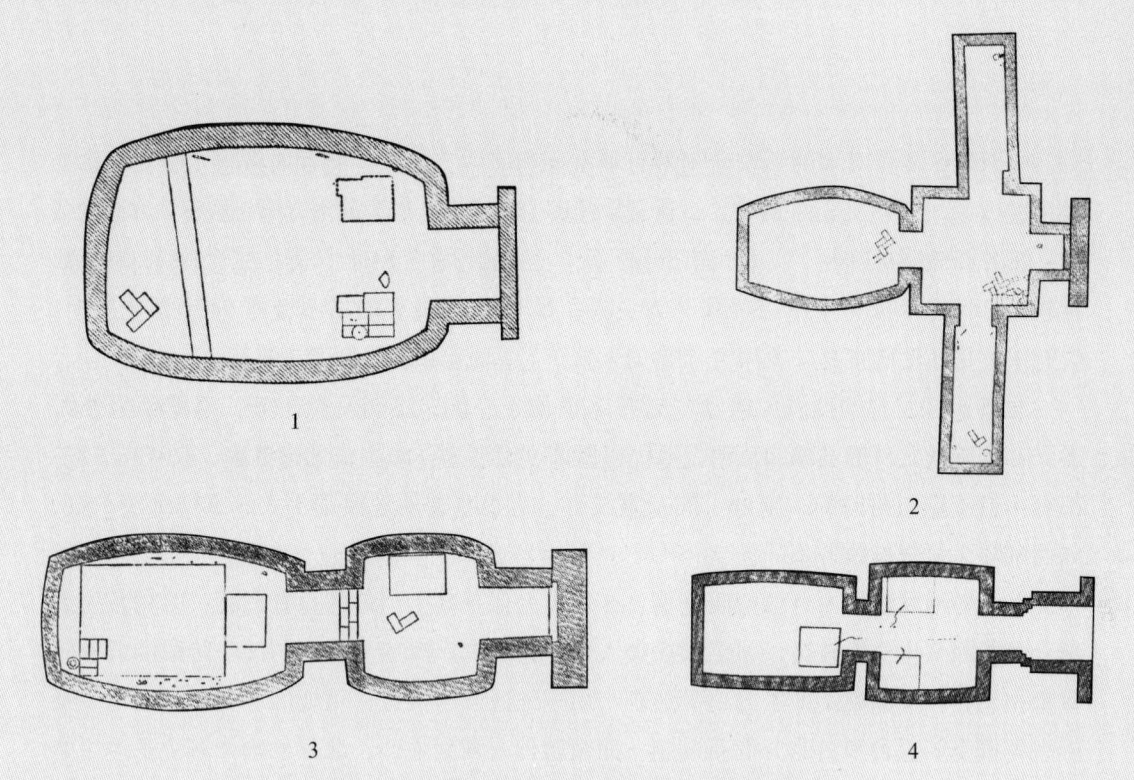

图 4.7 江苏宜兴周氏家族墓中的弧壁砖室墓

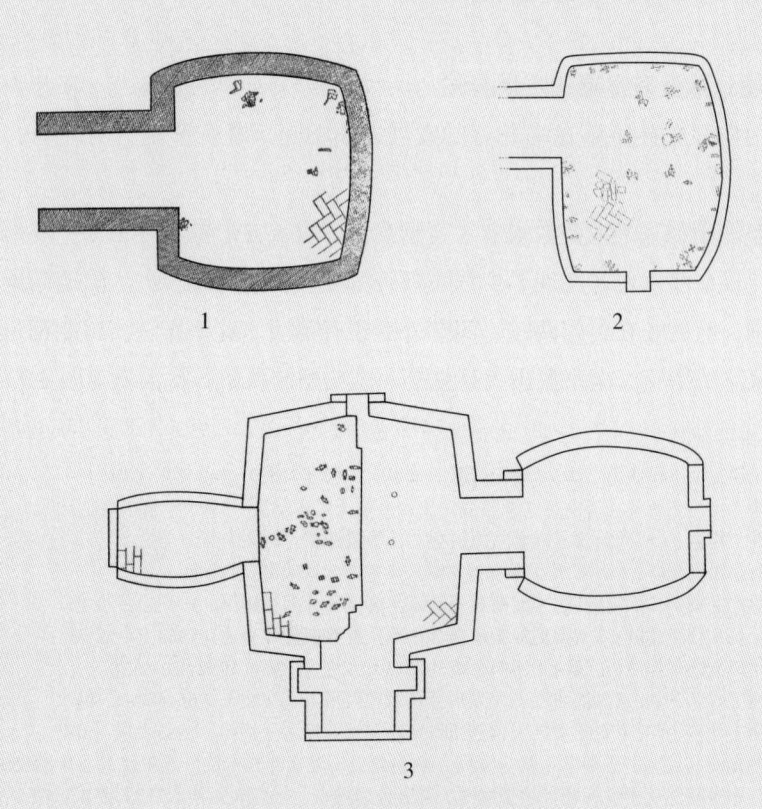

图 4.8 湖南西晋弧壁砖室墓
1. 常德元康四年（294） 2. 长沙永宁二年（302）墓 3. 长沙晋墓

中原地区西晋时期的弧壁砖室墓有单室墓和前后二室墓,前者如洛阳元康九年徐美人(299)墓[1]、巩义仓西M40[2]、新安县晋墓[3];后者一般为前室方形、后室长方形的结构,如洛阳58LSM3088[4]、郑州南门外晋墓[5]、巩县石家庄M11[6]等。尽管弧壁砖室墓数量较多,但远未成为中原西晋墓葬的主流,如1957年发表的洛阳城西54座西晋墓中,仅有1座是弧壁砖室墓(元康九年徐美人墓)[7],而且墓壁的弧度一般较小。

北京地区发现的西晋王浚妻华芳墓墓道偏于一侧,不与墓壁平齐,墓壁略呈外弧形[8]。但除此之外的其他北京西晋墓仍以所谓"刀形墓"为主,无论单室、双室或三室,都有一道墓壁与甬道的一壁处于同一直线上,这类墓葬的规模都不大,墓壁都较平直,如北京顺义大营村西晋墓[9]。

以上各地发现的西晋弧壁砖室墓,在规模上似乎高于当地的直壁形墓,结构较为复杂,可能因墓主身份较高,如洛阳徐美人墓、宜兴周氏家族墓等。与前一阶段的弧壁砖室墓相比,三吴和湖南地区的墓葬形制与山东地区非常接近,可能因三吴地区的地主豪族率先接受了这种来自北方的新墓制,而辗转传入湖南地区;北京的幽州刺史王浚之妻华芳墓可能受到了辽东墓葬的影响[10],而洛阳西晋弧壁墓的弧度普遍较轻,所占比例极小,可能仅是弧壁砖室形制的波及之地。

3. 南北朝:弧壁砖室墓的发展异途

西晋以后的弧壁砖室墓在南北方的发展大不相同,既有形制上的区别,也有流行程度上的区别。

南方的东晋南朝墓绝大多数采取了直壁墓室,以长方形单室券顶为主要形制,即所谓"凸字形墓",仅在南京地区发现了少数弧壁砖室墓,多为规模较大、建造精致的墓葬,大多采取穹窿顶,有的还在封门两侧、四壁外围砌有辅墙。这些作法,可能都是因墓葬规模较大而加固墓室的措施,南京象山大墓就是一座典型的弧壁砖室大墓(图4.9)[11]。

---

[1] 河南省文化局文物工作队第二队:《洛阳晋墓的发掘》,《考古学报》1957年第1期。
[2] 河南省文物考古研究所等《河南巩义仓西战国汉晋墓》,《考古学报》1995年第3期。
[3] 洛阳市文物工作队:《河南新安县晋墓发掘简报》,《华夏考古》1998年第1期。
[4] 考古研究所洛阳发掘队:《洛阳西郊晋墓的发掘》,《考古》1959年第11期。
[5] 河南省文化局文物工作队第一队:《河南郑州晋墓发掘记》,《考古通讯》1957年第1期。
[6] 河南省文化局文物工作队:《河南巩县石家庄古墓葬发掘简报》,《考古》1963年第2期。
[7] 河南省文化局文物工作队第二队:《洛阳晋墓的发掘》,《考古学报》1957年第1期。
[8] 北京市文物工作队:《北京西郊西晋王浚妻华芳清理简报》,《文物》1965年第12期。
[9] 北京市文物工作队:《北京市顺义县大营村西晋墓发掘简报》,《文物》1983年第10期。
[10] 西晋时期的幽州与辽东、乐浪联系甚为紧密,幽州刺史王浚在西晋末的"八王之乱"中结交鲜卑,自保于幽州,但不久在永嘉之乱中被石勒斩杀于襄国,其子孙为避难,于建兴元年(313)流寓乐浪。
[11] 南京市博物馆:《南京象山5号、6号、7号墓清理简报》,《文物》1972年第11期。

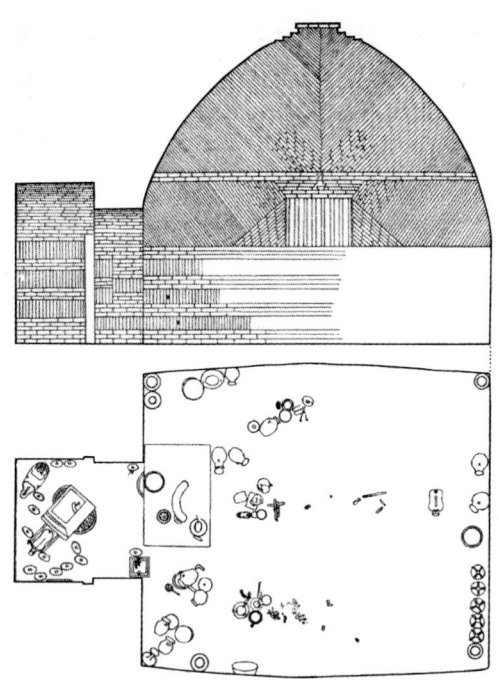

图 4.9　南京东晋弧壁砖室墓

在南京以外的地区，弧壁砖室墓趋于消失，如西晋时期大墓众多的三吴地区不再出现代表高等级的弧壁砖室墓。在整个东晋时期，南京以外的长江下游地区只发现了仅有的几座弧壁砖室墓，如溧阳果园东晋墓[1]、吴县何山东晋墓[2]、无锡赤墩里东晋墓[3]、马鞍山上湖村东晋墓（M1、M2）[4]等，墓葬的规模也比前一阶段的三吴墓葬要小得多。这些墓葬的墓主可能是当地豪族。晋室南渡之后，建康以外以弧壁砖室墓为代表的大型墓的消失，可能与当地豪族为了调和与南迁皇族的矛盾而刻意保持低调有关[5]。

与南方正好相反，弧壁砖室现象在北方相当普遍，主要发现于北魏、东魏、北齐的政治文化中心，如平城、洛阳、邺城、晋阳等地，是一种规格很高的埋葬方式（图 4.10）。

在北魏定都平城时期，身份较高的贵族墓普遍采用了弧壁砖室形制，一般为结构复杂、建造精致的多室墓。迄今已知年代最早的是大同太延元年（435）沙岭壁画墓（M7，即破多罗太夫人墓）[6]，弧壁砖室、四角攒尖顶。墓主可能是侍中、主客尚书、平

---

[1] 南京博物院：《江苏溧阳果园东晋墓》，《考古》1973 年第 4 期。
[2] 南京博物院：《江苏吴县何山东晋墓》，《考古》1987 年第 3 期。
[3] 无锡市博物馆：《无锡赤墩里东晋墓》，《考古》1985 年第 11 期。
[4] 安徽省马鞍山市博物馆：《安徽省马鞍山上湖村东晋墓发掘简报》，《考古与文物》2010 年第 6 期。
[5] 丁爱博（Albert E. dien）著、李梅田译：《六朝文明》，社会科学文献出版社，2013 年，134 页。
[6] 大同市考古研究所：《山西大同沙岭北魏壁画墓发掘简报》，《文物》2006 年第 10 期。

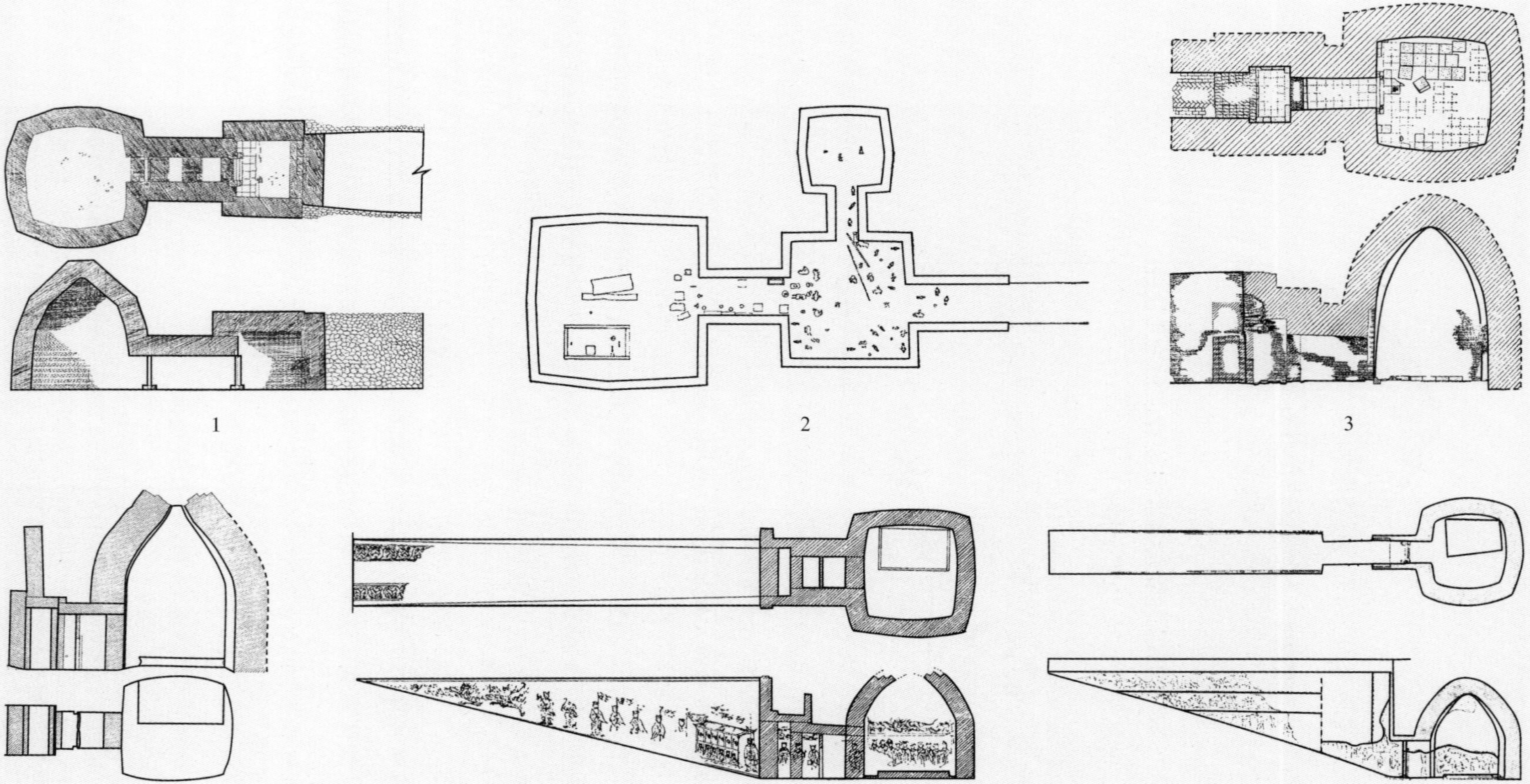

图 4.10 北朝弧壁砖室墓

1. 大同北魏方山永固陵 2. 大同北魏司马金龙墓 3. 洛阳北魏宣武帝景陵 4. 邺城北齐高洋墓 5. 邺城东魏茹茹公主墓 6. 太原北齐娄睿墓

西大将军破多罗氏之母[1],或破多罗太的夫人[2],是北魏太武帝时期相当显赫的鲜卑贵族。其次是怀仁县"丹扬王"墓,该墓由前室、后室、两侧室组成,四个墓室总面积120多平方米(不含甬道),前设斜坡墓道,各墓室四壁皆呈弧形外凸[3]。墓主可能是北魏前期地位显赫的丹扬王叔孙建(卒于太延三年,437)[4]。

平城发现的迁洛以前弧壁砖室墓有前后二室和单室者,除上述二例外,前后二室墓还有太和八年(484)司马金龙墓,有前后二室和一个侧室,其中后室和侧室为弧壁[5];建成于太和八年(484)的冯太后方山永固陵有前后两个墓室,后室为弧壁,室内面积70多平方米,穹窿顶[6];大同湖东北魏1号墓也有两个弧壁的墓室[7]。单室墓有太和元年(477)幽州刺史宋绍祖墓[8],大同金属镁厂9座砖室墓[9],电焊器材厂砖室墓[10],雁北师院M2、M52[11]等。迁洛后不久的正始元年(504)屯骑校尉封和突墓[12]、正始五年(508)平城镇将元淑墓[13]等。

北魏迁都洛阳以后,都城附近的高等级墓葬仍然主要采取弧壁砖室形制,不过墓葬均简化为单室,墓室空间增大,一般边长在4.0—4.5米左右,最大可达7米,墓内流行放置砖棺床或石棺床,石棺床上多有线刻图像,以孝子故事、升仙、墓主家居、庖厨和牛车出行场面等为主。此类墓葬包括延昌四年(515)宣武帝景陵[14]、熙平元年(516)洛州刺史元睿墓[15]、正始三年(506)平北将军燕州刺史寇猛墓[16]、孝昌元年(525)清

---

[1] 赵瑞民、刘俊喜:《大同沙岭北魏壁画墓出土漆皮文字考》,《文物》2006年第10期。
[2] 张庆捷:《北魏破多罗氏壁画墓所见文字考述》,《历史研究》2007年第1期。
[3] 求实:《怀仁县发现北魏丹扬王墓》,《北朝研究》第1辑,北京燕山出版社,1999年;怀仁县文物管理所:《山西怀仁北魏丹扬王墓及花纹砖》,《文物》2010年第5期;王银田:《丹扬王墓主考》,《文物》2010年第5期。
[4] 王银田推断墓主为南朝著名的北奔士人刘昶及诸位夫人,参王银田:《丹扬王墓主考》,《文物》2010年第5期。倪润安推断墓主是刘昶及夫人迁葬后的空穴,参倪润安:《怀仁丹扬王墓补考》,《考古与文物》2012年第1期。笔者认为墓主可能是卒于太延三年(437)、被赐葬金陵的丹扬王叔孙建,参拙文《丹扬王墓考辨》,《文物》2011年第12期。
[5] 山西省大同市博物馆等:《山西大同石家寨北魏司马金龙墓》,《文物》1972年第3期。
[6] 大同市博物馆等:《大同方山北魏永固陵》,《文物》1978年第7期。
[7] 大同市考古研究所:《大同湖东北魏一号墓》,《文物》2004年第12期。
[8] 山西省考古研究所等:《大同市宋绍祖墓发掘简报》,《文物》2001年第7期。
[9] 韩生存等:《大同城南金属镁厂北魏墓群》,《北朝研究》1996年第1期。
[10] 山西省考古研究所等:《大同南郊北魏墓群发掘简报》,《文物》1992年第8期;王银田等:《大同南郊北魏墓群M107发掘报告》,《北朝研究》第1辑,北京燕山出版社,1999年;山西大学历史文化学院等:《大同南郊北魏墓群》,科学出版社,2005年。
[11] 刘俊喜:《平城考古再现辉煌——雁北师院发现一批北魏墓葬》,《文物世界》2001年第1期。
[12] 大同市博物馆 马玉基:《大同市小站村花圪塔台北魏墓清理简报》,《文物》1983年第8期。
[13] 大同市博物馆:《大同东郊北魏元淑墓》,《文物》1989年第8期。
[14] 中国社会科学院考古研究所洛阳汉魏城队、洛阳古墓博物馆:《北魏宣武帝景陵发掘报告》,《考古》1994年第9期。
[15] 中国社会科学院考古研究所:《河南偃师县杏园村的四座北魏墓》,《考古》1991年第9期。
[16] 侯鸿钧:《洛阳西车站发现北魏墓一座》,《文物参考资料》1957年第2期。

河王元怿墓[1]、孝昌二年（526）江阳王元乂墓[2]、永平四年（511）阳平王元飏墓（孟津M17）[3]、永平元年（508）豫州刺史司马悦墓[4]等。其中规模最大的是宣武帝景陵，堪比冯太后永固陵，墓道长40多米，分前后两段，墓室近方形，四壁外弧，面积近40平方米，穹窿顶高达9.36米，墓壁厚2米多。

平城、洛阳以外的北魏墓葬发现较少，但也有弧壁砖室现象，如西安任家口正光元年（520）阿阳令邵真墓[5]、朝阳北魏墓[6]等，此亦可证弧壁砖室是一种代表了高等级的埋葬方式。

在北魏时期，无论平城还是洛阳，墓葬的类型都包括土坑墓、土洞墓、砖室墓等多种形制，但高等级贵族墓几乎都采取了弧壁砖室形制，变化趋势是由多室向单室发展。

北魏分裂之后的东魏、北齐时期，墓葬形制基本上是洛阳传统的延续，仍以弧壁、穹窿顶的单室墓为最高规格的埋葬，不同的是，墓内空间更加扩大，并流行大面积的出行、威仪内容壁画。此类墓葬主要分布在当时的两个政治中心——邺城（今磁县）和晋阳（今太原），如武定八年（550）茹茹公主墓[7]、湾漳大墓[8]、天保四年（553）骠骑大将军贺拔昌墓[9]、河清元年（562）顺阳王库狄迴洛墓[10]、天统二年（566）骠骑大将军赵州刺史姚峻墓[11]、天统三年（567）泾州刺史库狄业墓[12]、天统三年（567）骠骑大将军青州刺史韩裔墓[13]、武平元年（570）东安王娄叡墓[14]、武平二年（571）武安王徐显秀墓[15]、武平七年（576）文昭王高润墓[16]、太原南郊热电厂发现的北齐壁画墓[17]、磁县北齐

---

[1] 徐婵菲：《洛阳北魏元怿墓壁画》，《文物》2002年第2期。
[2] 洛阳博物馆：《河南洛阳北魏元乂墓调查》，《文物》1974年第12期。
[3] 310国道孟津考古队：《洛阳孟津邙山西晋北魏墓发掘报告》，《华夏考古》1993年第1期。
[4] 孟县人民文化馆：《孟县出土北魏司马悦墓志》，《文物》1981年第12期；《河南省孟县出土北魏司马悦墓志》，《考古》1983年第3期。
[5] 陕西省文物管理委员会：《西安任家口M229号北魏墓清理简报》，《文物参考资料》1955年第12期。
[6] 朝阳地区博物馆、朝阳县文化管理委员会：《辽宁朝阳发现北燕北魏墓》，《考古》1985年第10期。
[7] 磁县文化馆：《河北磁县东魏茹茹公主墓发掘简报》，《文物》1984年第4期。
[8] 中国社会科学院考古研究所邺城考古队：《河北磁县湾漳北朝墓》，《考古》1990年第7期；徐光冀：《河北磁县湾漳北朝大型壁画墓的发掘与研究》，《文物》1996年第9期；中国社会科学院考古研究所、河北省文物研究所编著：《磁县湾漳北朝壁画墓》，科学出版社，2003年。
[9] 王立斌等：《北齐砖室墓葬》，《文物世界》2002年第2期。
[10] 王克林：《北齐库狄迴洛墓》，《考古学报》1979年第3期。
[11] 磁县文化馆：《河北磁县东陈村北齐姚峻墓》，《文物》1984年第4期。
[12] 太原市文物考古研究所：《太原北齐库狄业墓》，《文物》2003年第3期。
[13] 陶正刚：《山西祁县白圭北齐韩裔墓》，《文物》1975年第4期。
[14] 山西省考古研究所：《太原市北齐娄叡墓发掘简报》，《文物》1983年第10期。
[15] 山西省考古研究所等：《太原北齐徐显秀墓发掘简报》，《文物》2003年第10期。
[16] 磁县文化局：《河北磁县北齐高润墓》，《考古》1979年第3期。
[17] 山西省考古研究所等：《太原市南郊北齐壁画墓》，《文物》1990年第12期。

皇族高孝绪墓（M39）[1]等。

邺城和晋阳以外的东魏北齐墓葬发现相对较少，但高等级墓葬依然采取弧壁砖室形式，如毗邻邺城的定冀地区大多为单室砖墓、穹窿顶或四角攒尖顶，墓室均有较大弧度，如河间发现的延昌四年（515）博陵太守邢伟及夫人封氏、房氏合葬墓[2]，黄骅发现的武平二年（571）兖州瀛县令常文贵墓[3]，平山发现的天统元年（565）祠部尚书赵州刺史崔昂墓[4]，吴桥无纪年的北朝墓（M1、M3、M4）[5]等，其中崔昂墓规模最大，墓室呈圆形；也发现了极少的前后室砖墓，如赞皇发现的武定二年（544）都督五州诸军事司空公李希宗夫妇墓[6]、赞皇西高发现的北朝赵郡李氏家族墓9座[7]、景县发现的天平四年（537）诏书改葬的冀州刺史高雅夫妇子女合葬墓、武定五年（548）左光禄大夫高长命墓[8]等。

山东地区的东魏北齐弧壁砖室墓较少，德州神龟二年（519）太子中庶子高道悦墓为一座前后室墓，弧壁、穹窿顶[9]，是一座少见的大型弧壁砖室墓，但在山东地区发现了较多的圆形石室墓，如北魏至北齐时期的崔氏家族墓[10]。

上述定冀（河北）地区和青齐（山东）地区为北朝重要的军事、经济重地，弧壁砖室墓的主人多为北朝势力强大的世家大族，他们像邺城、晋阳的鲜卑贵族一样，大胆采用了弧壁砖室大墓的埋葬方式，此与晋室南迁之后的南方土豪截然不同，后者为了在皇族面前保持低调，舍弃了这种高规格的埋葬方式，这点可能反映了南、北方统治者与世家大族关系上的差异。

综上所述，弧壁砖室墓在南北朝时期出现了南北方的发展异途：南方远不如北方普遍，西晋时期原本出现于三吴、湖南等地的高规格墓葬基本消失，仅在南京地区的极少数高等级墓中使用，而且以弧壁长方形墓（即所谓"腰鼓形"）为主。北方的北魏、东魏、北齐的高等级墓葬几乎都是弧壁砖室，使用非常普遍，主要流行于各政治中心附近，其他地区只是偶尔出现；墓葬形制基本为方形，不见南方常见的长方形；从北魏到

---

[1] 张晓峥、张小沧：《河北磁县发现北齐皇族高孝绪墓》，《中国文物报》2010年6月4日。
[2] 孟昭林：《记后魏邢伟墓出土物及邢峦墓的发现》，《考古》1959年第4期。
[3] 王敏之：《黄骅县北齐常文贵墓清理简报》，《文物》1984年第9期。
[4] 河北省博物馆等：《河北平山北齐崔昂墓调查报告》，《文物》1973年第11期。
[5] 河北省沧州地区文化局：《河北吴桥四座北朝墓葬》，《文物》1984年第9期。
[6] 石家庄地区革委会文化局发掘组：《河北赞皇东魏李希宗墓》，《考古》1977年第6期。
[7] 中国社会科学院考古研究所河北工作队、北京大学考古文博学院：《河北赞皇西高北朝家族墓地考古发掘与收获》，《中国文物报》2011年3月25日第4版。
[8] 河北省文管处：《河北景县北魏高氏墓发掘简报》，《文物》1979年第3期。
[9] 秦公：《释北魏高道悦墓志》，《文物》1979年第9期。
[10] 山东省文物考古研究所：《临淄北朝崔氏墓》，《考古学报》1984年第2期；淄博市博物馆等：《临淄北朝崔氏墓地第二次清理简报》，《考古》1985年第3期。

北齐，弧壁砖室墓的发展趋势是由多室向单室发展，墓室面积逐渐增大，墓内设施愈趋精致。

4. 弧壁砖室现象反映的文化传播

如前所述，由于秦汉时期中原与乐浪地区频繁的人员往来，可能兴起于乐浪地区的弧壁砖室传统在汉末受公孙氏割据的影响而传入山东。在短暂统一的西晋时期，弧壁砖室现象以山东为中心向外扩散，传到了毗邻的中原地区，以及长江下游的三吴和中游的湖南；北京发现的弧壁砖室墓则可能直接受到了辽东或乐浪的影响。

西晋弧壁砖室墓并未成为内地任何地区的主流墓葬形制，但作为结构复杂、精致的大墓，墓主皆为势力强大的地方豪强，弧壁砖室也可能从此具备了等级的意义；南北朝时期，无论南北方，弧壁砖室墓几乎都代表了最高等级的埋葬。

值得注意的是，作为一种新型墓葬形制，南方最先出现的地区是三吴和湖南，这可能与西晋时期南方地方豪族的强大势力有关。晋室南渡之后，情况发生了变化，都城建康地区的大墓多是由单墓室和甬道构成的凸字形结构，墓顶多为券顶，少见其他地区已经出现的穹窿顶、排水管、直棂窗、凸字形灯龛，以及弧壁特征，而且随葬品和墓内设施也表现得相当保守，蒋赞初认为这是由于东晋皇族努力维护传统的丧葬礼制所致[1]。三吴地区的情况也一样，东晋时期抛弃了西晋已经出现的弧壁砖室大墓形制，这可能与当时南迁皇族与地方豪强的矛盾有关，后者为了维护自己的利益，也开始像前者一样趋于保守。

总之，南方地区的弧壁砖室现象虽在西晋时期出现，但并没有继续发展下去，在整个东晋、南朝时期，弧壁砖室只出现在个别高等级墓葬里，从未超越占主流地位的凸字形砖室墓。

与南方的情况相反，北方的弧壁砖室墓在北魏、东魏、北齐时期得到了极为充分的发展，成为北朝东部地区高等级墓葬的普遍形制。

西晋灭亡以后的北方地区，由于胡族政权的统治，在长达一个多世纪里没有出现弧壁砖室现象，直到北魏统一北方之后，平城地区再次出现规模较大的弧壁多室墓，如前述太延元年（435）破多罗太夫人墓、太延三年（437）"丹扬王"叔孙建墓等。平城地区的弧壁砖室墓传统显然并非来源于时隔一百多年的中原西晋墓，也不太可能来源于输入了大量文化传统的建康或河西，因为那里的弧壁砖室墓也只是极个别现象。因此，乐浪地区似乎是平城弧壁砖室传统的唯一来源。

---

[1] 蒋赞初：《南京东晋帝陵考》，《东南文化》1992年第3—4期。

根据王培新的研究，公元313年乐浪、带方郡被高句丽灭亡之后，乐浪系统的弧壁砖室墓并没有消失，而是延续到四世纪中叶或五世纪，如路岩里砖室墓（有后赵建武八年铭）、辽东韩玄菟太守佟利墓（有东晋永和九年铭）、带方太守张抚夷墓等，可能都是四世纪中叶的砖室墓，而福隅里墓群则可能延续到五世纪初期。

四世纪前期，中原地区遭遇了永嘉之乱，乐浪地区也被高句丽占领，于是前、后、北燕统治的辽西、辽东就成了中原和乐浪二地士庶共同的避难之地。

前燕慕容廆时，"二京倾覆，幽冀沦陷，（慕容）廆刑政修明，虚怀引纳，流亡士庶多襁负归之。廆乃立郡以统流人，冀州人为冀阳郡，豫州人为成周郡，青州人为营丘郡，并州人为唐国郡"[1]；乐浪地区的中原士庶也在此时内附北迁，"（建兴元年，313）辽东张统据乐浪、带方二郡，与高句丽王乙弗利相攻，连年不解。乐浪王遵说统帅其民千余家归廆，廆为之置乐浪郡，以统为太守，遵参军事"[2]。此为乐浪士庶内附之一例，被慕容廆安置在今辽西地区的侨置乐浪郡内。此期间归入慕容氏前燕政权的还有各个时期流寓乐浪的中原大族，如永嘉之乱后避难乐浪的幽州刺史王浚之后，以及燕仪同三司、武邑公王波等[3]。

随着前燕军事势力向中原的逐步深入，前已归附慕容廆的各方士庶继续内徙，而当北魏灭前燕，进一步进取辽西的后燕、北燕时，燕地士庶的内徙活动更加频繁。从北魏定中山前后到攻取后燕、北燕之时，中原与燕地的移民浪潮出现了秦汉以来的大规模反向流动，《魏书》诸本纪里记载了大量燕地吏民内徙的史实。

因此，尽管乐浪地区被高句丽所灭，但乐浪文化仍有可能经由前燕、后燕、北燕地区辗转传入北魏平城。前述破多罗太夫人墓和"丹扬王"墓都是太武帝时期的墓葬，而且墓主人生前经历都曾与三燕有一定的关系，如大同沙岭壁画墓主之子破多罗，可能是太武帝时期的重臣贺多罗，曾从驾征和龙[4]；叔孙建曾出使后燕慕容垂[5]；方山永固陵的墓主文明太后更是北燕皇族后裔（冯氏的祖母即北燕昭成帝冯弘的元妻，北魏延和元年的行动中，冯太后之父冯朗为避祸而举郡降北魏）。这些慕容贵族因显赫的地位或个人

---

[1]《晋书》卷一百八《慕容廆载记》，2806页。
[2]《资治通鉴》卷八十八，2799页。
[3] 王波是北魏王祯、王基、王愿平妻王氏、王理奴（以上墓志皆已在洛阳发现）、北周明德皇后及兄王盟等的六世祖，皆自署籍贯为"乐浪遂城"。本书第六章第三节对洛阳所出乐浪王氏墓志进行了考释，讨论了"乐浪乐都"和"乐浪遂城"两支王氏流寓乐浪与回归中原的历程，他们的经历在中原士人移民乐浪史上具有一定的代表性。
[4] 殷宪：《贺多罗即破多罗考》，《学习与探索》2009年第5期。
[5]《魏书》卷二十九《叔孙建传》："叔孙建，代人也。父骨，为昭成母王太后所养，与皇子同列……登国初，以建为外朝大人，与安同等十三人选典庶事，参军国之谋。随秦王觚使慕容垂，历六载乃还。拜后将军。顷之，为都水使者、中领军，赐爵安平公，加龙骧将军，出为并州刺史。"702页。

经历，有可能从燕地接触并率先使用弧壁砖室这种新的墓葬形制。

北魏迁洛以后，仍然继承了以弧壁砖室为高等级埋葬的传统，不过墓葬简化为单室；东魏、北齐墓葬是洛阳传统的延续，以弧壁单室砖墓为最高等级的现象似乎已经制度化，内部空间变大，墓内设施更加精致，弧壁砖室现象发展到了它的顶峰。

综上所述，弧壁砖室作为魏晋南北朝墓葬的一类特殊形制，其发展、流变与魏晋南北朝时期的政治文化环境密切相关，可能兴起于朝鲜半岛北部的乐浪地区，汉末受公孙氏割据政权的影响而传入山东地区；西晋时期自山东向长江中下游和中原地区扩散，被当地的高等级墓葬采用，并逐渐具备了等级的意义；南北朝分裂时期，弧壁砖室现象在南北方的发展轨迹大不相同，南方地区只被南京地区的极个别高等级墓葬采用，而且多呈弧壁长方形；但在北方地区的使用非常普遍，自北魏至东魏、北齐，弧壁砖室墓由多室向单室发展，墓葬建筑日趋复杂和精致。弧壁砖室在北朝的流行可能与北魏经略三燕地区有关。乐浪郡灭之后，乐浪地区传统的弧壁砖室形制经由三燕地区辗转传入平城，最先被地位显赫的高级鲜卑贵族使用，此后在东魏北齐时期继续发展，成为高等级墓葬的典型形制。

丧葬图像

墓室图像与文化变迁

北朝丧葬图像的场景与意涵
襄阳南朝画像砖与地域文化
襄阳画像砖中的西曲歌与文康舞

伍

丧葬图像是特殊的形象美术遗存，包括墓壁画像（壁画、画像石、画像砖）、葬具画像（棺床、棺椁）、陈设画像（如屏风）、丧仪画像（如帛画）等。各类图像的主题、空间配置与表现形式彼此关联，是一个不可分割的"图像系统"，共同服务于特定丧葬模式下的丧葬空间。魏晋南北朝时期是中国古代丧葬模式发生关键变革的时期，墓葬空间发生了由封闭式的井椁墓向开放式的宅第墓的转变，相应地丧葬图像的形式和内容也发生了变化。将这些图像遗存置于特定的墓室空间中，从礼仪程序的角度来考察它们代表的丧葬行为与生死观念，是我们探讨古代社会文化变迁与人文内涵的重要途径。

魏晋南北朝时期，丧葬图像广泛发现于平城、洛阳、邺城、晋阳、长安、建康、襄阳等政治核心地区，及辽东、辽西、河西等中原文化的保持和发展之地，各地图像形式多样、内容有别、技法异趣，时代和地域差异十分明显，是我们解读魏晋南北朝社会与观念变迁的重要资料。

一、北朝丧葬图像的场景与意涵

以往对丧葬图像的解读，一般以"事死如生"的丧葬理念，将图像解释为现实生活的反映。这种解释忽视了图像的丧葬属性，也容易混淆不同图像在墓室中的象征意义。丧葬图像源自现实生活，但并非现实的再现，而是为丧葬礼仪服务的，具有特殊的丧葬意涵。丧葬图像与墓室里的其他陈设一样，都以葬具（及遗体）为中心，与一组彼此联系的器物、俑群共同构成礼仪空间。按照社会考古学的空间理论，墓葬研究的目的是要发现墓葬设计、装饰和陈设中隐含的逻辑和理念，阐释这些人造物和图像所折射出的社会关系、历史和记忆、宇宙观、宗教观等更深层次的问题[1]。2016年，巫鸿以"空间的美术史"为题，阐述了美术史的空间分析方法，认为近二三十年的美术史在关注点和解释方式上已经由传统的图像志、图像学和形式分析发生了"空间转向"，如打破了图像、雕塑、器物和建筑等的传统类别划分，而更注重其共存关系；更关注图像与作品的彼此关系而不是孤立的图像和作品；注意图像的内在属性（如题材与风格）与外在属性（环境、场地和流通）之间的关联。他以一系列的空间概念阐释墓葬美术，如以"视觉空间""图像空间"讨论图像的再现方式和图像意义，以"物质空间""知觉空间""经验空

---

[1] 巫鸿著，梅玫、肖铁、施杰等译：《东亚墓葬艺术反思：一个有关方法论的提案》，载《时空中的美术——巫鸿中国美术史文编二集》，生活·读书·新知三联书店，2009年，162页。

间"讨论墓室各部分的象征意义等[1]。这种空间理论注意到了墓室装饰与其他墓葬元素之间的逻辑关系，对揭示丧葬图像意涵是很有用的。但是在实际的丧葬图像研究中，很多研究者还是倾向于将图像看成现实生活的"镜像"，而忽视图像的真正作用——构建丧葬行为的"场景"。墓室是一个被精心设计和装饰、具有实际礼仪功能的场所，所有设计和陈设都是为了构建下葬、祭祀等礼仪场景。"场景"概念（theory of scenes）常被用于城市社会学的研究中，指城市空间中彼此联系的各类设施及意涵，不但具有实际的社会生活功能，也隐含了城市文化、传统的价值观。与城市空间相比，墓室空间是一个十分微观的场景，它不但具有特殊的实际功能——丧葬与祭祀礼仪功能，反映了特定文化背景下处理死亡的方式，而且隐含了特定生死观下对待死亡的态度。

北朝丧葬图像主要是墓室壁画和石质葬具画像。墓室壁画以平城、邺城、晋阳地区最为盛行，是构建墓室礼仪场景的主要方式。一般由四部分内容组成：以墓主宴饮为中心的祭祀场景；以宴享宾客和庭院生活为内容的家居场景；以出行、狩猎、驮运为内容的户外场景；以镇墓兽、镇墓武士或护法像为内容的守御类场景。值得注意的是，北朝墓葬的陶俑群和模型明器同样具有构建礼仪场景的作用，也由祭祀、家居、户外、守御四个场景构成。北朝墓室场景有的以壁画为主，如平城沙岭壁画墓、全家湾 M9 梁拔胡墓等；有的以陶俑为主，如平城宋绍祖墓石椁外的一组俑群、雁北师院 M2 的俑群等；也有的兼具壁画和俑群，如邺城和晋阳的很多北齐皇室成员墓葬。一般来说，壁画的制作成本较高，墓葬等级较高；陶俑的成本较低，墓葬的等级也较低。至于皇室成员则兼用精美的壁画、庞大的俑群、石质葬具画像和实物来构建礼仪场景。

房形石椁、石棺床、石棺是北朝高等级葬具，北魏平城多见房形石椁和石棺床，少见石棺。北魏迁洛后多用石棺，有的有浮雕或线刻画像，也还有个别房形石椁。北魏分裂后的北齐、北周中心地区多见房形石椁和石棺床，常见于外来的中亚粟特人首领墓中。石质葬具是事先预制的高档葬具，其中一部分雕凿精细，有精美浮雕或线刻画像甚至贴金、彩绘，这样的石葬具显然制作难度较大，成本较高，其使用者都是具有较高身份和经济实力者。但从考古发现来看，这些最奢华的画像石葬具似乎也并不是高等级墓葬的必需品，北朝各政权的帝王往往不使用石葬具，或仅使用素面石棺床，如北魏冯太后永固陵以大量精美石雕建造墓门，但没有发现石质葬具[2]。宣武帝景陵仅用 15 块方形石块拼砌棺床，没有任何装饰[3]。北齐高洋武宁陵（湾漳大墓）使用须弥座石棺床，须

---

[1] 巫鸿著，钱文逸译：《"空间"的美术史》，上海人民出版社，2018 年，9—11、55、85、163 页。
[2] 大同市博物馆、山西省文物工作委员会：《大同方山北魏永固陵》，《文物》1978 年第 7 期。
[3] 中国社会科学院考古研究所洛阳汉魏城队、洛阳古墓博物馆：《北魏宣武帝景陵发掘报告》，《考古》1994 年第 9 期。

弥座立面彩绘忍冬纹等装饰，但没有使用造价更高的画像石棺和石椁，而是采用普通的木质棺椁[1]。北周武帝孝陵发现了属于帝、后的两具木棺，没有石葬具[2]。等级稍低的宗室成员也不以画像石葬具作为必需品，如洛阳元氏宗室中，元谧使用了画像石棺，但清河王元怿墓[3]、南平王元暐墓[4]都只使用了素面石棺。尽管石质葬具是北朝考古十分引人注目的现象，但当时的葬具主流应该还是木质的，在土质、砖质或石质棺床上放置木质棺椁，应是更普遍的埋葬方式，只不过木质易朽而难以留下完整的棺、椁遗物，但根据墓中发现的棺钉、漆皮、石灰或棺木残片，仍可看出木质葬具的普遍使用。《洛阳伽蓝记》记洛阳大市之北的奉终里专卖丧葬用品，其中有柏木棺、桑木棺，时人以柏木棺为贵[5]。考古发现的木棺大多没有鉴定材质，但大同北魏司马金龙墓石棺床上的木棺，经鉴定确实是柏木棺。柏木棺与画像石棺床、漆画屏风显示了司马金龙显赫的家世。

画像石葬具作为北朝最奢华的葬具，大多以线刻或浮雕方式作为装饰，个别辅以彩绘和贴金，是一类十分特殊的美术作品，是讨论北朝墓葬美术及社会变迁的珍贵资料，因此广受研究者关注[6]。以往的研究多将注意力集中于画像内容，未分别考虑不同葬具的使用场景与功能，我们有必要对椁、棺、棺床三类画像葬具进行分类，考察它们在墓室空间中的作用及在丧葬行为中的意义。

1. 平城

平城地区的墓室图像见于房形石椁、石棺床、墓室壁画三类，图像配置与意涵有明显差异。

① 画像房形石椁（表5.1）

---

[1] 中国社会科学院考古研究所、河北省文物研究所邺城考古工作队：《河北磁县湾漳北朝墓》，《考古》1990年第7期。
[2] 陕西省考古研究所、咸阳市考古研究所：《北周武帝孝陵发掘简报》，《考古与文物》1997年第2期。
[3] 徐婵菲：《洛阳北魏元怿墓壁画》，《文物》2002年第2期；韦娜等：《洛阳古墓博物馆》，中州古籍出版社，1995年。
[4] 黄明兰：《西晋裴祗和北魏元暐两墓拾零》，《文物》1982年第1期。
[5] 范祥雍校注：《洛阳伽蓝记校注》卷三《城南》："洛阳大市北奉终里，里内之人，多卖送死人之具及棺椁。涵谓曰：'作柏木棺，勿以桑木为欀。'人问其故，涵曰：'吾在地下，见人发鬼兵，有一鬼诉称：是柏棺，应免。主兵吏曰：尔虽柏棺，桑木为欀。遂不免。'京师闻此，柏木踊贵。人疑卖棺者货涵发此等之言也。"范祥雍校注：《洛阳伽蓝记校注》，上海古籍出版社，1958年，175页。
[6] 较全面的北朝葬具画像研究有贺西林：《北朝画像石葬具的发现与研究》，载巫鸿主编：《汉唐之间的视觉文化与物质文化》，文物出版社，2003年，341—376页；林圣智：《北朝时代における葬具の図像と機能—石棺床圍屏の墓主肖像と孝子傳図を例として—》，（日本）《美術史》第154册，2003年；郑岩：《魏晋南北朝壁画墓研究》，文物出版社，2002年，139页。

表 5.1　北朝房形石椁画像

名　　称	刻铭文字	画像布局与内容	资料出处
解兴石堂 （太安四年，458）	墨书：维大（代）太安四年，岁次戊戌，四月甲戌朔六日己卯。解兴，雁门人也。夫妻王（亡），造石堂（室）一区之神柩（祠），故祭之。	四壁皆在彩绘木构堂宇内构图。前壁（堂门）门两侧绘持兵武士，以飞禽异兽、放牧、庖厨为背景；左、右壁各绘一幅奏乐图，乐者面向后壁；后壁绘夫妇宴饮图，两侧绘牛车、鞍马。	张庆捷（2016）[1]
毛祖德妻 张智朗石椁 （和平元年，460）	刻铭：惟大代和平元年，岁在庚子七月辛酉朔，乙酉日。故使持节、散骑常侍、镇远将军、汝南庄公、荥阳郡阳武县安平乡禅里毛祖德妻太原郡榆次县张智朗，年六十八，遘疾终没。夫刊石立铭，书记名德，垂之不朽。欲使爵位荣于当年，美声播于来叶。若后高岸为谷，深谷为陵，千载之下，知有姓字焉。	椁门两侧刻莲花铺首，彩绘护法神；椁内壁彩绘宴饮、奏乐、出行、牛车鞍马图等。	持志、刘俊喜（2014）[2]；张庆捷（2017）[3]
邢合姜石椁 （皇兴三年，469）	石志刻铭：大代皇兴三年岁在己酉丁卯朔，辛酉。幽州燕郡安次县人韩受洛拔妻邢合姜定州涧河郡移到长安冯翊郡万年县人，邢合姜年六十六亡。	正壁绘二佛并坐，以香炉为中心有供养人行列；左右壁各二尊坐佛，下有供养人行列；前壁绘七尊坐佛；顶部六组飞天像；石门刻莲花纹门簪，门侧绘赤足护法神。	张志忠（2017）[4]
宋绍祖墓石椁 （太和元年，477）	砖志刻铭：大代太和元年岁次丁巳，幽州刺史敦煌公、敦煌郡宋绍祖之柩。	正壁残存彩绘奏乐图，左右侧壁残存彩绘舞蹈图。门楣刻莲花门簪，铺首上刻护法神、力士。	山西省考古研究所等（2001）[5]
智家堡 壁画墓石椁 （太和年间）		正壁绘夫妇宴饮坐像，左右侧壁绘手持莲蕾侍者、羽人，前壁绘牛车、鞍马，顶部绘忍冬纹。	王银田、刘俊喜（2001）[6]

---

[1] 张庆捷：《北魏石堂棺床与附属壁画文字——以新发现解兴石堂为例探讨葬俗文化的变迁》，载北京大学中国考古学研究中心编：《两个世界的徘徊——中古时期丧葬观念风俗与礼仪制度学术研讨会论文集》，科学出版社，2016年，234—247页。

[2] 持志、刘俊喜：《北魏毛德祖妻张智朗石椁铭刻》，《中国书法》2014年第4期。

[3] 张庆捷：《献给另一个世界的画作——北魏平城墓葬壁画》，载上海博物馆编：《壁上观——细读山西古代壁画》，北京大学出版社，2017年，84页。

[4] 感谢张志忠先生提供该石椁所有高清图片，墓葬情况介绍另参张志忠：《大同北魏墓葬佛教图像浅议》，载 Shing Muller, Thomas O. Hollmann, and Sonja Filip, *Early Medieval North China: Archaeological and Textual Evidence*（《从考古与文献看中古早期的中国北方》），Otto Harrassowitz GmbH & Co.KG, Wiesbaden 2019, pp. 57—80。

[5] 山西省考古研究所、大同市考古研究所：《大同市北魏宋绍祖墓发掘简报》，《文物》2001年第7期。

[6] 王银田、刘俊喜：《大同智家堡北魏墓石椁壁画》，《文物》2001年第7期。

（续表）

名　　称	刻铭文字	画像布局与内容	资料出处
波士顿美术馆藏宁懋石室（孝昌三年，527）	门楣刻铭：孝子宁万寿、孝子弟宁双寿造。画像榜题：丁兰事木母、舜从东家井中出去时、董永看父助时、董晏母供王寄母语时。	门道左右侧外壁刻持剑武士，以山峦树木为衬，并有榜题；山墙外侧分上下二层，分别刻丁兰事木母、帝舜故事、董永故事、董晏故事；后墙外壁分层刻房屋、水井、山峦、圆形幄帐、庖厨；室内左侧山墙刻牛车出行与幄帐庖厨，右侧山墙刻铠马出行与幄帐庖厨；室内后墙刻宁懋夫妇各三像。	郭建邦（1980，1987）[1]；黄明兰（1987）[2]
国博藏房形石椁		前壁门两侧浮雕守门胡人武士，椁之四角浮雕侍者；椁门两侧刻汉装侍女图及主人观舞图，椁内左壁刻男主人鞍马出行图，右壁刻女主人牛车出行图，后壁背面以男女主人宴饮图为中心，刻乐舞、祆教仪式场景。	吕章申（2014）[3]；葛承雍（2016）[4]；孙博（2017）[5]
史君墓石椁（大象二年，580）	椁门刻铭：（汉文）君……史国人也。本居西域……迁居长安……祖阿史盘陀，为本国萨宝；父阿奴伽……五年，诏授凉州萨保……大象元年……薨于家，年八十六。妻康氏……合葬永年县界……长子毗沙，次维摩，次富卤多，并有孝行，乃为父造石堂一区，刊碑墓道，永播……	外壁门口浮雕守护神及狮子、童子，门侧刻祆教穆护及火坛；北壁刻商队、家居宴饮、骑马出行、葡萄园宴饮等；西壁以男女主人家居场景为中心，左右两侧是神祇说法、商队出行与狩猎；东壁刻墓主夫妇升天、神像、穆护祭祀、桥上人物等。内壁彩绘屏风式壁画，残存葡萄、枝叶纹。	西安市文物保护考古所（2005）[6]、（2014）[7]
虞弘墓石椁（开皇十二至十八年，592—598）	墓志：公讳弘，字莫潘，鱼国尉纥驎城人也。……父君陀，茹茹国莫贺去汾，达官，使魏□□□□朔州刺史……年十三，任莫贺弗，衔命波斯、吐谷浑，转莫缘，仍使齐国……[8]	内壁皆浮雕加彩绘，以后壁正中的夫妇宴饮及乐舞图为中心，两侧壁刻猎狮、舞蹈、骑马驻足饮食、树下歇息饮食图等，主要人物皆有头光；椁座外部雕绘祆教祭祀、乐舞场景；外壁绘侍者，皆无头光。	山西省考古研究所等（2005）[9]

---

[1] 郭建邦：《北魏宁懋石室和墓志》，《中原文物》1980 年第 2 期；郭建邦：《北魏宁懋石室线刻画》，人民美术出版社，1987 年。
[2] 黄明兰：《洛阳北魏世俗石刻线画集》，人民美术出版社，1987 年。
[3] 吕章申主编：《中国国家博物馆百年收藏集萃》，安徽美术出版社，2014 年，740—747 页。
[4] 葛承雍：《北朝粟特人大会中祆教色彩的新图像——中国国家博物馆藏北朝石堂解析》，《文物》2016 年第 1 期。
[5] 孙博：《国博石堂的年代、匠作传统和归属》，载巫鸿、朱青生、郑岩主编：《古代墓葬美术研究》第四辑，湖南美术出版社，2017 年，135—154 页。
[6] 西安市文物保护考古所：《西安北周凉州萨保史君发掘简报》，《文物》2005 年第 3 期。
[7] 西安市文物保护考古研究院：《北周史君墓》，文物出版社，2014 年。
[8] 录文参张庆捷：《〈虞弘墓志〉中的几个问题》，《文物》2001 年第 1 期。
[9] 山西省考古研究所等：《太原隋代虞弘墓清理简报》，《文物》2001 年第 1 期；山西省考古研究所等：《太原隋虞弘墓》，文物出版社，2005 年。

房形石椁模拟木结构的房屋形制，有廊柱、出檐、屋顶、斗拱等结构，有的还有彩画木构房屋，有的椁内还陈设着棺床和棺。一般置于墓室正中，占据墓室大部分空间，其作用相当于墓室。北周大象二年（580）史君石椁粟特文题记直接将石椁称作"此石制坟墓……"自铭为"石堂"（"造石堂一区"）[1]。北魏太安四年（458）解兴石堂也自铭"石堂"。东汉流行的地面石祠堂中也有类似的铭文，如山东微山县两城镇永和四年（139）小祠堂有题记"二弟文山、叔山悲哀治此食堂……慎勿相忘，传后世子孙令知之"[2]。邹城汉安元年（142）文通祠堂也有"作成石庙堂……所以置食堂……起立祠堂，冀二亲魂灵，有所依止"等语[3]。所谓"食堂""石庙堂""祠堂"等都是孝子为安抚父母亡灵而作的祭祀性设施。从北朝房形石椁的铭文看，与东汉地面祠堂并无不同，可称作"石堂""食堂"或"祠堂"。

这类房形石椁从北魏前期开始出现，流行于北朝隋唐时期。巫鸿认为其原型是四川流行的汉代房形石棺，但也受到西汉崖墓石室、汉代墓地小祠堂、北朝木构"棺亭"的影响[4]。四川发现的个别石棺将棺盖做成模拟房屋屋顶的形状，如1941年在四川芦山县发现的东汉建安年间的王晖石棺[5]。虽然也有学者将其称作"房形石棺"[6]，但它与房形石椁是不同的葬具，它只是一个狭小的藏尸空间，与宽阔的兼具藏尸与祭祀功能的房形石椁性质是不一样的。郑岩认为北朝还能在地面见到的东汉祠堂——如郦道元《水经注》对一些汉代祠堂的记载——可能会对北朝人设计这种葬具产生影响[7]。郑岩的解释是合理的，从外形看这些房形椁与东汉中晚期的墓地祠堂较为接近；从功能上看，墓地祠堂是祭祀安魂之所，但经过魏晋丧葬模式的巨变，地面祭祀性设施消失了，有些设施可能转入地下（如墓碑被禁止后转入地下而成为墓志），地面祠堂可能也转入地下成为祠堂形的房形椁。北朝房形椁正是这种兼具藏形和安魂功能的墓内建筑。

以汉传统中的祠堂作为葬具是平城墓葬的一种复古表现，这种作法对迁洛后的北魏、北齐、北周乃至隋唐都产生了深远的影响。值得注意的是，目前发现的这类房形椁大多是石质的，实际上使用更多的可能是房形木椁。在大同北魏墓中确实也发现了房形木椁的遗存，虽大部分已朽烂，但可看出整体形状与房形石椁相似，一般内置木棺或棺

---

[1] 西安市文物保护考古研究院：《北周史君墓》，文物出版社，2014年，45—49页。
[2] 张从军：《两城小祠堂画像》，《走向世界》2002年第6期。
[3] 胡新立：《邹城新发现汉安元年文通祠堂题记及图像释读》，《文物》2017年第1期。
[4] 巫鸿：《"华化"与"复古"——房形椁的启示》，载巫鸿著，郑岩、王睿编，郑岩等译：《礼仪中的美术——巫鸿中国古代美术史文编》，生活·读书·新知三联书店，2005年，667—669页。
[5] 罗二虎：《汉代画像石棺》，巴蜀书社，2002年，65—68页。
[6] 罗二虎：《汉代画像石棺》，巴蜀书社，2002年，224页。
[7] 郑岩：《青州北齐画像石与入华粟特人美术——虞弘墓等考古新发现的启示》，载巫鸿主编：《汉唐之间文化艺术的互动与交融》，文物出版社，2001年，82—83页。

床，其作用应与房形石椁是一样的[1]。山西寿阳北齐河清元年（562）定州刺史顺阳王库狄迴洛墓墓室正中置有一具房形木椁，椁内置一具木棺，内有三具迁葬的人骨[2]。库狄迴洛墓志中有"赙物一千段，祭以太牢"等语[3]，从器物的摆放位置看，椁内棺前和椁外墓门处应是墓内设祭的场所。

  从考古发现和流失文物中的房形石椁来看，目前纪年最早的北朝房形石椁是大同发现的北魏尉迟定州石椁（太安三年，457），有刻铭而无画像。石堂置于弧方形、穹窿顶的砖室墓内，由56块素面石板搭建而成，占据墓室大部分空间。椁内有一具素面石棺床，墓道内发现排列整齐的动物头骨，是墓内祭祀的遗存[4]。房形椁在墓室内是祭祀场景的中心，因此也需要像汉代祠堂一样进行装饰。目前发现的房形石椁大多有精美的画像，其图像程序也应为祭祀目的而设计。画像布局基本采取了中轴对称图式，即以正壁墓主宴饮图为视觉中心，左右两边或两个侧壁分别配置牛车、鞍马出行以及反映现实生活的狩猎、庖厨、乐舞等场景。平城时期的石椁画像配置方式与墓室壁画相似，一般在椁门处配置起守御作用的武士或护法神像；正壁是墓主端坐宴饮图，前后是男女侍者、牛车鞍马；侧壁是庭院生活、山林狩猎等场景；前壁椁门的内壁也是武士或护法神。多数石椁采取庑殿顶或歇山顶形式，顶部不便于作画，但个别石椁顶部绘有飞天形象（如邢合姜石椁）。

  太安四年（458）解兴石堂是一座画像保存较完整的石椁。在前壁外侧以朱色绘有一座仿木构的屋宇，有角柱、斗拱、横梁结构。椁门两侧绘披甲持兵的武士，左侧的武士手持钩镰枪刺向龙形怪兽，以庭院生活场景为背景，武士前上方绘有人面兽身像、飞鸟，下部绘庖厨劳作，后部绘屋宇及牧归。椁门右侧的武士一手持剑，一手执盾，面向前下方的人面兽身怪物，以山林放牧为背景，武士前上方绘有一个人面鸟身像，前部绘女子在山林中饮食，后部绘野外放牧图。椁室内的三壁同样以朱色绘出仿木构的屋宇。正壁画面中心是帷帐之下的墓主夫妇像，二人正面端坐于矮榻上，各执酒杯与羽扇，脱下的靴子分别置于帷帐旁。左右各有一位跽坐者，右侧坐者怀抱乐器，左侧坐者作拍手状，可能表现的是伎乐。墓主像后置六扇屏风，屏风后有六位侍者。前铺一组饮食供奉的食具：在长毡上摆放着一组漆木耳杯、盘食具，毡前地上置一件长颈黑陶壶，毡的两侧各置一个曲足圆案，上置一圆樽，旁边各有一位侍者从中取食。帷帐左右两侧分别是

---

[1] 张志忠：《大同北魏墓葬房形椁研究》，"汉唐墓葬壁画艺术国际学术研讨会"发言，2019年。
[2] 王克林：《北齐库狄迴洛墓》，《考古学报》1979年第3期。
[3] 王天麻：《北齐库狄迴洛夫妇墓志点注》，《文物季刊》1993年第1期。
[4] 大同市考古研究所：《山西大同阳高北魏尉迟定州墓发掘简报》，《文物》2011年第12期；殷宪、刘俊喜：《北魏尉迟定州墓石椁封门石铭文》，《文物》2011年第12期。

为男女墓主准备的鞍马和牛车,无骑者和乘者,以山林为背景。两个侧壁对称绘制两组伎乐,皆面向正壁的墓主演奏。左壁一男一女乐者坐于矮榻上演奏箜篌和横琴,旁立一位侍者,榻前长毡上置圆形漆榼和耳杯;右壁两位男乐者在弹琵琶和吹箫,前面也摆放着圆形漆榼和耳杯等食具(图5.1)。

与之类似的还有大同智家堡石椁,也是以墓主正面端坐宴饮像为中心,侧壁各配置四位男子和女子,各手持莲蕾,面向墓主人方向,头上绘有飞行的羽人,有较浓厚的佛教意味。在前壁椁门两侧分别绘牛车、鞍马(图5.2)。张智朗石椁画像配置方式也大致相似,正壁也以墓主端坐像为中心,在侧壁配置伎乐、牛车、鞍马。宋绍祖石椁的正壁不见墓主人端坐像,残存二男子奏乐形象,侧壁都绘有舞蹈形象。这几座石椁虽然以传统的墓主宴饮像为视觉中心,但佛教意味十分浓厚,在椁门处绘有莲花、忍冬、赤足护法神像,是一种新出现的守御场景。

最特殊的石椁是皇兴三年(469)邢合姜石椁(图5.3、图5.4),这是一座完全模拟佛殿的石椁。在椁室正壁绘以二佛并坐为中心的佛像,左右侧壁各绘两尊坐佛,正壁和左右侧壁坐佛下层是以香炉为中心的供养行列,皆是由胡僧引导的世俗供养人。前壁椁门上方绘横列的七佛,下方椁门两侧绘长舌神兽;顶上绘有六组飞天。画像布局严谨、层次清晰、主题明确,正壁的"二佛并坐"和前壁的"七佛"是着重表达的佛教主题。此在已发掘的大量北魏平城墓葬中显得十分特殊,石椁场景完全模仿了佛堂,以正壁的二佛并坐像代替了墓主夫妇像,以佛教供养人代替了男女侍者,以左右两壁的坐佛和供养人行列代替了车马出行等内容,以佛教护法神代替了守门武士。这种以佛教元素代替中原传统元素的现象,反映了北魏平城时期佛风之盛已经渗透到丧葬空间,以礼佛的方式祭祀亡灵,寄托了往生净土的佛教愿望。

② 石棺床画像

棺床是墓中放置棺木的平台,来源于生前世界的床榻和丧礼中陈棺柩的灵床。东汉至北朝墓室画像中常见的"墓主夫妇宴饮图"中,墓主夫妇一般坐于长方形床榻上。床榻的形制从东汉到北朝有所变化,东汉多是没有围挡的平台,北朝则在床榻左右及背后出现了围挡,构成类似于沙发式的坐具。这类床榻屡见于墓室画像和传世绘画作品中,墓室中一般画在墓室的正壁,上面还罩着一顶装饰华丽的帷帐,帷帐内外是供奉饮食、乐舞的侍者,构成一幅生动的夫妇家居生活场景。虽然许多薄葬提倡者遗令不设棺椁、床帐[1],但正常埋葬应是有这些设施的,只不过有的简略,有的奢华而已。考古发现的

---

[1] 石苞遗令"'自今死亡者,皆敛以时服,不得兼重。又不得饭唅,为愚俗所为。又不得设床帐明器也。定窆之后,复土满坎,一不得坟种树。昔王孙裸葬矫时,其子奉命,君子不讥,况合礼典者耶?'诸子皆奉遵遗令,又断亲戚故吏设祭"。《晋书》卷三十三《石苞传》,1003页。

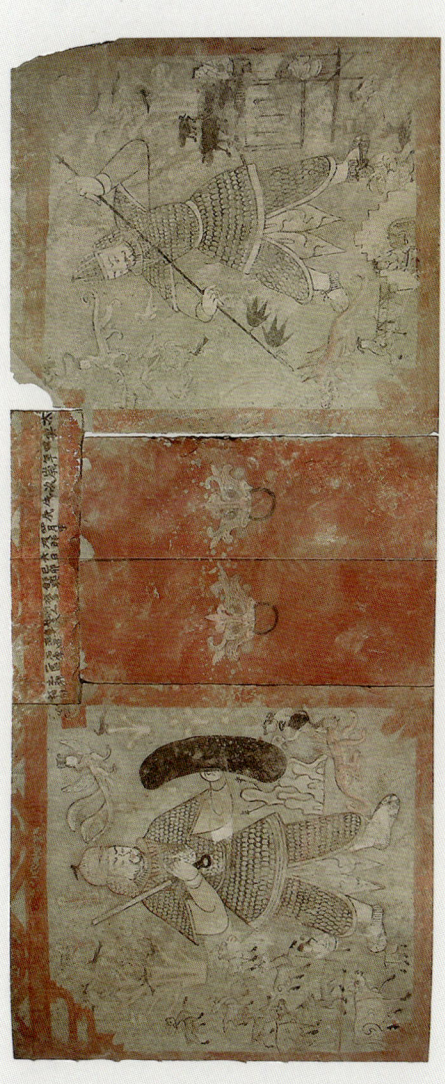

图 5.1 大同解兴石堂壁画配置

图 5.2 大同智家堡北魏石椁及壁画

158

大多数棺床只是简单的砖台或土台，有的甚至仅以几块稍高出地面的砖承托棺木，较讲究的棺床用雕凿整齐的石板搭建而成。棺床一般设在多室墓的后室或单室墓的一侧，棺床上悬挂帷帐，前面是一个宽敞的祭祀活动区。

棺床中最奢华的是画像石棺床，以浮雕、线刻方式装饰精美图像，并以贴金、彩绘为饰。平城时期多见床榻式石棺床（表5.2：1—7），仅在床沿侧面和床腿画像，多是一些不具叙事性的装饰性图案，如在床侧以连续方式装饰水波纹、莲花纹、忍冬纹、铺首纹、伎乐等，在腿部刻画动物、力士等形象，如大同北魏司马金龙墓石棺床（图5.5）。很多都是平城佛教空间里常见的图像元素，表明平城佛教匠作对丧葬的影响是很深的。迁洛以后至北齐、北周时期多见围屏式的石棺床，有的还设有双阙，这种石棺床上的画像多是叙事性的场景。

表5.2 北朝石棺床画像

序号	年代	名称	形制	画像布局与内容	资料出处
1	北魏平城	尉迟定州墓石棺床	床榻式	连续水波纹。	大同市考古研究所（2011）[1]
2	北魏平城	司马金龙墓石棺床	床榻式	足部浮雕兽面及金刚力士，床侧面雕刻13个伎乐及舞者、龙虎、凤凰、金翅鸟、人头鸟等。	山西省大同市博物馆等（1972）[2]
3	北魏平城	宋绍祖墓石棺床	床榻式（倒凹形）	雕刻忍冬纹、水波纹、铺首衔环、花卉和动物。	山西省考古研究所等（2001）[3]；大同市考古研究所（2008）[4]
4	北魏平城	大同南郊M112	床榻式	忍冬纹、水波纹、净瓶、铺首衔环。	山西省考古研究所等（1992）[5]
5	北魏平城	智家堡砂场石棺床	床榻式	足部浮雕兽面及二持莲蕾人物、二虎、金刚力士、忍冬纹、水波纹。	王银田、曹臣民（2004）[6]
6	北魏平城	京大高速公路北魏墓石棺床	床榻式	前立面呈倒山形。上层刻二方连续忍冬纹带；下层刻水波纹带；腿部刻铺首、忍冬纹；两侧嵌铁环。	大同市博物馆（2016）[7]

［1］大同市考古研究所：《山西大同阳高北魏尉迟定州墓发掘简报》，《文物》2011年第12期。
［2］山西省大同市博物馆、山西省文物工作委员会：《山西大同石家寨北魏司马金龙墓》，《文物》1972年第3期。
［3］山西省考古研究所、大同市考古研究所：《大同市北魏宋绍祖墓发掘简报》，《文物》2001年第7期。
［4］大同市考古研究所 刘俊喜主编：《大同雁北师院北魏墓群》，文物出版社，2008年，92—102页。
［5］山西省考古研究所、大同市博物馆：《大同南郊北魏墓群发掘简报》，《文物》1992年第8期。
［6］王银田、曹臣民：《北魏石雕三品》，《文物》2004年第6期。
［7］大同市博物馆编：《平城文物精粹》，江苏凤凰美术出版社，2016年，82—83页。

坐佛 ········· 坐佛
⟶ 供养人 ⟵ 香炉 ⟶ 供养人 ⟵
东壁

坐佛 ········· 二佛并坐 ········· 坐佛
⟶ 供养人 ⟶ 香炉 ⟵ 供养人 ⟵
北壁

坐佛 ········· 坐佛
⟶ 供养人 ⟶ 香炉 ⟵ 供养人 ⟵
西壁

图 5.3 大同北魏邢合姜石椁透视（由外向内）

坐佛 ‥‥‥‥‥ 坐佛
供养人 → 香炉 ← 供养人
西壁

坐佛 ‥ 坐佛 ‥‥‥ 坐佛 ‥ 坐佛 ‥ 坐佛
镇墓兽 ← 塞门 → 镇墓兽
南壁

坐佛 ‥‥‥‥‥ 坐佛
供养人 → 香炉 ← 供养人
东壁

图 5.4 大同北魏迁合姜石椁透视（由内向外）

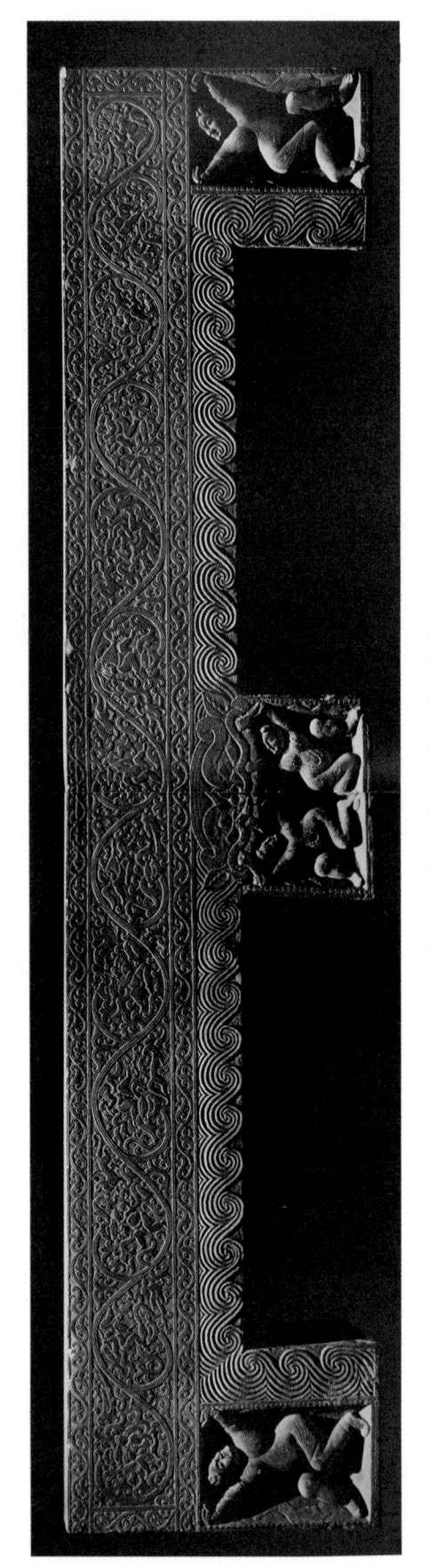

图 5.5　大同北魏司马金龙墓石棺床

（续表）

序号	年代	名称	形制	画像布局与内容	资料出处
7	北魏平城	波士顿美术馆藏北魏石棺床	双阙床榻式	双阙上刻仪仗出行图，床正立面刻畏兽，床腿刻狮子及兽首。	林圣智（2017）[1]
8	北魏洛阳	洛阳A组围屏	围屏式	正面以墓主像为中心，左右配置奏乐、鞍马、牛车、奉食、人物相对图；右侧由外向内为诣阙、树下濯足、吹笙引凤图；左侧由外向内为登床、执幡、人物行进图。	王子云（1957）、黄明兰（1987）[2]；林圣智（2017）[3]
9	北魏洛阳	芝加哥藏石棺床	围屏式	残存男女主人及侍者。	徐津（2017）[4]
10	北魏洛阳	沁阳西向石棺床	围屏式	前侧在16方格内分二区依次刻莲花蔓草、凤凰、异兽、薰炉、飞仙、虎头鸟身像、人首鸟身像；前腿以薰炉为中心，左右刻持剑武士像；左右及后部围挡各刻4幅共16幅画面，以坐于榻上的男女墓主人为中心，左右配以男女侍者及鞍马、牛车。	邓宏里、蔡全法（1983）[5]
11	北魏洛阳	大阪藏北魏石棺床	双阙围屏式	双阙无图像，围屏以墓主夫妇为中心，配以孝子图。	林圣智（2017）[6]
12	东魏	安阳固岸村东魏M57石棺床	双阙围屏式	正面线刻墓主夫妇像，两侧为孝子故事（郭巨、丁兰、韩伯瑜），东西两壁为鞍马、牛车出行及男女侍者。	河南省文物考古研究所（2009）[7]；林圣智（2017）[8]
13	北周	康业墓石棺床	围屏式	围屏正面刻男女主人会见、出行、宴饮；围屏左侧刻男女主人会见宾客；围屏右侧刻骑马出行、会见。榻板刻联珠纹、四神、畏兽、动物等图案。	西安市文物保护考古所（2008）[9]
14	北周	史君墓石棺床	床榻式	正面浮雕几何纹和联珠纹，彩绘贴金。两侧立面浮雕粟特人物及祆教仪式。	西安市文物保护考古所（2014）[10]

---

[1] 林圣智：《图像与装饰——北朝墓葬的生死表象》，台湾大学出版中心，2019年，243页。
[2] 王子云：《中国古代石刻画选集》，中国古典艺术出版社，1957年，5—6页；黄明兰：《洛阳北魏世俗石刻线画集》，人民美术出版社，1987年，87—98页。
[3] 林圣智将王子云、黄明兰著录的画像复原为一组围屏，称"A组围屏"，以与日、美藏围屏相区分，参林圣智：《图像与装饰——北朝墓葬的生死表象》，台湾大学出版中心，2019年，160—176页。
[4] 徐津：《石材的意味——芝加哥艺术博物馆藏北魏石棺床围屏研究》，载巫鸿、朱青生、郑岩主编：《古代墓葬美术研究》第四辑，湖南美术出版社，2017年，155—157页。
[5] 邓宏里、蔡全法：《沁阳县西向发现北朝墓及画像石棺床》，《中原文物》1983年第1期。
[6] 林圣智：《图像与装饰——北朝墓葬的生死表象》，台湾大学出版中心，2019年，248—249页。
[7] 河南省文物考古研究所：《河南安阳固岸墓地考古发掘收获》，《华夏考古》2009年第3期。
[8] 林圣智：《图像与装饰——北朝墓葬的生死表象》，台湾大学出版中心，2019年，211—215页。
[9] 西安市文物保护考古所：《西安北周康业墓发掘简报》，《文物》2008年第6期。
[10] 西安市文物保护考古研究院：《北周史君墓》，文物出版社，2014年。

（续表）

序号	年代	名　称	形　制	画像布局与内容	资料出处
15	北周	安伽墓石棺床	围屏式	围屏正面刻墓主夫妇家居宴饮、宾主相会、商旅及乐舞、狩猎；左右两侧刻车马出行、狩猎、野宴等。榻板刻动物头像33幅，有贴金长方形和椭圆形边框。榻腿正中刻狮子像，其余部分刻兽首人身力士。	陕西省考古研究所（2003）[1]
16	北齐	安阳石棺床	双阙围屏式	双阙刻仪仗行列、祆教祭祀仪式；围屏刻墓主宴饮、贵人骑马、葡萄宴饮。	林圣智（2017）[2]
17	北齐	青州傅家石棺床	围屏式	商旅驮运图、商谈图、车御图、出行图、饮食图、主仆交谈图、象戏图、送葬图[3]。	夏名采（1985、2001）[4]
18	北周	天水石马坪石棺床	围屏式	围屏正面以夫妇家居宴饮图为中心，左右配以出行、水榭建筑图；左侧面刻胡人酿酒、狩猎、水榭场景，右侧面刻楼阁和山林人物、明月玉兔；床板刻贴金忍冬纹；床腿刻伎乐、神兽。	天水市博物馆（1992）[5]

③ 墓室壁画

北魏平城时期是东汉以后墓室壁画的再次勃兴时期。壁画绘制在墓门、甬道两壁和顶部、墓室四壁和墓顶，但墓顶大多残毁，未发现壁画痕迹。壁画布局方式继承了东汉墓室的传统，即构图以正壁墓主像为中心呈对称场景式，但增加了很多北方游牧民族的因素，由四个场景构成：以墓主宴饮为中心的祭祀场景，以宴享宾客和庭院生活为内容的家居场景，以出行、狩猎、驮运为内容的户外场景，以武士或护法神像为代表的守御场景。

---

[1] 陕西省考古研究所编：《西安北周安伽墓》，文物出版社，2003年。
[2] 安阳石床1920年代被盗掘出土后，流散于德国科隆东亚艺术博物馆、法国集美博物馆、美国弗利尔美术馆、波士顿美术馆，关于此石床的研究史及图像配置，以林圣智论述最详，参见林圣智：《图像与装饰——北朝墓葬的生死表象》，台湾大学出版中心，2019年，224—269页。
[3] 由于原石板散落，图像配置方式不清。郑岩根据画像石板尺寸及内容复原为一座三面围挡的葬具，认为不太像石棺床的围屏，但也不能排除这种可能，参郑岩：《青州傅家北齐画像石与入华祆教美术》，载氏著：《魏晋南北朝壁画墓研究》，文物出版社，2002年，236—246页；沈睿文根据北朝丧葬图像配置原则进行了复原，参沈睿文：《青州傅家画像石的图像组合问题》，《欧亚学刊》2015年第2期。
[4] 夏名采：《益都北齐石室墓线刻画像》，《文物》1985年第10期；《青州傅家北齐线刻画像补遗》，《文物》2001年第5期。
[5] 天水市博物馆：《天水市发现隋唐屏风石棺床墓》，《考古》1992年第1期。此墓被发掘者推测为隋唐时期，此后研究者大多认为是北朝晚期至隋代之物，参荣新江：《北朝隋唐粟特人聚落的内部形态》，载《中古中国与外来文明》，生活·读书·新知三联书店，2001年，114页；郑岩：《青州北齐画像石与入华粟特人美术——虞弘墓等考古新发现的启示》，载巫鸿主编：《汉唐之间文化艺术的互动与交融》，文物出版社，2001年，73页。

这四部分内容在平城时期也以实物的形式出现在墓葬中，一般在墓门口放置陶质镇墓兽和镇墓武士，在棺床前放置一组饮食器皿、灯和侍仆俑，有的还有帷帐遗迹、陶案等。在其他部位陈列反映出行的牛车、鞍马、骑马武士等陶俑，反映家居生活的仓灶类模型、杂技俑及家禽家畜等模型，反映户外生活的毡帐、驮运模型器等（表5.3）。

表 5.3　北魏平城墓室壁画

墓　葬	甬道与墓门	正　壁	侧　壁	前　壁
沙岭壁画墓（435）	甬道两壁为披甲持刀武士、人面龙身兽，甬道顶部伏羲女娲像与摩尼宝珠、飞龙。	（东壁）以夫妇正面端坐像为中心，左右有侍者和牛车、鞍马。四壁上部是分格的异兽和61位男女侍者。	右壁（北壁）为车马出行场景，前有导骑、鼓吹、杂耍，后有甲骑具装骑兵及男女侍者；左壁（南壁）为庭院生活，以墓主宴饮为中心，前有宾客和伎乐，后有车辆、粮仓、毡帐和杀牲。	墓门两侧绘举盾的守门武士。
仝家湾 M9（梁拔胡墓，461）	墓门门楣上残存凤鸟；甬道彩绘2个怪兽、猛虎和朱书、墨书题记。	以墓主宴饮为中心，两侧配置杂技乐舞、鞍马迎谒。	残毁严重，可识东壁为狩猎图，西壁为庭院生活场景（牛耕、舂米、炊煮、汲水等）。	残。
云波里壁画墓	龙、凤、女侍。	夫妇宴饮坐像。	狩猎。	赤足护法神。
文瀛路壁画墓	（甬道东壁）赤足护法神。	（券顶）残存星象与屋宇。		
迎宾大道16号墓	（甬道）手持兵器的铠甲武士立于圆形莲台上。		家居、宴饮、狩猎。	
丹扬王墓	（甬道）多臂赤足护法神像。			

在平城墓室壁画的四个场景中，位于正壁的墓主宴饮像显然是整个墓室空间的视觉中心，有夫妇并坐像和墓主单人像两种形式，其墓室画像配置有所不同。以画面较完整的沙岭壁画墓和仝家湾 M9 为例。

沙岭壁画墓正壁是夫妇正面端坐像，前面摆着一套食案、食具，前后有数名侍仆，前方下部的牛车和鞍马都无乘者和坐者，显然是分别为夫妇二人而备的。右壁（北壁）绘有一个盛大的男墓主车马出行场景，以一辆高大的马车为中心，车上端坐着一位男性，前有导骑、鼓吹、杂耍，后有骑兵和侍者行列，浩浩荡荡向外行进。而墓室的左壁（南壁）展现的是家居生活场景，以一道曲折的步障将画面分为两部分，分别表现前庭和后院生活：右半部画面的中心是一座庑殿顶的房屋，屋内帷幔之下是墓主坐像，姿

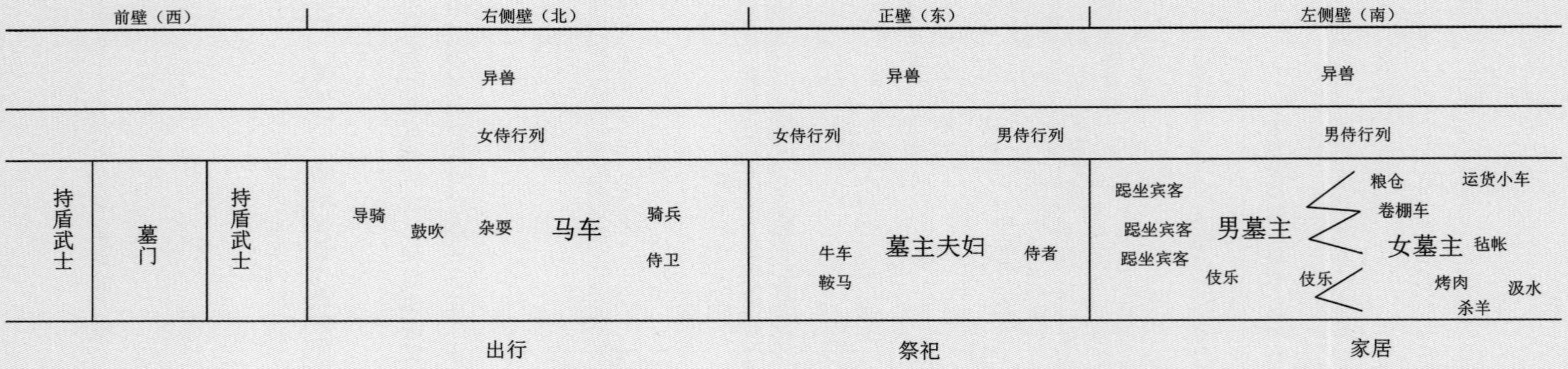

前壁（西）	右侧壁（北）	正壁（东）	左侧壁（南）
	异兽	异兽	异兽
	女侍行列	女侍行列　男侍行列	男侍行列
持盾武士　墓门　持盾武士	导骑　鼓吹　杂耍　马车　骑兵　侍卫	牛车　鞍马　墓主夫妇　侍者　跽坐宾客　跽坐宾客　跽坐宾客　男墓主　伎乐	粮仓　运货小车　卷棚车　女墓主　包帐　伎乐　烤肉　汲水　杀羊
	出行	祭祀	家居

图 5.6 大同沙岭壁画墓画像配置

态与正壁的正面端坐像不同，是面向右侧侧身而坐的，从人物体形看可能表现的是男墓主；房屋前面是三排面向墓主跪坐、饮食的宾客，旁有男女伎乐表演。左半部即步障左侧描绘的是女墓主主导的后院场景，以四座毡帐和一辆红色卷棚车为中心，最大的毡帐内有一位侧身端坐的女子，应是女墓主，旁侧有侍仆供食和伎乐表演。卷棚车和毡帐周围还绘有粮仓、满载货物的小车、杀羊、汲水、烤肉等庭院生活场景。值得注意的是，墓室正壁、左右侧壁都出现了墓主画像，但只有正壁画像是正面端坐姿势，结合像前的食案食具、无乘坐者的牛车和鞍马来看，表现的应是祭祀场景，正壁的坐像象征着死者灵魂的存在（图 5.6）。

仝家湾 M9 的壁画布局大致相似，但从保存较完整的正壁（北壁）画像看，仅表现了男墓主形象。正壁是屋宇帷幔之下正面端坐的男墓主像，坐在带围屏的床榻上，前置一曲足案，案上及旁边地上置一组饮食器具，周边立有男女侍者。墓主像的左侧是一组伎乐舞蹈和杂耍画像，右侧是鞍马迎谒图，鞍马上没有乘者，所有人皆躬身面向墓主（图 5.7）。

图 5.7　大同仝家湾 M9 北壁壁画

仝家湾 M9 墓内发现两具木棺，人骨残骸也分属两个个体，可知是一座合葬墓，但壁画仅表现了男墓主人的形象。据甬道近墓门处的朱书题记"大代和平二年岁在辛□三月丁巳朔十五日辛未□□散骑常侍选部□□安乐子梁拔胡之墓"，可知仝家湾 M9 的墓主人是梁拔胡，葬于和平二年（461）。这段题记写在甬道处的彩画怪兽旁，颜色与壁画一致，当是壁画绘制完成时书写的，有可能此墓壁画最初仅为墓主梁拔胡制作，但后来其妻合葬时葬入，故在这段题记的左侧上方添加了墨书"和平二年"四个小字，字体明显叠压在早期的朱书题记之上，当是同年稍晚时期合葬时所为（图 5.8）。

图 5.8 大同仝家湾 M9 壁画题记

从沙岭壁画墓和仝家湾 M9 壁画看，墓室壁画是专门为特定墓主营造的场景，若是夫妇合葬，则会出现男女墓主像；若为单人设计，则仅见单人墓主像。墓主像是作为特定的祭祀对象出现的。祭祀场景之外的家居和户外活动场景也围绕着特定的墓主而设计，是根据现实生活为死者营造的来世生活场景。值得注意的是，沙岭壁画墓的甬道顶部伏羲女娲之间出现了火焰状的摩尼宝珠像，其他大多数墓葬的墓门处绘赤足护法神像，在一些次要部位广泛流行佛教象征性画像，如莲花、忍冬等，这表明平城佛教对传统丧葬进行了渗透，与平城时期兴盛的佛教活动有关。

2. 洛阳

北魏迁洛以后多见石棺画像、石棺床画像和墓室壁画，图像内容与场景发生了变化。

① 石棺画像（表 5.4）

最早的石棺流行于东汉中晚期的四川地区，但画像石棺仅在极少数经济实力较强的豪族墓中使用。据罗二虎的研究，四川汉代石棺有整石凿成和拼合而成两种形制，少数将棺盖做成模仿房屋的屋顶形，常以升仙内容、车马出行、历史故事、驱鬼镇墓等画像为装饰[1]。值得注意的是，当东汉四川地区流行画像石棺时，中原地区却比较罕见，直到北魏后期才成为洛阳少数高等级墓葬的奢华葬具。

---

[1] 罗二虎：《汉代画像石棺》，巴蜀书社，2002 年，168—220 页。

表 5.4　北朝石棺画像

名　　称	画像内容	资料出处
榆社孙龙石棺（神龟年间，518—519）	前挡刻墓主宴饮及伎乐、杂技。左棺板刻出行图（题记"方弟保"）、死后升仙、夫妇宴饮；右棺板刻狩猎图。	王太明、贾文亮（1993）[1]；王太明（2000）[2]；高文（2011）[3]
洛阳瀍河公社画像石棺	前挡刻拄剑门吏、朱雀及摩尼宝珠；后挡疑刻孝子图；左右挡分别刻方士引导的墓主夫妇升仙图，左挡是男墓主升仙，以乘龙伎乐相随，右挡是女墓主升仙，以乘凤侍女相随。棺底前后刻青龙白虎及畏兽，左右两侧分 12 格刻神禽异兽。	洛阳博物馆（1980）[4]
美国明尼阿波利斯美术馆藏元谧石棺（正光五年，524）	前挡：尖拱龛形门，两侧各一门吏，上部有一宝珠和二怪兽；左右两帮中央有铺首衔环，两侧为小窗，窗内人向外观看；左帮在窗口和铺首间刻朱雀，右帮对应处刻白虎；两帮前部和底部刻孝子故事（丁兰、韩伯余、郭巨、闵子骞、孝子原谷、舜、老莱子、董永、尹伯奇等），后部刻仙人骑鸟，以山峦树木流云填白。	黄明兰（1987）、郑岩（2002）[5]
美国康萨斯城纳尔逊美术馆藏孝子石棺	仅存左右帮，左帮刻子董永、子蔡顺、尉；右帮刻子舜、子郭巨、孝孙原谷。	宫大中（1984）[6]，黄明兰（1985、1987）[7]
北周李诞石棺（保定四年，564）	前挡板刻尖拱门，门两侧刻立于莲台上的半裸守护神，门下刻火坛，门周边以朱雀、忍冬、莲花为饰；后挡板刻一玄武及持刀的半裸天神；左右帮板分别刻一条龙和一只虎，皆以连续忍冬纹为边饰；盖板上刻手持月、日的伏羲女娲像。	程林泉（2006）[8]

从石刻著录情况看，洛阳邙山曾经出土大量的石质葬具，除石棺椁外，很多碑刻和墓志盖都刻有画像。中华人民共和国成立前洛阳出土石棺十多具，建国以后又陆续有考古工作者发现石棺，有的有精美画像。

现藏波士顿美术馆的孝昌三年（527）宁懋石室是一座横长方形单檐悬山式建筑。

---

[1] 王太明、贾文亮：《山西榆社县发现北魏画像石棺》，《考古》1993 年第 8 期。
[2] 王太明：《榆社县发现一批石棺》，《山西省考古学会论文集》，山西古籍出版社，2000 年，119—122 页。
[3] 高文主编：《中国画像石棺全集》，三晋出版社，2011 年，461—463 页。
[4] 洛阳博物馆：《洛阳北魏画像石棺》，《考古》1980 年第 3 期。
[5] 黄明兰：《洛阳北魏世俗石刻线画集》，人民美术出版社，1987 年。黄明兰著录的年代为孝昌五年（529），但据藏于美国明尼阿波利斯（Minneapolis）美术馆的墓志，应为正光五年（524），参郑岩：《魏晋南北朝壁画墓研究》，文物出版社，2002 年，139 页。
[6] 宫大中：《邙洛北魏孝子画像石棺考释》，《中原文物》1984 年第 2 期。
[7] 黄明兰：《北魏孝子棺线刻画》，人民美术出版社，1985 年，11—17 页；《洛阳北魏世俗石刻线画集》，人民美术出版社，1987 年。
[8] 程林泉：《西安北周李诞墓的考古发现与研究》，载西北大学考古系编：《西部考古》第一辑，2006 年，391—400 页。

建筑物内外壁均有线刻画像，外壁门道两侧刻有持剑武士，山墙分上下二层，分别刻丁兰事木母、帝舜故事、董永故事、董晏故事等孝悌内容；后墙刻房屋、水井、山峦、圆形幄帐、庖厨等庭院生活场景。室内左右山墙分别刻牛车、铠马出行，后墙刻墓主人宁懋夫妇各三像。

现藏明尼阿波利斯美术馆的正光五年（524）元谧石棺现存前挡和左右两帮，出土时曾有彩绘和贴金。前挡刻尖拱龛形门，两侧各一门吏；左右两帮中央有铺首衔环，两侧为小窗，窗内人向外观看；左帮在窗口和铺首间刻朱雀，右帮对应处刻白虎；两帮前部和底部刻孝子故事（丁兰、韩伯余、郭巨、闵子骞、孝子原谷、舜、老莱子、董永、尹伯奇等），后部刻仙人骑鸟，以山峦树木流云填白。

美国康萨斯城纳尔逊美术馆的孝子石棺墓主可能是卒于孝昌二年（526）的东莞太守秦洪，或卒于正光五年（524）的秦洛二州刺史王悦。左右帮分别刻子董永、子蔡顺、尉、子舜、子郭巨、孝孙原谷等孝子故事。画面以U形二方连续夔龙纹为边饰，杂以山石树木飞禽走兽。

升仙石棺出自洛阳的一座单室土洞墓，墓主身份不清，现存洛阳市博物馆。前挡刻拄剑门吏，左帮刻方士引导的男墓主乘龙飞升场景，伴以鼓吹伎乐，右帮刻方士引导的女墓主乘凤飞升场景，华盖侍女乘风而随。棺底刻青龙白虎，左右两边分12格各雕神禽异兽，并具名。后挡已佚。

曹连石棺出自洛阳洛南新区北魏永安元年（528）凉州刺史曹连墓，前挡刻成石门状，门扉刻铺首衔环，门额以兽头为中心，两侧刻朱雀，门侧刻对称的按剑门吏；右帮以女墓主乘白虎翔云为中心，前有羽人和两位引导方士，后有两位骑凤鸟的方士，下有孝子韩余（韩伯余）、郭巨故事；左帮以男墓主乘龙翔云为中心，前有两位引导方士，后有四位骑龙方士，下有孝子原谷、蔡顺故事；后挡龟蛇相绕的玄武之间刻一胡人像；棺底分21格刻仙禽神兽和火焰状祭坛；棺盖刻火焰状祭坛和忍冬纹。

山西榆社孙龙石棺是唯一一具年代明确的洛阳时期画像石棺，仅存前挡和两块帮板，在前挡刻有铭文"大魏神龟□□，太原中都孙□六世孙孙方兴父龙，太和之中颖（？）川太守，熙平之□□为绥远将□、□郡太守，□□年六十在□官郎造石□一区、漆棺一口。□在乡县□梁兴弟保兴少奉朝请，提之椁首，以示后世，记之云尔"[1]。这是孙方兴、孙方保兄弟为父孙龙所造石棺。根据铭文中的"石□一区""提之椁首"，推测此石棺当时被称作石椁。另据铭文"石□一区、漆棺一口"，说明椁内可能还有另外的一具漆棺，采取的是类似于先秦套棺的埋葬方式，所谓椁实为外棺，漆棺为内棺。可惜此

---

[1] 林圣智释文与原报告有所差异，此处从林氏录文，参林圣智：《图像与装饰——北朝墓葬的生死表象》，台湾大学出版中心，2019年，67—69页。

图 5.9　北魏曹连石棺前挡画像

墓完全被毁，未知有无漆棺，不过从尺寸来看（前挡高 90、宽 66 厘米，帮板长 220、宽 80 厘米），内置一具木棺也是有可能的。石棺前挡为画像的主题所在，所刻夫妇宴饮图应指墓主孙龙夫妇，而左帮板所刻出行图旁有题记"方弟保"，有可能是为了强调孝子在造此石棺中的作用，象征来世对亡父的服侍。

石棺画像是迁洛后新流行的葬具，图像配置方式基本相同。一般在前挡刻宅门和守门武士，左右帮以墓主夫妇乘龙凤升仙为主题，附以孝子故事，后挡刻仙人，棺底刻仙禽神兽。这些石棺画像的主题显然是升仙而不是为了宣扬孝悌，孝子故事只是作为升仙场景的背景出现的，是洛阳对平城题材的改造，反映了北魏迁洛后对中原文化的进一步接受。石棺画像与墓室壁画也有很多相似的地方，曹连石棺前挡的挂剑武士像、洛阳升仙石棺的前挡画像几乎与元怿墓守门武士像完全一样（图 5.9），而脚踏莲台是平城壁画中门神的习惯作法。这些表明大部分洛阳画像可能是根据同一类粉本制作的，是在继承平城壁画传统基础上形成的洛阳画像新范式。

另一种情况是房形石椁——宁懋石室。这是迁洛前平城常见的石葬具，目前所知纪年最早的是太安元年（458）解兴石堂[1]，稍晚的还有和平元年（460）张智朗石椁[2]、太和年间宋绍祖石椁等[3]。平城石椁都是在石壁上绘画而不是线刻，但都是以椁室后壁为视觉中心配置墓主夫妇像，左右侧壁有庖厨、出行等内容。宁懋石室继承了房形石椁的形制和图像配置方式，也沿袭了平城壁画中的家居和户外活动场景如房屋、水井、山峦、圆形幄帐、庖厨、出行等，但增加了孝子故事内容。石椁门道两侧所刻面目狰狞的执剑（戟）、持盾武士像常见于平城壁画中的所谓"护法神"，而与洛阳画像中肃穆的武士像大不相同。另外武士像旁刻"孝子宁双寿""孝子弟宁双寿造"题记的作法，也是平城常见的现象。

宁懋石室是洛阳石葬具中的特殊现象，明显继承了平城房形石椁的传统。根据宁懋墓志，其祖上曾居于恒代，任部曹参事郎，"太和十三年，转补山陵军将……高祖孝文迁都中京，定鼎伊洛，营构台殿，以康永杞。复简使右，营成将军，主宫房。既就，除横野将军甄官主簿……"宁懋是一位迁洛前就从事工程营造的官员，参加过帝陵的建设，迁洛后继续从事宫殿建设，入职于专管砖瓦造作的甄官署。从他的任职经历看，可能是当时著名工匠首领的属下，如将作大匠王遇、蒋少游、李冲等，他们在迁洛前后承担了皇室宫殿、造像、寺庙、陵园的大部分建设任务。这样的任职经历使得宁懋之子有便利条件获得平城石椁的制作粉本，再添加一些洛阳新元素而用于宁懋的石椁制作。因此，宁懋石室体现得更多的是平城旧传统，而不是以前所认为的是来自南方的新风。与政治中心临近的定冀和并州地区，墓葬面貌最为接近。

洛阳附近墓葬还出土了一些素面石棺，如孝昌元年（525）清河王元怿墓[4]、孝昌三年（527）南平王元暐墓[5]，墓主身份均高于以上几座有画像的石棺。1991年发掘的北魏宣武帝景陵没有发现石棺，只是采用了普通的石棺床。

② 石棺床画像

北魏洛阳时期的石棺床不如平城多见，多是围屏式石棺床，有的加双阙。围屏上刻有以墓主宴饮像为中心的祭祀场景及牛车鞍马等形象，图像内容与墓室壁画接近，如美国、日本所藏和沁阳出土的石棺床（表5.2: 8—11）。以沁阳西向石棺床的图像保存较

---

[1] 张庆捷：《北魏石堂棺床与附属壁画文字——以新发现解兴石堂为例探讨葬俗文化的变迁》，载北京大学中国考古学研究中心编：《两个世界的徘徊——中古时期丧葬观念风俗与礼仪制度学术研讨会论文集》，科学出版社，2016年，234—247页。

[2] 张庆捷：《献给另一个世界的画作——北魏平城墓葬壁画》，载上海博物馆编：《壁上观——细读山西古代壁画》，北京大学出版社，2017年，84页。

[3] 山西省考古研究所、大同市考古研究所：《大同市北魏宋绍祖墓发掘简报》，《文物》2001年第7期。

[4] 徐婵菲：《洛阳北魏元怿墓壁画》，《文物》2002年第2期；韦娜等：《洛阳古墓博物馆》，中州古籍出版社，1995年。

[5] 黄明兰：《西晋裴祇和北魏元暐两墓拾零》，《文物》1982年第1期。

为完整，围屏左右及后部各刻 4 幅共 16 幅画面，以坐于榻上的男女墓主人为中心，左右配以男女侍者及鞍马、牛车。另在前腿部位以薰炉为中心，左右刻持剑武士像，在棺床前侧的 16 方格内分二区依次刻莲花蔓草、凤凰、异兽、薰炉、飞仙、虎头鸟身像、人首鸟身像[1]。这种图像配置方式与平城壁画相似。

③墓室壁画

与石棺和石棺床画像相比，壁画不是洛阳墓室画像的主流。迄今仅发现 3 座壁画墓，而且保存状况极差。如孝昌二年（526）江阳王元乂墓，仅在墓顶残存天象图（银河与星空），四壁残存四神、雷公痕迹[2]。孝昌元年（525）清河王元怿墓，甬道东西两壁各绘两名守门武士，甬道顶部似有动物和云气纹[3]。孟津北陈村发现的太昌元年（532）安东将军王温墓的墓室东壁壁画保存较好，保留有一幅墓主夫妇宴饮图。墓主像位于一座彩绘的可移动式帷幄内，背景可见曲屏风[4]，这是对家居生活的模拟。

洛阳北魏墓葬的主人包括帝王、皇室成员、重臣和低级官吏，但墓葬的等级并不体现在墓室画像上，采用何种画像形式和内容、是否有画像，都不是决定墓主身份和等级的关键因素，可能反映了北魏并未执行严格的丧葬礼制。与本地的魏晋墓葬和迁洛前的平城墓葬相比，石质葬具的出现和画像的升仙主题显然是一个值得注意的新现象，同时平城时期多见的佛教元素基本不见，这反映了迁洛后丧葬礼俗发生了变化。

3. 邺城与长安

北朝后期的东西魏、北齐周时期出现了墓室画像的一个高峰，流行在墓道、甬道、墓室和墓顶绘画。同时也流行画像石棺床。壁画以东部的邺城—晋阳多见，流行大场面壁画，北周关中地区壁画较为简略（表 5.5）。画像石棺床多围屏式，有的带双阙，多见于来华的域外人墓葬中，常见粟特人生活场景和祆教仪式内容（表 5.2：12—18）。

茹茹公主墓和湾漳大墓的形制结构、壁画布局和内容非常接近，代表了邺城壁画的最高等级（图 5.10）。二墓壁画的布局与内容基本一致：墓道两壁的绘画主题是青龙白虎引导的仪仗行列，一侧为出行，另一侧为回归，墓道地面为地毯式的花草纹带，甬道绘侍卫，墓室四壁绘墓主的宴饮享乐、属吏供奉等内容，墓顶绘天象。从墓道到墓室，均上下分栏布局，将主题绘于下部，而在上栏绘神兽和一些装饰性的祥瑞图案，如甬道

---

[1] 邓宏里、蔡全法：《沁阳县西向发现北朝墓及画像石棺床》，《中原文物》1983 年第 1 期，图版叁。
[2] 洛阳博物馆：《河南洛阳北魏元乂墓调查》，《文物》1974 年第 12 期。
[3] 徐婵菲：《洛阳北魏元怿墓壁画》，《文物》2002 年第 2 期；韦娜等：《洛阳古墓博物馆》，中州古籍出版社，1995 年。
[4] 洛阳市文物工作队：《洛阳孟津北陈村北魏壁画墓》，《文物》1995 年第 8 期。

表 5.5 邺城、晋阳北齐墓室壁画

墓葬	结构	墓道、过洞、天井	甬道与墓门	正壁	侧壁	墓顶及墓壁上部
高润墓（576）	单室方形，可能是穹窿顶	不清。	不清。	墓主端坐像，左右侍者6人手执华盖羽葆等物。	残存羽葆、华盖、车篷、侍者等。	残。
湾漳大墓（560）	单室砖墓	上层莲花流云；下层东壁朱雀和青龙，西壁白虎引导的仪仗行列。地面为地毯式的花草纹带。	侍卫，门墙绘朱雀、神兽。	墓主的宴饮享乐、属吏供奉等内容。	残存人物图像。	天象、9个方格内绘瑞兽。
茹茹公主墓（550）	单室砖墓	青龙白虎引导的14人出行行列。	神兽、羽人、凤鸟。	墓主端坐及侍女。	残存人物头像。	北壁上部绘玄武。
高孝绪墓	单室砖墓	各14人仪仗行列。	侍卫、莲花柱、云气、忍冬。	残存人物像。	残存人物像。	
元祐墓	斜坡墓道、过洞、天井、甬道和墓室	过洞上方建筑物画像。	壁画残。	残存墓主端坐像，背后7扇屏风。	两壁残存青龙、白虎及官吏。	
讲武城M56	斜坡墓道单室砖墓，穹窿顶	人物、车辆、桥梁、树和莲花等，每幅画的周边均有红廓线，壁隅影作斗拱。				
文宣帝高洋妃颜玉光墓（576）	斜坡墓道单室墓		墓门两侧为男女侍。	残存披甲武士、鹰鸟形象。	妇女怀抱婴儿、骑马武士。	
姚峻墓（566）	斜坡墓道单室墓		门墙羽人、朱雀、莲花、朵云。			
徐显秀墓（571）	有过洞和天井	墓道东西壁各26人和2神兽；过洞天井东壁15人、马3匹，西壁19人、马3匹。	甬道上方2神兽，墓门两侧门吏；甬道两壁仪卫各4人。	夫妇端坐，男左女右，背有折扇式屏风，两侧是伎乐与侍者，前有献祭食品。	西壁是鞍马出行（向外），东壁为牛车出行图（向外）。	天象；前壁墓门两侧仪仗行列，上有2神兽。
水泉梁墓			两壁绘文吏、仪卫及骑行马队，西壁向外运动，东壁向内运动。	夫妇宴饮，男左女右，背后屏风，左右是伎乐与侍者，前有献祭食物。	东壁鞍马出行（向内），西壁牛车出行图（向外）。	天象、四神、十二时，前壁门洞两侧鼓吹图。

（续表）

墓葬	结构	墓道、过洞、天井	甬道与墓门	正壁	侧壁	墓顶及墓壁上部
九原岗墓		上下四层：神禽异兽；狩猎、鞍马出行（鞍马方向皆朝内）、二层仪卫行列（上层朝外，下层朝内）。	朱雀、神兽；门墙绘木构门楼。	残存牛车鞍马等图像。		
太原南郊热电厂北齐墓				三位女子端坐正面像，背有屏风，左右为树下男女侍者。	东壁为属吏、牛车出行；西壁残。	天象、乘龙虎仙人、羽人。
娄叡墓	有天井	鞍马出行、驼队、鼓吹仪仗图，西壁皆向外，东壁皆向内。	门吏，神兽、摩尼宝珠；墓门青龙白虎。	夫妇宴饮。	西壁牛车出行（向外）。	天象、四神、十二时。

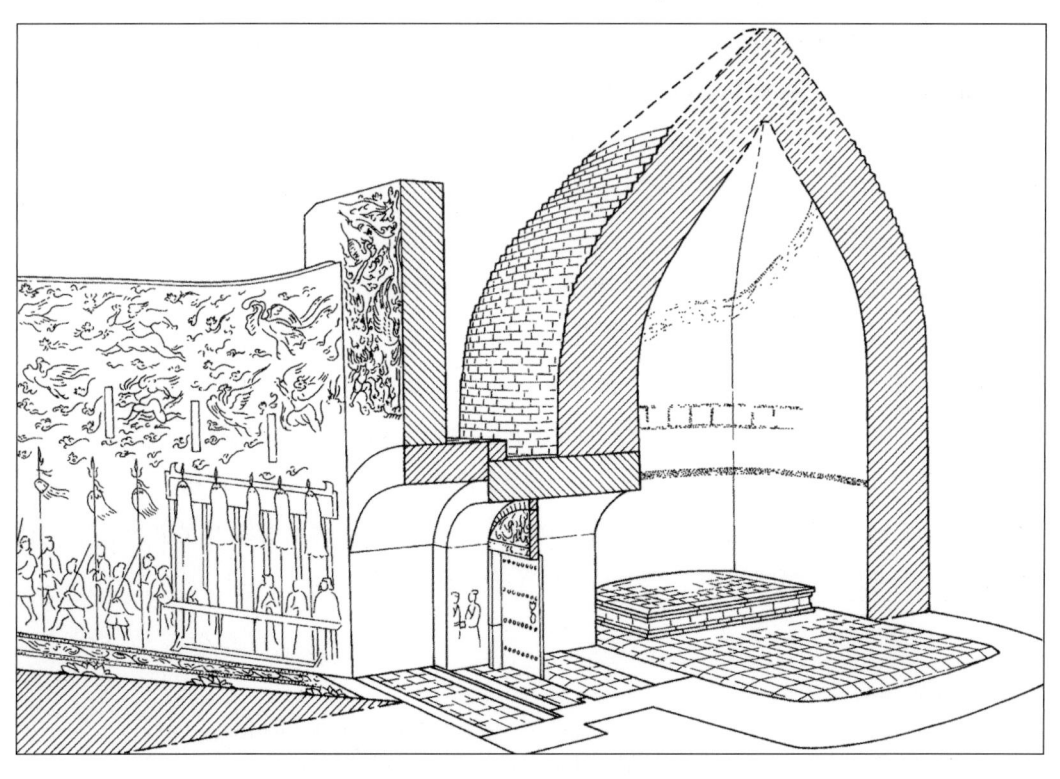

图 5.10　磁县北齐湾漳大墓壁画示意图

上方的门墙绘朱雀、神兽，墓道上方绘莲花流云，墓室上方绘四神或其他瑞兽。湾漳大墓和茹茹公主墓的墓道仪仗分别由53人和14人组成，尽管无法与文献所载的卤簿制度对应，但帝王与公主间的仪仗差别是明显的。从左丞相、文昭王高润墓残存的墓室壁画看，该墓壁画当属另一种布局方式，墓室的正壁（北壁）绘端坐于帷帐下的墓主像，东西残留侍从像。

磁县讲武城北朝墓群M39是北齐修城王高孝绪的墓葬，是一座单室砖墓。墓道两壁绘仪仗行列，各壁保存13人。甬道门墙及门券绘制云气纹、莲花纹、缠枝忍冬纹。甬道东西两壁残存莲花柱、侍卫图案。墓室四壁下端仅存人物靴子图案，其内容不详。两件石门门额中心刻绘兽面，下绘制"青龙、白虎、玄武"等图案。修城王高孝绪是高欢的侄孙，与北齐名画家高孝珩同辈。高孝珩在北齐北周时期善画壁画，"尝于厅事壁上画《苍鹰》，睹者疑其真，鸠雀不敢近。又画《朝士图》，当时绝妙"[1]。

太原迎泽区发现的武平二年（571）武安王徐显秀墓壁画内容与布局方式也与湾漳大墓和茹茹公主墓相似，在墓道内绘仪仗队列，甬道口与两壁绘执鞭、佩剑的仪卫，墓室壁画以北壁的墓主夫妇宴饮图为中心，左右两壁是备车、备马的仪仗出行图等内容[2]。朔州水泉梁壁画墓、忻州九原岗壁画墓没有明确纪年，据墓葬形制和壁画风格看，可能也是北齐墓葬，多鞍马人物、大场面出行图，并出现了很多西方因素，壁画线条疏朗，与平城和洛阳相比发生了较大的变化（图5.11）。

邺城、晋阳一带的东魏北齐墓葬在建筑规模和壁画配置的等级上比洛阳严格得多，壁画的布局与主题也与洛阳差别较大，抛弃了洛阳葬具画像的升仙与孝悌内容，而流行反映墓主生前威仪的主题。

山东地区也是北齐壁画墓多见的地区，墓室结构与政治中心邺城和晋阳有所不同，流行石室墓，墓道较短，不见大规模的出行场面，而流行在墓室四壁以屏风式方式构图。临朐县发现的天保二年（551）崔芬墓，在墓顶及四壁上层绘四神及二十八宿、仙人、四神，西壁壁龛绘墓主夫妇出行；四壁下层绘十七扇屏风，除南壁二扇空白外，其他各扇绘竹林七贤、荣启期宴饮场景，均有侍女供奉，以假山树木为背景[3]。济南东八里洼壁画墓的东、西、北壁各残存二侍女形象，北壁与东壁拐角处绘八足屏风，中间四扇屏风各绘一袒胸跣足之人物，旁立侍童[4]（表5.6）。

---

[1] [唐]张彦远著，俞剑华注释：《历代名画记》第八卷，上海人民美术出版社，1964年，157页。
[2] 山西省考古研究所等：《太原北齐徐显秀墓发掘简报》，《文物》2003年第10期。
[3] 山东省文物考古研究所：《山东临朐北齐崔芬壁画墓》，《文物》2002年第4期。
[4] 山东省文物考古研究所：《济南市东八里洼北朝壁画墓》，《文物》1989年第4期。

图 5.11 大原北齐徐显秀墓壁画

表 5.6　山东地区北齐墓室壁画

墓　葬	结　构	正壁/侧壁	甬道与墓门	前　壁	墓　顶
崔芬墓（551）	石室墓、覆斗顶	西壁（左壁）壁龛上方绘墓主夫妇出行图。四壁下层17扇屏风，其中8扇绘树下人物（竹林七贤与荣启期），有侍女供奉，以假山树木为背景；4扇仅有树木和假山；2扇绘备骑、系马图；1扇绘二舞伎；2扇留白。	甬道两壁各一武士。		四神、二十八宿
东八里洼壁画墓		东、西、北壁各残存二侍女形象，北壁与东壁拐角处绘8扇屏风，中间4扇屏风各绘一袒胸跣足之饮乐人物，旁立侍童。	门墙绘神兽。		
济南市马家庄北齐某道贵墓		正壁（北壁）九格屏风，墓主端坐，两侧各一侍者。东壁绘鞍马出行、西壁绘牛车出行；前壁（南壁）墓门两侧绘门吏。			天象（北斗南斗、日月）

关中地区的西魏北周墓多有带天井、过洞的墓道，墓室为土洞墓，这种墓室空间下无法绘制像北齐那样的全景式壁画，一般在墓道、甬道、墓室四壁下部绘平行宽带纹，以栏框相隔绘单幅仪卫武士，在墓门上方绘楼阁等，壁画内容比较单一简略。另发现了安伽、康业、史君等粟特人后裔的围屏石榻画像，多为粟特人生活场景和祆教祭祀内容（表5.7）。

表 5.7　关中地区北周墓室图像

墓　葬	图像形式	墓道、过洞、天井	甬道与墓门	墓　室
李贤墓	壁画	两壁绘独立成幅的武士图共20幅，3个过洞上方绘门楼各1幅。	两壁绘独立成幅的武士图各一，上方绘门楼。	四壁绘独立成幅的侍从伎乐图共18幅。
宇文猛墓	壁画	第五天井东壁残存独立成幅的武士图。		
田弘墓	壁画		门吏。	文官、武士、侍从。
安伽墓	围屏石榻		石门门额浮雕彩绘祆教祭祀图。	围屏分12屏浮雕彩绘，正面为宴饮、乐舞图；两侧为车马出行、狩猎和野宴；榻面边缘分33个方框，各刻一个兽头。

(续表)

墓 葬	图像形式	墓道、过洞、天井	甬道与墓门	墓 室
康业墓	围屏石榻		石门线刻神兽、翼龙、朱雀及挂剑门吏。	每壁四幅彩绘,以红色栏框为界。围屏石刻10幅,正面6幅,左右两侧各2幅。正面围屏右侧的3幅以墓主宴饮为中心,两侧为鞍马、牛车出行;左侧的3幅为男女主人出行、会见。左右屏为男女主人会见图。
史君墓	围屏石榻	墓道、过洞、天井有壁画,分栏布局,残毁。	石门门楣浮雕四臂神;门框浮雕伎乐、飞天、守护神;门扉彩绘飞天、莲花。	原有壁画。四壁外壁。石榻北壁为男女主人宴饮、骑马出行、商队、贸易;西壁为说法、男女主人端坐、狩猎;东壁为神像、升仙;南壁(前壁)为守护神及祆教祭祀。

4. 形式、主题与风格

从北魏平城时期到洛阳时期,再到北朝后期的邺城、晋阳、青齐、长安,丧葬图像在形式、主题和风格上均有明显的不同,当与墓室结构、绘画传统和生死观的变迁有关。

① 形式

平城丧葬图像见于房形石椁、石棺床和壁画。石质葬具的勃兴是平城一个十分突出的现象,与拓跋鲜卑对东汉礼制的复古以及平城实力的集聚有关。北魏平城时期出现了很多石质礼仪性建筑,除云冈石窟外,供奉冯太后神主的陵庙——方山永固堂也是一座雄伟的石质建筑。这种建在墓地的石堂是对东汉墓地石殿制度的复古,石殿是东汉陵园的墓祭中心,是以石结构为主的礼制性建筑,始于明帝显节陵。石殿祭祀制度被魏晋继承,但逐渐简化和转入地下。曹丕即位后为曹操追加尊号,在墓道口建造石室以藏金玺[1],此石室是一种简化的石殿。西晋出于薄葬的需要,将皇帝金玺藏于便房神坐,"魏氏金玺,此又俭矣"[2],即将金玺改藏在墓室便房而不专设石室于墓地,当时可能流行在墓道口搭建临时性的"幄屋"作为墓祭的场所[3]。北魏建国后,逐渐恢复了东汉的墓祭制度,

---

[1] "(文帝)及受禅,刻金玺,追加尊号,不敢开埏,乃为石室,藏玺埏首,以示陵中无金银诸物也。"《晋书》卷二十《礼志中》,632页。
[2] 《晋书》卷二十《礼志中》,633页。
[3] 《通典》记西晋礼学家贺循所说下葬礼仪:"至墓之位,男子西向,妇人东向。先施幄屋于埏道北,南向。柩车既至,当坐而住。遂下衣几及奠祭。哭毕柩进,即圹中神位。既窆,乃下器圹中。荐棺以席,缘以绀缯。植翣于墙,左右挟棺,如在道仪。"《通典》卷八十六《凶礼·荐车马明器及饰棺》,2346页。

冯氏去世后，孝文帝于太和十四年至十八年间（490—494）共11次谒陵，迁洛次年才将永固堂的冯氏神主迁于太和庙。正如东汉帝陵石殿祭祀制度下民间流行石祠堂一样，北魏帝陵恢复了石殿祭祀，民间也开始流行石祠堂祭祀，但将石祠堂转入地下成为了房形石椁。房形石椁本身具有祭祀性质，与东汉画像石祠堂一样成为重要的画像空间。

平城墓壁绘画的图式也是对东汉墓室壁画的复古。东汉大中型砖室墓的基本结构是中轴对称式，沿中轴线上安排墓道、甬道、前堂后室或前中后三室，再在左右建造耳室，从墓道至墓室依次绘画门吏、属吏、墓主宴饮像，所有人物皆通过躬身向北的人物姿态指向同一个方向——墓室的纵深，这套图像系统通过层层递进的人物将观者的视线指向作为祭祀空间的前堂或中室、作为埋葬空间的后室。平城墓室结构较东汉已经简化，以单室墓为主流，但仍采取了中轴对称式的图像布局方式，以位于正壁的墓主宴饮像作为视觉中心，在墓门配置以武士或护法神像为代表的守御场景，在左右壁配置以宴享宾客和庭院生活为内容的家居场景，以出行、狩猎、驮运为内容的户外场景。

北魏洛阳时期丧葬图像以石质葬具为主流，多画像石棺。石棺在墓室中既是藏尸的空间，也是墓内祭祀的视觉中心。画像刻在石棺的四壁，一般在前挡部位刻门吏和瑞兽，左右两壁刻墓主升仙或孝悌故事。也有的将前挡作为画像中心，刻墓主夫妇宴饮像，如神龟年间的榆社孙龙石棺在前挡刻有夫妇宴饮像，两侧挡刻出行图和狩猎图，这种图式是对墓室壁画图式的模仿。

邺城、晋阳等地东魏北齐时期不再流行画像石棺，而流行大场面壁画，画像石棺床也主要为来华域外人采用。壁画仍采取了中轴对称式的布局方式，以位于正壁的墓主宴饮像作为视觉中心，但在墓道、甬道和墓室侧壁增加了大量出行仪仗的内容。值得注意的是，邺城东魏北齐墓室开始流行屏风画。如磁县北朝墓群发现的东魏天平四年（537）元祜墓，在墓壁彩绘三柱结构的建筑，在北壁绘墓主人像，坐于三足榻上，背后有7扇屏风[1]。这种屏风画形式与围屏式石棺床一样，都是对现实生活中屏风的模拟。屏风是汉代以来室内重要陈设，既有遮挡床榻的作用，也有装饰作用，其上流行绘画古圣先贤、孝子列女、神禽异兽等内容，有宣传教化的作用。《西京杂记》引羊胜《屏风赋》："屏风鞈匝，蔽我君王。重葩累绣，沓璧连璋。饰以文锦，映以流黄。画以古列，颙颙昂昂。藩后宜之，寿考无疆。"[2]墓中围屏式石棺床皆由多块石板组合而成，每块石板上各有2幅以上画面，画面之间皆以界框分隔，宛如一面"饰以文锦"的室内屏风。这种

---

[1] 中国社会科学院考古研究所河北工作队：《河北磁县北朝墓群发现东魏皇族元祜墓》，《考古》2007年第11期。
[2] [晋]葛洪撰，周天游校注：《西京杂记》卷四，三秦出版社，2006年，190页。

屏风画不但见于真实的屏风（如司马金龙墓漆画屏风），也常见于墓壁绘画，山东地区发现的北齐壁画多采取这种图式。

② 主题

平城墓室图像主要是对东汉传统的复古和创新，在继承东汉墓主宴饮像的基础上，增加了很多反映鲜卑游牧生活的内容，也受到平城佛风盛行的影响而出现了大量佛教元素。总体看平城墓室图像的主题"华夷糅杂"，一方面反映了平城时期各项礼仪制度草创、文化庞杂的现象，另一方面可能由于当时的匠作机制而发生了宗教空间、丧葬空间和生活空间之间的粉本互通[1]，这在皇兴三年（469）邢合姜石椁的佛堂式画像中表现得最为明显。邢合姜石椁内壁彩绘了14尊坐佛及飞天、供养人、护法神兽等形象，是一座模拟佛殿的石椁。椁室以正壁的"二佛并坐"和前壁的"七佛"为主题，空间意涵完全不同于传统的墓室，祭祀空间变成了礼佛空间，对死者灵魂的祭祀变成了礼佛，墓室封闭后的空间主旨由传统的升仙场景变成了反映净土信仰的七佛世界。从正壁到侧壁、前壁，随着画像内容的延伸，象征着从过去向未来的转化。

北魏迁都洛阳后，丧葬礼制逐渐定型，墓室画像进一步向汉传统回归，平城常见的游牧生活内容和佛教元素都减少了，某些佛教元素如莲花、忍冬等仅以附属性的装饰图案出现在一些次要部位，墓室画像的主题是孝悌、升仙。孝悌与升仙观念是汉代社会的两个核心观念，往往以大量的孝子列女、忠臣义士图像装饰生前的宫室和死后的墓葬。孝悌题材作为宫室的装饰，体现的是其"成教化、助人伦"的作用，作为墓室的装饰，体现的则是"养生葬死"处世原则和"事死如生、事亡如存"的人生观。汉代的黄老思想与各种神话传说、方术、民间信仰相互融合，形成了汉代独特的生死观，上至帝王，下至黎民百姓，莫不信奉方士和神仙，除了封禅、炼丹、求不死之药于大海和昆仑山等神仙意识的具体实践外，在董仲舒倡导的"天人感应"思想影响下，逐渐形成了一套完整的汉代神仙理论体系，其最高境界就是"羽化升仙"，实际上是借助"羽翼"的功能来寄托升仙的期望，"乘云气，御飞龙，而游乎四海之外"[2]成为时代的理想。作为生死之间的交汇点，墓葬自然也成了寄托汉代人升仙理想的重要场所，在墓葬中不但极尽所能地营造现实的生活，而且直接描绘了与升仙有关的图像，最明确的升仙图像莫过于由

---

[1] 林圣智提出"区域作坊"概念，认为同一区域内的作坊团体不但制作佛教造像，也制作墓室图像，因为作坊的运作机制，佛教图像与墓葬图像之间产生了关联。参林圣智：《图像与装饰——北朝墓葬的生死表象》，台湾大学出版中心，2019年，114—140页。
[2] 《庄子·逍遥游》："藐姑射之山，有神人居焉，肌肤若冰雪，绰约若处子，不食五谷，吸风饮露。乘云气，御飞龙，而游乎四海之外。"王先谦撰：《庄子集解》卷一《内编·逍遥游》，中华书局，1987年，5页。

身有羽翼的"羽人"[1]引导的乘龙飞升场面,如洛阳发现的西汉后期卜千秋壁画墓[2]、西安发现的西安交通大学西汉晚期壁画墓[3]等。这些主题反映了汉代人的宇宙观、历史观和伦理观,是汉代人对于宇宙万物及社会的一般性认知,实际上体现的是一种公共的社会理想,很少反映墓主生前的社会角色(如身份、社会地位等)。

北魏分裂后的东魏北齐时期出现了反汉化的潮流,墓室画像也抛弃了植根于汉传统的洛阳画像主题,不再以虚幻的孝悌和升仙为主题,而是十分突出墓主生前的社会角色,将最能反映墓主生前社会地位的仪仗、属吏供奉与宴享内容布置在从墓道到甬道、墓室的中轴线两侧,以正壁的墓主宴饮像为视觉中心。

③ 绘画风格

墓室图像与时代画风密不可分,北朝是时代和地域文化集聚变迁的时代,画家作品中衣服车舆、土风人物各异。北魏平城多建造,重石刻,很多画家同时兼石作。蒋少游善画人物及雕刻,也是平城时期著名的将作大匠,"常在剞劂绳墨之间,园湖城殿之侧""性机巧,颇能画刻"[4],王遇、李冲、郭善明、侯文和、柳俭、闵文和、郭道兴等,都以巧思得宠于平城,孝文帝时期参与了平城的大量皇家建筑的建设。这些匠作首领在迁都洛阳后继续了石工的传统,洛阳仍重石刻。平城、洛阳石工匠作之盛,当与当时的石窟开凿有关,也是墓室石刻画像盛行的原因。

北齐有画壁和画肖像的传统,很多宫廷画家都参与了皇室宫室的绘画,可能也参与到帝王和勋贵墓室壁画的创作中。杨子华"尝画马于壁,夜听蹄啮长鸣,如索水草;图龙于素,舒卷辄云气萦集。世祖重之,使居禁中,天下号为画圣,非有诏不得与外人画"。刘杀鬼与杨子华同时,俱为世祖所重,"画斗雀于壁间,帝见之为生,拂之方觉。常在禁中……"高孝珩"尝于厅事壁上画《苍鹰》,睹者疑其真,鸠雀不敢近。又画《朝士图》,当时绝妙"。曹仲达"本曹国人也。北齐最称工,能画梵像,官至朝散大夫"。北齐宫廷也有来自南朝的画家,萧放"梁武帝犹子也。为北朝著作郎,入齐待诏词林馆,善丹青,因于宫中监诸画工"。这些善画壁、画屏风、画肖像的宫廷画家专为皇室成员作画,或有粉本大行于世[5]。传为宋摹本的杨子华《北齐校书图》是我们今天

---

[1] "羽人"的形象产生于先秦,在《山海经》《楚辞》里有"羽民"或"羽人"的记载,因身有羽翼而能飞,常与"不死"联系在一起。贺西林认为羽人在汉代神仙谱系中具有双重象征意义:作为天堂仙界的使者,本身具有长生不朽的功能,象征着生命的永恒;同时具有升天降凡的本领,且拥有不死之药,所以又成为人类生命的拯救者和灵魂的引导者。参贺西林:《古墓丹青——汉代墓室壁画的发现与研究》,陕西人民美术出版社,2001年,34页。
[2] 洛阳博物馆:《洛阳西汉卜千秋壁画墓发掘简报》,《文物》1977年第6期。
[3] 陕西省考古研究所等:《西安交通大学西汉壁画墓》,西安交通大学出版社,1991年。
[4] 《魏书》卷九十一《术艺·蒋少游传》,1970页。
[5] 这些北齐画家传记,参《历代名画记》第八卷,157—158页。

唯一能见到的杨氏卷袖画（现藏美国波士顿艺术馆），描绘了北齐天保年间文宣帝高洋命学士刊定五经诗文的故事。画中人物的特征，不同于东晋、刘宋时期顾恺之、陆探微的"秀骨清象"，也与南朝梁武帝时期的张僧繇人物有别，形体丰壮而面孔呈椭圆形，今在邺城、晋阳一带发现的北齐墓室壁画的鞍马人物大多具备这个特征。以杨子华为代表的北齐画风在用笔上疏朗、脱俗，属疏体[1]。而此前的顾恺之、陆探微用笔密集、繁盛，属密体。北齐壁画与洛阳画像石棺可分别作为疏体和密体的代表。

绘画的盛衰与经济文化的发展水平密切相关，平城、洛阳、邺城、晋阳皆是人才汇聚之地，画家多而水平高，唐张彦远《历代名画记》所记历代能画名人中，北魏有蒋少游、杨乞德、王由诸人，北齐则有高孝珩、杨子华、田僧亮、曹仲达、高尚士、徐德祖、曹仲璞诸人。但在"戎狄居半"的北周境内，经济文化相对落后，《历代名画记》仅列冯提伽一人，而且人物画非其所长，"提伽之迹，未甚精密，山川草树，宛然塞北。车马为得意，人物非所长"[2]。考古发现的长安墓室壁画中，画面简略、画风稚拙，不能与同时期的北齐和南朝相提并论。实际上，北周陶俑等的工艺水平也明显劣于北齐，多采取半模制作，大多比例失调、造型稚拙。

值得注意的是，北朝画风的形成与以建康为中心的南方画家关系密切。洛阳石葬具上的人物多面容瘦削、体形修长，是典型的"秀骨清像"，这是东晋以来审美情趣的反映，也是东晋顾恺之、刘宋陆探微人物画的主要特征。顾恺之曾为建康的瓦官寺绘维摩诘，"顾生首创《维摩诘像》，有清羸示病之容，隐几忘言之状"[3]，所绘实为当时清谈隐士之像，特点是瘦削而有神。南京发现的东晋、刘宋时期画像砖墓图像，如南京西善桥大墓（刘宋时期）[4]中的"竹林七贤"等人物形象，与传为顾恺之画作摹本的《女史箴图》《洛神赋图》《列女仁智图》等具有相同的人物风格。刘宋时期的陆探微与顾恺之画风一脉相承，用笔劲利而形体清秀，与顾恺之所绘维摩诘的"清羸示病之容"相似，"陆公参灵酌妙，动与神会，笔迹劲利，如锥刀焉。秀骨清象……张得其肉，陆得其骨，顾得其神"[5]。

江左产生的顾陆画风可能经由南入北的南方文士之媒介传入北方，北魏太和年间的人物形象基本已是秀骨清像，如大同发现的北魏太和年间司马金龙墓（474—484）的屏

---

[1]《历代名画记》第八卷，157页。张彦远引阎立本语："自像人已来，曲尽其妙，简易标美，多不可减，少不可逾，其唯子华乎。"
[2]《历代名画记》第八卷，161页。
[3]《历代名画记》第二卷，41页。
[4] 南京博物院等：《南京西善桥南朝墓及其砖刻壁画》，《文物》1960年第8、9期合刊，37—42页；罗宗真：《南京西善桥油坊村南朝大墓的发掘》，《考古》1963年第6期。
[5]《历代名画记》第六卷，126页。

风漆画、云冈石窟第二期的人物像都是褒衣博带、秀骨清像。北魏迁洛后，顾陆影响下的"秀骨清像"人物形象并未马上发生改变，洛阳石质葬具上的人物继承了平城时期人物画像的特点，如元谧石棺、孝子石棺、升仙石棺上的人物均为褒衣博带、秀骨清像。但北魏后期的宁懋石室画像风格与其他葬具画像不同，人物形象已经变得丰满、壮实，不见了"清羸示病之容"。这样的转变可能受到同样发源于长江下游的绘画新风的影响。这种绘画新风的代表人物是梁武帝时期的宫廷画家张僧繇。唐代张彦远总结张僧繇的人物画与顾、陆的不同，"夫象人风骨，张亚于顾陆也，张得其肉"。张僧繇人物的一个显著特点就是"得其肉"，与顾陆的秀骨清像相比，稍显丰壮。以张僧繇为代表的南朝后期绘画新风，大约在梁武帝中期（六世纪二三十年代），"影响已及于北魏新都洛阳。当时，中原人士似又掀起了一次南方热"[1]。从河南南部邓县发现的南朝墓武士形象[2]，似可看出南朝画风经由邓县一带北传中原的路径[3]。

到了北齐邺城时期，人物画接受了来自南方的新风，杨子华等所画鞍马人物皆魁梧健壮，完全没有了"清羸示病之容"，张彦远认为杨子华与张僧繇的人物画同属一系，"中古可齐上古，顾陆是也。下古可齐中古，僧繇、子华是也"[4]。北齐墓室壁画中的人物形象体现了这种南方画风的影响，但同时也受到来自西域的艺术技法的影响，"壁画和部分随葬品明确表现出北齐胡化的西域指向。如壁画人物用橘黄色作退晕色，染低不染高的晕染法与龟兹的关系，北齐画家以胡桃油为调色剂的胡画风气……北齐艺术胡化的西域指向是远取粟特，近取龟兹"[5]。北齐艺术的西域渊源，与北齐时中西文化交往的增多和北齐社会的胡化趋势密切相关。在北齐宫廷里有很多来自中亚地区的胡商或伶人因得皇宠而得势，"诸宫奴婢、阉人、商人、胡户、杂户、歌舞人、见鬼人滥得富贵者将万数"[6]；北齐统治者也十分喜好西域艺术与风气，北齐宫廷音乐中，"杂乐有西凉鼙舞、清乐、龟兹等。然吹笛、弹琵琶、五弦及歌舞之伎，自文襄以来，皆所爱好。至河清以后，传习尤盛"[7]。统治阶级的个人喜欢也影响到当时的社会风尚，"齐朝有一士大夫，尝谓吾曰：'我有一儿，年已十七，颇晓书疏，教其鲜卑语及弹琵琶，稍欲通解，以此伏事公卿，无不宠爱，亦要事也'"[8]。

---

[1] 宿白：《北朝造型艺术中人物形象的变化》，《中国石窟寺研究》，文物出版社，1996年，349—354页。
[2] 河南省文化局文物工作队：《邓县彩色画像砖墓》，文物出版社，1958年。
[3] 李梅田：《略论南北朝交接地区的墓葬——以陕南、豫南鄂北、山东地区为中心》，《东南文化》2004年第1期。
[4] 《历代名画记》第二卷，43页。
[5] 罗世平：《太原北齐徐显秀墓壁画中的胡化因素——北齐绘画研究札记（一）》，《艺术史研究》第5辑，中山大学出版社，2003年。
[6] 《北齐书》卷八《帝纪·后主幼主》，112页。
[7] 《隋书》卷十四《音乐志中》，331页。
[8] 王利器撰：《颜氏家训集解》卷一《教子》(增补本)，中华书局，1993年，21页。

二、襄阳南朝画像砖与地域文化

在南北朝对峙时期,襄阳地处南北政权的交接地带,同时也是南北文化交流的重要通道。这个地区发现的墓室图像主要体现在模印画像砖上,从形式和内容上均体现出十分明显的地域特征,也反映了南北墓室图像的文化交流现象。

襄阳地处南阳盆地西南缘,汉水穿城而过,土肥地利、水陆便捷、众山屏护,西北溯汉水而上,由汉中经褒斜道或武关道可至关中,亦可借盆地北端之南阳(宛)进入中原腹地,将长江流域与黄河流域相连[1],是沟通南北的重要门户,也是南北政权必争的战略要地。《南齐书·州郡志》:"襄阳左右,田土肥良,桑梓野泽,处处而有。……疆蛮带沔,阻以重山,北接宛、洛,平涂直至,跨对樊、沔,为鄢郢北门。"[2]

襄阳地区最早发现的画像砖墓是1957年在南阳盆地的邓县发现的彩色画像砖墓[3],1980年代以后,又陆续发现了几座类似风格的画像砖墓,如1984年发现的襄阳贾家冲画像砖墓[4]、2010年发现的谷城肖家营南朝画像砖墓(M40)[5]、2015年发现的襄阳柿庄画像砖墓[6]等。以往论者对画像砖墓的年代、南北归属、文化交流和艺术特征等进行了讨论[7],一般同意这几座墓的年代皆为南朝,但对画像砖等出土材料与区域历史文化的关联的讨论尚有不足,仅以"南北文化的交汇"来标识这一区域的文化面貌,不足以阐释其独特的文化内涵,对各墓的具体年代、图像阐释及区域文化内涵等还有讨论的余地。

1. 襄阳南朝画像砖墓的年代与特征

襄阳地区发现的南朝墓葬见于河南的邓县,湖北的襄阳、谷城等地,集中于襄阳周

---

[1] 黄盛璋:《历史上黄、渭与江、汉间水陆联系的沟通及其贡献》,《地理学报》1962年12月,第28卷第4期。
[2] 《南齐书》卷十五《州郡志下》,281—282页。
[3] 陈大章:《河南邓县发现北朝七色彩绘画象砖墓》,《文物参考资料》1958年第6期;河南省文化局文物工作队:《邓县彩色画像砖墓》,文物出版社,1958年。
[4] 襄樊市文物管理处:《襄阳贾家冲画像砖墓》,《江汉考古》1986年第1期。
[5] 襄樊市考古队、谷城县博物馆:《湖北谷城县肖家营墓地》,《考古》2006年第11期。
[6] 刘文生等:《梁朝画像砖中的襄阳往事》,《襄阳晚报(数字版)》2015年12月1日第17版;襄阳市文物考古研究所:《湖北襄阳柿庄南朝画像砖墓发掘简报》,《文物》2019年第8期。
[7] 柳涵:《邓县画像砖墓的时代和研究》,《考古》1959年第5期;宿白:《三国两晋南北朝考古》,参《中国大百科全书·考古学》,中国大百科全书出版社,1986年,433页;郑岩:《魏晋南北朝壁画墓研究》,文物出版社,2002年,80页;李梅田:《论南北朝交接地区的墓葬——以陕南、豫南鄂北、山东地区为中心》,《东南文化》2004年第1期;韦正:《汉水流域四座南北朝墓葬的时代和归属》,《文物》2006年第2期;林树中:《从"战马"画像砖题字考证邓县墓的年代与墓主》,《南京艺术学院学报(美术与设计)》2015年第1期。

边的汉水及其支流沿岸城镇，沿汉水上溯至陕南安康、汉中，也发现了一些同时期、类似风格的墓葬。一般以模印的画像砖砌筑墓壁，多是一砖一画，画幅较小，少见建康一带流行的大型拼镶砖画。

1957年发现的邓县学庄画像砖墓是一座券顶、长方形单室砖墓，墓室和甬道全部用花纹砖砌筑，东西两壁筑有12个方柱，每个砖柱下部和中部都有彩色画像砖，根据榜题，可知内容有"南山四皓""王子桥（乔）""浮丘公""老莱子""凤皇（凰）""天人""万岁""千秋"，以及无榜题的鼓吹、乐舞、牛车出行、武士、狮子（麒麟）、飞仙、青龙、朱雀、玄武等，共60余种图案，其中墓室砖柱下部有拼镶砖画武士像，这也是襄阳地区仅见的拼镶砖画；被封门砖掩盖的券门上另有彩色壁画，为口衔兵器的神兽、飞天和守门武士；同出陶俑55件，其中男俑着短衣，女俑着长衣，多为舞乐俑，从姿态可见歌唱俑、奏乐俑等；一幅战马画像砖侧墨书文字70余字，有"部曲在路……家在吴郡"等内容。发掘者推测为北朝墓或南北朝墓[1]；柳涵（杨泓）根据墓葬形制结构、画像和陶俑分析，"肯定是南北朝时期属于南朝系统的墓葬，其年代上限应为东晋，下限止于萧梁"[2]。

1984年在襄阳城西虎头山东北麓的贾家冲又发现了一座类似结构的画像砖墓，墓室和甬道全部用画像砖砌筑，画像内容包括"千秋万岁"、双狮、龙、虎、出行图、侍饮、飞仙、怪兽、供养人、跌坐小佛像、捧博山炉羽人、幢、净瓶、莲花、"郭巨埋儿"等，另有陶俑和动物模型44件。发掘者认为此墓不会早于邓县画像砖墓，下限可能到隋初[3]。

上述两座画像砖墓因同属南阳盆地，墓葬形制、画像内容与风格均极为接近，同时又与中原和长江下游同类图像既相区别又有联系，故常作为南北朝文化艺术交流的典型而为学者所重视。宿白认为邓县墓画像和陶俑的内容和风格，与北朝晚期中原同类形象相似，襄阳及以北地区在侯景之乱后已隶属于北朝，该墓年代下限当在侯景乱梁时，齐梁时期的宛洛一带和汉水一线是北朝向南朝学习的重要地区[4]，他还根据东晋南朝人物形象由清瘦向丰壮的变化趋势，认为邓县墓画像和陶俑形象以清瘦为主，比稍显丰壮的襄阳贾家冲墓时代要早[5]；张鹏认为墓中的门官、出行、道教、妇女、佛教等题材及样式处理，反映了南北朝士族的生活和精神状态[6]；郑岩认为邓县墓画像砖的布局很明显受到南京一带南朝大墓拼镶砖画的影响，如甬道两壁设狮子画像，墓室两壁有仪仗出行

---

[1] 陈大章：《河南邓县发现北朝七色彩绘画象砖墓》，《文物参考资料》1958年第6期；河南省文化局文物工作队：《邓县彩色画像砖墓》，文物出版社，1958年。
[2] 柳涵：《邓县画像砖墓的时代和研究》，《考古》1959年第5期。
[3] 襄樊市文物管理处：《襄阳贾家冲画像砖墓》，《江汉考古》1986年第1期。
[4] 宿白：《三国两晋南北朝考古》，参《中国大百科全书·考古学》，中国大百科全书出版社，1986年，433页。
[5] 宿白：《北朝造型艺术中人物形象的变化》，《中国石窟寺研究》，文物出版社，1996年，350页。
[6] 张鹏：《邓县彩色画像砖墓浅析》，《美术研究》1993年第2期。

的内容,而两壁后部上方的孝子画像可对应南京地区大墓中相同位置的竹林七贤与荣启期画像,不过壁画和部分画像砖的内容也与洛阳北魏葬具装饰相似[1];林树中根据摹本对邓县战马画像砖的墨书题记重新辨读和考订,认为题记的内容反映了元嘉二十七年(450)刘宋北伐军的史实,此次北伐主力是沈攸之所率的十万"三吴之众",该墓墓主可能是北伐军前锋都督殷孝祖,而题记书写者是沈攸之,画像砖的风格与襄阳贾家冲墓画像砖极为相似,墓砖和工匠很可能来自襄阳[2];韦正将邓县学庄墓和襄阳贾家冲墓置于汉水流域背景下考察了墓葬的南北归属问题,认为二墓共同表现出南北文化因素共存的现象,其中北方因素可能是北方文化向南方渗透的产物,也可能是北方政权直接控制下的产物,但墓葬中的南方因素仍居于主导地位[3]。

1999年在襄阳西北谷城西郊肖家营发现的南朝墓M40是一座凸字形单室砖墓,大量使用花纹砖和画像砖,有二龙戏珠、莲花、菊花、宝瓶插花、武士、仕女、青龙、朱雀等图案。发掘者判断为六朝墓[4]。该墓的墓葬形制和画像砖、花纹砖的内容与本地南朝墓相似,应属南朝系,但带有突出的北方因素,如浮雕于方砖正面的青龙、朱雀图像,构图仿如洛阳龙门石窟的尖拱龛,上有火焰状背光,青龙、朱雀浮雕于龛内;同墓出土的笼冠男俑、束发女俑等陶俑也与洛阳北魏墓葬所见相似,这些洛阳因素表明墓葬年代应在五世纪末至六世纪初,大约相当于萧齐至萧梁初。

2010年又在谷城西郊龙湾村发现一座画像砖墓,也是凸字形长方形单室砖墓,甬道和墓室壁面皆用花纹砖和画像砖砌筑,画像内容包括二龙戏珠、持蓬草仕女、持博山炉仕女、负箭箙武士、吹笛(笙)飞天,花纹砖内容包括番莲、忍冬、几何纹等纹饰,有些砖侧模印文字,如"钝斧""利""大利"等,同出青瓷盘口壶、莲花纹碗、托盘等,发掘者认为"出土文物具有典型的南北文化交汇特征"[5]。画像中的飞天、仕女和武士的服饰、人物造型风格与襄阳贾家冲墓极为相似,年代应接近,墓葬形制属典型的南朝系,随葬青瓷应来自长江中游的岳州窑或洪州窑。但墓砖铭文与汉水上游相似,在安康张家坎南朝梁天监五年(506)墓中,在扇形砖的宽端面上模印楷体反书"大牛""中牛""利牛"铭文,其"大""中""利"可能代表了砖的型号之别,砖的窄端面和正面有莲花忍冬、宝瓶瑞草图案,另楔形砖上有反书的"斧"字,也按"大斧""中斧""利斧"的顺序依次减薄,但无图案装饰,较"牛"字砖粗糙;该墓出土了一件"天监五年"铭

---

[1] 郑岩:《魏晋南北朝壁画墓研究》,文物出版社,2002年,80页。
[2] 林树中:《从"战马"画像砖题字考证邓县墓的年代与墓主》,《南京艺术学院学报(美术与设计)》2015年第1期。
[3] 韦正:《汉水流域四座南北朝墓葬的时代和归属》,《文物》2006年第2期。
[4] 襄樊市考古队、谷城县博物馆:《湖北谷城县肖家营墓地》,《考古》2006年第11期,图版壹、贰、叁。
[5] 谷城县博物馆:《湖北谷城六朝画像砖墓发掘简报》,《文物》2013年第7期。

文砖，同出陶俑、镇墓兽、滑石猪等物[1]。墓中也有大量画像砖砌筑于墓室侧壁的上半部，但画像内容较为单一，只有武士、文吏两种，人物服饰和造型风格与邓县学庄券门壁画的守门武士形象极为相似。由于此墓有明确纪年，对于判断邓县、襄阳、谷城等几座画像砖墓的年代具有一定的参考价值。

2015 年发现的襄阳柿庄画像砖墓也是一座类似形制的凸字形墓，墓室北部设有棺床，内壁设有 9 个横向砖券拱，券拱顶部已损坏，仅存下部的砖柱，墓室后部残存的砖柱可能曾是塔式结构，墓室内部的这种结构与邓县墓相似；墓砖皆为花纹砖或画像砖，共一万余块，画像内容有龙、虎、朱雀、玄武、千秋万岁、供养人、侍女、博山炉、莲花、瓶草、忍冬，以及"郭巨埋儿"等图像[2]，图像题材和风格与贾家冲墓画像极为相似，应属同一时期的墓葬，墓砖可能来自同一类作坊。值得注意的是，此墓所有墓砖皆有图像，但图像的配置并无规律，很多画像砖（如侍女、供养人画像砖）或竖置，或平置，砌筑方式极为随意。

除以上画像砖墓外，襄阳西北韩岗还发掘了一批没有画像的南朝墓葬，其中 M24、M46、M47 皆为长方形单室砖墓，形制结构与前述南朝墓相似，所有砖的单侧面皆饰有绳纹，部分砖上模印"孝建元年（454）岁在午八月四日韩法立为祖公母父母兄妹造""韩""辽西韩"等铭文，应为同时所造的三座墓葬，为韩氏家族三代人所有。墓地东侧被称作"韩家"的墓葬规模较大，从被盗未遂的墓室看，也是凸字形砖室墓，墓壁有彩绘壁画，时代为南朝[3]。此墓为襄阳地区最早的纪年南朝墓，为刘宋墓葬。

以上 8 座南朝砖室墓皆位于广义上的襄阳地区，分布于汉水及其支流沿岸城镇，综合既往研究成果，我们对这批南朝墓葬可得如下几点认识：

（1）墓葬形制皆为典型的南朝系统凸字形单室砖墓，与本地发现的三国时期多室墓明显有别[4]，从墓葬规模和画像砖的使用来看，等级可能逊于同时期的长江下游墓葬，但应属本地南朝高等级墓葬。襄阳地区缺乏三国与南朝之间的墓例，或间接反映了襄阳在两晋时期的地位不如三国和南朝，尤其缺乏富裕的世家大族。

---

[1] 安康历史博物馆：《陕西安康市张家坎南朝墓葬发掘纪要》，《华夏考古》2008 年第 3 期。
[2] 刘文生等：《梁朝画像砖中的襄阳往事》，《襄阳晚报（数字版）》2015 年 12 月 1 日第 17 版。据发掘负责人刘江生先生推测，墓葬中残留在两壁的砖柱可能是内部券拱的下部，而后壁的砖柱可能是塔式结构的遗留，因为发掘时尚见券拱顶部塌毁后的痕迹。襄阳市文物考古研究所：《湖北襄阳柿庄南朝画像砖墓发掘简报》，《文物》2019 年第 8 期。
[3] 襄樊市文物考古研究所：《湖北襄樊市韩岗南朝"辽西韩"家族墓的发掘》，《考古》2010 年第 12 期。
[4] 襄阳三国墓葬包括襄阳古城内城东街三国墓，是一座前中后三室、前室带左右耳室的砖室墓，发掘者推测墓主为刘表，参襄樊市博物馆：《湖北襄阳城内三国时期的多室墓清理报告》，《江汉考古》1995 年第 3 期；樊城区菜越 M1 是一座前后室砖墓，出有大型铜马等随葬品，发掘者推测为三国早期墓，参襄樊市文物考古研究所：《湖北襄樊樊城菜越三国墓发掘报告》，《考古学报》2013 年第 3 期。

（2）8座南朝墓中唯一的纪年墓是孝建元年（454）的3座韩氏家族墓，其他画像砖墓的形制结构和画像砖墓较为接近，但也存在明显差异，其中谷城龙湾南朝墓的铭文砖极为特殊，与汉水上游的安康张家坎南朝梁天监五年（506）墓所出铭文砖如出一辙，年代应接近；后者画像砖中的武士服饰和造型风格又与邓县学庄券门壁画的守门武士形象相似，年代应接近；谷城肖家营M40因含有浓厚的洛阳北魏因素，年代当在萧齐至萧梁初期，故与谷城龙湾墓、邓县墓属同时期墓葬；襄阳贾家冲墓和柿庄墓画像内容和风格十分相似，应为同年代墓葬，二者的人物造型与邓县墓相比稍显丰壮，年代当晚于邓县墓，且陶俑脸部丰满，腹部微凸，与洛阳北魏墓相似，镇墓兽与洛阳北魏墓所出同出一辙。因此，此八墓的年代早晚序列是：最早的是韩岗韩氏家族墓，属刘宋时期；其次是谷城肖家营墓M40、邓县学庄墓、谷城龙湾墓，与汉水上游安康张家坎墓年代相仿，皆为萧齐至萧梁初的墓葬（五世纪末—六世纪初）；而襄阳贾家冲墓和柿庄墓年代略晚，为萧梁时期墓葬，下限为侯景之乱襄阳入西魏（六世纪中期以前）。因此，襄阳地区所见画像砖墓基本都属齐、梁时期（表5.8）。

表5.8 襄阳地区南朝画像砖墓断代表

墓　　葬	年　代	断代依据
襄阳韩岗韩氏家族墓3座	刘宋孝建元年（454）	"孝建元年（454）"铭文砖。
谷城肖家营M40	萧齐至萧梁初（五世纪末—六世纪初）	青龙、朱雀画像砖的火焰纹龛与龙门石窟相似、陶俑与洛阳北魏墓葬相似。
邓县画像砖墓		画像人物具有东晋至南朝前期"秀骨清像"风格；墓门武士风格与安康张家坎天监五年（506）墓相似。
谷城龙湾画像砖墓		"钝斧""利""大利"等砖铭与安康张家坎天监五年（506）墓相似。
襄阳贾家冲画像砖墓	萧梁（六世纪中期以前）	画像人物造型略显丰壮，具有萧梁时期风格；陶俑脸部丰满，腹部微凸，与洛阳北魏陶俑相似。
襄阳柿庄画像砖墓		画像砖与贾家冲墓极为相似；画像人物造型略显丰壮，具有萧梁时期风格。

（3）画像砖墓是建康一带的南朝高等级埋葬规制，墓主一般是皇室成员或世家大族等精英阶层，襄阳齐梁时期画像砖墓的出现反映了侨置雍州已成精英阶层聚集之地，墓主可能是外来士族或本地土豪，又由于襄阳为梁皇室所重，多位皇室成员曾职守雍州，因此也不排除有些墓葬属萧梁宗室的可能。

（4）襄阳南朝画像砖墓皆沿汉水及其支流分布，一些文化因素与汉水上游的安康等地保持高度一致（尤其是画像和陶俑服饰），也有浓厚的洛阳北魏因素（如谷城肖家营

M40陶俑和青龙、朱雀画像砖的火焰状背光龛形，贾家冲墓的陶俑），同时也有来自长江中游的因素（如谷城龙湾墓的青瓷器），反映了襄阳作为南北交汇之地的文化糅杂面貌。汉水是六朝时期的襄阳与北方文化交流的主要通道，在西晋永嘉之乱后的北人南迁潮中，中原流民经由南阳可至襄阳，但更多的则是越秦岭、顺汉水而下的关中移民，正因襄阳主要是关中移民聚集之地，东晋南朝侨置雍州以安置流民，治襄阳。

（5）襄阳南朝画像砖内容与长江下游同类画像砖有着明显区别：少见大型拼镶嵌砖画（仅见于邓县墓砖柱下部的拼镶武士像）；不见"竹林七贤"主题，或以"南山四皓""王子乔""浮丘公"等代替之，并以庞杂的佛教、儒家、道教、神仙和民间信仰、地方性乐舞等内容为特色，画像内容极具地域性；画像主题不突出，装饰性较强；画像配置与砌筑工艺较为随意。这些或许正是京畿与边疆的差异，反映了襄阳作为南朝边陲的地域文化特征。

（6）襄阳贾家冲墓、柿庄墓、谷城龙湾墓全用花纹砖或画像砖砌筑，每墓用砖数万块，反映了墓主的雄厚财力；画像砖题材单一，多为莲花、忍冬、四神、仕女、飞天等简单装饰性图案，叙事性图案仅见"郭巨埋儿"故事，画像砖的主要作用是装饰墓壁，并无突出的礼制涵义；各墓画像砖的规格、制作工艺、画像风格相似性较强，可能出自同一批工匠或同一座作坊，邓县墓画像虽题材稍丰富，但画像砖的工艺风格表明也可能来自襄阳；南朝襄阳可能已出现商业性的画像砖等丧葬用品作坊。

2. 南朝襄阳的区域文化

襄阳因汉初始置县于襄水之阳而名，东汉属荆州刺史部之南郡，建安年间被曹操所控制，置襄阳郡。永嘉之乱中，大量北方流民涌入襄阳，越秦岭、沿汉水而下的关中雍州流民甚众，晋太元十四年（389）孝武帝侨置雍州以置北方流民，南北朝时期的雍州统辖原荆州所辖之襄阳、南阳、顺阳、新野、随等南阳盆地诸郡。侯景之乱后，西梁萧詧以襄阳降西魏，襄阳之地纳入北朝版图，西魏改称襄州总管府，北周沿用。

六朝时期的襄阳，经过了南北政权的轮番统治，域内居民流动性强、成分复杂，除了大量北方移民外，也有从周边山地走出的荆蛮土著，还有来自建康、江陵等南朝核心区域的南朝宗室和世家大族，特殊的历史背景造就了襄阳独特的地域文化，主要表现在如下几方面：

（1）移民、蛮夷与文化的边缘性

四世纪初的永嘉之乱后，大量中原和关中流民南下襄阳，但襄阳人口似乎并无大量增加，可能因襄阳沦为南北争夺的主要战场，导致原住民大量流失，而多数北方流民并未入籍，故有多次"土断"之策。东晋因襄阳"民户寡少"，于咸康八年（342）将襄阳、石城二郡合并[1]"。朱序镇守襄阳（太元二年，377）不久，雍州没于前秦苻氏（太元四年，379），更多北方移民随北方军事势力的南下而进入襄阳，至四世纪末郗恢继朱序镇襄阳时（太元十七年，392），襄阳人口有所增加[2]，新增人口主要是来自北方的移民。

这些北方移民被史家称作"晚渡士族"[3]，主要来自西晋的雍、司二州，包括司州河东的裴氏、柳氏，关中雍州的京兆杜氏、韦氏[4]，灞城王氏、安定席氏等。跟随北方大族而来的是更多民户，依附于宗族充当部曲，如具有粟特家族背景的蓝田康氏，姚秦时由康穆率三千户居于岘山脚下，特侨置华山郡，由康穆父子统领[5]。这些大族从此定居襄阳，逐渐成为六朝襄阳社会的中坚力量，目前沿汉水分布于安康、汉中至襄阳地区的画像砖墓，有些或许就与这些关中大族有关。经由南阳进入襄阳的多为中原大族，襄阳"辽西韩"家族墓地，以及谷城龙湾南朝墓所显示的浓厚洛阳因素，表明中原移民的存在。

进入襄阳的南渡北人人数众多，改变了襄阳的社会，但他们多以武力见长，缺乏文化素养，很难进入南方士族政治的权力核心[6]。襄阳地处东晋南朝边陲，地位不如建康周围甚至江陵，在建康统治者看来，这些北方士族与胡人无异，常以"伧荒"视之，即便有些立下军功而进入建康统治阶层，但政治前途堪忧，来自关中的京兆杜氏即为一例，杜坦追随刘裕自关中南下，虽任遇甚厚，但也"每为清途所隔，坦恒以此慨然"[7]。大族尚且如此，土著地位更显低下，宗氏在永嘉之乱后从河南依据襄阳，土断属叶县，为南阳"次门"，在赵伦之"条次氏族，辨其高卑"措施中，被划分为"役门"[8]。襄阳士民为建康所轻，以至于很多大族返回北方，京兆韦氏在刘裕掌驭东晋时期，"率襄阳流人一万叛晋"，北奔姚秦[9]。

---

[1]《南齐书》卷十五《州郡志下》："自永嘉乱，襄阳民户流荒。咸康八年，尚书殷融言：'襄阳、石城，疆场之地，对接荒寇。诸荒残寄治郡县，民户寡少，可并合之。'朱序为雍州，于襄阳立侨郡县。"281页。
[2]《南齐书》卷十五《州郡志下》："郗恢为雍州，于时旧民甚少，新户稍多。"282页。
[3] 陈琳国：《论南朝襄阳的晚渡士族》，《北京师范大学学报（社会科学）》1991年第4期；胡宝国：《晚渡北人与东晋中期的历史变化》，《北大史学》第14辑，北京大学出版社，2009年。
[4] 陈琳国：《论南朝襄阳的晚渡士族》，《北京师范大学学报（社会科学）》1991年第4期。
[5]《梁书》卷十八《康绚传》："华山蓝田人也。其先出自康居。……宋永初中，穆举乡族三千余家，入襄阳之岘南，宋为置华山郡蓝田县，寄居于襄阳，以穆为秦、梁二州刺史，未拜，卒。绚世父元隆，父元抚，并为流人所推，相继为华山太守。"290页。
[6] 胡宝国：《晚渡北人与东晋中期的历史变化》，《北大史学》第14辑，北京大学出版社，2009年。
[7]《宋书》卷六十五《杜骥传》："(兄坦)太祖元嘉中，任遇甚厚，历后军将军，龙骧将军，青、冀二州刺史，南平王铄右将军司马。晚渡北人，朝廷常以伧荒遇之，虽复人才可施，每为清涂所隔，坦以此慨然。"1720—1721页。
[8]《宋书》卷八十三《宗越传》："宗越，南阳叶人也。本河南人，晋乱，徙南阳宛县，又土断属叶。本为南阳次门，安北将军赵伦之镇襄阳，襄阳多杂姓，伦之使长史范觊之条次氏族，辨其高卑，觊之点越为役门。"2109页。
[9]《晋书》卷一百七《姚兴载记》："京兆韦华、谯郡夏侯轨、始平庞眺等率襄阳流人一万叛晋，奔于兴。"2980页。

丧葬图像｜墓室图像与文化变迁　191

这种状况在刘宋以后发生了改变，襄阳与建康间的文化联系愈趋紧密，尤其齐梁之际萧衍就镇襄阳（498）以后，襄阳与江陵一样成为萧衍的重要后盾，萧衍在襄阳娶妻丁氏，生长子萧统，与丁氏的另一子萧纲于523年赴任襄阳，在任七年。萧梁皇室对襄阳非常重视，一些北方移民和本地土著因与萧梁皇室的关系得以进入萧衍的权力核心，如原聚集于竟陵王萧子良周围、与萧衍同列"竟陵八友"的士人[1]、来自关中的移民杜恽等。流寓襄阳的移民和当地土豪相互结合，在以襄阳为中心的沔、汉地区形成了一个新的精英群体，即所谓"襄阳武力豪强集团"[2]，他们已经完全取代了襄阳原来的著姓大族，如"宗族富盛，世为乡豪"的习氏、罗氏等，而成为襄阳的新主人[3]。

齐梁时期襄阳地位得到提高，政治上与建康的联系日渐紧密，文化上也吸收了大量来自建康的文化新风，如贾家冲画像砖墓中的人物造型已摆脱旧式的清瘦形象，开始变得丰壮，或是受到了建康梁武帝时期张僧繇人物画风格的影响；襄阳因东晋释道安的到来而成为佛教中心，南朝因梁武帝、简文帝等对佛教的推广而兴盛。

襄阳毕竟地处边陲，崇尚武力、粗鄙少文辞的边缘文化特征仍与建康士族文化迥然有别，这在一些因军功起家的襄阳人士身上表现得尤其明显，新野人曹景宗以勇猛著称，任郢州刺史期间，每每鬻货聚敛、横行乡里，在建康士人看来是典型的边缘粗鄙之士[4]。无论晚渡北人，还是因军功起家的土著，都是南朝襄阳社会的中坚阶层，但他们政治上游离于建康权利核心之外，文化上也具非主流特征。襄阳贾家冲、柿庄画像砖墓、谷城龙湾墓全用花纹砖或画像砖砌筑，每墓用砖数万块，足见墓主的经济实力，但画像并无明确主题，缺乏严格的礼仪涵义，而且砌筑工艺极为随意，或反映了粗鄙、随意的边缘文化特征[5]。

南朝襄阳的居民除了北方移民，还有从南阳盆地周边山地走出的"蛮夷"。他们是汉代分布于长江中游的槃瓠蛮、板楯蛮、廪君蛮等"诸蛮"，南朝时期北移，"西阳有巴水、蕲水、希水、赤亭水、西归水，谓之五水蛮，所在并深岨，种落炽盛，历世为盗贼。北接

---

[1]《梁书》卷一《武帝本纪》："竟陵王子良开西邸，招文学，高祖（萧衍）与沈约、谢朓、王融、萧琛、范云、任昉、陆倕等并游焉，号曰'八友'。"2页。
[2] 王永平、徐成：《略论东晋南朝时期襄阳豪族集团的社会特征》，《扬州大学学报（人文社会科学版）》2010年1月，第14卷第1期。
[3] 陈琳国：《论南朝襄阳的晚渡士族》，《北京师范大学学报（社会科学）》1991年第4期。
[4]《梁书》卷九《曹景宗传》："景宗在州，鬻货聚敛。于城南起宅，长堤以东，夏口以北，开街列门，东西数里，而部曲残横，民颇厌之……景宗为人自恃尚胜，每作书，字不解，不以问人，皆以意为焉。虽公卿无所推揖；惟韦睿年长，且州里胜流，特相敬重，同宴御筵，亦曲躬谦逊，高祖以此嘉之。"179—181页。
[5] 关于襄阳历史的研究，除本文所列中国学者的研究外，有些西方学者的研究视角也值得重视，此方面较新近的著作如 Andrew Chittick, *Patronage and Community in Medieval China: The Xiangyang Garrison, 400—600 CE*, New York: State University of New York Press, 2009。

淮、汝，南极江、汉，地方数千里"[1]，"蛮，种类繁多，言语不一，咸依山谷，布荆、湘、雍、郢、司等五州界"[2]。这些被称作"蛮"的人群，本质上是在六朝社会大动乱背景下未著籍的土著居民，之所以被称为蛮，主要是出于当时士人对土著居民的歧视性观念[3]。

襄阳地区的蛮夷常常骚扰郡县，南朝各代一方面利用本地大族对其讨伐，如南阳人宗越、新野人武念等人皆因讨伐当地蛮人而立功致富[4]，另一方面采取羁縻管控之策，设置特别的宁蛮府以统驭之，将土著蛮夷著籍为编户齐民[5]。刘宋宁蛮校尉、雍州刺史刘道产颇有善政，襄阳一带出现了"百姓乐业，民户丰赡"的情形，独具荆襄地域特色的民间文学——西曲也在此时产生[6]。襄阳蛮夷通过编户齐民，南朝时期逐渐完成了自身的王化过程，文化上也实现了由蛮夷文化向南朝文化的嬗变。

襄阳一带画像和陶俑中常见一类头戴尖顶毡帽、着短衣袴褶的武士形象，这种装束与洛阳、建康等地常见的武士大不相同，他们可能就是归化后的当地蛮人，充当着本地大族的部曲或随从。

（2）佛教、道教与信仰的多元性

襄阳南朝画像砖的图像题材十分庞杂，除了西曲、鼓吹、出行等反映现实社会的内容外，还有大量佛教、道教、儒家思想及民间信仰等精神方面的内容。南朝襄阳是一个信仰多元化的社会，此与其地处边缘、文化交汇的历史地位有关。

东晋时期，在襄阳名将朱序、名儒习凿齿等人的扶持下，高僧释道安来到襄阳，在襄阳注释《般若道行》诸经，并大起浮屠，建造檀溪寺，立五层佛塔，广造大像，襄阳佛教从此大盛[7]；南朝多位帝王宗室曾驻守襄阳，他们在襄阳开展了大量的佛教推广活

---

[1]《宋书》卷九十七《夷蛮传》，2398页。
[2]《南齐书》卷五十八《蛮传》，1007页。
[3] 鲁西奇：《人群·聚落·地域社会：中古南方史地初探》，厦门大学出版社，2012年，45页。
[4]《宋书》卷八十三《宗越传》《武念传》，2109、2112页。
[5]《南齐书》卷十五《州郡志下》："宋元嘉中，割荆州五郡属，遂为大镇。疆蛮带沔，阻以重山，北接宛、洛，平涂直至，跨对樊、沔，为鄢郢北门。部领蛮左，故别置蛮府焉。领郡如左：襄阳郡、南阳郡、新野郡、始平郡……"282页；胡阿祥：《六朝政区》，南京出版社，2008年，195页。
[6] 南朝在江陵设置南蛮府，在襄阳设立宁蛮府，统管蛮事。归附的蛮人一户输谷数斛，其余无杂调。《宋书》卷六十五《刘道产传》："善于临民，在雍部政绩尤著，蛮夷前后叛戾不受化者，并皆顺服，悉出缘沔为居。百姓乐业，民户丰赡，由此有《襄阳乐歌》，自道产始也。"1719页。
[7]《高僧传》卷五："既达襄阳，复宣佛法……安穷览经典，钩深致远，其所注《般若道行》《密迹》《安般》诸经……四方学士，竞往师之。时征西将军桓朗子镇江陵，要安暂往，朱序西镇，复请还襄阳，深相结纳……安以白马寺狭，乃更立寺，名曰檀溪，即清河张殷宅也。大富长者，并加赞助，建塔五层，起房四百。凉州刺史杨弘忠送铜万斤，拟为承露盘……于是众共抽舍，助成佛像，光相丈六，神好明著，每夕放光，彻照堂殿。像后又自行至万山，举邑皆往瞻礼，迁以还寺……苻坚遣使送外国金箔倚像，高七尺，又金坐像、结珠弥勒像、金缕绣像、织成像，各一张。每讲会法聚，辄罗列尊像，布置幢幡，珠珮迭晖，烟华乱发。使夫升阶履闼者，莫不肃焉尽敬矣。"[梁]释慧皎撰，汤用彤校注：《高僧传》卷五《释道安传》，中华书局，1992年，179—180页。

动，襄阳成为六朝重要的佛教中心。

襄阳南朝画像中最引人注目的内容是佛教题材，邓县墓发现多块飞天画像砖（原报告称飞仙），有拍腰鼓舞蹈、右手作说法印的伎乐飞天（简报图三五）、围绕博山炉或莲座净瓶、持物献飨的飞天（简报图三三、图三四），更有大量的莲花、忍冬花纹；贾家冲墓、谷城南朝墓也出土了类似的飞天画像砖。贾家冲墓的佛教题材更为丰富，包括：19块佛像画像砖，佛像趺坐于莲花座上，身着通肩袈裟，身后有背光（简报图十四）；大量男女供养人像，男着冠、按剑，女梳双髻、手持如意，脚踏覆莲，还有头插羽毛、手捧博山炉、衣服饰有羽毛、脚踏覆莲的羽人供养像（简报图十三）；在一块楔形砖的侧面有一裸身童子立于莲花座上，左腿盘起，右腿伸出，斜举右手，应是佛教化生童子形象（简报图十八、4）；此外还有单幅的经幢、净瓶画像等，所有画像砖的边缘饰皆为莲花、忍冬纹。谷城肖家营M40的青龙、朱雀画像砖图像组合较为特殊，构图仿如洛阳北魏龙门石窟的尖拱形龛，上有火焰状背光，将青龙、朱雀浮雕于龛内，其与中原佛教艺术的关系十分明显。

邓县墓和贾家冲墓图像除佛教题材以外，还有大量汉以来的传统题材，包括青龙、白虎、凤凰、玄武、飞马、双龙、双狮等四神和瑞兽；"千秋"（人首鸟身）、"万岁"（鸟首鸟身）及"南山四皓""王子桥（乔）""浮丘公"等仙人图像，这些都是传统的求仙题材，反映了南朝人的求仙愿望和对隐逸生活的追求；中原北朝墓中常见的孝子题材在襄阳地区较为单一，邓县墓有"郭巨埋儿""老莱子"，贾家冲墓仅见"郭巨埋儿"一种，这是儒家孝道观进入丧葬系统的反映。

求仙、隐逸、孝子题材是汉代神仙家和儒家思想的内容，它们在南朝墓葬中同时出现，表明当时的信仰体系里出现了神仙思想与儒家思想的融合，而这正是早期道教的特征之一。魏晋南北朝时期，经过西晋葛洪、东晋杜子恭、刘宋陆静修、北魏寇谦之、萧梁陶弘景等道教领袖的清整推广，神仙家、儒家和佛教的部分内容进行了系统的融合，早期道教的理论体系得以建立。

在南朝道教信仰体系里，王子乔、浮丘公等汉代的"列仙"成为道教中的仙人。西晋末年"八王之乱"中的赵王伦及谋士孙秀皆为天师道徒，曾"令近亲于嵩山着羽衣，诈称仙人王乔，作神仙书"[1]。而汉代的孝悌思想在道教兴起后也被道家和儒家共同置于诸德之首，并与谶纬结合起来，具有了消灾驱邪之功[2]，南朝顾欢"好黄、老，通解阴

---

[1]《晋书》卷五十九《赵王伦传》："伦、秀并惑巫鬼，听妖邪之说。……拜道士胡沃为太平将军，以招福祐。……又令近亲于嵩山着羽衣，诈称仙人王乔，作神仙书，述伦祚长久以惑众。"1601—1603页。
[2] 汉末张角之乱中，道士向栩主张"北向读《孝经》，贼自当消灭"，事见《后汉书》卷八十一《向栩传》，2694页。王利器认为此《孝经》是术士之书，与后世所传《孝经》《孝经六隐》《六甲孝经》等实为一书，有消灾驱邪之功，参王利器撰：《颜氏家训集解》（增补本）附录二《颜之推传·观我生赋》注——，中华书局，1993年，670—671页。

阳书，为数术多效验"，尝以《孝经》置病人枕边而治病[1]。孝道观进入丧葬体系，既示不忘孝道，也可驱邪，魏晋南北朝墓葬不但孝子题材流行，甚至有直接以《孝经》随葬者，西晋皇甫谧《笃终》篇曰："平生之物，皆无自随，唯赍《孝经》一卷，示不忘孝道。"[2] 南朝时期道教信仰开始普及于社会各阶层，上述儒、道融合的画像题材表明襄阳道教信仰已及于士大夫阶层。

值得注意的是，邓县墓还出土了一块特殊的画像砖（原报告称"舞蹈画像砖"）[3]，其中以长髯老者为中心的乐舞可能是荆襄地区的一种傩戏。这种假扮胡人的傩戏在荆襄地区流行实属特殊，可能与六朝荆襄与西北地区的交往相关，因此其文化涵义还值得深究。

魏晋南北朝文化最突出的特征是文化因素的糅杂性，这是政局频繁变动、人口频繁迁徙、宗教信仰彼此渗透的结果。襄阳特殊的地理位置和政治地位决定了它在南北朝文化上的典型意义，具体表现为文化的边缘性、地域性和信仰的多元性。

襄阳是南朝政权的边疆，聚集了大量南方士族，又是北方移民的重要输入地，来自建康和北方的大族是襄阳社会的中坚力量，但他们在相当长的时期内游离于王朝权力核心之外；荆蛮土著在羁縻政策下逐渐王化，融入襄阳社会，为南朝襄阳注入了独特的蛮夷文化。外来移民和本地蛮夷创造的襄阳文化呈现出崇尚武力、粗鄙、随意的边缘文化特征。

与建康文化相比，襄阳少文辞达雅之士人，多粗鄙勇猛之蛮族，少经典辞赋作品，而多民间口头文学。西曲是襄阳民间文学的代表，以贾人思妇为主要内容，描绘了南朝襄阳的民间社会生态；鼓吹是士族社会地位的象征，也是襄阳戍边将士的追求，以征士思归为内容的曲辞表达了襄阳军士的悲怆、豪迈与荣耀情怀。襄阳画像中的西曲、鼓吹内容分别表现了襄阳文化的民间性和军事性，构成了南朝襄阳地域文化的重要内容。

襄阳在东晋释道安、南朝精英士族的推动下成为重要的佛教中心，佛教题材是襄阳画像砖墓的主要内容，但传统的升仙内容、民间信仰、早期道教和外来的假扮胡人傩戏题材与之共存，反映了南朝襄阳作为文化交汇之地的多元化信仰。

---

[1]《南史》卷七十五《顾欢传》，1874—1875 页。余英时认为道教徒对《孝经》的迷信延续到了南朝，表明民间道教分享了儒家世俗学说中的大部分内容，参余英时著，何俊编，侯旭东等译：《东汉生死观》，上海古籍出版社，2005 年，11 页。
[2]《晋书》卷五十一《皇甫谧传》，1418 页。
[3] 关于该画像砖的分析，参见后文《襄阳画像砖墓中的西曲歌与文康舞》一节中的分析。

三、襄阳画像砖中的西曲歌与文康舞

河南邓县学庄发现的南朝画像砖墓，是一座在水利工程中发现的墓葬，在当地考古部门介入之前，墓葬已遭严重破坏，大量随葬品和画像砖都已散佚或改变了原始位置，通过专业人员的清理、临摹和追索，仍获得非常丰富的画像材料[1]。这是一座地处南北朝交接地区的墓葬，画像题材极为丰富，广受学术界的关注，学者们对该墓的年代、文化和艺术属性进行了很多讨论[2]，对墓葬年代的推断略有分歧，但大多认为是南朝齐、梁时期的墓葬[3]。由于当时的抢救性清理比较仓促，考古报告对墓葬的有些细节报道不够详尽，研究者对画像内容的解读也存在模糊不清或误读的地方。由于后来在邻近的湖北襄阳一带及汉水中上游又陆续发现了几座内容相似的画像砖墓[4]，通过彼此参照，我们已有条件对邓县画像砖墓进行重新审视，尤其可对其中几幅乐舞图进行一些新的释读。

1. 图像主题与配置

邓县画像砖墓采取南朝常见的券顶、短甬道、长方形单室砖墓形制（即所谓凸字形墓），墓室和甬道两壁各筑12个方柱（墓室8个、甬道4个），每柱皆有彩色画像砖，

---

[1] 陈大章：《河南邓县发现北朝七色彩绘画象砖墓》，《文物参考资料》1958年第6期；河南省文化局文物工作队：《邓县彩色画像砖墓》，文物出版社，1958年。

[2] 柳涵：《邓县画像砖墓的时代和研究》，《考古》1959年第5期；宿白：《三国两晋南北朝考古》，参《中国大百科全书·考古学》，中国大百科全书出版社，1986年，433页；郑岩：《魏晋南北朝壁画墓研究》，文物出版社，2002年，80页；李梅田：《论南北朝交接地区的墓葬——以陕南、豫南鄂北、山东地区为中心》，《东南文化》2004年第1期；韦正：《汉水流域四座南北朝墓葬的时代和归属》，《文物》2006年第2期；林树中：《从"战马"画像砖题字考证邓县墓的年代与墓主》，《南京艺术学院学报（美术与设计）》2015年第1期。

[3] 杨泓认为"是南北朝时期属于南朝系统的墓葬，其年代上限应为东晋，下限止于萧梁"，前揭柳涵《邓县画像砖墓的时代和研究》，《考古》1959年第5期；宿白认为该墓年代下限当在侯景乱梁，他还根据人物形象由清瘦向丰壮的变化趋势，认为该墓比襄阳贾家冲墓时代要早，参宿白：《北朝造型艺术中人物形象的变化》，《中国石窟寺研究》，文物出版社，1996年，350页。若从墓门发现的壁画武士形象看，与安康张家坎天监五年（506）墓所见画像砖武士形象极为相似，因此该墓年代范围或可缩小到萧齐至萧梁初（五世纪末至六世纪初），安康张家坎墓资料详参安康历史博物馆：《陕西安康市张家坎南朝墓葬发掘纪要》，《华夏考古》2008年第3期。

[4] 如1984年襄阳贾家冲画像砖墓，参襄樊市文物管理处：《襄阳贾家冲画像砖墓》，《江汉考古》1986年第1期；1999年襄阳肖家营南朝墓M40，参襄樊市考古队、谷城县博物馆：《湖北谷城县肖家营墓地》，《考古》2006年第11期，图版壹、贰、叁；2010年谷城龙湾画像砖墓，参谷城县博物馆：《湖北谷城六朝画像砖墓发掘简报》，《文物》2013年第7期；2015年襄阳柿庄画像砖墓，参刘文生等：《梁朝画像砖中的襄阳往事》，《襄阳晚报（数字版）》2015年12月1日第17版。此外，汉水上游的陕南安康、汉中一带也常发现风格相似的同时期画像砖墓，参安康历史博物馆：《陕西安康市张家坎南朝墓葬发掘纪要》，《华夏考古》2008年第3期；李启良、徐信印：《陕西安康长岭南朝墓清理简报》，《考古与文物》1986年第3期；徐信印：《安康长岭出土的南朝演奏歌舞俑》，《文博》1986年第5期。

最下二层是拼镶砖画，分别拼镶为持兵器的武士像，其上每隔三层横砖再立两块竖砖，竖砖之间镶嵌一块画像砖。砖柱上的画像砖有3层（甬道）和5层（墓室）之分，除最下2层为一幅拼镶画外，其他皆一砖一画，故砖柱上应有2幅砖画（甬道）和4幅砖画（墓室）两种模式。

墓葬发现时，有些画像砖还保留在原始位置；有些已散佚，被追回后作为采集品记录在考古报告中；另在取掉封门砖后，在券门上发现保存完好的彩色壁画，绘有神兽、飞天和门吏形象，封门砖中又发现十余种画像砖，这些是砌筑墓室后剩下的砖。为了完整观察墓室的图像涵义，有必要对墓葬的图像配置做一些简单的复原。

根据报告，除了两壁每个砖柱下部的两组拼镶武士像，清理时保存在东壁砖柱上的一砖一画有10幅，从墓门到墓室依次是双狮（有"师"字榜题）、乘马（原报告"战马"[1]）和麒麟、四人组鼓吹（原报告"奏乐"）和四人组武士、乘马（原报告"运粮"）、牛车和五人组鼓吹（原报告"乐队"）、随从（原报告"送物"）和"郭巨埋儿"（有榜题）；西壁画像只有3幅保存在原处，即双狮、牛车、"老莱子"（有榜题）；在墓室后壁下层也有拼镶武士像，上层是单幅玄武像。

此外，散佚后采集的画像砖还有"舞蹈画像砖""南山四皓"（有榜题）、步辇（原报告"抬轿"）、博山炉与供养天人（原报告"飞仙"）、净瓶与供养天人（原报告"飞仙"）、伎乐飞天、青龙、白虎、飞马、凤凰（有"凤皇"榜题）、双龙等。

参考邻近的襄阳贾家冲画像砖墓及其他同时期墓葬的图像配置规律，可将这些采集的画像砖大致归入相应部位（图5.12）。

墓葬的图像配置方式大致是：（1）墓室下层（1—4层）是现实类题材，包括表现威仪的仪仗出行，由最下二层的拼镶武士像，3层和4层的乘马、牛车、鼓吹、随从组成；以及乐舞场景，主要在第3层，后文将重点讨论这些乐舞图的性质；（2）墓室上层（4—5层）是虚幻类题材，包括表现教化内容的孝悌，如"郭巨埋儿"和"老莱子"；以及表现宗教信仰的仙人和祥瑞题材，如"南山四皓"、供养天人、伎乐飞天、四神等；（3）甬道砖柱只有3层画像砖，也采取同样的配置方式安排两类题材，最前部砖柱上部各有一幅双狮图，其后可能是双龙图，狮、龙是整个墓葬图像的先导。此外，在地面、墓壁和券顶以大量莲花、忍冬花纹砖装饰。

这样一套图像系统通过实与虚的方式营造出了现实的物质世界和虚幻的精神世界，前者是对墓主曾经世俗生活的纪念，或许再现了墓主真实拥有过的威仪与荣华富贵，有些图像带有浓厚的地域特色；后者是社会伦理与信仰的表达，反映了包括墓主在内的时人对社会伦理的认同、对未知世界的想象，是南北朝时期孝悌观、神仙观、佛道观的反

---

[1] 原报告对图像的定名不甚准确，本文参考杨泓等的研究及后来襄阳发现的同类画像砖墓重新定名。

（据发掘报告绘制）

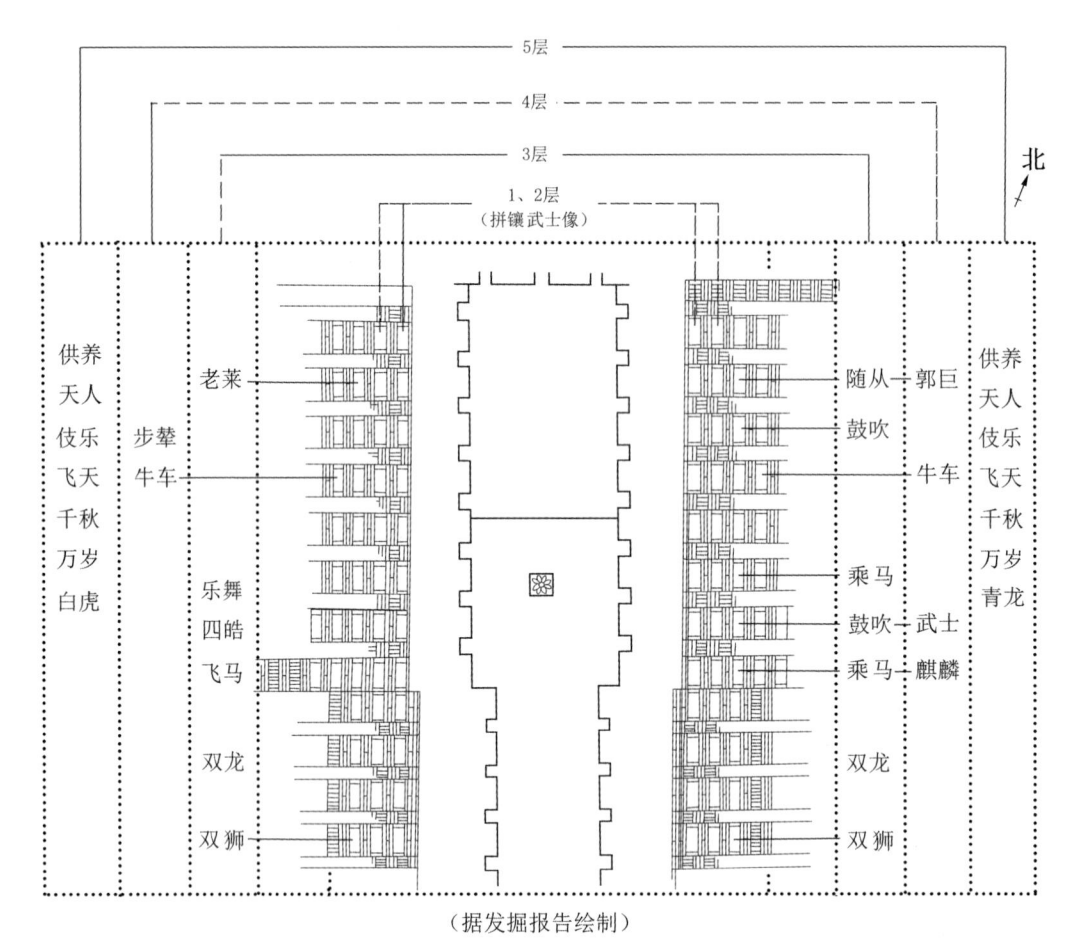

图 5.12　邓县画像砖墓图像配置示意图

映。从墓门进入墓室，首先看到的是下层排列整齐、威风凛凛的门吏和武士，稍往上是一支规模庞大的仪仗队，以披挂整齐的牛车为中心，前有乘马为前导，随之是行进中的鼓吹和乐舞表演，后有武装侍卫和持物侍从；目光上移到墓室上层和券顶，则是一个超越世俗社会的精神世界，以"南山四皓""千秋万岁"为中心，辅以供养天人、伎乐飞天和各类瑞兽，构成一幅想象中的仙界图景。

这套虚、实二元的图像系统遵循了南北朝墓室营造的一般原则，无论建康的拼镶砖画，还是平城、洛阳的墓室壁画和石质棺椁，大抵按此方式配置图像。不过对不同地域的墓葬来说，有些图像元素是可以互换的，如建康南朝帝王陵常见的竹林七贤图像不见于邓县，邓县墓的同样部位是孝子图[1]，二者或可互换。孝子图是北朝墓葬中最常

---

[1] 郑岩认为邓县墓两壁后部上方的孝子画像可对应南京地区大墓中相同位置的竹林七贤与荣启期画像，前揭郑岩《魏晋南北朝壁画墓研究》，文物出版社，2002年，80页。

198　葬之以礼：魏晋南北朝丧葬礼俗与文化变迁

见的主题，不过题材更丰富，邓县一带出现"郭巨埋儿"等孝子图或与中原文化的输入有关[1]。

从邓县墓封门砖中取出的画像砖还有吹笙仙人图（有2块相似，其一有"王子侨与浮丘公"榜题）、仙人骑麒麟、六人组乐舞、武士、贵妇出游、骑马出游、牵牛等。封门砖是封堵在券门内的两层砖，清理时能看出"横一排、竖一排"的砌筑方式，显然不是由毁坏的墓室混入的，而可能是砌筑墓室剩下的画像砖，从工艺和风格看，与墓室画像砖应来源于同一地的作坊。

1980年代以来，在与邓县同属南阳盆地的襄阳一带发现多座南朝画像砖墓，其画像砖的工艺、风格和主题极为一致，而与建康地区相差较大，如不见大型拼镶砖画（仅见邓县墓砖柱下部的拼镶武士像），不见"竹林七贤"主题，或以孝子故事、"南山四皓""王子乔""浮丘公"等神仙人物代替之，并以极具地域特色的乐舞场面装饰墓壁，这些或许正是京畿与边疆的差异，反映了南阳盆地地处南朝边陲的地域文化特征。

2. 乐舞图的性质与内涵

邓县墓出土画像砖中，有四幅特殊的乐舞图并未引起研究者足够的重视，即（1）封门内的六人组歌舞（原报告图二六"乐舞画像砖"）；（2）封门内的五人组歌舞（原报告图三〇"舞蹈画像砖"）；（3）墓室东壁第二柱的四人组乐队（原报告图一〇"乐队画像砖"）；（4）墓室东壁第六柱的五人组乐队（原报告图一四"乐队画像砖"）。杨泓等将后两幅"乐队画像砖"释为鼓吹[2]，甚为准确，但对前两幅歌舞图像并未做更多的释读，只是将其视为普通的乐舞场景。事实上，这两幅被称作"乐舞图"和"舞蹈图"的画像深具地域文化内涵，与南朝荆襄地域的民间文化密切相关，很可能呈现的是"西曲歌"和"文康舞"场景。以下就此二图试作释读，并对鼓吹图的历史内涵再作讨论。

（1）西曲倚歌

邓县墓封门内发现的"乐舞画像砖"描绘的是六人组乐舞场景，右边二女子相对而舞，梳高双鬟髻，穿博袖长袍，腰系带，左边四男子皆头戴小冠，身穿襦裙，外罩披帛，从右向左依次为：第一人持节，双手似打节拍状，应为歌者；第二人双手前后摆动于腰间，手拍细腰鼓；第三人双手置于胸前，似击铃状；第四人吹笙（图5.13）。另在

---

[1]"郭巨埋儿"图像也是襄阳画像砖墓的常见图像，见于贾家冲画像砖墓、柿庄画像砖墓，参前揭襄樊市文物管理处《襄阳贾家冲画像砖墓》（《江汉考古》1986年第1期），前揭刘文生等《梁朝画像砖中的襄阳往事》（《襄阳晚报［数字版］》2015年12月1日第17版）。

[2] 柳涵：《邓县画像砖墓的时代和研究》，《考古》1959年第5期；议者对此二幅画像中乐器的释读略有不同，如柳涵释五人组乐队中的最后一人所持乐器为竖笛，而岳起等释为箎，参岳起、刘卫鹏：《关中地区十六国墓的初步认定——兼谈咸阳平陵十六国墓出土的鼓吹俑》，《文物》2004年第8期。

图 5.13　邓县画像砖西曲图

该墓还发现了数件相似的乐舞陶俑,其中一件头戴小冠、身穿袴褶的男俑作昂首高歌状;二件头部已佚,但身体上仰,作舞蹈姿势;一件奏乐俑头戴小冠,持埙类乐器。

从乐器组合和歌舞方式看,这种乐舞与同时期的北方和建康所见大有不同,而在同属南阳盆地的襄阳一带及汉水流域较为常见。溯汉水而上的安康长岭南朝墓出土陶俑六十五件,曾有彩绘,包括击鼓俑二件,头戴尖顶宽檐毡帽,右臂夹持一圆鼓于腰侧(简报图版伍、1);吹奏俑三件,其中一件头戴尖顶宽檐毡帽,双臂作吹奏状(简报图三、3),另二件束发扎巾,头偏于一侧,双臂作持管吹奏状(简报图三、1);女奏乐坐俑一件、男歌唱俑二件、女歌唱俑五件[1]。男俑皆着短衣,有的外罩红色披帛;女俑皆着长袍,服饰特征与邓县墓相似。乐器均为鼓、吹类打击乐和管乐,陶俑组合与邓县墓一样,表现的应是同类乐舞场景,很可能是南朝荆襄地区特有的西曲歌舞。

永嘉以后的南方地区有两类民间歌谣十分引人注目,即流行于建康一带的吴歌和流行于荆襄地区的西曲,"按西曲歌出于荆、郢、樊、邓之间,而其声节送和与吴歌亦异,故依其方俗而谓之西曲云"[2]。西曲是南朝荆襄民间文化的代表,也是荆襄社会生态的生动描绘。

西曲诞生于荆、郢、樊、邓之间,它的产生或与当地蛮夷有关。南朝荆襄地区蛮夷众多,"西阳有巴水、蕲水、希水、赤亭水、西归水,谓之五水蛮,所在并深岨,种落炽盛,历世为盗贼。北接淮、汝,南极江、汉,地方数千里"[3]"蛮,种类繁多,言语不一,咸依山谷,布荆、湘、雍、郢、司五州界"[4]。所谓"蛮"者,是当时士人对土著山

---

[1] 李启良、徐信印:《陕西安康长岭南朝墓清理简报》,《考古与文物》1986 年第 3 期;徐信印:《安康长岭出土的南朝演奏歌舞俑》,《文博》1986 年第 5 期。
[2] [陈]释智匠撰,吉联抗辑注:《古乐书佚文辑注·古今乐录》,人民音乐出版社,1990 年,30 页。
[3] 《宋书》卷九十七《夷蛮传》,2398 页。
[4] 《南齐书》卷五十八《蛮传》,1007 页。

民的歧视性称呼[1]，并无种族上的涵义，实为社会大动乱时期聚居山林的未著籍土著居民。朝廷对这些土著蛮民一方面予以军事打击，一方面采取羁縻之策，特设宁蛮府或南蛮府以治之，通过"土断"方式将其著籍为编户齐民[2]。

沈约认为西曲诞生于刘宋时期，刘道产任宁蛮校尉时，颇有善政，治下蛮夷归化甚众，安居乐业之后，遂产生了极富农耕、商贾风情的民间艺术——西曲。《宋书·刘道产传》记西曲的诞生缘由："（道产）善于临民，在雍部政绩尤著，蛮夷前后叛戾不受化者，并皆顺服，悉出缘沔为居。百姓乐业，民户丰赡，由此有《襄阳乐歌》，自道产始也。"[3]《襄阳乐歌》当是最早的原生态西曲。邓县、襄阳一带画像和陶俑中常见头戴尖顶毡帽、着短衣袴褶的武士形象，这种装束与洛阳、建康等地常见的武士装束大不相同，他们可能就是归化后的土著蛮夷，也是西曲的创造者。

西曲与吴歌一样，先在民间流传，后经精英士人的采集和仿作而进入社会上层。南朝梁时徐陵辑录的《玉台新咏》[4]是根据民间歌辞制调的民间乐府，内含大量吴歌、西曲内容，多为描绘男女闺情之作[5]。荆襄虽远离京畿，但聚集了大量皇室成员和世家大族，驻守、游历于荆襄的南朝诸帝、宗室等多钟情于西曲，多有仿作，如刘宋随王诞元嘉年间任雍州刺史时，夜闻诸女歌谣而作《襄阳乐》；简文帝萧纲作雍州十曲[6]；齐武帝萧赜"尝游樊、邓，登阼以后，追忆往事而作歌"，有《估客乐》传世[7]；梁武帝萧衍所作诗歌数十篇，以仿自吴歌、西曲者为代表，其中《襄阳蹋铜蹄》是根据坐镇襄阳时的当地童谣而作，后配以管弦，以西曲之名进入宫廷乐舞，后宫置吴歌、西曲女妓各一部[8]。历仕于宋、齐、梁三世的沈约也有对梁武帝西曲的应和之作[9]。经由皇室和精英士

---

[1] 鲁西奇：《人群·聚落·地域社会：中古南方史地初探》，厦门大学出版社，2012年，45页。
[2] 《南齐书》卷十五《州郡志》："宋元嘉中，割荆州五郡属，遂为大镇。疆蛮带沔，阻以重山，北接宛、洛，平涂直至，跨对樊、沔，为鄢郢北门。部领蛮左，故别置蛮府焉。领郡如左：襄阳郡、南阳郡、新野郡、始平郡……"282页。胡阿祥：《六朝政区》，南京出版社，2008年，195页。
[3] 《宋书》卷六十五《刘道产传》，1709页。
[4] [陈]徐陵编，[清]吴兆宜注，[清]程琰删补，穆克宏点校：《玉台新咏笺注》，中华书局，1985年。
[5] 萧涤非：《汉魏六朝乐府文学史》，人民文学出版社，1984年，206页。
[6] 《古今乐录》："宋随王诞之所作也。诞始为襄阳郡，元嘉二十六年仍为雍州刺史，夜闻诸女歌谣，因而作之，所以歌和中有'襄阳来夜乐'之语也。旧舞十六人，梁八人，又有《大堤曲》，亦出于此。简文帝雍州十曲，有《大堤》《南湖》《北渚》等曲。"30—31页。
[7] 《古今乐录》："《估客乐》者，齐武帝之所制也。帝布衣时，尝游樊、邓，登阼以后，追忆往事而作歌……齐舞十六人，梁八人。"30—31页。
[8] 《古今乐录》："《襄阳蹋铜蹄》者，梁武下所制也。沈约又作，其和云：'襄阳白铜蹄，圣德应乾来。'天监初，舞十六人，后八人。"32页。《乐府诗集》载梁帝《大堤曲》："陌头征人去，闺中女下机。含情不能言，送别沾罗衣。草树非一香，花叶万种色。寄语故情人，知我心相忆。龙马紫金鞍，翠眊白玉羁。照耀双阙下，知是襄阳儿。"参[宋]郭茂倩编：《乐府诗集》第四十八卷《清商曲辞·西曲歌中》，中华书局，1998年，708页。
[9] 沈约曾作《大堤曲》，前揭《乐府诗集》，708页。

人之手，西曲终登大雅之堂，史家认为此与南朝寒族势力之崛起有关[1]。荆襄地区在南朝政局上的地位举足轻重，大量荆襄土著确因军功或与皇室的特殊关系得以崛起，此为以西曲为代表的荆襄地域文化融入主流社会提供了契机。

流传至今的西曲大多以荆襄江岸城镇地名为名[2]，如《江陵乐》《襄阳乐》《三洲歌》《大堤曲》等，内容与庙堂之上的宴飨之乐大不相同，多与商贾行旅相关，带有浓郁的抒情性质，极富民间旨趣，如"江陵三千三，西塞陌中央。但问相随否，何计道里长"（宋刘诞《襄阳乐》）[3]、"郎作十里行，侬作九里送。拔侬头上钗，与郎资路用"（齐武帝《估客乐》）[4]。

西曲中也常见荆襄与建康一带商贾往来的词句，如"扬州蒲锻环，百钱两三丛。不能买将还，空手揽抱侬"（刘诞《襄阳乐》）[5]、"大艑珂峨头，何处发扬州。借问艑上郎，见侬所欢不？"（释宝月《估客行》）[6]、"闻欢下扬州，相送楚山头；探手抱腰看，江水断不流"（无名氏《莫愁乐》）[7]。西曲中大量出现的"侬"是吴语的第一人称，表明与建康一带紧密的文化联系。

西曲内容除了贾人思妇，还有征士思归。荆襄为南北交接之地，戍边士卒的思乡情怀在西曲中时有体现。驻守荆州的沈攸之在刘宋后废帝元徽五年（477）谋反，率军自荆州东下，途中作《西乌夜飞曲》，以抒思归之情："'白日落西山，还去来'，送声云：'折翅鸟，飞何处，被弹归'。"[8]此曲与邓县画像砖战马上的题记"急促从边……部曲在路日久……家在吴郡"，蕴含了相似的征士思归情怀。

西曲有歌辞，也有乐舞，其表演方式在文献和实物中有迹可循，《古今乐录》记西曲"旧舞十六人，梁八人"，又记"西曲歌有《石城乐》《乌夜啼》……三十四曲……"包括舞曲、倚歌两种，"凡倚歌，悉用铃、鼓，无弦有吹"[9]。倚歌是边跳边唱的歌舞表演，以铃、鼓和管乐器伴奏，不用弦乐，所用乐器与吴歌是不同的，吴歌乐器由篪、箜篌、琵琶，或笙、筝组成，有弦乐[10]。邓县南朝画像砖所见以鼓、吹伴奏而无弦乐的乐

---

[1] 唐长孺：《南朝寒人的兴起》，《魏晋南北朝论丛续编》，生活·读书·新知三联书店，1959年，93—123页；胡宝国：《晚渡北人与东晋中期的历史变化》，《北大史学》第14辑，北京大学出版社，2009年，107页。
[2] 西曲歌计三十四首，歌词保存于前揭《乐府诗集》第四十七至四十九卷。
[3] 《乐府诗集》，703页。
[4] 《乐府诗集》，700页。
[5] 《乐府诗集》，703页。
[6] 《乐府诗集》，700页。
[7] 《乐府诗集》，698页。
[8] 《古今乐录》："《西乌夜飞》者，宋元徽五年（477），荆州刺史沈攸之所作也。攸之举兵发荆州，东下，未败之前，思归京师，所以歌。"36页。
[9] 《古今乐录》，29—32页。
[10] 《古今乐录》："吴声歌，旧器有篪、箜篌、琵琶，今有笙、筝。"25页。

舞画像，所表现的场景或即西曲倚歌，是南朝荆襄社会生态的生动呈现。

（2）文康乐舞

邓县墓封门内发现的另一幅特殊乐舞图是原报告图三〇的"舞蹈画像砖"。这是一幅五人组乐舞图，皆穿襦裙，外罩披帛，左起第一人为长髯、朱衣老者，头戴尖状毡帽，左手持羽扇，右手持长柄齿状法器，作舞蹈状；后四人为头戴小冠的乐者，从左至右分别持节、拍腰鼓、击铙、吹奏（残缺，乐器不明）。其中长髯朱衣老者的形象与洛阳发现的东魏茹茹公主墓（武定八年，550）"萨满巫师俑"十分相似（图5.14），因此也被释读为萨满巫师[1]。萨满巫师是匈奴、柔然等北方民族用于驱魔、祈福的巫师，虽然作为柔然贵族的茹茹公主墓中出现萨满巫师形象也算合乎情理，但文献中对萨满巫师的具体形象并无描述；相反，文献中对南朝时期流行于荆襄地区的一种戴"胡公头"的岁末傩戏有不少记载，这种以长髯老者为中心的乐舞可能是荆襄地区的一种傩戏。

祖籍南阳、仕于江陵的萧梁时期荆襄士人宗懔记荆楚民俗："（十二月八日）村民腊日并击细腰鼓而宴，戴胡（公）头，及作金刚力士，以逐疫。谚云：'腊鼓鸣，春草生。'"[2] 这是一种源自汉的岁末傩戏，《后汉书·礼仪志》"先腊一日，大傩，谓之逐疫"，汉代的大傩是以"黄金四目，蒙熊皮，玄衣朱裳，执戈扬盾"的方相氏来主导的[3]，既是逐疫驱邪的巫术，也是一种乐舞表演，但南朝荆襄地区的傩戏头戴面具，"如胡人状（戴胡公头），作勇力之势"[4]，表演方式发生了变化。这种假扮胡人的傩戏起源于荆襄，扩散于江淮之间，是南朝极为流行的乐舞表演，《南史·倭国传》："男女皆露

图5.14 文康舞图
（左：邓县画像砖墓；右：磁县茹茹公主墓）

---

[1] 磁县文化馆：《河北磁县东魏茹茹公主墓发掘简报》，《文物》1984年第4期。
[2] [梁]宗懔撰，宋金龙校注：《荆楚岁时记》，山西人民出版社，1987年，132页。
[3] [晋]司马彪撰，[梁]刘昭注补：《后汉书》志卷五《礼仪志中》，中华书局，1965年，3127—3128页。
[4] 宋金龙校注《荆楚岁时记》注引[宋]高承撰《事物纪原》卷九《嗔拳》："江淮之俗，每作诸戏，必先设嗔拳笑面。……今南方为此戏者，必戴面如胡人状，作勇力之势，谓之'嗔拳'。则知其为荆楚故俗旧矣。"133页。

纻，富贵者锦绣杂彩为帽，似中国胡公头"[1]。

头戴"胡公头"、假扮胡人的傩戏表演方式已不得而知，但南朝乐府中的一首《老胡文康辞》或能提供一些线索，该歌辞生动地描绘了一位"寿如南山，老若金刚"，遨游于扶桑、大海、昆仑、瑶池之间，与周帝、王母为伍的仙人——名叫文康的"西方老胡"，其形象是：

> 西方老胡，厥名文康。……青眼眢眢，白发长长。蛾眉临髭，高鼻垂口。非直能俳，又善饮酒。箫管鸣前，门徒从后。济济翼翼，各有分部。凤皇是老胡家鸡，师子是老胡家狗。……歌管愔愔，铿鼓锵锵。响震钧天，声若鹍皇。前却中规矩，进退得宫商。举技无不佳，胡舞最所长[2]。

这是一位具有胡人面目特征、擅长胡舞的长髯老者，出场时歌舞相随，以凤凰、狮子为伴。此形象和场面与邓县墓的舞蹈画像非常契合，沈从文先生十分有见地地将其释为文康舞[3]。"舞蹈画像砖"画像是以长髯老者为中心的五人组乐舞，墓中还出土了标明"凤皇""师子"（图5.15）的画像砖，因此这幅舞蹈画像可能并非表现萨满巫师作法，而是文康舞的再现。

文康舞最先是流行于民间的傩戏，仅有乐舞而无歌词，但与西曲一样被南朝精英士人所喜好，至梁武帝时被改编为有词、有乐的宫廷乐舞，渐登大雅之堂。梁武帝时所创《上云乐》之一部是《老胡文康辞》，"《上云乐》七曲，梁武帝制，以代西曲。一曰《凤台曲》，二曰《桐柏曲》，三曰《方丈曲》，四曰《方诸曲》，五曰《玉龟曲》，六曰《金

图5.15 邓县画像砖凤凰和狮子图

---

[1]《南史》卷七十九《倭国传》，1974页。
[2]《乐府诗集》，746—747页。
[3] 沈从文：《狮子在中国艺术上的应用及其发展》，载《沈从文全集》第28卷《物质文化史》，北岳文艺出版社，2002年，229页。

丹曲》，七曰《金陵曲》。按《上云乐》又有《老胡文康辞》，周捨作，或云范云"[1]。

包括文康乐在内的七首《上云乐》是取代西曲进入宫廷乐府的，那么文康乐是否也如西曲一样来自荆襄地区呢？一般认为文康舞与西域胡人的东迁有密切关系，岑仲勉认为"文康"的得名是由于它来自中亚粟特古国之一的康国，文康是古康国（Markand）的音写[2]。黎国韬认为文康舞的东传时间应在东晋初期以前，东传以后发生过多种形态的改编[3]。既然文康舞与粟特康国密切相关，那么它的传播路径也应与粟特的东迁路径一样，首先到达的应是河西和关中的粟特人聚落中，随着粟特部民的迁徙而扩散至南方。

在永嘉之乱后南迁的北方流民中也包括早前移居关中的粟特部民，其中一部分在东晋时期移居到了襄阳。姚秦时，蓝田康氏由康穆率三千户越秦岭、顺汉水而下，居于岘山脚下，特侨置华山郡，由康穆父子统领。《梁书·康绚传》载："华山蓝田人也。其先出自康居。……宋永初中，穆举乡族三千余家，入襄阳之岘南，宋为置华山郡蓝田县，寄居于襄阳，以穆为秦、梁二州刺史，未拜，卒。绚世父元隆，父元抚，并为流人所推，相继为华山太守。"[4]

这支具有粟特康国背景的部落可能将文康舞带到了荆襄地区。这位西方老胡因"寿如南山，老若金刚"的仙人特性而被赋予了长生、驱疫的功能，故在荆襄民间成为腊日傩戏的一种，西方老胡也俗称"胡公"。后经士人作词，经过规范化之后进入宫廷乐府，与西曲自下而上的传播路径相似。文康乐舞在南北交接地区的出现，反映了汉水在六朝南北交通上的重要性。

（3）鼓吹图

邓县墓的乐舞图除了前述西曲歌、文康舞外，还有二幅鼓吹图，其一位于东壁第二柱，四人一组，前两人吹长角，角上有向后飘扬的彩色飘带，后两人腰挂朱红色的鼓，右手执鼓槌，左手持鼗鼓，四人皆头戴尖顶宽檐帽，正中竖立璎珞，穿袴褶；另一幅位于东壁第六柱，五人一组，分执横笛、排箫、长角二、竖笛（或筰），皆头戴巾帻，穿袴褶[5]（图5.16）。二幅图像中的乐队皆处行进状态，杨泓释为鼓吹[6]。

---

[1]《乐府诗集》，744页；《古今乐录》，37页。
[2] 岑仲勉：《隋唐史》，河北教育出版社，2000年，65—66页。隋初制九部乐，大多为西域音乐，最后一部《礼毕》又称文康乐，据《隋书》《颜氏家训》等，文康乐源自晋太尉庾亮（谥文康），岑仲勉认为殊不可信。
[3] 黎国韬：《〈老胡文康乐〉的东传与改编》，《西域研究》2012年第1期。
[4]《梁书》卷十八《康绚传》，290页。
[5] 河南省文化局文物工作队：《邓县彩色画像砖墓》，文物出版社，1984年，图一〇、图一四。
[6] 柳涵：《邓县画像砖墓的时代和研究》，《考古》1959年第5期；议者对此二幅画像中乐器的释读略有不同，如柳涵释五人组乐队中的最后一人所持乐器为竖笛，而岳起等释为筰，参岳起、刘卫鹏：《关中地区十六国墓的初步认定——兼谈咸阳平陵十六国墓出土的鼓吹俑》，《文物》2004年第8期。

丧葬图像｜墓室图像与文化变迁

图 5.16　邓县画像砖鼓吹图

鼓吹在汉时为军中献捷之乐，有等级的涵义[1]。魏晋南北朝时期，鼓吹的授受范围扩大，凡拥权自重者、宗室诸王出镇者、领兵出征者、行为可彰者、军功受奖者、死后追赠者等等，皆可赐给鼓吹[2]。邓县、襄阳一带是南朝边陲重镇，聚集了以上各种身份的鼓吹授受者，如梁武帝襄阳起兵，伐齐东昏侯有功，给鼓吹一部；刘宋文帝之子刘骏为雍州刺史，为首位以皇子身份镇守重镇襄阳者，给鼓吹一部[3]；梁武帝之子萧纲镇襄阳，给鼓吹一部[4]；刘宋末年襄阳张敬儿平沈攸之叛乱有功，给鼓吹一部[5]。也有一些本地土著大族因伐蛮有功而被赐予鼓吹。

按宋郭茂倩的解释，鼓吹应包括横吹和鼓吹两部，所用乐器和演奏方式是不同的。"横吹曲，其始亦谓之鼓吹，马上奏之，盖军中之乐也。……其后分为二部：有箫笳者为鼓吹，用之朝会、道路，亦以给赐，汉武帝时，南越七郡，皆给鼓吹是也。有鼓角者为横吹，用之军中，马上所奏者是也。……横吹有双角，即胡乐也。"[6]鼓吹主要乐器是箫、笳、鼓、角等打击乐器和管乐器。

鼓吹不但有曲，也有歌词，《古今乐录》载："梁鼓角横吹曲有《企喻》《琅琊王》《巨鹿公主》《紫骝马》……歌三十六曲。二十五曲有歌有声，十一曲有歌。"[7]《乐府诗集》收录了各横吹歌辞，内容多为描绘西晋以来南北战事的民歌，如《琅琊王歌辞》"新买五尺刀，悬着中梁柱。一日三摩挲，剧于十五女。琅琊复琅琊，琅琊大道王。阳春二三月，单衫绣裲裆"[8]；《紫骝马歌辞》"十五从军征，八十始得归。道逢乡里人，家中

---

[1][晋]崔豹注：《古今注·音乐》："李延年因胡曲，更造新声二十八解，乘舆以为武乐，后汉以给边将。和帝时万人将军用之。"中华书局，1985年，11页。
[2]梁满仓：《魏晋南北朝军礼鼓吹刍议》，《中国史研究》2006年第3期。
[3]《宋书》卷六《孝武帝纪》，109页。
[4]《梁书》卷四《简文帝纪》，104页。
[5]《南齐书》卷二十五《张敬儿传》，472页。
[6]《乐府诗集》，309页。
[7]《古今乐录》，10页。
[8]《乐府诗集》，365页。

有阿谁？遥看是君家，松柏冢累累"[1]。鼓吹歌词虽与西曲一样多来自民间，但内容更多与战争有关，多表达军士的悲怆、豪迈与荣耀情怀，与西曲多贾人思妇内容有所不同。

鼓吹的实物资料除上述邓县墓所见画像砖图像外，常见于其他魏晋南北朝墓葬中的壁画、画像砖或陶俑，如西安草厂坡十六国墓出土的骑马吹角俑[2]、咸阳平陵十六国墓出土的鼓吹俑[3]、平壤冬寿墓的步行鼓吹组合等[4]，这类墓葬大多规模较大，表明墓主身份较高。

在襄阳、邓县等南朝边陲地区，因军功而受赐鼓吹者当不在少数，被赐给鼓吹对戍边将士来说是一种极大的荣耀。新野人曹景宗是跟随梁武帝起家的开国功臣，本为一介自负、文辞不通的武夫，但在一次光华殿宴会中诗惊四座，其辞曰："去时儿女悲，归来笳鼓竞。借问行路人，何如霍去病？"[5] 此诗道尽了曹景宗戎马一生的悲怆与豪迈，也有鼓吹还乡的荣耀，他在天监六年（507）的梁、魏钟离之战中立下重要战功，诏拜侍中、领军将军，给鼓吹一部[6]。

南北朝时期的鼓吹授受频繁，乐队组合逐渐固定为制度，常以人数和乐器的多少代表等级的高下，陈宣帝太建六年（574）规定："其制，鼓吹一部十六人，则箫十三人，笳二人，鼓一人。东宫一部，降三人，箫减二人，笳减一人。诸王一部，又降一人，减箫一。庶姓一部，又降一人，复减箫一。"[7] 按此制，天子鼓吹16人、太子13人、诸王12人、庶姓王11人。邓县墓两块鼓吹画像砖共9人组成，包括长角4人、鼓2人、横笛1人、箫1人、笳1人，虽不宜将墓葬图像与礼制简单对应，但也可见墓主身份是相当高的，或可为推断该墓墓主身份提供一些线索。

邓县墓墓室东壁的鼓吹图像之前有一块乘马画像砖（原报告为"战马画像砖"），在砖侧墨书文字70余字，有"部曲在路……家在吴郡"等内容。林树中根据摹本对邓县战马画像砖的墨书题记重新辨读和考订，认为题记的内容反映了元嘉二十七年（450）刘宋北伐军的史实，此次北伐主力是沈攸之所率的十万"三吴之众"，该墓墓主可能是北伐军前锋都督殷孝祖，而题记书写者是沈攸之[8]。沈攸之参加北伐，事见《宋书·沈

---

[1]《乐府诗集》，364—365页。
[2] 陕西省文物管理委员会：《西安南郊草厂坡北朝墓的发掘》，《考古》1959年第6期。
[3] 岳起、刘卫鹏：《关中地区十六国墓的初步认定——兼谈咸阳平陵十六国墓出土的鼓吹俑》，《文物》2004年第8期。
[4] 洪晴玉：《关于冬寿墓的发现和研究》，《考古》1959年第1期。
[5]《南史》卷五十五《曹景宗传》，1356页。
[6]《梁书》卷九《曹景宗传》，181页。
[7]《隋书》卷十三《音乐志》，309页。
[8] 林树中：《从"战马"画像砖题字考证邓县墓的年代与墓主》，《南京艺术学院学报（美术与设计）》2015年第1期。

攸之传》:"攸之少孤贫,元嘉二十七年,索虏南寇,发三吴民丁,攸之亦被发……因随庆之征讨。"[1] 不过此次刘宋北伐,兵分东、中、西三路,沈庆之、攸之叔侄在王玄谟所统东路军麾下,并不在雍州刺史刘诞统帅的西路军,与襄阳一带无关,因此称邓县墓属沈攸之或殷孝祖,并不正确。根据墓葬的规模,尤其鼓吹画像砖的出土,将邓县墓的墓主推断为一位来自三吴地区的高等级戍边将军,应是比较稳妥的。

邓县南朝画像砖墓的乐舞图是墓室图像体系中反映现实生活的内容,西曲歌、文康舞和鼓吹图像的出现并非偶然,而是特殊地理位置和政治环境的产物。

邓县位于南阳盆地的北缘,毗邻军事重镇襄阳,在六朝政局上的地位举足轻重。西晋永嘉之乱后,大量关中和中原移民越秦岭、沿汉水,或经南阳南下聚集于襄阳、邓县一带,晋太元十四年(389)孝武帝侨置雍州以置北方流民,原荆州所辖之襄阳、南阳、顺阳、新野、随等南阳盆地诸郡皆隶属于雍州。这个地区在东晋南朝时期经过了南北政权的轮番统治,域内居民成分复杂,除了大量北方移民外,也有从周边山地走出的荆蛮土著,还有来自建康、江陵等南朝核心区域的南朝宗室和世家大族,特殊的历史背景造就了独特的地域文化,其中最具地域特色的民间文化是西曲歌和文康舞。如果说鼓吹图的出现反映了南朝边陲地区的军事特性,那么西曲歌和文康舞的流行则表现了南朝边陲文化的民间性,是当地社会生态的真实呈现。

除了上述几幅乐舞图外,邓县画像砖墓中的其他图像也值得注意,如可能与文康舞图像一体的狮子画像砖,是一幅罕见的有明确榜题的狮子形象(图5.15)。《老胡文康辞》描述的舞者文康往往以凤凰和狮子为伴,狮子作为一种外来物种首见于汉代,流行于六朝时期,常以石刻形态出现于陵墓前,起辟邪和仪卫的作用,如东汉石刻中被称作天禄辟邪的成对狮子(东汉南阳宗资墓、成都高颐阙前有石狮子一对)、建康南朝帝王陵墓神道上的石刻有翼狮子等[2]。狮子形象在六朝时期的嬗变、狮子与域外歌舞的关系、建康南朝有翼狮子形象的来源等问题,仍值得深究。

---

[1]《宋书》卷七十四《沈攸之传》,1927 页。
[2] 沈从文《狮子在中国艺术上的应用及其发展》,载《沈从文全集》第 28 卷《物质文化史》,北岳文艺出版社,2002 年,223—292 页。

陆

器以藏礼
随葬之物与礼俗变迁

曹魏墓之刻铭牌与丧葬名物
作为祭器的漆器
乐浪王氏墓志与汉晋大族迁徙
六朝墓葬中的反书砖铭

一、曹魏墓之刻铭牌与丧葬名物

2010年安阳西高穴曹操墓考古发现的消息公布后，一度引起学术界内外的巨大争议，其中也包括对出土刻铭石牌的性质及内容的热烈讨论。迄今该墓出土的刻铭石牌资料尚未完全发表，但将散见于各处的材料汇总，已可知大部分石牌的铭文内容[1]。2015年洛阳寇店镇西朱村大墓M1发掘，出土的400余件遗物中，又见刻铭石牌200余件。此墓被发掘者推断为魏明帝郭皇后墓（景元四年，263），相邻的未发掘的M2被认为是魏明帝曹睿的高平陵（景初三年，239），二墓属异穴合葬[2]。这几座墓与2009年孟津"大汉冢"西侧发掘的卒于太和二年（228）的曹休墓都是近年发现的曹魏高等级墓葬，但曹休墓未见刻铭石牌。曹休墓位处东汉陵园北茔域内，但年代与位置与东汉帝陵不对应，可能是特定环境下混入东汉陵园的[3]。从目前材料看，这种刻铭石牌专属帝陵所用，应反映了汉末曹魏时期的特殊葬仪，我们通过名物释读及与墓内实物对照，或有助于了解当时丧葬礼仪之实施概况。

1. 刻铭石牌的性质

曹操墓发现刻铭石牌62块，可分圭形、六边形两大类。西朱村曹魏大墓刻铭石牌226件，均为六边形[4]。圭形石牌均长10.8厘米，尖部中间有穿孔，孔内有铜环，铜环连以铜链；六边形石牌大小尺寸相似，总长8.5厘米（曹操墓）、8.3厘米（西朱村墓），平首、斜肩，上部中间有穿孔，刻字内容为随葬物品的名称和数量。这种石牌的性质与以往发现的多例被称作"物疏""遣策"[5]"木楬"的物品相似，即随葬物品的清单或签牌[6]。但此二墓的刻铭石牌与以往所见的竹木、滑石等材质的"遣策"相比，显然更规整、精致，显示出帝陵规制。

目前对这类物品的称呼并不统一，姑按习惯仍统称作"遣策"。

---

[1] 曹操墓石牌的照片或文字材料零星披露于简报、论文，如河南省文物考古研究所、安阳县文化局：《河南安阳市西高穴曹操高陵》，《考古》2010年第8期；李凭主编：《曹操高陵——中国秦汉史研究会、中国魏晋南北朝史学会会长联席会议·安阳曹操高陵考古发掘成果简介》，浙江文艺出版社，2010年。
[2] 洛阳市文物考古研究院：《河南洛阳市西朱村曹魏墓葬》，《考古》2017年第7期。
[3] 洛阳市第二文物工作队：《洛阳孟津大汉冢曹魏贵族墓》，《文物》2011年第9期。
[4] 石牌编号共226件。感谢洛阳考古院严辉先生提供全部石牌拓片图片。
[5] 米如田：《"遣策"考辨》，《华夏考古》1991年第3期。
[6] 武家璧：《曹操墓出土"格虎"兵器牌考》，《殷都学刊》2011年第3期。

"遣策"之名源自《仪礼·既夕礼》的记载"书赗于方，书遣于策"：

> 凡将礼，必请而后拜送。兄弟，赗、奠可也。所知，则赗而不奠。知死者赠，知生者赙。书赗于方，若九，若七，若五。书遣于策。[1]

郑玄注："方，板也，书赗奠赙赠之人名与其物于板。"又，"策，简也。遣，犹送也"。遣策是丧葬仪式的产物，所记物品包括死者生前旧物、宾客所赠之助丧物品及家属专为葬礼而备的物品，即所谓"赗、奠、赙、赠"之物[2]。遣策置于棺内，既是丧仪程序的一部分，也是为了确认亡灵对物品的所有权。

今所见遣策实物多属楚汉，常以木、竹材料制作[3]，汉以后又有石（或滑石）为之者。由于物品腐朽及墓葬盗扰等原因，遣策内容不尽与实物相符，但也并非虚夸，大部分遣策物品应该是真实存在过的。从目前考古发现来看，丧礼所历的招魂、衣衾、吊禭、设袭、敛奠、赗赠、入圹诸环节或多或少都会留下一些实物遗存，其中一部分可与遣策内容相对应，包括死者生前旧物、丧仪中的衣衾、赗赠、敛奠、饰棺之物等。略举数例如下：

（1）江苏连云港市海州西汉霍贺墓（出土了铜印章"霍贺之印"）[4]：在墓室内并置男、女二棺，不但二棺内物品种类明显有别，而且棺内、外也有差别。男棺内死者"头戴黑色冠帻，颈项围白色巾，身穿黄地朱绘云纹长袍，质地都似丝绸织品"，左手边置铁剑、铜印，右手边置铁匕首、铁刀，两脚放置铜镜、木梳、木砚盒、遣策、铁书刀（其一铭文"宜官腆二千石"）、丝质钱囊（内藏五铢钱）、竹笥（藏栗、枣、杏等）、小谷物袋（藏黍稷），棺外放鸠杖、木棍等；女棺内则是角簪一对、漆奁盒一套（内有化妆用具和化妆品）、铜镜，棺外有铅丸和葫芦。显然这些都是分别属于男女主人的私人物品（生前旧物和丧仪用物），丧仪中的衣衾类物品被记录在一块木质遣策上。私人物品以外的随葬品则不见于遣策内容。该墓的公共区域——共用的前堂——放置着男女主人的共同物品，可能是一套墓内祭奠的物品：漆案（上置耳杯）、漆食奁、竹笥（盛栗、枣）、釉陶壶等，另外还发现了木架。这里陈列的应是一套罩有帷帐的祭台，可能是合葬时墓内祭奠所用，故不见于遣策。

---

[1] ［汉］郑玄注，［唐］贾公彦疏，彭林整理：《仪礼注疏》卷三十九《既夕礼》，李学勤主编：《十三经注疏》，北京大学出版社，1999年，747—748页。

[2] 关于"赗奠赙赠"的性质及分类，参杨华：《禭·赗·遣——简牍所见楚地助丧礼制研究》，《学术月刊》2003年第9期；郑曙斌：《遣策的考古发现与文献诠释》，《南方文物》2005年第2期。

[3] 郑曙斌：《遣策的考古发现与文献诠释》，《南方文物》2005年第2期。

[4] 南京博物院、连云港市博物馆：《海州西汉霍贺墓清理简报》，《考古》1974年第3期。

（2）长沙马王堆1号汉墓[1]：出土了竹、木遣策，置于边箱内。竹遣策所记物品包括副食品、调味品、酒类、动植物、衣物、竹木器、明器等。木遣策做成上圆下长方形，顶部有小孔，以绳子系在竹笥上，记笥内物品的名称，如"衣笥""缯笥""牛脯笥"等共49枚。而在西边箱的6个竹笥内发现保存完整的衣物60余件，其他笥内也放置着食品、模型明器、泥质冥钱、乐器、草席等物。遣策文字与实物具有一定的对应关系，见于遣策而不见实物者可能因为实物已腐朽，故可以推测遣策所记就是当时入墓物品的清单。木遣策上所记多为生前旧物和衣衾，竹遣策上所记多为祭奠用品。

（3）安徽南陵麻桥东吴墓[2]：出土了3件木质遣策，其中M3出土2件，其一出自棺内。以大字总括棺内衣物"各□衣物合八种是丹杨宣成男子萧礼有"，并以小字罗列"巾一枚""覆面一枚""袜一量"等11件衣物。另一出自棺外，列有"酒器五十石""□一仓千石""□□五百石""饭案""□具""宛（碗）□"等粮食和器具，所记当为棺外物品。另一座墓中仅在棺内出土1件，正反两面书写，可能包括了棺内和棺外物品，主要是各类衣物和布匹。如"绛被一枚""绣两当一枚""锦两当一枚""锦十匹""练十匹""各□缯合百匹""手巾二□""枕二枚"等，也有器具如"竟（镜）一枚""银叉六枚""金叉四枚""突无叉三枚""铁刀一枚""木一、椅一具""麻三斤""□□镜一具""贝□五百万"等。此墓遣策所记棺内物品主要是衣衾类，棺外物品除生前旧物外，还有祭奠用品（如M3的酒器、碗、饭案及粮食等）。不过这里的祭奠用品与前述海州霍贺墓的祭台物品性质不同，后者是墓内祭祀后留下的，前者是下葬前预备的。只有下葬前预备的祭奠物品才可能记录在遣策上。

（4）江西南昌东吴前期高荣墓[3]：棺内出土1件木质遣策，记各种衣物40余件，另列有"指函""大刀""研（砚）""笔""书刀""官纸""漆碗""金叉"等用品，最后总括"大凡百一十枚皆高荣许"。此墓衣物皆以"故"字开头，且明确表明为死者高荣生前私人旧物。同样的情形常见于汉晋遣策，如长沙马王堆3号墓遣策"白縠衾二，素里，其一故"，江陵凤凰山汉墓M8遣策记有衣物三四十件，有的冠以"新"或"故"字，长沙西晋潘氏墓遣策皆冠以"故"字[4]。凡书"故"者可能是死者生前旧物，书"新"者可能是亲朋所赠，即"致禭"之物。无论新物还是故物，都是丧仪中陈列的物品。

---

[1] 湖南省博物馆、中国科学院考古研究所：《长沙马王堆一号汉墓》，文物出版社，1973年。
[2] 安徽省文物工作队：《安徽南陵县麻桥东吴墓》，《考古》1984年第11期。
[3] 江西省历史博物馆：《江西南昌市东吴高荣墓的发掘》，《考古》1980年第3期。
[4] 史树青：《晋周芳命妻潘氏衣物券考释》，《考古》1956年第2期。

（5）江西南昌西晋夫妇合葬墓[1]：墓内有两具木棺，木质遣策置于男棺内，列出了27件衣物及"严器""铜镜""刷""面纸""书箱""书砚""笔""墨""刺""棺中笙"等生前玩好与器具，所有物品皆冠以"故"字。衣物已腐烂，衣物之外的物品多发现实物。但置于棺外的青瓷器皿并不见于遣策，可知青瓷器皿可能是下葬时墓内献祭饮食的容器，不在葬仪中陈列，故不书于遣策。值得注意的是，遣策中有"故棺材一枚"，棺作为丧仪中预备的葬具也可记于遣策。

（6）长沙东晋升平五年（361）周芳命妻潘氏墓[2]：是滑石板遣策，所记内容为40余件衣物及"铜镜""针囊""剪刀尺""细笙""严具""银叉"等用具，皆冠以"故"字，也列有"故棺材一口"，表明这些皆死者私人物品和丧仪用物。石板背面则是一段买地券式的文字，除记死者生平外，还特别说明"其随身衣物，皆潘生存所服饬，他人不得妄认抵债"，此表明了遣策埋入地下的意义之一在于确认物品的所有权。

遣策除流行于楚、汉、晋时期的南方地区以外，在吐鲁番和河西的十六国墓葬中也较为常见，在吐鲁番阿斯塔那、哈喇和卓一带发现过晋唐时期的遣策数十份[3]，不过唐代以后渐不见，也可能改用其他材质如纸质了。

安阳西高穴曹操墓、洛阳西朱村曹魏大墓出土的刻铭石牌，无疑与上述遣策的性质和功能相同，同是丧葬典礼中的"赗、奠、赙、赠"之物，是死者的生前旧物和丧仪用物。其中曹操墓出土的7块圭形遣策发现于前室，皆刻有"魏武王"，多为兵器之属，如"魏武王常所用挌虎大戟""魏武王常所用短矛""魏武王常所用大刀""魏□□常所用搏□□（椎）""魏武王常所用长犀盾"等；其他六边形的遣策都是平首斜肩，皆发现于后室（棺室），记有各类衣物、玩好及丧仪用品。西朱村墓石牌皆为六边。

二墓均被严重盗扰，物品皆已移位，已无从复原物品的原有种类、数量和陈列位置，但从曹操墓圭形石牌出自前室、六边形石牌出自后室来看，随葬物品在墓室内的摆放还是有迹可循的：六边形者所记皆为衣物、玩好器用及陈设用器，可能是置于棺内的旧物和玩好，以及丧礼中的赠、祭奠用品；圭形者所记之"常所用"兵器可能正是代表其身份的一套生前旧物，武家璧认为正好构成了曹操"常所用"的侍卫警跸用具，相

---

[1] 江西省博物馆：《江西南昌晋墓》，《考古》1974年第6期。
[2] 史树青：《晋周芳命妻潘氏衣物券考释》，《考古》1956年第2期。
[3] 国家文物局古文献研究室等编：《吐鲁番出土文书》10册，文物出版社，1981—1991年；柳洪亮：《吐鲁番阿斯塔那古墓群360号墓出土文书》，《考古》1991年第1期；侯灿、吴美琳：《吐鲁番出土砖志集注》附录二《吐鲁番晋—唐古墓出土随葬衣物疏》，巴蜀书社，2003年；刘安志：《吐鲁番所出衣物疏研究二题》，《魏晋南北朝隋唐史资料》第22辑，武汉大学文科学报编辑部，2005年；田河：《武威旱滩坡十九号前凉墓衣物疏考释》，《社会科学战线》2012年第6期。

较《后汉书·舆服志》的天子仪仗，规模甚小，可证曹操之俭[1]。在实际出土遗物中，有些可能正是遣策所记物品，如前室散落的兵器，后室所见的金玉饰件、云母、石圭、石璧、铁镜等。至于墓中遗留的部分陶瓷器皿、陶俑、仓、灶、井等模型，既不属于生前旧物，也不是丧礼中的赗赠、祭奠用品，而是丧礼之后陈设于墓中的祭祀器物，故不见于遣策。

西朱村大墓石牌所记物品，从质地上，漆木器最多，金银、玉石、珠宝类其次；从类别上，饮食器和陈设用器数量最多，约占60%；另有大量食物；其次是衣物类。盛储食物的漆器和屏风、帷帐、几案、榻、灯、熏炉等陈设器，构成了墓内祭祀场景，这些物品占了遣策的大部分，表明墓内祭祀是一项重要的葬仪。

2. 刻铭石牌所记名物

刻铭石牌制作规整，文字多为规整的汉隶，大多可以辨识。除曹操墓的7块圭形石牌外，其余六边形石牌所记物品以衣衾类最多，其次是器用类，也有少量丧仪之物。兹分类简释如下（下列名物标"△"者出自曹操墓，未标者出自西朱村大墓）。

（1）衣衾类

石牌所记衣衾包括袍、衫、裙、袴、襜襦、臂鞲、袜、标、被、褥等织物。应该原是置于棺内的，但实物极难保存，墓内难觅踪迹。

a. 袍

△黄绫袍锦领袖一

见于曹操墓。即以锦饰领、袖的黄绫袍。绫和锦都是极为珍贵的丝织品，绫是一种细薄光洁的丝织物，《释名·释彩帛》："绫，凌也，其文望之如冰凌之理也"[2]；锦是有多彩图案的丝织品，《释名·释彩帛》："锦，金也，作之用功重，其价如金。"

汉之五时朝服，即春、夏、季夏、秋、冬时节所服不同颜色的朝服，经特许是可随葬的，《后汉书·礼仪志》："诸郊庙祭服皆下便房，五时朝服各一袭在陵寝，其余及宴服皆封以箧笥，藏宫殿后阁室。"[3]《三国志·王凌传》："乃发（王）凌、（令狐）愚冢，剖棺，暴尸于所近市三日，烧其印绶、朝服，亲土埋之。"[4] 黄绫袍是朝服中之至贵者，

---

[1] 武家璧：《曹操墓出土"常所用"兵器考》，《中原文物》2010年第4期。
[2] [汉] 刘熙撰：《释名》卷四《释彩帛》。本书所引《释名》为四部丛刊上海涵芬楼影印本。
[3] 《后汉书》志第六《礼仪志下》，3152页。
[4] 《三国志》卷二十八《魏书·王凌传》，758—759页。

天子所服。《三国志·夏侯玄传》:"今科制自公、列侯以下,位从大将军以上,皆得服绫锦、罗绮、纨素、金银饰镂之物,自是以下,杂采之服,通于贱人,虽上下等级,各示有差,然朝臣之制,已得俦至尊矣,玄黄之采,已得通于下矣。"[1]故此黄绫袍当显示出墓主的特殊身份[2]。

b. 衫、衣架

△紫绡披衫、黄绡不(襆)
△白练单衫二
△长命绮复衫丹文不(襆)
△墨画衣枊一

绡是生丝织的缯帛,练指煮得柔软洁白的丝织物,绮是有花纹的细绫,皆为上衣之属——衫。《释名·释衣服》:"衫,芟也,衫末无袖端也,有里曰复,无里曰单"[3],故有单衫、复衫,加在一起为一袭,有功者常被"赐衣一袭"即指此,被赐之衣物要在丧仪中穿在死者身上,即设袭。西朱村大墓有"袿袍以下凡衣九袭",在葬仪不同环节为死者穿衣,故有多袭的衣物。马王堆1号汉墓出土的2件素纱单衣皆十分轻薄,身长128、160厘米,却重不到50克。

白练常用于敛尸、祭吊等丧葬之用,《通典·大丧初崩及山陵制》:"奠祭之具及器藏物,皆覆以白练。"[4]《搜神记》:"木中有好妇人,形体如生人,着白练衫,丹绣裲裆"[5]。

绮上一般有花纹,《释名·释衣服》:"其文欹邪,不顺经纬之纵横也,有杯文,形似杯也,有长命,其采色相间,皆横终幅,此之谓也,言长命者服之,使人命长。"此长命绮复衫可能即此类。

c. 裙

△白绮裙
△白练单裙一

---

[1]《三国志》卷九《魏书·夏侯玄传》,297—298页。
[2] 牛润珍:《曹操高陵新释证——西高穴大墓形制与文物研究》,《光明日报》2011年7月14日第11版。
[3]《释名》卷五《释衣服》。
[4]《通典》卷七十九《凶礼·大丧初崩及山陵制》,2143页。
[5] [晋]干宝撰,汪绍楹校注:《搜神记》卷十六,中华书局,1979年,206页。

△绛白复裙一
△丹文直领一、白绮裙自副

裙属下裳，男女皆着裙，《三国志·管宁传》："（管宁）常着皂帽、布襦袴，布裙，随时单复，出入闺庭。"[1]

丹文直领与白绮裙为一套上衣下裳，直领为如袍的外衣，《释名·释衣服》："直领，邪直而交下，亦如丈夫服袍方也。"

d. 袴、襜褕、臂䪗

△绛文复袴一
△丹绡襜褕
△紫臂䪗一具

袴即裤。襜褕是一种较长的单衣，类披风，《释名·释衣服》："荆州谓襌衣曰布襦，亦是襜褕。"《东观汉记·来歙传》："来歙，字君叔，南阳新野人也。父仲。歙有大志慷慨，治《春秋左氏》，东诣洛阳见上，上大喜，曰：'君叔独劳苦。'即解所被襜褕以衣歙，拜太中大夫。"[2]

臂䪗是一种臂衣，《释名·释衣服》："䪗，襌衣之无胡者也，言袖夹直，形如沟也。"汉魏间士庶所着，《后汉书·马皇后纪》："仓头衣绿䪗，领袖正白。"李贤注："䪗，臂衣，今之臂䪗。以缚左右手，于事便也。"[3]

e. 袜

△黄绡袜
△白练袜一量

《释名·释衣服》："袜，末也，在脚末也。"汉魏时期有以袜赐臣者，《后汉书·鲁丕传》："特赐冠帻履袜衣一袭。"[4]《后汉书·董祀妻》载曹操赐董祀妻蔡文姬"赐以头巾履袜"[5]。

---

[1]《三国志》卷十一《魏书·管宁传》，358 页。
[2][汉]刘珍等撰，吴树平校注：《东观汉记》卷九《来歙传》，中州古籍出版社，1987 年，283 页。
[3]《后汉书》卷十《马皇后纪》，411—412 页。
[4]《后汉书》卷二十五《鲁丕传》，884 页。
[5]《后汉书》卷八十四《列女传·董祀妻》，2801 页。

f. 幖、被、褥、荐、簟、冒

△绛幖文绮四幅被一
△黄绮被丹绮缘
△紫绮大褥一□补自□
△墨画零状荐筊簟一具

幖为冠帽上的坠饰，以缯为之，以颜色区分身份，《晋书·舆服志》："袴褶之制，未详所起，近世凡车驾亲戎、中外戒严服之。服无定色，冠黑帽，缀紫幖，幖以缯为之，长四寸，广一寸……中官紫幖，外官绛幖。"[1]

被褥为床上卧具，床榻上的垫具也可称褥。《三国志·卫觊传》："武皇帝之时，后宫食不过一肉，衣不用锦绣，茵蓐不缘饰，器物无丹漆，用能平定天下，遗福子孙，此皆陛下之所亲览也。"[2]《晋书·杨柯传》："常卧土床，覆以布被，裸寝其中，下无茵褥。"[3] 褥也可赐功臣，《晋书·颜含传》："成帝美其素行，就加右光禄大夫，门施行马，赐床帐被褥，敕太官四时致膳。"[4]

"墨画零状荐筊簟一具"指墨画的席子，"荐"和"簟"都指席，"筊簟"即竹席。簟也用作葬具，《后汉书·赵岐传》："年九十余，建安六年卒。先自为寿藏，图季札、子产、晏婴、叔向四像居宾位，又自画其像居主位，皆为赞颂。敕其子曰：'我死之日，墓中聚沙为床，布簟白衣，散发其上，覆以单被，即日便下，下讫便掩。'"[5] 周代丧礼中，尸体沐浴所在的床上"下莞上簟"，即下为草席，上为竹席。

以上衣物涉及的织品有绫、锦、绮、绡、练等质料，袍、披衫、不（襆）、襜襦、裙、袴、褠、袜、被、褥等种类，黄、紫、绛、丹、白等色。这些既是士人日常所服，也可作为馈赠、赏赐品在丧仪中陈列。衣衾是将遗体移至卧床后进行的，在给遗体穿衣和装殓（即设袭）、小敛和大敛阶段，要对君长、亲朋所送之衣物尽数陈列，一些穿在死者身上，另外的则收藏在衣笥里以备一同下葬。在这个程序里，既有各类衾（被、褥），也有各类衣（祭服、散衣），仅在小敛、大敛阶段陈列的禭衣（亲朋所送之衣）就有数十套。因此，衣衾是考古发现的遣策记录最多的物品。故这些遣策又有"衣物疏"

---

[1]《晋书》卷二十五《舆服志》，772页。
[2]《三国志》卷二十一《魏书·卫觊传》，612页。
[3]《晋书》卷九十四《隐逸·杨柯传》，2450页。
[4]《晋书》卷八十八《颜含传》，2287页。
[5]《后汉书》卷六十四《赵岐传》，2124页。

或"衣物券"之称。遣策所记的衣物不尽穿在死者身上,大部分应陈放在棺旁的竹笥内。如马王堆一号汉墓女尸穿了 20 层衣物,同时还发现了写有"衣笥"的签牌。若对衣服质料和种类进行分析,或许还可以分辨出分别属于设袭、小敛和大敛阶段的衣物[1]。又如前述南陵麻桥东吴墓 M3 棺内遣策上记有"各□衣物合八种是丹杨宣成男子萧礼有",并详细列出了"巾一枚""覆面一枚""袜一量"等 11 件衣物[2]。曹操墓石牌所记衣物将近 20 种,西朱村墓石牌也有 50 余件、约 1/4 是衣物,其中"白练单衫""白练单裙""白练袜"有可能是设袭时穿的一套衣服。白练常用作敛尸之用;而"绛标文绮四幅被""黄绮被""墨画零状荐筎簟""紫绮大褥"等则是入殓之前的"凭尸"床笫之物。

此外,还有一些衣物上的装饰物,如腰带和带钩。西朱村墓有一件石牌书"朱绶文绶囊一八十首朱绶九彩衮带金鲜卑头自副",指一套以红色绶带装饰的九彩腰带(衮带)和带钩(鲜卑头),装在一个红色绶带装饰的绶囊里。"鲜卑头"可能是胡语对带钩或带扣的音译。

(2) 器用类

包括帷帐、屏风、灯盏、香炉等陈设器,书案、刀尺、墨等文房用具,妆具、食具、沐具、戏具、钱财等,其中有生前旧物,也有亲朋赠之物,有的并非实物,而以模型随葬,这类物品的实物一般放置在棺外。

a. 帷帐、屏风等陈设类

△广四尺长五尺绛绢斗帐一具,构自副
△三尺五寸两叶画屏风一
△一尺五寸两叶绛缘镘屏风一
□□尺长一丈斗帐中白食绢隔一具
□□□斗帐一具绢隔缇沓自副
△慰项石一
△渠枕一

帷帐和屏风是士人居室的重要陈设,《汉书·文帝纪》:"所幸慎夫人衣不曳地,帷帐无文绣,以示敦朴,为天下先。"[3]《邺中记》记邺城铜爵三台:"三台相面各有正

---

[1] 范志军:《长沙马王堆女尸所穿裹衣衾探析》,《华夏考古》2007 年第 3 期。
[2] 安徽省文物工作队:《安徽南陵县麻桥东吴墓》,《考古》1984 年第 11 期。
[3] 《汉书》卷四《文帝纪》,134 页。

殿，上安御床，施蜀锦、流苏、斗账，四角置金龙头，衔五色流苏，又安金钮屈戌屏风床。"[1]

帷帐又可作为丧礼中的陈设，《晋书·左贵嫔》载左芬为元杨皇后献诔，"臣妾哀号，同此断绝。庭宇逾密，幽室增阴。空设帏帐，虚置衣衾"[2]。

曹操墓帷帐"广四尺长五尺"，按汉尺（1尺=23厘米），则仅有1.1米多长，屏风也只有0.8、0.3米（可能指宽度），所以它们可能并非实物旧物，而是祭奠仪式中的明器。但也可能有帷帐的实物，曹操墓后室曾发现大量不可辨识器形的漆木器和4件铁质帐架构件。西朱村墓石牌有"长一丈斗帐"，墓中发现了石帐座、铁帐构实物。

慰项石和渠枕都是枕头，可能即指曹操墓中发现的形如马鞍的枕。枕不一定是卧具，而更多的是一种倚靠之具，常置于几案、床榻或坐车之上。长沙马王堆1号汉墓出土了1件绣枕和2件枕巾，与遣策所记"绣枕""素乘云绣枕巾"相符，这种枕可能是卧具。

b. 书案、刀尺、墨等文房用品

△书案一
墨漆书案一
□墨漆画方案
黑漆画多槅屉函丹缣衣自副
△刀尺一
书刀一
△木墨致二合
墨一蠡

书案是置于床榻前的桌子，可置饮食器具，《后汉书·刘玄传》："（更始帝刘玄之）韩夫人尤嗜酒，每侍饮，见常侍奏事，辄怒曰：'帝方对我饮，正用此时持事来乎？'起，抵破书案。"[3]曹操墓实物中发现灰陶案及砚台等物。

刀尺是文房用具，即剪刀和尺子。本为女子用品，《颜氏家训·风操》："江南风俗，儿生一期，为制新衣，盥浴装饰，男则用弓矢纸笔，女则刀尺针缕，并加饮食之

---

[1]〔晋〕陆翙撰：《邺中记》，《丛书集成初编》，上海商务印书馆影印，1937年，2—3页。
[2]《晋书》卷三十一《后妃传·左贵嫔》，960页。
[3]《后汉书》卷十一《刘玄传》，471页。

物,及珍宝服玩,置之儿前,观其发意所取,以验贪廉愚智,名之为试儿。"[1]又喻评品评人物、执掌政事,《晋书·李含传》:"臣虽无祁大夫之德,见含为腾所侮,谨表以闻,乞朝廷以时博议,无令腾得妄弄刀尺。"[2]曹操墓发现1件残骨尺。

木墨敛可能是墨盒,也是文房用品。八寸机可能也是书案上的文房用具。

c. 沐具、妆具

　　△沐具一具
　　△轩杅一
　　△女澡豆、药□具
　　△木墨行清一
　　□眉刷四
　　△镜台一
　　△胡粉二斤
　　△香囊卅双
　　△竹簪五千枚
　　△木绳叉一
　　△文鐪母
　　△镘莱菌一
　　淳金银解间涂带镜台一丹縑沓自副
　　墨漆画杨柳粉铫一合柙自副
　　车琚镜一枚柙自副
　　六寸墨漆画金带疏具一合金银镜丹縑衣自副

"沐具""轩杅""女澡豆""药□具"皆为沐浴之物。轩杅可能是某种浴盆,杅即盂,与沐具相似。《礼记·玉藻》:"出杅,履蒯席。"可能是较大的浴盆。曹操《上杂物疏》中有"纯银澡豆奁"[3],则澡豆可能是沐浴时洁身之用。"木墨行清"即漆木厕所,东汉至曹魏时期将厕所称作"行清"[4]。

镜台为支放镜子的梳妆用具,曹操墓中未见实物,但发现了一面铁镜,直径21厘

---

[1] 王利器撰:《颜氏家训集解·风操篇》(增补本),中华书局,1993年,115页。
[2] 《晋书》卷六十《李含传》,1642—1643页。
[3] 中华书局编辑部:《曹操集》卷一《上杂物疏》,中华书局,1974年,42页。
[4] 赵超:《西高穴大墓出土石牌的辨识与断代》,《中国文物报》2010年2月5日第3版。

米,外包有织物[1]。镜是汉魏时期极为普遍的生活用品,也是棺内常见随葬物,汉代一般用铜镜,但曹魏西晋时期可能受北方铜料短缺、社会动荡等原因影响,出现了大量铁镜[2],洛阳出土的铁镜数量仅次于当时流行的"位至三公"铜镜[3]。有的铁镜制作非常精致,曹操在进献给宫廷的物品中就包括错金银的铁镜:"御物有尺二寸金错铁镜一枚,皇后杂物用纯银错七寸铁镜四枚,皇太子杂纯银错七寸铁镜四枚,贵人至公主九寸铁镜四十枚。"另有"镜台出魏宫中,有纯银参带镜台一,纯银七,贵人公主镜台四"(曹操《上杂物疏》)。

"胡粉"是一种化妆用品,《释名·释首饰》:"胡粉,胡,糊也,脂合以涂面也。"[4]《后汉书·李固传》:"大行在殡,路人掩涕,固独胡粉饰貌,搔头弄姿。"[5]《北史·独孤皇后传》:"后雅性俭约,帝常合止利药,须胡粉一两,宫内不用,求之竟不得。"[6]胡粉可能来自西域,《魏书·西域传》:"又出细毡,饶、铜、铁、铅、麖皮、氍毹、铙沙、盐绿、雌黄、胡粉、安息香、良马、犎牛等。"[7]胡粉也可用作壁画的底料,《宋书·百官志》:"奏事明光殿,殿以胡粉涂壁,画古贤烈士。以丹朱色地,谓之丹墀。"[8]

"香囊"是盛放香料的用具,常见于汉晋时期的遣策。长沙马王堆1号汉墓遣策记有4件香囊,与实物相符,内装茅香、花椒、辛夷等物。

"簪"即笄,是绾发、系冠或固定发髻的用品,往往用金、银、玉、角、铜簪,先秦丧礼死后不着冠,簪以木为之。《仪礼·士丧礼》"鬠笄用桑,长四寸,纋中",郑玄注:"桑之为言丧也,用为笄,取其名也,长四寸,不冠故也。"遗体沐浴之后、入殓之前需剪指甲、剃须、整理头发,桑木簪即为整理头发之用,但汉以后不仅以木为簪,可以别的材料代替,汉墓考古发现的簪即有各种材料,竹簪是其一种,如武威磨咀子汉墓M48、M62即以竹簪括发[9],马王堆1号汉墓也出土了多枚发簪。"木绳叉""文锸母"可能也是类似的括发用具。在曹操墓实物中有骨簪20余枚。

在汉代丧仪的设袭和敛奠之前,要先对遗体进行沐浴和整理(饭含、楔齿、缀足、剃须、括发)。沐浴在庭院内进行,浴发用盘、浴尸用盆(如"沐具""轩杅"),沐浴之

---

[1] 河南省文物考古研究所、安阳县文化局:《河南安阳市西高穴曹操高陵》,《考古》2010年第8期;李凭主编:《曹操高陵——中国秦汉史研究会、中国魏晋南北朝史学会会长联席会议》,浙江文艺出版社,2010年。
[2] 全洪:《试论东汉魏晋南北朝时期的铁镜》,《考古》1994年第12期。
[3] 徐苹芳:《三国两晋南北朝时期的铜镜》,《考古》1984年第6期。
[4] 《释名》卷四《释首饰》。
[5] 《后汉书》卷六十三《李固传》,2084页。
[6] 《北史》卷十四《北史·后妃传·隋文献皇后独孤氏》,532页。
[7] 《魏书》卷一〇二《西域传·龟兹国》,2266页。
[8] 《宋书》卷三十九《百官志上》,1236页。
[9] 甘肃省博物馆:《武威磨咀子三座汉墓发掘简报》,《文物》1972年第12期。

后对遗体进行整容,包括括发(如"竹簪""木绳叉""文铭母")和妆容(如"胡粉")。

d. 食具

　　△漆唾壶一
　　△五尺漆簿机一、食单一
　　△八寸机一
　　△木□机一
　　墨漆再重机一
　　△广八寸□□高七寸墨漆画单虑机一枚
　　△漆浆台一
　　△木表漆里书水椀一
　　△清酒一斗瓦瓶受
　　一尺墨漆画盘五
　　半合淳金盘椀各一柙自副
　　画银带唾□□囊自副
　　墨漆画酒盘二

唾壶是盛唾之容器,曹操墓中未见漆唾壶实物,但发现了陶瓷罐、壶等容器,青瓷唾壶是魏晋南北朝时期的常见随葬品。

"五尺漆簿机""食单""漆浆台"指漆木餐桌及食具。"簿机"是一种较矮、似几案的桌子;"单"即"箪",是一种圆形竹器;而"浆台"是放置浆饮的案子,常以箪盛食、以壶盛浆。"木表漆里书水椀"是漆木盛食用器。

漆木器具在长江流域的汉晋墓葬中常见,鄂城的一座东吴墓(郭家垴M16)中发现21件漆器,包括唾盂、盘、耳杯、案、钵、楄、碗等,制作精美[1];安徽马鞍山朱然墓(赤乌十二年,249)共发现60多件漆器,包括漆案、凭几、盘、耳杯、果盒、砚、尺、勺等[2]。

e. 戏具

　　△樗蒲扑一
　　墨漆画樗蒲床一五木等丹缣衣箱柙自副

---

[1] 南京大学历史系考古专业等:《鄂城六朝墓》,科学出版社,2007年。
[2] 安徽省文物考古研究所、马鞍山市文化局:《安徽马鞍山东吴朱然墓发掘简报》,《文物》1986年第3期。

象牙锥画楈蒲床一五木箸丹縑囊枊自副

象牙锥画弹棊枰一具棊箸丹縑衣箱枊自副

墨漆画围棋具一具棋丹縑衣箱枊自副

□□锥画博具一具棊箸枊自副

金戏弄具廿

墨漆画博具一具棊箸丹縑衣箱枊自副

高六寸金投壶一枚箸丹縑枊自副

  蒲扑（樗蒲）、棊枰、围棋具、戏弄具、博具、投壶、棊箸都是游戏具，是文人士大夫的一种雅好和社交用具，考古中发现过很多实物。其中樗蒲是东汉时传入的一种外来游戏，"博物志曰：老子入西戎，造樗蒲卜也"[1]。汉晋时期盛行于朝野上下，又称与之，即以五根木条为骰子，骰子一面涂白、一面涂黑，最好的投彩是五个全黑，叫"卢"。《资治通鉴》："上征青冀二州刺史颜师伯为侍中，师伯以谄佞被亲任……上尝与之樗蒲，上掷得雉，自谓必胜；师伯次掷，得卢，上失色。师伯遽敛子曰，几作卢。是日，师伯一输百万。"胡三省注："樗蒲，采名，有黑犊、有雉、有卢，得卢者胜。"[2]樗蒲也用来代表运气，《晋书·慕容垂载记》："初，（慕容）宝在长安与韩黄、李根等因宴樗蒲，宝危坐整容，誓之曰：'世云樗蒲有神，岂虚也哉？若富贵可期，频得三卢！'于是三掷尽卢，宝拜而受赐，故云五木之祥。"[3]马瑞志（Mather）认为樗蒲是源自印度的游戏，类似于西洋双陆棋[4]。

（3）丧仪类

a. 敛奠物

△黄豆二升

△亿巴钱五万

△白蜜银廿饼

△黄蜜金廿饼

△圭一

△璧四

---

[1]《太平御览》卷七百二十六《方术部》，四库全书本。
[2]《资治通鉴》卷一百二十九《世祖孝武皇帝下》，4052—4053页。
[3]《晋书》卷一百二十三《慕容垂载记》，3080页。
[4] 丁爱博（Albert E. dien）著，李梅田译：《六朝文明》，社会科学文献出版社，2013年，435页。

黄豆、亿巳钱、白蜜银、黄蜜金等可能是丧仪中的祭奠用品，用于供奉亡灵。"黄豆"是与肉脯一样用作供奉的食物，在汉晋遣策中常见豆类食品与肉、酱、脯、鱼、姜等一同出现[1]，"黄豆"一词也见于东汉熹平二年（173）的买地券："上党人参九枚，欲持代生人。铅人，持代死人。黄豆瓜子，死人持给地下赋……"[2]

亿巳钱、白蜜银、黄蜜金都是代表钱财的，是丧仪之赗赠环节的产物，有可能只是象征性的，并未埋入实物。圭、璧在周礼中是用于敛尸的六瑞之二。在汉代天子丧仪中也有赠圭的环节，《后汉书·礼仪志》："司徒跪曰，请进赠，侍中奉持鸿洞。赠玉珪长尺四寸，荐以紫巾，广袤各三寸，缇里，赤纁周缘。"[3] 按汉之一尺约23厘米，则"尺四寸"长约32厘米，曹操墓后室发现了石圭1件，长28.9厘米，另有石璧4件，直径28厘米，与石牌所记"圭一""璧四"数量相符[4]，可能是敛尸之物。

b. 饰棺物

△白缣画卤簿、游观食厨各一具
△玄三早绯
△绒二幅二
玄三缥二
绛九流（旒）一

《仪礼注疏》郑玄注"棺饰"："孝子既启见棺，犹见亲之身，既载饰而以行，遂以葬，若存时居于帷幕而加文绣，《丧大记》曰，饰棺，君龙帷，三池、振容、黼荒，火三列，黻三列，素锦褚，加伪荒，缥纽六，齐五采，五贝，黼翣二，黻翣二，画翣二，

---

[1] 如张家山247号汉墓遣策有"豉一筒"，马王堆汉墓遣策中有盛于竹筒中的"豆食品"等，参张家山二四七号汉墓竹简整理小组：《张家山汉墓竹简（二四七号墓）》，文物出版社，2001年；湖南省博物馆等：《长沙马王堆一号汉墓发掘简报》，文物出版社，1972年。宋超对此有详细考证，参宋超：《"黄豆二升"小考》，载李凭主编：《曹操高陵——中国秦汉史研究会、中国魏晋南北朝史学会会长联席会议》，浙江文艺出版社，2010年。
[2] 针对有人以"黄豆"一词晚见而怀疑曹操墓的真实性，宋超、王子今先生撰文指出了汉代"黄豆"的存在。宋超引池田温先生《中国历代墓券略考》所录"张叔敬墓券"，参宋超：《"黄豆二升"小考》，载李凭主编：《曹操高陵——中国秦汉史研究会、中国魏晋南北朝史学会会长联席会议》，浙江文艺出版社，2010年。另参王子今：《曹操高陵石牌文字"黄豆二升"辨疑》，《光明日报》2010年10月26日。
[3] 《后汉书》志第六《礼仪志下》，3147页。
[4] 圭、璧的数量和尺寸在发掘者的"成果简介"与"发掘简报"中略有出入，此处据"成果简介"，参张志清、潘伟斌：《安阳曹操高陵考古发掘成果简介》，载李凭主编：《曹操高陵——中国秦汉史研究会、中国魏晋南北朝史学会会长联席会议》，浙江文艺出版社，2010年。

皆戴圭，鱼跃拂池……礼器曰，天子八翣，诸侯六翣，大夫四翣。汉礼器制度，饰棺，天子龙火黼黻皆五列，又有龙翣二，其戴皆加璧。"[1]

遗体入殓之后、棺木下葬之前，需对棺柩进行装饰。周至汉代礼仪对棺饰有详细的规定，除了荒帷外，翣是重要装饰，郑玄注："汉礼，翣以木为筐，广三尺，高二尺四寸，方两角高，衣以白布，画者画云气，其余各如其象。柄长五尺，车行使人持之而从，既窆，树于圹中。"

"玄三早绯""绒二幅二"可能是丧仪中赗赠的棺饰物，《后汉书·礼仪志》："司徒跪曰，请进赗……赗币，玄三纁二，各长尺二寸，广充幅。"[2]

以上棺饰皆为竹木或纺织物，墓中未见实物，但发现了大量制作精美的金属泡钉，当可作饰棺证据。

另外，西朱村大墓石牌所记物品还有：海大斑螺、海贝、珊瑚、象牙、于阗白玉、翡翠、金镂白珠珓、胡饼炉、佛人爪锤等，应是来自域外的物品，表明曹魏时期与外界的交流是频繁的。

3. 刻铭石牌与丧仪

周代的丧葬礼仪以《仪礼》中的《士丧礼》和《既夕礼》最为详细，汉代虽然有所变革，但基本程序没有很大变化，从初死到下葬大约包括如下几个仪式环节：招魂、衣衾、吊禭、设袭、敛奠、赗赠、入圹。仪式的每个阶段都会在考古实物遗存中有所反映，这已为大量考古发现所证实。曹操墓、西朱村大墓刻铭石牌所记名物大多与盛装的容器并提，如衣物类大多有衣箱等容器，有的还带有衣架，常有"墨漆画簧笼""墨漆画衣柙""墨漆画竹箱""绶笥""自具柙""绶囊"等容器与各类衣物并提，并以"自副"表达它们是一套完整的组合，表明它们是来自不同亲友的助丧礼品。丧家依礼请送，所有物品皆登记造册，之后又有"读赗""读遣"环节，即由专人宣读所获赠物，相当于礼单。助丧礼品种类、数量不一，包装（容器）不同，在公开展示后随其他物品一同葬入墓中。

曹操墓多次被盗，仍出土各类质地器物400余件，包括金、银、铜、铁、玉、石、骨、漆木及陶瓷器，而刻铭石牌所记物品大多为易朽的纺织物、木、竹及食品、化妆品类，或有一些残留，但已不可辨识，如后室"多处发现有漆木器，仅残存局部，器形不明"，可能就是书案、屏风、漆簿机等木质物品的残留。而残存的玉石器、金属器等可能与石牌所记物品有关，如石圭、石（玉）璧、铁镜、兵器、铜钱、铜叉、骨簪、骨尺等可能正是石牌

---

[1]〔汉〕郑玄注，〔唐〕贾公彦疏，赵伯雄整理：《周礼注疏》卷八《缝人》，李学勤主编：《十三经注疏》，北京大学出版社，1999年，208页。
[2]《后汉书》志第六《礼仪志下》，3147—3148页。

所记各类器用或丧仪用品。至于食物、化妆品等物是否存在，还有待更细致的分析和鉴别。西朱村大墓也出土了400余件遗物，有陶模型明器、帐构、玉石器、漆木器等。

《后汉书·礼仪志》载有天子丧仪明器及赗赠之物[1]：

> 东园武士执事下明器（列各种容器及所盛食物）……祭服衣送皆毕……太常导皇帝就赠位。司徒跪曰：请进赠。侍中奉持鸿洞。赠玉珪长尺四寸，荐以紫巾，广袤各三寸，缇里，赤纁周缘；赠币，玄三纁二，各长尺二寸，广充幅。

与石牌名物相对照，考虑到墓葬被盗扰等因素，墓内出土物应大致涵盖了以上明器及食物、用品。而曹操墓"常所用"兵器，圭、璧及饰棺之物等非普通之物，可能昭显了曹操死后采取的天子丧仪。

刻铭石牌名物中除衣衾、丧仪用品外，其他器用之物应大部分是助丧之物。东汉末年，献帝都许以后宫中物品匮乏，曹操将祖上所得赐品及搜罗所得进献，以补宫廷，其所献物品大抵与石牌所列器用、玩好相类。

曹操《上杂物疏》[2]载：

> 御物三十种，有纯银参镂带漆画书案一枚，纯银参带台砚一枚，纯银参带圆砚大小各一枚。御物有漆画韦枕二枚，贵人公主有黑漆韦枕三十枚。（《北堂书钞》卷一三四）

> 御物三十种，有纯金香炉一枚，下盘自副；贵人公主有纯银香炉四枚，皇太子有纯银香炉四枚，西园贵人铜香炉三十枚。（《北堂书钞》卷一三五，《艺文类聚》卷七〇）

> 御杂物用，有纯金唾壶一枚，漆圆油唾壶四枚；贵人有纯银参带唾壶三十枚。（《太平御览》卷七〇三）

> 御物三十种，有上车漆画重几大小各一枚。（《北堂书钞》卷一三三）

> 御物有尺二寸金错铁镜一枚，皇后杂物用纯银错七寸铁镜四枚，皇太子杂纯银错七寸铁镜四枚，贵人至公主九寸铁镜四十枚。（《北堂书钞》卷一三六，《太平御览》卷七一七）

---

[1]《后汉书》志第六《礼仪志下》，3146—3148页。
[2] 此处《上杂物疏》《上器物表》均转引自《曹操集》卷一，中华书局，1974年。

御物中宫贵人公主皇子纯银漆带镜一枚，西园贵人纯银参带五，皇子银匣一，皇子杂用物十六种，纯金参带方严四具。(《太平御览》卷八一二)

镜台出魏宫中，有纯银参带镜台一，纯银七，贵人公主镜台四。(《太平御览》卷七一七)

纯银澡豆奁，纯银括镂奁，又银镂漆匣四枚。(《北堂书钞》卷一三五)

油漆画严器一，纯金参带画方严器一。(《太平御览》卷七一七)

御杂物之所得孝顺皇帝赐物，有容五石铜澡盘一枚。(《北堂书钞》卷一三五)

有银画象牙杯盘五具。(《太平御览》卷七五九)

中宫用物，杂画象列尺一枚，贵人公主有象牙尺二十枚，宫人有象牙尺百五十枚，骨尺五十枚。(《太平御览》卷八三〇)

中宫杂物，杂画象牙针管一枚。(《太平御览》卷八三〇)

曹操《上器物表》：

臣祖腾，有顺帝赐器。今上四石铜铦四枚，五石铜铦一枚，御物有纯银粉粉铫一枚，药杵臼一具。(《太平御览》卷七五七、七六二)

曹操进献的物品当可代表汉至曹魏时期贵族的日常器用，自然也可进入丧仪中的赗赠环节并实际埋葬。

将考古发现的汉晋遣策与随葬品对照，可知遣策所记并非虚夸，应体现了汉魏时期的实际埋葬情况。汉代的厚葬模式至汉末曹魏时期发生了根本性的转变，虽然丧葬一再简省，但墓葬的规模、随葬物品种类和丧仪程序依然要体现墓主的尊显身份，曹操墓和西朱村大墓刻铭石牌为我们提供了一份珍贵的汉末高等级随葬物品清单，它在一定程度上反映了汉末至曹魏时期的最高等级丧仪。

二、作为祭器的漆器

在统称为"随葬品"的墓葬出土器物中，有明器、祭器之分。明器是"貌而不用"的器物，孔子主张明器既要模拟真实的物品，又要在外形和功能上有所区别，《礼记·檀弓上》"之死而致死之，不仁而不可为也；之死而致生之，不知而不可为也。是故竹不成用，瓦不成味，木不成斫，琴瑟张而不平，竽笙备而不和，有钟磬而无簨虡。其曰明器，神明之也。"[1] 巫鸿总结战国时期明器的特征为微型、拟古、变形、粗制、素面、仿铜、重套，考古常见的一些器形较小、制作较粗劣、明显不具备实用价值的器物很显然就是明器[2]。与明器的"貌而不用"性质完全不同的另一类器物是祭器，是祭祀场所献祭饮食的器物。明器与祭器的区别一在功用，二在象征性，三在使用场所。功用上，明器讲究貌而不用，祭器则是盛装饮食的实用器物；象征性上，明器是为死者来世生活而备的物品，是鬼器，祭器是生者与死者沟通的媒介，是生器或人器；使用场所上，明器皆藏入墓中，祭器则主要在葬前和葬后祭祀中使用。在敛、遣和葬后环节中都有祭祀，祭祀是与死者灵魂的沟通，而沟通的方式是通过供奉饮食完成的。这些饮食用器是具有实际盛储功能的，甚至是十分精致的容器，有的可能直接来自生前日用品，有的可能也是助丧物品。墓中常见的漆器、青瓷器和金属容器等可能就是这样的祭器，它们与帷帐、床榻、几案、灯、熏炉等一起，构成了墓室的祭祀场景。

漆器虽然随着青瓷器的出现而在秦汉以后逐渐减少，不再是主要的日常生活用品，但在丧葬礼仪中仍是一类重要的祭器。秦汉以后的墓中常见一些工艺十分精致的漆器，有的有绘画，有的有铭文，有的是实物，有的仅见于遣策（如曹操墓和西朱村大墓刻铭石牌中有大量的漆陈设器、游戏具和饮食器）。这些器物中的容器应大部分是祭器，这点可以从一类特殊的漆器——"牢"铭漆器得到证明。

汉代以后漆器铭文的书写方式及内容均有很大变化，一般以色漆书写简略的纪年和人名信息，多见朱书"上牢""作牢"等字样。这种"牢"字铭文较为特殊，论者常参照汉代工官漆器铭文将其解释为漆器的制作信息，认为"牢"即坚固耐用，是对产品质量的宣传。这是一种望文生义的解释，曲解了"牢"的本来涵义，混淆了漆器的制作与使用环节，因此忽略了"牢"铭器物蕴含的有关丧葬礼仪的重要信息。我们可以对"牢"铭漆器的铭文书写方式、漆器的流通过程作一考察，讨论漆器在丧葬礼仪中的特殊功用。

1. "牢"铭漆器的发现与研究

中国古代漆器铭文最早见于战国时期，多为简单的符号和人名；西汉时期漆器铭文的字数增多，尤其官营作坊——工官——漆器上出现了长篇铭文；东汉以后至隋唐是漆

---

[1]《礼记集解》卷九《檀弓上》，216页。
[2] 巫鸿：《明器的理论和实践：战国时期礼仪美术的观念化倾向》，《文物》2006年第6期。

器的衰落时期，铭文较少；五代宋元又开始流行漆器铭文[1]。漆器铭文内容最为详备的是汉代工官漆器，一般针刻或烙印器物的制作年份、工官名、器名、容量，及工艺流程中的工匠名（素工、髹工、上工、铜扣黄涂工、画工、洀工、清工、造工）和监造者名（护工卒史、长、丞、掾、令史）等，反映了汉代"物勒工名，以考其诚"的工官制度[2]。铭文格式较为固定，涉及人名部分的格式一般是"工种（或监造官职）+人名"。汉代以后针刻长篇铭文不再流行，而多以色漆书写简略的干支纪年、地名、人名等信息，其中常见人名与"上牢""作牢"等词并连者。

1925年平壤五官掾王盱墓出土的神仙龙虎画像漆盘，盘内绘有东王公、西王母和龙虎像，并有朱漆隶书铭文"永平十二年，蜀郡西工，夹纻，行三丸，治千二百，卢氏作，宜子孙，牢"。另一件同出的漆盘无画像，朱书铭文相同，只是无"牢"字。发掘报告编者原田淑人认为这些铭文指漆器的制作信息；"行三丸"指髹漆三次，即涂漆多次而制作精良之意；"值千二百"表示本批次产品的数量，该器是其中之一；"卢氏作"是制作漆器的工匠信息。关于"牢"字的含义，原田淑人不同意内藤湖南所称"牢"即丧葬礼仪中"大牢"的说法，他根据以往发现的"奉牢"铭漆盘、"张氏牢"铭漆杯，以及汉镜铭文中的"樊氏作牢"等例，认为"牢"指器物的坚固耐用[3]。

1932年平壤王光墓出土的漆案、盘、耳杯皆有"王大利""利王""王氏牢""番氏牢"等朱书铭文，墓中同出"乐浪太守掾王光之印""王光私印"[4]，朱书铭文仅简略注明了器物的所有者即墓主王光，不见更多信息。值得注意的是，"牢"与"大利""利"等吉祥语并存。

1984年安徽马鞍山东吴朱然墓出土的季扎挂剑漆盘底部朱漆书写"蜀郡造作牢"五字，童子对棍漆盘底部朱书"蜀郡作牢"四字[5]。类似漆器铭文也见于湖北鄂城孙吴墓M2215出土的2件漆钵，内壁彩绘男女舞戏、游鱼水草等图案，出土时外底曾有"蜀郡作牢（牢）"铭记[6]。研究者认为这些铭文是器物的制作信息，产自蜀郡工官的精美漆器在汉代常用于赐食臣下，但没有解释"作牢"的含义[7]。

书写类似铭文的六朝漆器还见于1982年发现的江宁官家山六朝墓。该墓出土的漆

---

[1] 陈丽华：《中国古代漆器款识风格的演变及其对漆器辨伪的重要意义》，《故宫博物院院刊》2004年第6期；张飞龙：《中国古代漆器款识研究》，《中国生漆》2007年第1期。
[2] 白云翔：《汉代"蜀郡西工造"的考古学论述》，《四川文物》2014年第6期。
[3] 原田淑人、田澤金吾：《樂浪—五官掾王盱の墳墓》，日本刀江書院，1936年，42—43页。
[4] 朝鲜古迹研究会：《古蹟調查報告第二—樂浪王光墓》，東京，1935年。
[5] 安徽省文物考古研究所、马鞍山市文化局：《安徽马鞍山东吴朱然墓发掘简报》，《文物》1986年第3期。
[6] 南京大学历史系考古专业等：《鄂城六朝墓》，科学出版社，2007年，297页。
[7] 杨泓：《三国考古的新发现——读朱然墓简报札记》，《文物》1986年第3期。

圆盆内壁绘四神、人物图，外底朱书"吴□作上帘（牢）"五字[1]。2003年山东临沂洗砚池晋墓出土的漆壶底部有朱书"十年李平上牢"，碗外底有朱书"太康七年李次上牢""李山自用"等铭文[2]，发掘者沿用"牢"即坚固耐用的说法，认为"上牢"即上得牢固，是对产品质量的宣传[3]。

隋唐是漆器衰落时期，墓葬出土漆器较少，"牢"铭漆器罕见。但五代两宋又开始流行以漆器随葬，考古所见漆器铭文流行以色漆书写（主要是朱漆），铭文内容一般只有纪年、地名、人名等，人名后多见"上牢""作牢"等字。

1975年扬州邗江蔡庄五代贵族墓内出土的两件素面圆形漆器底部均有朱书，一为"胡真"二字，一为"胡真盖花叁两"[4]；1985年江苏常州市运河疏浚工程中发现五代砖室墓，出土的银平脱漆镜盒盒盖和盒身上都有朱书铭文，其中盒身朱书"魏真上牢""并满盖柒两"，盒内放"千秋万岁"铭铜镜。研究者认为"胡真""魏真"是代表作坊的姓氏，胡姓作坊的漆器在江浙一带五代两宋时期具有一定名望；而姓氏后的"真"字代表对作坊品牌真实性的标榜[5]。也有学者根据唐皮日休诗中提到的襄阳漆器名品"库露真"，推测上述魏真、胡真铭漆器可能就是胡语所称的"库露真"，是一种以银平脱工艺制作的漆器，或认为它是一种北方民族特有的漆酒具[6]。研究者都将注意力集中于漆器的商品特性，无法对"上牢"铭文进行合理解释。

宋代"上牢"铭漆器更加多见，大量发现于江浙一带宋墓中。1959年淮安杨庙镇北宋家族墓出土75件漆器，所见朱书铭文有："乙酉杭州吴□上牢""丁卯温州开元寺东黄上牢""壬申杭州真大□□上牢""壬申杭州北大吴□□""戊申温州□三叔上牢""江宁府烧朱任□上牢""江宁府烧朱□□上牢庚子□""己丑温州□□上牢□"，以及"杭州胡"等字，研究者认为铭文中的"胡""吴□□""三叔"等都是工匠名姓，铭文注明了漆器的制作信息，这批漆器是来自杭州、温州、江宁等地作坊的商品。墓主人曾任蕲州、广济、台州、天台税官，漆器可能为墓主人在外所购，或为其后人所购，用来做随葬品[7]。

1991年江阴要塞镇北宋木棺内发现的1件漆盘外侧朱书"癸丑祁上牢"五字，2件

---

[1] 南京市博物馆：《江苏江宁官家山六朝早期墓》，《文物》1986年第12期。
[2] 山东省文物考古研究所、临沂市文化局：《山东临沂洗砚池晋墓》，《文物》2005年第7期。
[3] 冯沂：《临沂洗砚池晋墓出土漆器考议》，《华夏考古》2011年第2期。
[4] 扬州博物馆：《江苏邗江蔡庄五代墓清理简报》，《文物》1981年第8期。
[5] 陈晶：《常州等地出土五代漆器刍议》，《文物》1978年第8期。
[6] 唐刚卯："库露真"与"襄样"——唐代漆器研究之一》，载《魏晋南北朝隋唐史资料》第17辑，上海古籍出版社，2000年，178—187页；潘天波、胡玉康：《"库露真"名实新释》，《文化遗产》2013年第6期。
[7] 江苏省文物管理委员会、南京博物院：《江苏淮安宋代壁画墓》，《文物》1960年第8、9期；罗宗真：《淮安宋墓出土的漆器》，《文物》1963年第5期。

漆盏外侧阴刻"常州汤稔上牢""庚子"等字,阴刻铭文较为潦草[1]。

1953 年杭州老和山南宋墓 201 号墓出土的 3 件漆碗、1 件漆盘上都有朱书"壬午临安府符家真实上牢"等字样,研究者认为"符家"是作器人姓氏[2]。

1976 年武进村前南宋墓出土的戗金花卉人物漆奁盖内面朱书"温州新河金念五郎上牢"十字,戗金长方漆盒盖内朱书"丁酉温州五马锺念二郎上牢"十二字,戗金细钩填漆长方盒盖内朱书"庚申温州丁字桥巷廧七叔上牢"十三字。研究者认为金念五郎、锺念二郎、廧七叔是温州的三位工匠,新河、五马、丁字桥等都是温州城里街巷之名,漆书铭文皆为产品的制作信息[3]。

1982 年杭州北大桥南宋墓出土带托座漆唾盂的托座内朱书文字"丁卯温州□□成十二□上牢"[4]。

前述数例汉、六朝、五代两宋的"牢"铭漆器铭文,一般被解释为产品的制作信息,"牢"是对产品质量的宣传,是坚固耐用之意。这实际上沿用了解释汉代工官漆器铭文的先例,认为它们与汉代工官漆器上的长篇铭文一样都是制作时形成的,是"物勒工名"制度的延续。然而,若对"牢"铭漆器文字的书写方式与内容进行细致考察,发现它们与汉代工官漆器铭文有着很大差异,尤可注意者有二:一是多以朱书书写而非针刻,个别针刻铭文也是极为潦草,表明它们不一定是制作时就形成的,而极可能是使用过程中添加的;二是铭文格式不是汉代漆器常见的"工种(或监造官职)+人名",而是"人名+牢(或上牢、作牢)"。

一般来说,针刻铭文多是制作时形成的,内容多为与制作工艺流程有关的信息,而朱书铭文是使用环节书写的,多是器物的使用信息。"人名+牢(或上牢、作牢)"的铭文中,人名可能是使用者或敬献者,而"上牢""作牢"表示漆器的用途。然而,以往研究者多忽视铭文书写方式与内容的关系,将朱书的"牢"字误解为制作信息而解释为坚固耐用,这种解释忽略了"上牢""作牢"等包含的有关漆器功用的重要信息。

2. 铭文书写方式所见的漆器流通

在漆器最为盛行的战国秦汉时期,漆器文字大多采用烙印和刻划方式,一般来说烙印方式较早,刻划方式较晚,而从西汉开始又出现了色漆书写的文字[5]。针刻铭文内容

---

[1] 林嘉华:《江苏江阴要塞镇澄南出土宋代漆器》,《考古》1997 年第 3 期。
[2] 蒋赞初:《谈杭州老和山宋墓出土的漆器》,《文物参考资料》1957 年第 7 期。
[3] 陈晶:《记江苏武进新出土的南宋珍贵漆器》,《文物》1979 年第 3 期;陈晶、陈丽华:《江苏武进村前南宋墓清理纪要》,《考古》1986 年第 3 期。
[4] 浙江省文物考古研究所:《杭州北大桥宋墓》,《文物》1988 年第 11 期。
[5] 洪石:《战国秦汉漆器研究》,中国社会科学院研究生院博士学位论文,2002 年,63—64 页。

一般字数较多、内容较丰富，而朱书铭文内容较为简略，考古发现的汉至宋代漆器实物中，内容简略的朱书铭文最为常见。

王仲舒先生早就注意到漆器铭文的字数、内容与漆器流通的关系，认为内容丰富、字句很长的铭文是制作时工匠刻上去的，而字数较少的朱书姓氏都是器物获得后再书写的[1]。前述"牢"铭漆器一般都是朱书而非针刻，表明它们应该是漆器流通过程中的使用环节形成的。因此，考察铭文的书写方式或许是了解"上牢""作牢"铭文涵义的关键。

前述平壤王旴墓除了朱书"牢"铭漆盘外，还发现了针刻与朱书铭文并存的漆耳杯，耳杯圈足处有针刻铭文"建武廿八年，蜀郡西工造，乘舆夹纻器，二升二合羹杯，素工回、髹工吴，洀工文、上工廷、造工忠、护工卒史覃、长氾、丞耕、掾禽、令史茂主"，另在耳杯内底朱书"利王"二字[2]。针刻内容显然是漆器的产品信息，是制作时形成的；而朱书"利王"二字表明其拥有者为王氏。同样情况还见于平壤南郊贞百里200号墓，出土的夹纻胎漆耳杯除了圈足处针刻一圈制作信息外，另在内壁两侧分别朱书"利程""丁"字[3]。此二墓耳杯的针刻与朱书铭文并存，其中朱书铭文的题写位置在针刻的制作信息之外，应是漆器流通后期题写的使用信息，其中"王""程""丁"可能是墓主或敬献者的姓氏；而"利"当与"宜子孙"含义接近，是丧葬物品上常见的吉祥语。

以针刻和色漆（主要是朱漆）书写方式同时标注了器物制作信息和使用信息的例子还见于江苏邗江胡场西汉墓，M2漆耳杯上有针刻"工冬""工克"字样，其中一件底部朱书"大张"二字；M1出土漆案底部中间以漆书"千秋"二字，下面有刻写十分潦草的"田长君"三字[4]；M5出土漆耳杯的耳翼下有刻划潦草的"王"字，据观察是后刻的[5]。其中针刻的"工冬""工克"应是工匠名，反映了器物的制作信息，而朱书的"大张"和刻划潦草的"田长君""王"可能是墓主名或敬献者名，应与M1、M5出土墨书献祭物品的竹笥、木椟功用相似，表明它们是丧葬礼仪中的赠赠助丧之物，反映了漆器的使用环节。

考古实物中更多见单独以色漆书写使用信息者，略举数例：

长沙汤家岭西汉墓M1漆耳杯有绿漆书写的"张端君酒杯□□"，同墓出土的多件铜器上都有阴刻或墨书"张端君……"字样[6]；望城风篷岭西汉墓M1漆盘外壁朱书

---

[1] 王仲舒：《汉代物质文化略说》，《考古通讯》1956年第1期。
[2] 原田淑人、田澤金吾：《樂浪—五官掾王旴の墳墓》，日本刀江书院，1936年，38—39頁。
[3] 白云翔：《汉代"蜀郡西工造"的考古学论述》，《四川文物》2014年第6期。
[4] 扬州博物馆、邗江县文化馆：《扬州邗江县胡场汉墓》，《文物》1980年第3期。
[5] 扬州博物馆、邗江县图书馆：《江苏邗江胡场五号汉墓》，《文物》1981年第11期。
[6] 湖南省博物馆：《长沙汤家岭西汉墓清理报告》，《考古》1966年第4期。

"张妵（姬）梐槊"、耳杯外壁朱书"长沙王后家杯"[1]。这些漆书铭文皆注明了使用者（墓主），二墓墓主可能是来自同一张氏家族的女性，二人齐嫁长沙望族刘氏，其中风篷岭 M1 墓主可能是长沙王后[2]。

1951 年发掘的长沙西汉后期 M203 漆杯上有绿漆书写的"贾"字，M401（刘骄墓）漆盘上有金黄色漆书"杨主家盘"，毗邻的长沙王后墓也出有同样铭文的漆盘[3]。1972 年发掘的马王堆 1 号汉墓出土的 184 件漆器中，大多数以朱砂、红漆或黑漆书写文字，其中 12 件书写"轪侯家"字样，118 件书写"君幸食""君幸酒"字样[4]。3 号汉墓出土的 292 件漆器中，有 40 件书写"轪侯家""轪"字，220 件书写"君幸食""君幸酒"[5]，漆书铭文不但标明了拥有者，也注明了用途（食具、酒具）。

1956 年清理的甘肃武威磨咀子 4 号东汉墓出土的漆耳杯有朱书"朱伯梧"[6]，1959 年清理的 22 号东汉墓素面木案边缘有漆书"张孝用"三字[7]，其中"朱""张"等可能是墓主名，也是器物的拥有者。

一般来说，针刻铭文是制作时形成的，但也有例外。满城西汉刘胜墓出土的 1 件漆尊上针刻"御褚□尊一，卅七年十月，赵献"等字，并无制作信息，而只有敬献者（赵）和使用者中山靖王（御）的信息。同出的 12 件耳杯和 11 件漆盘上皆有相似内容的文字，其中漆盘兼用针刻、朱书两种方式，皆标明是由赵某敬献给刘胜的器物[8]，这或许是因刘胜的特殊地位而由赵某定制的敬献器物，故而在制作时就针刻了使用信息。

3. "牢"的字义及"牢"铭漆器的功用

漆器上朱书的"上牢""作牢"等铭文是使用过程中书写的，而以往论者大多混淆了铭文中的制作信息与使用信息，未能正确解释"牢"的字义。

"牢"有多义，其一出自《史记》旧注对"官与牢盆"的解释。《史记·平准书》记大司农盐铁丞孔僅、咸阳二人对榷盐之策的讨论："山海，天地之藏也，皆宜属少府，陛下不私，以属大农佐赋。愿募民自给费，因官器作煮盐，官与牢盆。"裴骃《集解》引如淳曰"牢，廪食也。古者名廪为牢也。盆者，煮盐之盆也"；司马贞《索隐》引苏

---

[1] 长沙市文物考古研究所、望城县文物管理局：《湖南望城风篷岭汉墓发掘简报》，《文物》2007 年第 12 期。
[2] 何旭红：《湖南望城风篷岭汉墓年代及墓主考》，《文物》2007 年第 12 期；黎石生：《湖南望城风篷岭一号汉墓的年代与墓主》，《故宫博物院院刊》2009 年第 1 期。
[3] 中国科学院考古研究所：《长沙发掘报告》，科学出版社，1957 年，120—121 页。
[4] 湖南省博物馆、中国科学院考古研究所：《长沙马王堆一号汉墓》，文物出版社，1973 年，76—96 页。
[5] 湖南省博物馆、湖南省文物考古研究所：《长沙马王堆二、三号汉墓》，文物出版社，2004 年，117—170 页。
[6] 党国栋：《武威县磨嘴子古墓清理记要》，《文物参考资料》1958 年第 11 期。
[7] 甘肃省博物馆：《甘肃武威磨咀子汉墓发掘》，《考古》1960 年第 9 期。
[8] 中国社会科学院考古研究所、河北省文物管理处：《满城汉墓发掘报告》，文物出版社，1980 年，146—152 页。

林曰"牢,价直也,今代人言'雇手牢盆'",又引乐产曰"牢乃盆名"[1]。

《史记》旧注认为牢盆是煮盐之盆,但对"牢"的字义解释有分歧,一为廪食,一为价值。后世学者大多沿用牢盆是煮盐之盆的说法[2],尤其是一些金属容器被认定为煮盐的牢盆,如孙机认为《隶续》所录注明容量的大铁盆即牢盆[3];也有的将汉代煮盐画像砖中的釜读作牢盆[4],或将带有"牢"铭的铜钵当作煮盐的牢盆[5]。

对于"牢"的字义,后世学者或沿用《史记》旧注之"价值"说,认为"牢"指政府付与劳动者之工值[6];或认为"牢"即租金,牢盆是煮盐器具的使用租金,汉武帝盐铁官营后,牢盆的涵义又发生了变化,由租借制作工具的费用转为雇佣劳作人员的费用[7]。也有不同意牢盆为煮盐之器者,认为牢盆是计盆给值(收购)的意思,反映了汉代的榷盐之法[8]。而更多学者舍弃《史记》旧注之说,将器物上的"牢"字解释为坚固,如陈直认为:"牢盆二字,向无确解,余谓当作牢固之盆解。汉有'真上牢''太牢第一'等陶器(见《关中秦汉陶录》卷一)。东汉乐浪王盱、王光墓中出土漆耳杯,有'王氏牢'题字,皆与牢盆同义。"[9]陈直此说实沿用了原田淑人旧说,而舍弃了内藤湖南所说"牢"即丧葬礼仪中的大牢之义[10]。尔后学者大多继承了原田、陈直之说,将器物"牢"铭解释为坚固耐用,而不论铜器、陶器,还是漆器,如将临沂洗砚池晋墓漆器上的"上牢"解释为上得牢固,是为了对产品的宣传[11]。

然而,将器物上的"牢"解释为牢固却是望文生义,金属器可谓坚固,漆器何谓牢固?事实上,除了金属器和漆器外,"牢"铭还见于绝对谈不上坚固耐用的粗糙陶质物品,如湖北老河口李楼西晋墓出土的陶质帐座阴刻铭文"泰始八年作牢好",另一件阴刻"泰始九年作烛□衣□好也"[12],铭文句法与漆器铭文中的"上牢""作牢"相同,应具有相同含义。

因此,对"牢"的字义和"牢"铭器物应另作解释。

---

[1]《史记》卷三十《平准书》,1429页。
[2] 程地宇:《〈巴官铁盆〉考》,《重庆社会科学》2007年第9期。
[3] 孙机:《汉代物质文化资料图说》,文物出版社,1991年,35页。
[4] 龙腾、夏晖:《蒲江县出土汉代牢盆考》,《盐业史研究》2002年第2期。
[5] 尹青兰:《说"牢"》,《南方文物》1993年第3期;王宁:《再说"牢"》,《南方文物》1994年第3期。
[6] 李运元:《释"牢盆"》,《财经科学》1995年第3期。
[7] 曾磊:《"牢盆"新证》,《盐业史研究》2009年第3期。
[8] 苏诚鉴:《"官与牢盆"与汉武帝的榷盐政策》,《盐业史研究》1988年第1期。
[9] 陈直:《史记新证》,中华书局,2006年,72页。
[10] 原田淑人、田泽金吾:《樂浪―五官掾王盱の墳墓》,日本刀江书院,1936年,42—43页。
[11] 山东省文物考古研究所、临沂市文化局:《山东临沂洗砚池晋墓》,《文物》2005年第7期;冯沂:《临沂洗砚池晋墓出土漆器考议》,《华夏考古》2011年第2期。
[12] 老河口市博物馆:《湖北老河口市李楼西晋纪年墓》,《考古》1998年第2期。

"牢"的本义是圈养牲畜的地方,《说文解字·牛部》:"牢,闲也,养牛马圈也。"段玉裁注引"牲系于牢,故牲谓之牢"[1],即用于祭祀之牲畜谓之"牢"。《诗经·大雅·公刘》有"执豕于牢,酌之用匏"等语[2],指从猪圈将猪抓出来杀掉,用葫芦瓢盛酒。《礼记·昏义》:"婿揖妇以入,共牢而食,合卺而酳"[3],指婚礼中新婚夫妇共食一牲,喻夫妇合体。

凡用于宴飨、祭祀之礼的牲畜,皆可称为"牢",周代礼仪有大牢(太牢)、少牢之分。《礼记·郊特牲》:"郊特牲而社稷大牢,天子适诸侯,膳用犊;诸侯适天子,天子赐之礼大牢。"[4]大牢指牛、羊、豕三牲,是天子宴飨诸侯之礼。《仪礼·少牢馈食礼》郑玄注:"礼将祭祀,必先择牲,系于牢而刍之。羊豕曰少牢,诸侯之卿大夫祭宗庙之牲。"[5]少牢指以羊、豕二牲祭祀。

以牛、羊、豕祭祀祖先之俗在殷商时期已见端倪,胡厚宣先生考察了甲骨卜辞中的"牢"字,认为殷墟以牛祭祀者称"牢"或"大牢",以羊祭祀者称"宰"或"小宰",卜辞中的"牢"指二牛,"牢一牛""牢又一牛"指三牛,殷墟卜辞中最多者有三百牢,即以六百牛祭祀。不过,"牢"特指二牛的涵义到秦汉时期发生了改变,以牛、羊、豕等牲祭者皆可称为牢,有以牛羊豕为一牢者,也有以牛羊豕为大牢者[6]。

商周、秦汉时期,"牢"皆与牲祭有关,其字义有一个逐步扩大的过程,由最初的圈养牲畜之所扩大到牲畜、牲肉、牲祭、盛牲肉之器、廪食等,在"牢"的词义系统中,"牢"既可指牲肉,也可泛指各种盛放食物的器皿[7]。故前引《史记·平准书》"愿募民自给费,因官器作煮盐,官与牢盆"一句或许可以解释为:官府为鼓励民间自费煮盐,将祭祀等礼仪中用于盛牲肉的容器发给盐户,以支持民间煮盐。

"牢"字指祭祀之牲肉或盛牲肉之器,则"牢祭""上牢""作牢"就是以牲肉祭祀之行为。汉孙叔敖碑有"上牢祭,倡优鼓舞"等语[8],即是在墓前举行的献祭牲肉仪式。

汉代以后也以"上牢"指牲肉献祭,北宋范仲淹第三次被贬后,笑谓同僚:"仲淹前后三光矣,此后诸君更送,只乞一上牢可也"[9],暗指自己若再次被贬斥,恐命休矣,望诸君以上牢之礼祭之。

---

[1] [汉]许慎撰,[清]段玉裁注:《说文解字注·牛部》,上海古籍出版社,1981年,52页。
[2] 周振甫译注:《诗经译注》卷七《大雅》,中华书局,2002年,436页。
[3] 《礼记集解》卷五十八《昏义》,1417页。
[4] 《礼记集解》卷二十五《郊特牲》,670页。
[5] 《仪礼注疏》,897页。
[6] 胡厚宣:《释牢》,《历史语言研究所集刊》第八册,中华书局,1987年,153—158页。
[7] 杨雅丽、李侠:《释"搜牢"——兼释"牢盆"与"共牢而食"》,《涪陵师范学院学报》2006年第4期。
[8] [宋]赵明诚撰:《宋本金石录》卷十五,中华书局影印,1991年,354页。
[9] [宋]文莹撰,郑世刚、杨立扬点校:《湘山野录续录》,中华书局,1984年,77—78页。

既然牢指牲肉献祭，那么标明"上牢""作牢"的容器自然就是盛放献祭牲肉的器皿，而墓中其他物品如帐座上的"作牢"则示帷帐内为献祭之所，反映了墓内祭奠之俗。献祭的目的是安神，或为子孙祈福，故"牢"铭器物也常与"宜子孙""利"等吉祥语连用。

用于献祭的"牢"铭器物上常有人名，这些人名有的可能是物主名，如前述乐浪王光墓的"王氏牢""番氏牢"漆器，表明其所有者是王光及夫人；也有的可能是献祭者的名字，临沂洗砚池晋墓漆杯的"李次作牢""李平作牢""李山自用"等，表明是来自三位李姓亲友的助丧献祭物，而非三位李姓工匠所作。同样，江宁官家山六朝漆圆盒上的"吴□作上牢"指吴姓亲友献祭，江阴要塞镇宋代木棺内漆器"癸丑祁上牢""常州汤稵上牢"，杭州老和山南宋漆器中的"临安府符家真实上牢""温州新河金念五郎上牢""温州五马锺念二郎上牢""庚申温州丁字桥巷廨七叔上牢"等，皆标明了这些器物皆为献祭助丧物，其中人名皆是献祭者名。

漆器上的"上牢""作牢"等铭文与汉代工官漆器铭文的涵义大不相同，一般是朱漆书写而非针刻，是漆器流通过程中的使用环节形成的，标注的是产品的使用信息而非制作信息，因此要从漆器的使用角度来解释"牢"的涵义。"牢"的本义并非坚固耐用，也不是对产品质量的宣传，而是特指祭祀之牲肉，"上牢""作牢"是以牲肉祭祀的行为，书写"牢"字铭文的漆器是盛放牲肉的容器，与之并连的人名可能是物主（墓主）或献祭者名，反映了古代丧葬礼仪中的助丧习俗。

三、乐浪王氏墓志与汉晋大族迁徙

汉武帝元封二年（前109），"朝鲜王攻杀辽东都尉，乃募天下死罪击朝鲜……（三年）夏，朝鲜斩其王右渠降，以其地为乐浪、临屯、玄菟、真番郡"[1]，此为中原王朝统治朝鲜半岛北部之始。自汉武帝初设乐浪四郡，至西晋末被高句丽所灭的四百余年间，乐浪地区是中原文化的传播与发展之地、中原士庶的理想避难之所。

由于乐浪的地缘因素及与中原王朝的特殊联系，尤其二十世纪初期关野贞等人在平壤附近发现乐浪遗存后[2]，乐浪研究开始受到中日韩等国学者的重视。学者们对乐浪

---

[1]《汉书》卷六《武帝纪》，193—194页。乐浪郡初设二十五县，后又经过多次省并变迁，建置沿革及地望较为复杂。由于汉昭帝时曾将诸郡合并为乐浪郡，所以一般也以"乐浪"统称汉之四郡。
[2] 日本学者自1909年开始，在大同江南岸地区陆续发现了大量与乐浪设郡有关的墓葬、城址及其他遗存。关野贞、谷井濟一等：《樂浪郡時代の遺跡》，朝鮮總督府《古跡調查特別報告》第四册，青雲堂印刷所，1925年。

郡的建置沿革、历史地理，乐浪的文化属性及与中原文化的关系等都给予了较多的关注[1]，但对屡见于史籍的中原士庶流寓乐浪现象却鲜有讨论。

在历次发现的乐浪考古遗存中，有一批王氏遗存十分引人注目，如著名的王光墓[2]以及其他大量墓葬和印章、封泥等物。王氏本为中原著姓，史籍中屡有中原王氏流寓乐浪、乐浪王氏活跃于中原王朝的记载；在洛阳出土的北朝墓志中，也有数方以乐浪为籍贯者。王氏的经历在当时流寓乐浪的士庶中当具有一定的代表性，对乐浪王氏墓志及考古遗存作一梳理，或有助于了解乐浪与中原王朝的交往史实，以及汉晋时期中原大族流寓乐浪与归化中原的历程。

1. 洛阳所出乐浪王氏墓志

检索洛阳所出魏晋南北朝墓志[3]，其中以"乐浪"为籍贯的王氏墓志包括王温墓志、王祯墓志、王基墓志、王晓墓志、元愿平妻王氏墓志、安乐王三子妻韩氏墓志等。

（1）王温墓志（普泰二年，532）：1989年出土于河南省孟津县朝阳乡[4]。

> 魏故使持节抚军将军瀛洲刺史王简公墓志铭
>
> 公讳温，字平仁。燕国乐浪乐都人。启源肇自姬文，命氏辰于子晋。汉司徒霸、晋司徒沈之后也。祖评，魏征虏将军、平州刺史，识寓详粹，誉光遐迩；父苌，龙骧将军、乐浪太守，雅量渊敏，声播乡邑。昔逢永嘉之末，高祖准，晋太中大夫，以祖司空、幽州牧浚遇石氏之祸，建兴元年，自蓟避乱乐浪，因而居焉。至魏兴安二年，祖评携家归国，冠冕皇朝，随居都邑……景明年，释褐平原公国郎中令。于时国主尚书令高肇居衡石之任，待公亲密，而公马不食粟，暑不张盖，殊矶可改而室宇壁立。寻简乡望，补燕国乐浪中正。品裁人物，升降有叙，邦邑缙绅，比之水镜。转济州刺史高殖辅国司马。殖以廉察治民，公以清和化俗，故号刺史曰圣，司马曰贤，树迹播誉，公有翼辅之能，以母忧去职，哀痛过礼，几将毁灭，服阙除翼林监、直阁将军。延昌四年，转长水校尉。时伪梁贼帅赵祖悦窃据硖石，尚

---

[1] 关于乐浪设郡的研究综述，参苗威：《乐浪郡研究综述》，《中国边疆史地研究》第16卷，2006年第3期；关于乐浪考古遗存及物质文化的研究简史，参王培新：《乐浪遗迹的考古发掘与研究》，《北方文物》2001年第1期。
[2] 小场恒吉等：《乐浪王光墓》，朝鲜古迹研究会《古迹调查报告》第二，1935年。
[3] 关于洛阳出土墓志的著录主要有：赵万里：《汉魏南北朝墓志集释》，科学出版社，1956年；赵超：《汉魏南北朝墓志汇编》，天津古籍出版社，1992年；洛阳文物工作队编：《洛阳出土历代墓志辑绳》，中国社会科学出版社，1991年；朱亮主编：《洛阳出土北魏墓志选编》，科学出版社，2001年；罗新、叶炜：《新出魏晋南北朝墓志疏证》，中华书局，2005年。
[4] 洛阳市文物工作队：《洛阳孟津北陈村北魏壁画墓》，《文物》1995年第8期。

书仆射崔亮充元帅讨之。亮知公文武兼济,机幹两有,启公为假节征虏将军、别道统军,领步骑五千,专据辰城,外捍湛僧十万之众,内援河北六州之粮,终始克济,公之力也。除镇远将军、后军将军,祗奉王政,勤忧夙夜。普泰二年,转安东将军、银青光禄大夫,虚简在心,琴书自得,方享彼遐年,膺兹景福,报善无征,歼此明喆,春秋六十有六,普泰二年二月廿六日,遘疾,卒于昭明里宅。朝野伤心,亲知断骨,有诏嗟悼,赠使持节、抚军将军、瀛洲刺史。粤其岁太昌元年十一月辛卯朔廿五日乙卯窆于岐坑之西原……潜根北晋,寓地东燕,冠冕相袭……(录自《洛阳出土历代墓志辑绳》[1])

张乃翥先生对王温家族的经历及与北魏显族高氏的关系有详细考释,并列出王温一门的世系如下[2]:

王霸(汉司徒)……王沉—王浚(西晋末幽州刺史)—王□—王准—王□—王评—王苌—王温(北魏末抚军将军、瀛洲刺史)。

此志详述了中原著姓太原王氏的一支在西晋至北魏期间流寓与归化的历程。王温为汉代上谷太守王霸之后,六世祖即西晋末年的幽州刺史王浚(王浚妻华芳的墓志已在北京发现[3])。王浚在西晋末的"八王之乱"中结交鲜卑,自保于幽州,但不久在永嘉之乱中被石勒斩杀于襄国,其子孙为避难,于建兴元年(313)流寓乐浪。一百多年后,当北魏经略辽东、灭北燕前后,流寓辽东的大族陆续回归,乐浪王氏亦在其列,兴安二年(453),王温祖父王评"携家归国"。王温于景明年间(500—503)入仕,由于与当时的权臣高肇亲密,屡有升迁。普泰二年(532)卒,太昌元年(实为同年)葬于洛阳瀍水以西的异性勋贵墓地[4]。王温墓已于1989年在孟津县朝阳乡发现,为一座单室土洞墓,墓壁残留有壁画,绘墓主夫妇坐于帷帐之下的场景;墓内出土了大量陶俑和模型明器[5]。

王温家族"潜根北晋,寓地东燕,冠冕相袭",代表了中原士族在西晋至北魏时期流寓与归化的典型历程。

---

[1] 洛阳文物工作队编:《洛阳出土历代墓志辑绳》,中国社会科学出版社,1991年,54页。
[2] 张乃翥:《北魏王温墓志纪史勾沉》,《中原文物》1994年第4期。
[3] 北京市文物工作队:《北京西郊西晋王浚妻华芳墓清理简报》,《文物》1965年第12期。
[4] 宿白先生曾推断北魏异性贵族墓偏居于元姓贵族墓之外,此墓位于景穆元姓家族地以北约5里,可证宿白先生之论。参宿白:《北魏洛阳城和北邙陵墓——鲜卑遗迹辑录之三》,《文物》1978年第7期。
[5] 洛阳市文物工作队:《洛阳孟津北陈村北魏壁画墓》,《文物》1995年第8期。

（2）王祯墓志（延昌四年，515）：1929年洛阳城北护家庄出土，曾归于右任，现藏西安碑林博物馆[1]。

  魏故恒州治中晋阳男王君墓志铭
  君讳祯，字宗庆，乐浪遂城人也。燕仪同三司、武邑公波之六世孙。高祖礼班，散骑常侍、平西将军、给事中、黄门侍郎、晋阳侯；曾祖定国，圣朝库部给事中、河内太守、博平男。祖唐成，广武将军、东宫侍郎、合肥子。父光祖，宁远将军、徐州长史、淮阳太守、司州中正、晋阳男。君既承先爵，除员外散骑侍郎，在省未几，转恒州治中，方严装述职，而遘疾沈留。春秋卅有九，延昌三年四月己卯朔十日戊子卒于洛阳永康里，粤来岁三月甲辰朔廿九日壬申迁措于芒阜。（录自《洛阳出土北魏墓志选编》[2]）

（3）王基墓志（正光四年，523）：1927年出自洛阳城东山岭头，曾归于右任，现藏西安碑林博物馆。

  魏故处士王君墓志铭
  君讳基，字洪业，乐浪遂城人也。幼禀冲灵之气，长怀端巍之操……春秋四十有二，正光三年岁次壬寅二月癸亥朔廿四日丙戌薨于洛阳永康里……粤四年十月甲寅朔廿日癸酉窆于洛阳城北首阳之山……其先出自有殷，周武王克商，封箕子于朝鲜，子孙因而氏焉。六世祖波，燕仪同三司、武邑公；高祖班，散骑常侍、平西将军、给事中、黄门侍郎、晋阳侯；曾祖定国，圣朝库部给事、冠军将军、并州刺史、博平男；祖唐成，广武将军、东宫侍郎、合肥子；父光祖，宁远将军、徐州长史、淮阳太守、司州中正、晋阳男，第三子也。（录自《汉魏南北朝墓志集释》[3]）

以上二志内容基本相同，仅高祖之名一为"礼班"，一为"班"；曾祖定国的官职也不同，一为"河内太守"，一为"冠军将军、并州刺史"。王祯与王基为亲兄弟，以卒年和寿命推算，王祯生卒年为476—514年，王基生卒年为481—522年，王基为弟，赵万里先生称王祯墓志"与弟基同出一兆"[4]。

---

[1] 西安碑林博物馆赵力光编：《鸳鸯七志斋藏石》，三秦出版社，1995年。
[2] 朱亮主编：《洛阳出土北魏墓志选编》，科学出版社，2001年，35页，图版50。
[3] 赵万里：《汉魏南北朝墓志集释》，科学出版社，1956年，图版235。
[4] 赵万里：《汉魏南北朝墓志集释》，科学出版社，1956年。

河北献县文管所收藏有另一方王基墓志[1]，也是"讳基，字鸿业"，与处士王基同名同姓同字，不过是"太原祁人，后汉河间相嘉之十三世孙"，生卒年为506—576年。

（4）元愿平妻王氏墓志（永平二年，509）：1925年洛阳城北徐家沟出土，曾归于右任，现藏西安碑林博物馆。

> 魏黄钺大将军太傅大司马安定靖王第二子给事君夫人王氏之墓志
> 夫人王氏，乐浪遂城人也。燕仪同三司、武邑公波六世孙。圣朝幽营二州刺史、广阳靖侯道岷之第三女，冀齐二州刺史燕郡康公昌黎韩麒麟之外孙……茂龄卅，永平二年岁次星纪五月丁丑朔廿三日己亥卒于京第，粤来仲冬乙亥朔廿三日丁酉迁窆于瀍水之东。痛收华于桂宇，悲湮芳于泉宫，凭彤管以彰烈，讬玄石而图风，其辞曰：乐浪名邦，王氏名宗，殖根万丈，擢颖千重，诞生淑媛……（录自《洛阳出土北魏墓志选编》）[2]

元愿平妻王氏也是王波六世孙，与前述王祯、王基同辈。王氏的外祖父韩麒麟是昌黎棘城人，北魏太和年间的冠军将军、齐州刺史。另据熙平三年（518）宇文永妻昌黎韩氏墓志[3]"祖麒麟，冀齐二州刺史、燕郡康公，祖母乐浪王氏，（祖母之）父定国，库部给事中、河内太守、博平男"，可知韩麒麟的夫人是乐浪王氏，其女又嫁给了元愿平妻王氏的父亲王道岷。昌黎韩氏为辽西燕国境内的望族，可能历代有与同是望族的乐浪王氏结姻的传统。

以上王祯、王基兄弟及元愿平妻王氏三人皆署"乐浪遂城人"，与前述王温"乐浪乐都人"不同，属另一支流寓乐浪的王氏。两支王氏虽然都署乐浪郡望，但非指同一地，详见后述。

（5）王理奴墓志（永平元年，508），藏洛阳市文物工作队[4]。

> 魏故广阳靖公王使君之墓志
> 公讳理奴，字道岷，乐浪遂城人也。层基绵绪，蔚古芳今。高祖波，燕侍中，尚书左仆射、仪同三司、武邑公。曾祖遐，散骑常侍、领给事黄门侍郎、长乐侯。祖超，圣朝中书侍郎。父琳，尚书郎，十八而卒……于时帝历创造，临权置职。太仓给事中，犹司农卿也。太和十四年，公从此官除幽州刺史、加使持节、冠军将军、广

---

[1] 罗新、叶炜：《新出魏晋南北朝墓志疏证》，中华书局，2005年，488页。
[2] 朱亮主编：《洛阳出土北魏墓志选编》，科学出版社，2001年，22页。
[3] 乔栋、李献奇：《〈洛阳新获墓志续编〉书法艺术概述》，《书法丛刊》2005年第6期。
[4] 洛阳市第二文物工作队 乔栋、李献奇等：《洛阳新获墓志续编》，科学出版社，2008年。

阳侯。仁化一敷，燕邦再变。寻被征还，方综枢要。公……至正始三年征授太中大夫……春秋七十有五，永平元年岁次戊子夏六月癸丑朔八日庚申，薨于官。越十一月庚辰朔六日乙酉，葬于芒阜。天子嗟悼，遣谒者持节奉策即柩赠营州刺史、加使持节征虏将军，谥曰靖公，礼也……（录自《〈洛阳新获墓志续编〉书法艺术概述》）[1]

此墓志的主人王珵奴（道岷）即上述元愿平妻王氏之父、韩麒麟之婿。王珵奴的高祖也是王波，所以是王祯、王基的叔伯长辈，也是"乐浪遂城人"。

（6）王礼斑妻、王斑砖志：大同城南智家堡出土，首见于殷宪先生的记录[2]。此"王礼斑""王斑"当与王祯、王基墓志中的"礼班""班"为同一人，是王祯、王基的高祖，与珵奴的曾祖王遐是同辈兄弟。

以上五志（王祯、王基、元愿平妻王氏、王珵奴、王礼斑）皆署燕仪同三司、武邑公王波之后。另据《周书·王盟传》[3]，宇文泰之母明德皇后及兄王盟也是王波六世孙，不过所称王波曾任前燕太宰为墓志所不见，可能只是后人的伪托。

至此，可以清晰地得出流寓乐浪遂城的王波家族世系如下（图6.1）：

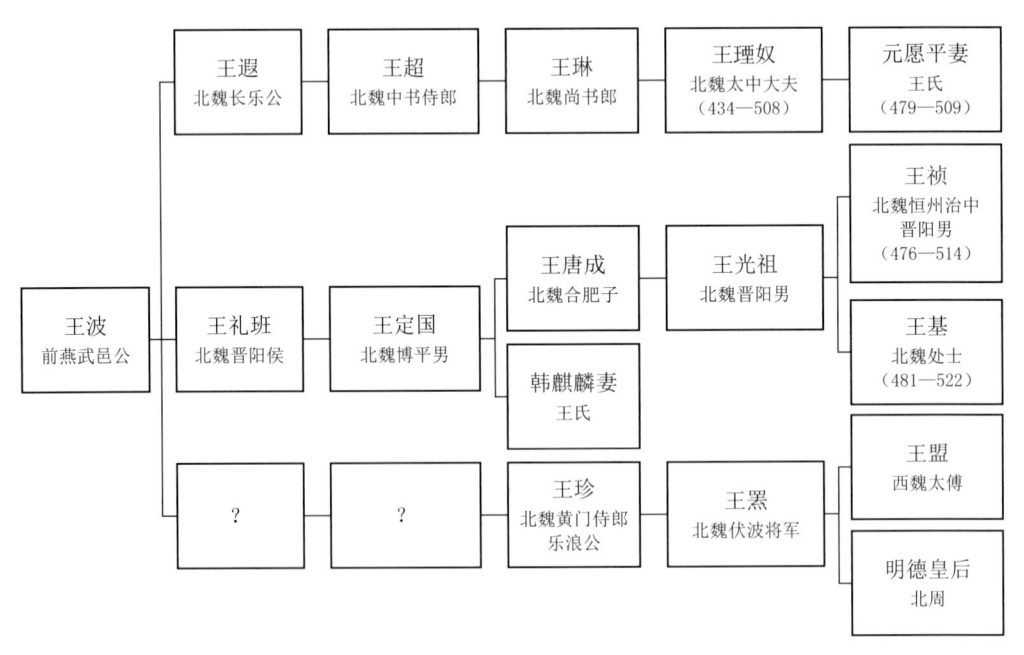

图6.1 乐浪王氏世袭

---

[1] 乔栋、李献奇：《〈洛阳新获墓志续编〉书法艺术概述》，《书法丛刊》2005年第6期。
[2] 殷宪：《从北魏王礼斑妻舆砖、王斑残砖说到太和辽东政治圈》，《中华文史论丛》总第84辑，2006年。
[3] "王盟，字子仵，明德皇后之兄也。其先乐浪人。六世祖波，前燕太宰。祖珍，魏黄门侍郎，赠并州刺史、乐浪公。父罴，伏波将军，以良家子镇武川，因家焉。"《周书》卷二十《王盟传》，333页。

这一支乐浪王氏与王温一支不同，可能东迁时间较早，"其先出自有殷，周武王克商，封箕子于朝鲜，子孙因而氏焉"（王基墓志）；但归化北魏的时间可能与王温家族相近，当在北魏灭北燕前后。

除了上述乐浪王氏墓志外，还有两方墓志十分可疑，可能系伪刻。

其一，安乐王三子妻韩氏墓志铭（延昌二年，513），据传出自洛阳，北京图书馆藏拓[1]。

大魏扬烈大将军太傅大司马安乐王第三子给事君夫人韩氏之墓志铭

夫人韩氏，遂城人也，燕仪同三司、武邑公波之六世孙，圣朝幽营二州刺史、广阳靖侯道岷之第二女，冀齐二州刺史燕郡康公昌黎黄麒麟之外孙……茂龄卅有二，延昌二年岁次星纪五月丁丑朔廿三日己亥卒于京第，粤来仲冬乙亥朔廿三日丁酉迁窆于瀍水之东……（录自《汉魏南北朝墓志汇编》[2]）

此志与前述元愿平妻王氏墓志在内容、卒葬年和行文格式上大多雷同，但所记姓氏与世系矛盾，赵超先生认为此志"所记干支均不符，疑伪"[3]，其他方家也认为此志是模仿元愿平妻王氏墓志而伪刻[4]。

其二，处士王晓墓志（正光四年，523），洛阳市文物工作队藏拓，石存开封市博物馆[5]。

魏故处士王君墓志铭

君讳晓，字明之……高祖铸……父璋……（录自《洛阳出土历代墓志辑绳》[6]）

此志除名、字和高祖、父之名外，其他内容与前述王基墓志完全相同，且同为"晋阳男第三子"。因前述几方墓志所记父祖姓名与官职皆能彼此印证，因此此志极有可能也是一方伪志，系篡改王基墓志而成。

以上墓志所记两支王氏在不同时期流寓乐浪，但都在北魏灭北燕前后回归北魏。

---

[1] 北京图书馆金石组编：《北京图书馆藏中国历代石刻拓本汇编》，中州古籍出版社，1989年。
[2] 赵超：《汉魏南北朝墓志汇编》，天津古籍出版社，1992年。
[3] 《汉魏南北朝墓志汇编》，72页。
[4] 罗新：《北大馆藏拓本〈给事君夫人韩氏墓志〉辨伪》，《文献》1996年第1期；马立军：《北魏〈给事君夫人韩氏墓志〉与〈元理墓志〉辨伪——兼谈北魏墓志著录中的伪刻问题》，《江汉考古》2010年第2期。
[5] 洛阳文物工作队编：《洛阳出土历代墓志辑绳》，中国社会科学出版社，1991年，36页。
[6] 《洛阳出土历代墓志辑绳》，36页。

2. 乐浪所见王氏遗存

1909 年日本学者关野贞等首次在平壤大同江南岸发掘乐浪墓葬后[1]，陆续有大量乐浪遗迹被发现，包括城址、墓葬和大量印章、封泥等物，遗存大多位于以平壤为中心的朝鲜半岛北部。其中有关王氏的遗存主要有：

a. 王根墓（石岩洞 219 号坟）[2]，出土银印"王根印信"。

b. 王云墓（石岩洞 52 号坟）[3]，出土铜印"王云"[4]。

c. "王□"墓（石岩洞 212 号坟），出土铜印"王□"[5]。

d. 乐浪太守掾王光墓（贞柏洞 127 号坟），出土木印"王光私印"，及双面木印"乐浪太守掾王光之印""臣光"[6]。

e. 乐浪五官掾王盱墓（石岩洞 205 号坟）[7]，出土双面木印"五官掾王盱印""王盱印信"[8]。

f. 王卿墓（凤凰里 1 号坟），出土"守长芩长王卿""正始九年三月年日壁师王德造""年七十三字德彦，东莱人也"铭文砖[9]。

g. 石岩洞 253 号坟，出土"王宜""王平"铭文砖[10]，可能也是王氏墓葬。

另据日本学者藤田亮策等人的收集，乐浪地区还发现了大量乐浪王氏的印章和封泥，如"王扶印信"铜印（传平壤土城洞土城遗址出土）[11]、"王寿私印"铜印[12]，以及"王颢印信""王超印信""王□益□""王常封印"等封泥[13]。此外，在乐浪出土的铜镜上也有"王氏作镜"铭，如"王氏作竟真大巧，上有山人不知老，渴饮玉泉饥食枣"[14]；现存东京国立

---

[1] 关野贞、谷井济一等：《樂浪郡時代の遺跡》，朝鮮總督府《古跡調查特別報告》第四冊，青雲堂印刷所，1925 年。
[2] 小場恒吉、小泉顯夫：《樂浪漢墓》(2)，樂浪漢墓刊行會，1975 年。
[3] 小場恒吉、小泉顯夫：《樂浪漢墓》(1)，樂浪漢墓刊行會，1975 年。
[4] 金鍾太：《樂浪時代銘文考》，《考古美術》135，韓國美術史學會，1977 年。
[5] 梅原末治、藤田亮策：《朝鮮古文化綜鑑》3，養德社，1959 年。
[6] 小場恒吉等：《樂浪王光墓》，朝鮮古跡研究會《古跡調查報告》第二，1935 年。
[7] 原田淑人、田澤金吾：《樂浪》，東京帝國大學文學部，1930 年；原田淑人等：《樂浪五官掾王盱の墳墓》，東京帝國大學文學部，刀江書院，1931 年。
[8] 田村晃一：《樂浪郡地域出土の印章と封泥》，《考古學雜誌》62—2，1962 年。
[9] 田畸农：《信川发现带方郡长芩长王卿墓》，《文化遗产》1962 年第 3 期。
[10] 关野贞、谷井济一等：《樂浪郡時代の遺跡》，朝鮮總督府《古跡調查特別報告》第四冊，青雲堂印刷所，1925 年。
[11] 金鍾太：《樂浪時代銘文考》，《考古美術》135，韓國美術史學會，1977 年。
[12] 梅原末治、藤田亮策：《朝鮮古文化綜鑑》3，養德社，1959 年。
[13] 藤田亮策：《樂浪封泥攷》《樂浪封泥續攷》，《朝鮮考古學研究》，高桐書院刊，1948 年，293—403 頁。
[14] 梅原末治、藤田亮策：《朝鮮古文化綜鑑》3，養德社，1959 年。

博物馆的一件"王"铭铜剑,据传也出自乐浪古坟[1]。

韩国学者辛勇旻[2]、日本学者高久健二[3]、中国学者王培新[4]等先后对乐浪墓葬进行了较为系统的整理。根据他们所列乐浪墓葬的年代谱系,可知这批墓葬的年代范围大致相当于乐浪郡存在的时期,即从西汉中晚期至西晋末年高句丽攻灭乐浪之后。以上王氏墓葬,除王卿墓和石岩洞253号坟是砖室墓外,其他都是木椁墓,从木椁墓向砖室墓的转变,以及墓葬结构的演变趋势看,基本与中原地区保持同步。

在平壤地区大同江南岸发现的大量封泥和印章中,除上述王氏私印外,更多的是乐浪郡县官印,如"乐浪太守章""乐浪大尹章""□浪□丞""乐□守□""乐浪大尹五官掾高□□""朝鲜令印""朝鲜右尉""訵邯长印""訵邯丞印""訵邯□□""浿□长□""□水□印""含资□□""黏□长□""□蝉□印""遂□长印""□成□印""增地长印""增地丞印""带方令印""驷望丞印""海冥丞印""长岑长印""长岑丞印""屯有令印""镂方长印""昭明丞印""提奚长印""浑弥长印""东暆长印""东□长□""不而长印""蚕台长印""邪头昧室印""前莫丞印""夫租丞印"等[5]。

封泥上的地名涵盖了乐浪郡的大部分属县,如朝鲜、訵邯、浿水、含资、黏蝉、遂城、增地、带方、驷望、海冥、长岑、屯有、昭明、镂方、提奚、浑弥、东暆、不而、蚕台、邪头昧、前莫、夫租等[6]。

因此,可以认为上述乐浪王氏遗存正是西汉至西晋乐浪设郡时期的遗存,其文化面貌表现出与中原文化很强的一致性。

在乐浪郡时期,朝鲜半岛北部的居民成分复杂[7],其中相当一部分应是在不同时期流寓至此的中原人士。以王氏而言,既有乐浪郡时期流寓至此者,也有更早时期的中原移民,后者由于移居乐浪较早,可能已与当地文化融合而本土化(为叙述方便,可暂将后者称为"土著王氏",将前者称为"中原王氏")。

文献中常有乐浪地区土著王氏活动的记载,如汉武帝元封二年之所以能顺利攻取朝鲜,实赖当地将军王唊等的协助。"朝鲜相路人、相韩阴、尼谿相参、将军王唊相与谋……阴、唊、路人皆亡降汉。路人道死。元封三年(前108)夏,尼谿相参乃使人杀

---

[1] 韩国文化财研究所:《海外所藏韩国文化财目录》,1986年。
[2] 辛勇旻:《西北地方木椁墓に関する研究》,東亞大學院碩士學位論文,韓國釜山,1990年。
[3] 高久健二:《樂浪墳墓の編年》,《考古學雜誌》第78卷第4號,1993年,33—77頁。
[4] 王培新:《乐浪文化:以墓葬为中心的考古学研究》,科学出版社,2007年。
[5] 藤田亮策:《樂浪封泥續攷》,《朝鮮考古學研究》,高桐書院刊,1948年,357—403頁。
[6] "(乐浪郡)县二十五:朝鲜、訵邯、浿水、含资、黏蝉、遂成、增地、带方、驷望、海冥、列口、长岑、屯有、昭明、镂方、提奚、浑弥、吞列、东暆、不而、蚕台、华丽、邪头昧、前莫、夫租。"《汉书》卷二十八《地理志下》,1627页。
[7] 郑君雷、赵永军:《从汉墓材料透视汉代乐浪郡的居民构成》,《北方文物》2005年第2期。

朝鲜王右渠来降。王险城未下，故右渠之大臣成巳又反，复攻吏。左将军使右渠子长降，相路人之子最告谕其民，诛成巳，以故遂定朝鲜，为四郡。封参为澅清侯，阴为荻苴侯，唊为平州侯，长（降）为几侯。最以父死颇有功，为温阳侯。"[1]

这些土著王氏应当是乐浪设郡之前历次移居乐浪的中原汉人。西汉初年的琅琊人王仲家族为避诸吕之乱而东奔乐浪山中，即其一例。"王景，字仲通，乐浪䛐邯人也。八世祖仲，本琅琊不其人，好道术，明天文，诸吕作乱，齐哀王襄谋发兵，而数问于仲。及济北王兴居反，欲委兵师仲，仲惧祸及，乃浮海东奔乐浪山中，因而家焉。父闳，为郡三老。更始败。土人王调杀郡守刘宪，自称大将军、乐浪太守……"[2] 如王仲这样的中原避乱者，经过数代经营，已成为乐浪地区较有影响的家族；王景之父王闳在东汉初年任郡三老。后在平定另一土著王氏——王调之乱中立功，此后王景家族开始回迁中原。

在乐浪郡时期，尽管有土著王氏和中原王氏之别，但二者在文化上的差别可能并不大，上述王氏遗存很难区分土著或流寓性质，而是统一的明显中原化特征。

3. 乐浪王氏的流寓与归化

在历代移民朝鲜半岛的王氏家族中，一部分长期居住而逐渐土著化，另一部分因家族的机缘或社会的变迁在不同时期回归中原，他们在乐浪地区的流寓与归化与当时的社会背景密切相关。

前述王基墓志称"其先出自有殷，周武王克商，封箕子于朝鲜，子孙因而氏焉"，这可能是王氏移居朝鲜半岛之始。此后每当中原社会动荡时，都有大量士人百姓流亡朝鲜半岛，如秦时朝鲜王侯准专门设地安置燕、齐、赵流民。"及秦并天下，……二十余年而陈、项起，天下乱，燕、齐、赵民愁苦，稍稍亡往准，准乃置之于西方。"[3] 这些流民后来逐渐遗散于朝鲜半岛各地，包括朝鲜半岛南部的辰韩地区，"辰韩，耆老自言秦之亡人，避苦役，适韩国，马韩割东界地与之"[4]。

汉初发生七国之乱，又发生了一波新的移民朝鲜半岛浪潮。"汉初大乱，燕、齐、赵人往避地者数万口。"[5] 在秦至汉初避难的燕、齐、赵人中，必定有作为中原大姓的王氏成员，前引《后汉书·王景传》中的王仲就是此间流寓乐浪的。

---

[1]《史记》卷一百十五《朝鲜列传》，2988—2999页。
[2]《后汉书》卷七十六《循吏列传·王景传》，2464页。
[3]《三国志》卷三十《魏书·乌桓鲜卑东夷传》注引《魏略》，850页。
[4]《后汉书》卷八十五《东夷列传》，2819页。
[5]《后汉书》卷八十五《东夷列传》，2817页。

汉武帝元封三年（前108）置乐浪四郡之后，朝鲜半岛与内地交流增多，理应有更多的中原士庶移居朝鲜半岛，而当社会动荡时，移民人数更会急剧增加。

东汉末年，公孙氏割据辽东，辽东社会相对安定、富裕，中原士庶多避地辽东，其中也有中原王氏，如汉末王烈，"烈，字彦方，太原人也。……遭黄巾、董卓之乱，乃避地辽东，夷人尊奉之。太守公孙度接以昆弟之礼，访酬政事。欲以为长史，烈乃为商贾自秽，得免。曹操闻烈高名，遣征不至。建安二十四年（219），终于辽东，年七十八"[1]。

当时中原士庶流寓之地并不仅限于辽东，可能遍及朝鲜半岛各地，甚至也深入到中南部。"桓、灵之末，韩濊强盛，郡县不能制，民多流入韩国。建安中，公孙康分屯有县以南荒地为带方郡，遣公孙模、张敞等收集遗民，兴兵伐韩濊，旧民稍出，是后倭韩遂属带方。"[2]

在西汉至西晋的乐浪郡时期，乐浪郡县衙门里出现了为数不少的王氏官吏，如平定王调之乱后任乐浪太守的王遵、郡三老王闳（东汉王景之父），以及乐浪墓葬所见的大量王氏私印和封泥的主人：王光、王盱、王超、王颢、王寿、王云、王根、王卿、王扶等等。这些王氏有些可能是乐浪设郡时期流寓至此的，但更多的可能是以前历代移民的后裔。

西晋永嘉之乱后，高句丽占领了乐浪诸郡，于是毗邻的辽西、辽东亦如建康和河西一样，成了中原士庶理想的避难之所。"时二京倾覆，幽冀沦陷，廆刑政修明，虚怀引纳，流亡士庶多襁负归之。廆乃立郡以统流人，冀州人为冀阳郡，豫州人为成周郡，青州人为营丘郡，并州人为唐国郡。"[3]

事实上，当时归入慕容廆的士庶不仅只有中原一源，乐浪地区很多已经土著化的中原汉人也在此时内附北迁（当然也会有南下遗散于半岛南部的）。"（建兴元年，313）辽东张统据乐浪、带方二郡，与高句丽王乙弗利相攻，连年不解。乐浪王遵说统帅其民千余家归廆，廆为之置乐浪郡，以统为太守，遵参军事。"[4]此王遵（与东汉末年乐浪太守王遵同名）即为乐浪土著王氏内附之一例，被慕容廆安置在今辽西地区的侨置乐浪郡内。

王温的墓志自署籍贯为"燕国乐浪乐都"，在乐浪郡的属县中，仅东汉时有"乐都县"，可能就是西汉时的"吞列县"，应在浿水入海处[5]，此后不见于史载。但据王温墓

---

[1]《后汉书》卷八十一《独行列传·王烈传》，2696—2697页。
[2]《三国志》卷三十《魏书·乌桓鲜卑东夷传》，851页。
[3]《晋书》卷一百八《慕容廆载记》，2806页。
[4]《资治通鉴》卷八十八，2799页。
[5] 周振鹤：《西汉政区地理》，人民出版社，1987年，208、218页。

志,其家族在建兴元年(313)才移居乐浪,此时的乐浪郡已被高句丽占领,王氏不可能再移居此入海口的"乐浪乐都",只可能移居位于辽西的前燕侨置乐浪郡,即上述土著乐浪王氏内附之地。可能正因如此,王温墓志称"潜根北晋,寓地东燕",而不提朝鲜。

此期间归入慕容氏前燕政权的王氏除土著王氏(如王遵)、中原王氏(如王浚的后人)外,可能还包括前述墓志中王祯、王基、元愿平妻王氏、王琚奴和北周明德皇后及兄王盟等的六世祖、燕仪同三司、武邑公王波。按墓志所记,这支乐浪王氏的籍贯是"乐浪遂城",遂城可能在今平壤南部[1]。王波祖先自箕子朝鲜时即已移居乐浪,为最早的土著王氏,一直在乐浪遂城定居至西晋末年,他们也应像王遵等人一样,在高句丽灭乐浪时归入慕容前燕政权,因此后来其子王礼斑等才可能自燕归化于北魏[2]。显然,洛阳墓志所记的两支乐浪王氏的郡望实际上是同名而异地,一在平壤(乐浪遂城)、一在辽西(侨置乐浪乐都)。

随着前燕军事势力逐步渗入中原,前已归附慕容廆的士庶继续内徙,而当北魏灭前燕,进一步进取辽西的后燕、北燕时,燕地士庶的内徙活动更加频繁。从北魏定中山前后到攻取后燕、北燕之时,中原与燕地的移民浪潮首次出现了秦汉以来的大规模反向流动。《魏书》诸本纪里记载了大量燕地吏民内徙的事实,兹略举数例:

> 皇始二年(397)二月,"(慕容)宝众大败,斩首万余级,擒其将军高长等四千余人。戊寅,宝走中山……冬十月甲申,其(宝弟贺麟)所署公卿、尚书、将吏、士卒降者二万余人"[3]。

> 天兴元年(398)春正月辛酉,"车驾发自中山,至于望都尧山,徙山东六州民吏及徒何、高丽杂夷三十六万,百工伎巧十万余口,以充京师……十有二月,……徙六州二十二郡守宰、豪杰、吏民二千家于代都"[4]。

> 泰常三年(418),"夏四月己巳,徙冀、定、幽三州徒何于京师。(五月壬子)遣征东将军长孙道生、给事黄门侍郎奚观率精骑二万袭冯跋……道生至龙城,徙其民万余家而还"[5]。

---

[1] 遂城县可能在今平壤南部。参叶小燕:《中国早期长城的探索与存疑》,《文物》1987年第7期。
[2] 殷宪先生推测王氏入魏可能在北魏平定中山时,参殷宪:《从北魏王礼斑妻舆砖、王斑残砖说到太和辽东政治圈》,《中华文史论丛》总第84辑,2006年。
[3] 《魏书》卷二《太祖纪》,29页。
[4] 《魏书》卷二《太祖纪》,31—32页。
[5] 《魏书》卷三《太宗纪》,58—59页。

神䴥五年（432），"六月，上（世祖拓跋焘）伐北燕，举燕十余郡，进围和龙，徙豪杰三万余家以归"[1]。

延和元年（432），"（七月）己巳，车驾至和龙，临其城，文通石城太守李崇、建德太守王融十余郡来降……九月乙卯，车驾西还，徙营邱、成周、辽东、乐浪、带方、玄菟六郡民三万家于幽州……十有二月己丑，冯文通长乐公崇及其母弟朗、朗弟邈，以辽西内属。文通遣将封羽围辽西。先是，辟召贤良，而州郡多逼遣之。诏曰：'朕除伪平暴，征讨累年，思得英贤，缉熙治道，故诏州郡搜扬隐逸，进举贤俊……'"[2]

在辽西的后燕、北燕政权里，乐浪王氏无疑是一个显赫的家族，除墓志所记燕仪同三司、武邑公王波外，还有北魏文明太后冯氏之祖母和母亲。冯氏的祖母即北燕昭成帝冯弘的元妻。在北魏延和元年的行动中，冯太后之父冯朗为避祸而举郡降北魏。在北魏太武帝"搜扬隐逸，进举贤俊"的政策下，在北燕灭亡前后，应该有大量包括乐浪王氏在内的世家大族陆续归化，如王温的祖父王评于兴安二年（453）"携家归国"。这些归化大族和其他自河西、南朝入魏的士族一样，是北魏政权进取中原大业中的中坚力量，受到统治者拓跋氏的重视。他们自平城到洛阳始终保持着特别显赫的家族地位，正如王温墓志所言"冠冕皇朝"。

综上所述，中原大姓王氏在历次中原社会动荡时期陆续移民乐浪，但以西汉至西晋末年的乐浪郡时期为最。这些乐浪王氏在文化上保持了与中原地区的一致性；西晋末年永嘉之乱后，一方面，中原王氏继续流入乐浪，但此时的乐浪实指前燕慕容氏设在辽西的侨置乐浪郡；另一方面，原乐浪地区的土著王氏受高句丽所逼，也内附于慕容前燕的侨置乐浪郡内。在前燕进取中原，北魏灭后燕、北燕的历史进程中，大量流寓于燕地的乐浪王氏陆续归化于北魏。因此，在汉晋北朝时期，乐浪王氏从移居乐浪，到归附前燕，再到回归中原，完成了一个从流寓到归化的轮回。

乐浪王氏在汉晋北朝时期流寓乐浪与归化北魏的历程，在中原士庶移民朝鲜半岛的历史上具有一定的代表性：自秦汉至西晋末，主要是向朝鲜半岛移居，而西晋末高句丽灭乐浪之后，则出现了向中原内徙的反向移民浪潮。而到南北朝时期，来自东北方向的移民进一步深入华北、中原甚至南方地区。北京大兴三合庄发现的东魏韩显度墓有"元象二年（539）四月十七日乐良（浪）郡朝鲜县人韩显度铭记"，墓主应来自侨置于辽西

---

[1]《魏书》卷一百五之三《天象志三》，2403页。
[2]《魏书》卷四《世祖纪上》，81页。

和冀东的朝鲜县[1]。韩显度墓所在墓群的主人很可能是北魏时期内迁的，与太武帝延和元年（432）灭北燕后的移民有关。"徙营丘、成周、辽东、乐浪、带方、玄菟六郡民三万家于幽州，开仓以赈之。"[2] 湖北襄阳西北韩岗的南朝墓群中，部分墓砖上模印"孝建元年（454）岁在午八月四日韩法立为祖公母父母兄妹造""韩""辽西韩"等铭文[3]，这批墓葬很可能是来自辽西的韩氏家族墓。

四、六朝墓葬中的反书砖铭

南京附近的六朝帝陵神道石刻上常见一种字体反转的铭文，往往与内容相同的正书铭文对称铭刻于神道两侧的石柱上，文字内容如墓碑首题一样，具有明确的标识性，如梁武帝之父萧顺之（444—494）建陵的反书铭文"太祖文皇帝之神道"、萧景墓（526）的反书铭文"梁故侍中中抚将军开府仪同三司吴平忠侯萧公之神道"，以及萧秀墓的反书铭文等（图6.2）。

巫鸿对这些流行于萧梁时期的帝陵神道反书现象做出了精彩的解释，他认为神道一侧的反书是另一侧正书的镜像，分别为死者和虚拟的参观者而设。通过刻有正反铭文的神道，人们以双向视线同时朝向两个对立的方向去审视生死，这种独特的视觉方式在六朝的作家和艺术家那里十分普遍，他们试图通过自己的作品感知世界的两面，如当时流行的挽歌类文学作品常以死者的视角审视周围的世界，图像艺术家也常在同一平面上表现两个不同的侧面或片段，而这些新的文学、艺术表现形式都代表了彼时对传统纪念性艺术的反叛，六朝陵墓的反书铭文现象正是这种新的艺术表现形式的反映[4]。

不过也有学者认为巫鸿的这些解释有过度解读之嫌，杨频从书法艺术的角度讨论了反书现象出现的原因，认为南朝书法具有杂体的背景和游戏的性质，这些反书现象表现出书写者对于时风的追随，符合当时书写炫技的审美潮流[5]。

正如巫鸿所说，中国古代艺术的进程在六朝时期发生了由礼制性艺术向个人化艺术的重大转变，如果将反书现象作为书法艺术的一种特殊形式，是符合艺术个性化的潮流

---

[1] 北京市文物研究所：《北京市大兴区三合庄东魏韩显度墓》，《考古》2019年第9期。
[2] 《魏书》卷四《世祖纪上》，81页。
[3] 襄樊市文物考古研究所：《湖北襄樊市韩岗南朝"辽西韩"家族墓的发掘》，《考古》2010年第12期。
[4] 巫鸿著，孙庆伟译：《透明之石——中古艺术中的"反观"与二元图像》，载巫鸿著，郑岩、王睿编：《礼仪中的美术——巫鸿中国古代美术史文编》，生活·读书·新知三联书店，2005年，672—696页。
[5] 杨频：《反书传统、反左书与"透明之石"的过度解释——〈中国古代艺术与建筑中的"纪念碑性"〉献疑》，《南京艺术学院学报》2013年第5期。

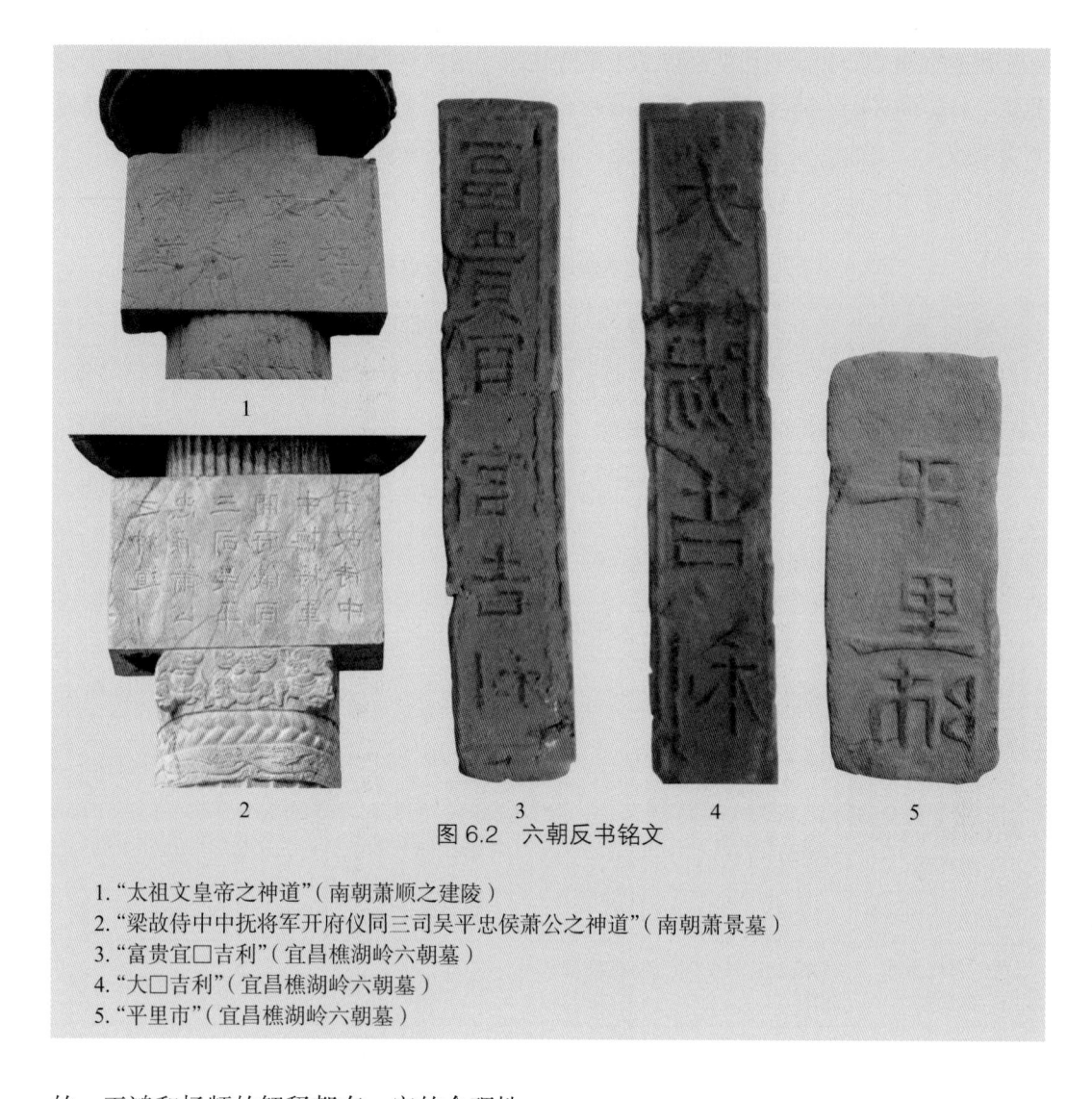

图 6.2 六朝反书铭文
1. "太祖文皇帝之神道"（南朝萧顺之建陵）
2. "梁故侍中中抚将军开府仪同三司吴平忠侯萧公之神道"（南朝萧景墓）
3. "富贵宜□吉利"（宜昌樵湖岭六朝墓）
4. "大□吉利"（宜昌樵湖岭六朝墓）
5. "平里市"（宜昌樵湖岭六朝墓）

的，巫鸿和杨频的解释都有一定的合理性。

不过，六朝时期的反书现象不仅限于南朝帝陵神道石刻，而是十分普遍地出现在六朝中小型墓葬中，是一种极为民间的现象。大多数反书的字体并非都像帝陵神道石刻那么严谨、规整，而是更加潦草、随意，还称不上是书法艺术。通过初步检索考古发现的反书铭文墓砖材料，可以发现其流行的地域和年代有一定的规律，因此也并不能因其文字潦草而归因于工匠的疏忽和随意[1]，它的出现和流行很可能与一些有意而为的丧葬行为有关。因此，对于这种反书铭文现象，或许还可以从丧葬行为的角度做一些解释。

---

[1] 罗宗真认为是工匠疏忽所致，见罗宗真：《六朝考古》，南京大学出版社，1994年；陆锡兴认为是工匠不经意间形成的，见陆锡兴：《反左书钩沉》，《书法丛刊》2004年第4期。

器以藏礼｜随葬之物与礼俗变迁　251

目前所知的反书案例几乎都仅见于墓葬建筑，因此对反书现象的解释还得集中于丧葬这一特定的环境。通过检索六朝墓葬材料，可知除了上述南朝帝陵神道石刻外，通过不完全统计，目前已发表的反书铭文墓砖材料大致分布在以下四个地区：

1. 长江下游地区（表 6.1）

表 6.1　长江下游地区六朝墓葬反书砖铭

墓　　例	反书铭文内容	墓中纪年	资料出处
宁波姚墅东吴墓	永安七年杨□□	永安七年（264）	《南方文物》2012 年 3 期
江苏溧阳东吴墓	凤凰元年八月十日作姓疆	凤凰元年（272）	《考古》1962 年 8 期
黄岩秀岭水库东吴墓	天玺元年四月孤子徐□□建作	天玺元年（276）	《考古学报》1958 年 1 期
江苏金坛白塔公社东吴墓	①天玺元年九月十日储侯②甓师陈平③天玺元年九月十日为储作甓	天玺元年（276）	《文物》1977 年 6 期
宁波慈溪西晋墓	太康元年蔡臣作	太康元年（280）	《文物》1980 年 10 期
江宁县秣陵公社西晋墓	太康（四）年柯君作壁	太康四年（283）	《文物》1973 年 5 期
浙江安吉天子岗西晋墓	太康六年八月廿日作	太康六年（285）	《文物》1995 年 6 期
宁波凤凰山西晋墓	太熙元年八月韩朝作工	太熙元年（290）	《南方文物》2013 年 3 期
黄岩秀岭水库西晋墓	元康九年太岁在己未八月卅日造作	元康九年（299）	《考古学报》1958 年 1 期
合肥西晋墓	永康元年严作	永康元年（300）	《考古》1980 年 6 期
江苏宜兴 M4（周鲂墓）	①永宁二年七月戊寅朔十三日庚寅②江宁周令关内之砖	永宁二年（302）	《考古》1977 年 2 期
马鞍山桃花冲 M3	永嘉二年九月一日丹阳徐可作砖壁	永嘉二年（308）	《文物》1993 年 11 期
马鞍山桃花冲 M2	①建兴四年八月五日辛酉②建兴四年岁在丙子	建兴四年（316）	《文物》1993 年 11 期
浙江瑞安东晋墓	太兴元年八月一日周公作	太兴元年（318）	《考古》1960 年 10 期
浙江奉化 M1 东晋墓	大兴四	大兴四年（321）	《考古》2003 年 2 期
马鞍山谢沈家族墓	①乌江县②咸和七年三月二日	咸和七年（332）	《江汉考古》2012 年 1 期

（续表）

墓　例	反书铭文内容	墓中纪年	资料出处
黄岩秀岭水库东晋墓	咸康九月十日	咸康（335—342）	《考古学报》1958年1期
黄岩秀岭水库东晋墓	建元二年八月二日	元康二年（292）、建元二年（343）	《考古学报》1958年1期
马鞍山林里东晋墓	①建元二年九月三日　历阳②张氏	建元二年（344）	《东南文化》2004年5期
浙江嵊县东晋墓	永和七年	永和七年（351）	《考古》1988年9期
浙江临安东晋谢氏家族墓	①永和八□八月廿三日谢氏建功②宜君子	永和八年（352）	《浙江汉六朝墓》，科学出版社，2012年
浙江奉化东晋墓	太和元年	太和元年（366）	《考古》2003年2期
浙江瑞安东晋墓	泰和二年九月□□	太和二年（367）	《考古》1960年10期
浙江瑞安东晋墓	太和三年八月乙酉朔廿八日壬子□	太和三年（368）	《考古》1960年10期
黄岩秀岭水库东晋墓	泰和五年八月十五朱长荣	太和五年（370）、永和九年（353）	《考古学报》1958年1期
安徽马鞍山东晋墓	太元元年八月廿五日建公墓	太元元年（376）	《考古》1980年6期
南京苜蓿园东晋墓	泰元九年三月任兴	太元九年（384）	《考古通讯》1958年4期
浙江萧山航坞山东晋墓	太元十二年八月番传士作	太元十二年（387）	《南方文物》2000年3期
浙江金华竹马馆东晋墓	太元十五年任淋为亡母作砖	太元十五年（390）	《考古通讯》1957年1期
宁波梅墟龙山东晋墓	①太元十四□□□②太元十八年闰月十六日作	太元十四（389）、太元十八年（393）	《南方文物》2011年4期
浙江富阳东晋墓	廿年乙未岁作	太元廿年（395）	《考古通讯》1955年5期
江苏溧阳东晋墓	①阳夏县都（乡）②章州陈郡溧阳令宁康二年	太元廿一年（396）、宁康二年（374）	《考古》1973年4期
江苏建湖东晋墓	①仪熙三年②东海王	仪熙三年（407）	《考古》1993年6期
余姚南朝墓	梁大同元年	大同元年（535）	《文物参考资料》1958年12期

2. 长江中游地区（表6.2）。另在湖北宜昌博物馆收藏有20余种反书铭文砖，出自樵湖岭六朝墓群。

表 6.2　长江中游地区六朝墓葬反书砖铭

墓　例	反书铭文内容	墓中纪年	资料出处
湖北新洲旧街镇西晋墓	太康元年下邳方可凡客舍人徐	太康元年（280）	《考古》1995 年 4 期
江西靖安虎山西晋墓	太康七年□二作□□	太康七年（286）	《考古》1987 年 6 期
蒲圻赤壁西晋墓	永兴二年三月十日造金氏墓	永兴二年（305）	《江汉考古》1992 年 4 期
江西清江洋湖东晋墓 M2	①詠（永）和五年八月初立 ②□墓吉	永和十二年（356）	《考古》1965 年 4 期
江西清江洋湖东晋墓 M3	升平元年丁巳岁	升平元年（357）	《考古》1965 年 4 期
湖北省巴东县官渡口镇东晋墓	泰和四年胡氏造	太和四年（369）	《湖北库区考古报告集》（第 1 卷）(2003)
秭归老坟园东晋墓	泰元五年七月十日□□回昌里宋颙	太元五年（380）	《湖北库区考古报告集》（第 3 卷）(2006)
湖南邵阳金称东晋墓	义熙二年丙午岁潭	义熙二年（406）	《湖南考古辑刊》3 辑
江西修水南朝墓	永初二年吉	永初二年（421）	《考古》1959 年 11 期
江西清江南朝墓	元嘉廿七年	元嘉廿七年（450）	《文物资料丛刊》8 辑
江西清江南朝墓	桂氏龙	南朝	《考古》1965 年 4 期

3. 闽广地区（表 6.3）

表 6.3　闽广地区六朝墓葬反书砖铭

墓　例	反书铭文内容	墓中纪年	资料出处
福建政和石屯西晋墓	永康元年九月立	永康元年（300）	《文物》2014 年 2 期
广州西郊西晋墓	永嘉三年四月廿日戊子于赤岸造	永嘉三年（309）	《考古通讯》1957 年 6 期
广州北郊东晋墓	①周世②周③大兴二年七月三日造之④周夏师	大兴二年（319）	《文物资料丛刊》8 辑
福建建瓯东晋墓	①泰宁二年六月廿日壬子□起②咸和六年八月五日黄作	泰宁二年（324）	《考古》1989 年 3 期
福建政和东晋墓	咸年□和七月	凤 M36 为咸和七年（332）	《文物》2014 年 2 期
广东始兴东晋墓	①咸康元年八月②李氏立	咸康元年（335）	《考古》1990 年 12 期
广东曲江东晋墓	①咸康八年七月十八日孝子李立②咸康八年七月廿日孝子邓立作	咸康八年（342）、建元元年（343）	《考古》1959 年 9 期
福建荆溪庙东晋墓	永和五年九月十日郭岁（？）立	永和五年（349）	《考古》1959 年 6 期

（续表）

墓　例	反书铭文内容	墓中纪年	资料出处
广东始兴东晋墓	泰和六年□月十九日作□	太和六年（371）	《考古学集刊》2集
广东韶关东晋墓	①咸康七年八月②永和三年七月十四日	太元二年（377）、咸康七年（341）、永和三年（347）	《考古学集刊》1集
福建泉州东晋墓	①太元三年（378）②陈文绛立之保万年	太元三年（378）	《东南文化》2007年3期
广东曲江南华寺南朝墓	景平□年作	景平年间（423—424）	《考古》1983年7期
福建南安丰州南朝墓	元嘉四年	元嘉四年（427）	《考古通讯》1958年6期
广东曲江南朝墓	元嘉十八年砖	元嘉十八年（441）	《考古》1983年7期
福建政和南朝墓	①宋大明六年七月作壁②宋大明六年七月廿八日起公	大明六年（462）	《文物》1986年5期
广东和平县南朝墓	建元四年	建元四年（482）	《考古》2000年6期
福建政和南朝墓	永明五年起	永明五年（487）	《文物》1986年5期
福建政和南朝墓	永明四年七月廿五日	永明四年（486）	《文物》2014年2期
福州仓山南朝墓	齐永明四年八月十日	永明四年（486）	《文物参考资料》1955年12期
福建建瓯南朝墓	①天监五年作②太岁丙戌七月	天监五年（506）	《考古》1959年1期
福建龙贩山南朝墓	①天监五年②太岁丙戌七月	天监五年（506）	《文物参考资料》1957年10期
广东曲江南朝墓	大公作之	刘宋	《考古》1959年9期

4. 西南地区（表6.4）

表6.4　西南地区六朝墓葬反书砖铭

墓　例	反书铭文内容	墓中纪年	资料出处
大理喜洲西晋墓	泰始五年造作大吉羊	泰始三年（267）、泰始五年（269）	《考古》1995年3期
大理喜洲西晋墓	大康六年正月赵氏作吉羊	太康六年（270）	《考古》1995年3期
云南姚安西晋墓	咸宁元年吕氏家作吉羊	泰始二年（266）、咸宁元年（275）、咸宁四年（278）	《考古通讯》1956年3期

以上发现反书铭文墓砖的几个地区固然与六朝人口分布和发现墓葬的总量有关，但仍具有特殊的时空意义：均位于南方地区，以政治文化中心的长江下游数量最多，年代多为东吴至东晋；长江中游地区次之，年代为西晋至南朝；闽广和西南地区最少，年代为西晋至南朝。总体上来说，反书铭文墓砖作为一种文化现象，大致最先出现于作为六朝中心的长江下游地区，始于东吴，而流行于两晋，以东晋最盛，南朝开始渐衰，而在远离中心的闽广地区则延续到了南朝。

既然六朝墓葬中的反书铭文并非偶然现象，其分布地域和流行时间又比较明确，那么我们有理由将它与这个特定时空范围内的丧葬活动进行必要的联系。

墓砖上的反书铭文虽然大多潦草，但若将其反转，则完全是正常的可读句法。这些铭文墓砖多是模印出来的，即先在砖模上刻写出正书文字，印在泥坯上则成反书。显然，制作这种墓砖并非为了得到拓片后易读的正常字体，本意可能就是为了呈现印章般的反书效果，或者说，这种模印墓砖本意在于模拟印章本身。那么印章与丧葬有何关系？

中国古代最早的印章大致出现于商至战国早期，盛行于汉代，其所有者都是拥有一定官爵者，因作为权利的见证而被引申出禳灾驱邪的功能。这种神秘的驱邪功能被用于早期道教的一些巫祝活动中，印章与符箓、刀、尺、剑等一起成为道教仪轨中的基本法器[1]。

东晋葛洪《抱朴子》称道士入山，必携带"入山佩戴符"和"黄神越章"印，前者以二寸木方制作，大约类似于汉晋墓葬中的木椟，上有符箓，后者可能是以木、铜类制作的方形印章，上刻文字，"古之人入山者，皆佩黄神越章之印，其广四寸，其字一百二十，以封泥著所住之四方各百步，则虎狼不敢近其内也"[2]，印章与符箓一样，因其神秘的禳灾驱邪功能成为道士的基本法器。

《搜神记》记载了印与剑的神秘功能："会稽山阴贺瑀，字彦琚。曾得疾，不知人，惟心下尚温，居三日乃苏，云：吏将上天，见官府……入曲房，房中有层架。其上层有印，中层有剑，使瑀唯意取之。印虽意所好，而瑀短不及上层，取剑以出。门吏问曰：'子何得也？'瑀曰：'得剑。'吏曰：'恨不得印，可以驱策百神。今得剑，唯得使社公耳。'疾既愈，果有鬼来白事，自称社公。"[3] 贺瑀死而复生，自述阴间得剑而错失印

---

[1] 关于道教用印的考述，参刘昭瑞：《考古发现与早期道教研究》第五章《早期道教用印研究》，文物出版社，2007年，131—173页；张勋燎、白彬：《中国道教考古》第1卷，线装书局，2006年，245—257页。此处关于道教用印的例子皆来自上述二书。
[2] 王明：《抱朴子内篇校释》卷十七《内编》，中华书局，2014年，313页。
[3] 《搜神记》卷十五，182—183页。

章,只能以剑御普通鬼神(社公),而恨不能得印以"策百神",可见印章的威力要远大于剑。

道教作为在中国民间土壤里滋生出来的本土宗教,与民间信仰与传统礼俗相互渗透,在传统的丧葬行为中扮演了重要的角色,包括印章在内的道教法器可能被引入丧葬,用于墓内的禳灾驱邪或招魂复魄。此类道教法器包括印章、符箓、解注文、衣物疏等。

考古发现中确曾发现了一些带有明显道教色彩的印章等法器,如江苏镇江丹徒县侯家店的一座东晋墓中曾出土一件六面铜印,上刻"南帝三郎""三五将军""东治三师""大一三府"等印文[1],刘昭瑞考证为道教组织与神祇名称[2],以道教印章随葬反映了道教信仰与传统丧葬行为的结合。清代以来的金石学著作和考古发现中常见"天帝之印""天帝杀鬼之印""黄神之印""天帝黄神印""黄神越章天帝神之印""黄帝神印""黄神越章"印"天帝使者"印"天师神印""黄神使者印章"等[3]。

不过考古发现的带有道教色彩的印章实物并不多见,而常见道教内容的文字,其中很多内容都是以道教印章中常见的"天帝""黄神"等名义向地下官吏发号施令。黄越章是天帝使者,道士在进行巫术活动时常假借天帝使者或天帝神师的名义。吴荣曾说黄神或就是天帝之孙的泰山神[4],其执掌之一是总管死人簿籍,镇墓文中有"黄神生五岳,主死人录,召魂召魄,主死人籍"。既如此,道士入山所佩"黄神越章"印被应用于丧葬活动中也就很正常了,考古中常见黄神越章向地下官吏发号施令的句子,所见"黄神越章"铭文主要见于木简、解注瓶上。如1955年河南陕县刘家渠东汉墓M2出土一件"黄神越章"朱书解注瓶,同出的还有M158的一件瓶,上书"天帝神师"等语[5];1960年江苏高邮东汉遗址出土一方木简,上书:"乙巳日死者鬼名天光,天帝神师已知汝名,疾去三千里,汝不即去,南山□□令来食汝,急如律令",同出的还有经火烧过的"天帝使者"封泥[6];1972年陕西户县朱家堡东汉墓出土朱书瓶,上书近百字[7],张勋燎、白彬重新释读为:"阳嘉二年八月……天帝使者谨为曹伯鲁之家移殃去咎……生人得九,

---

[1] 刘建国:《镇江东晋墓》,《文物资料丛刊》第八辑,文物出版社,1983年,16—39页;肖梦龙、戴志恭:《镇江博物馆藏古代铜印》,《文物》1983年第8期。
[2] 刘昭瑞:《考古发现与早期道教研究》第五章《早期道教用印研究》,文物出版社,2007年,131—174页。
[3] 张勋燎、白彬:《中国道教考古》第1卷,线装书局,2006年,245—257页(图见248、250、251页);邵磊、周维林:《江苏江宁出土三枚古印》,《文物》2001年第7期;钱宝康:《宝鸡县出土"天帝使者"印章》,《考古与文物》1990年第4期。
[4] 吴荣曾:《镇墓文中所见到的东汉道巫关系》,《文物》1981年第3期。
[5] 黄河水库考古工作队:《河南陕县刘家渠汉墓》,《考古学报》1965年第1期。
[6] 江苏省文物管理委员会:《江苏高邮邵家沟汉代遗址的清理》,《考古》1960年第10期。
[7] 禚振西:《陕西户县的两座汉墓》,《考古与文物》1980年创刊号。

死人得五，生死异路，相去万里。从今以长，保子寿如金石，终无凶。何以为信？神药压镇，封黄神之印。如律令"，可能以药物盛瓶内，再以黄神越章印封口[1]。

这些见诸陶瓶、简牍、封泥等物上的文字是丧葬活动中道教仪式的产物，都假借"天帝""黄神"等名义发号施令，与直接以印章随葬的效果应该是一样的。这些文字内容都是可正常阅读的正书字体，可以看成是丧葬中用印的象征性结果。丧葬活动中由于道教仪式的参与，留下了象征性用印的结果（带有道教色彩的文字），也可能以反书铭文砖代替印章。做出这种假设的前提是，反书铭文砖在形式上类同印章，流行地域与时间正好与早期道教的活动地域重合。

早期道教出现于东汉末年，产生了五斗米道和太平道等早期道教组织，但三国和西晋初年，道教受到统治者的打压，并无太大的发展。直到西晋末年，道教又开始重新活跃起来，当时道教信徒的社会阶层也发生了很大的变化。西晋末年八王之乱中的赵王伦及谋士孙秀可能都是天师道徒，"伦、秀并惑巫鬼，听妖邪之说。……拜道士胡沃为太平将军，以招福祐。……又令近亲于嵩山着羽衣，诈称仙人王乔，作神仙书，述伦祚长久以惑众"[2]。

晋室南迁之后，道教与士大夫阶层的联系更为紧密，经过葛洪等人的清理整顿和推动，道教理论体系逐渐完善，宗教仪轨逐渐建立，道教在东晋时期更为兴盛。两晋道教以南方地区为最盛，尤其是葛洪活动中心的长江下游地区。葛洪为丹阳人，祖父葛玄即好神仙之术，父任职于东吴和西晋，曾在扬州、洛阳等地军中任职，后至广州，隐于罗浮山，主要著作《抱朴子》于东晋初年完成。

早期道教流行地域与上述反书铭文墓砖的发现地区大致重合，年代也较为契合，因此，反书铭文砖的出现和流行，或许正是六朝道教信仰进入丧葬实践的反映，以模拟道教用印的方式进入墓葬，起到镇墓辟邪或招魂复魄的作用。

前述南朝皇室成员神道石刻上的反书皆出现在中小型墓葬反书铭文现象衰落之后。如果反书铭文现象确与道教信仰有关，那么这几件神道石刻上的反书文字，正反映了早期道教自西晋以来自下而上的传播路径。陈寅恪称："晋代天师道之传播于世胄高门，本为隐伏之势力，若渐染及于皇族，则政治上立即发生巨变。西晋赵王伦之废惠帝而自立，是其一例，前已证明。东晋孙恩之乱，其主因亦由于皇室中心人物早成天师教之信徒。"东晋南朝的皇室成员中不乏道教信徒，据陈寅恪考证，六朝人名中带"之""道"

---

[1] 张勋燎、白彬：《中国道教考古》第1卷，线装书局，2006年，111页。
[2]《晋书》卷五十九《赵王伦传》，1601—1603页。

者皆与天师道有关[1]。东晋王羲之家族有着深厚的道教信仰背景，王氏世事张氏五斗米道，故王氏数代皆以"之"为名而不必避讳。南齐开国皇帝萧道成、梁武帝之父萧顺之等皆可能为道教信徒，萧顺之建陵神道反书"太祖文皇帝之神道"，或许正是他的道教徒身份的证明。梁武帝萧衍在位期间不遗余力地推崇佛教，但在他即位之前和即位初期却是信奉道教的。他曾带头礼遇当时隐居山中的道教领袖陶弘景，常就教军国大事，陶弘景因此被称作"山中宰相"。受其影响，梁武帝初期主张佛道融合，直到天监三年（504）下《舍事道法诏》，才弃道从佛，从此南朝的佛教势力逐渐占据上风。也可能正因如此，反书现象在建康的高等级墓葬里也只能是昙花一现，今日所见也仅有前述寥寥几处了。

综上所述，反书现象在六朝墓葬中的使用可谓普遍，形式可谓特殊，分布地域和流行时期可谓明确，我们在讨论六朝墓葬时自然不能视而不见，以上仅是在以往学者成果的基础上为反书现象的成因提供了另一种可能性解释。

---

[1] 陈寅恪：《金明馆丛稿初编·天师道与滨海地域之关系》，生活·读书·新知三联书店，2001年，1—40页。

图表索引

北朝墓葬
    复杂的地域文化
图 1.1 北方墓葬分布区域示意图 25

墓葬时空
    时间和空间序列
图 2.1 墓葬形制分类标准 33
图 2.2 洛阳地区墓葬类型 36
图 2.3 邺城地区墓葬类型 42
图 2.4 云代地区墓葬类型 47
图 2.5 幽蓟地墓葬类型 50
图 2.6 定冀地区墓葬类型 52
图 2.7 并州地区墓葬类型 53
图 2.8 青齐地区墓葬类型 57
图 2.9 关中地区墓葬类型 62
图 2.10 河西地区墓葬类型 69
图 2.11 辽西地区墓葬类型 75
图 2.12 辽东地区墓葬类型 79
表 2.1 洛阳地区墓葬分期 37
表 2.2 洛阳地区随葬品组合 38
表 2.3 洛阳地区身份明确的墓葬 39
表 2.4 邺城地区墓葬分期 43
表 2.5 邺城地区随葬品组合 43
表 2.6 云代地区墓葬分期 47
表 2.7 云代地区随葬品组合 48
表 2.8 并州地区墓葬分期 55
表 2.9 并州地区随葬品组合 55
表 2.10 青齐地区墓葬分期 59
表 2.11 青齐地区随葬品组合 59
表 2.12 关中地区墓葬分期 64
表 2.13 关中地区随葬品组合 64
表 2.14 关中北周墓葬形制与等级 66
表 2.15 河西走廊墓葬分期 71
表 2.16 河西地区随葬品组合 71
表 2.17 辽西地区墓葬分期与随葬品组合 76
表 2.18 辽东地区墓葬分期与随葬品组合表 80
表 2.19 墓葬类型对照表 82
表 2.20 墓葬分期对照表 83

汉唐之间
    丧葬模式与礼仪空间
图 4.1 墓葬礼仪空间构成 114
图 4.2 东晋霍承嗣墓墓主画像及题记 127
图 4.3 东晋霍承嗣墓北、东、西壁壁画摹本 129
图 4.4 唐李嗣本墓、李延祯墓平剖面图 130
图 4.5 唐李嗣本、李延祯墓志盖纹饰 132
图 4.6 乐浪地区弧壁砖室墓的形制演变 134
图 4.7 江苏宜兴周氏家族墓中的弧壁砖室墓 137
图 4.8 湖南西晋弧壁砖室墓 137
图 4.9 南京东晋弧壁砖室墓 139
图 4.10 北朝弧壁砖室墓 140
表 4.1 唐代墓志所见招魂葬举例 124

丧葬图像
    墓室图像与文化变迁
图 5.1 大同解兴石堂壁画配置 157
图 5.2 大同智家堡北魏石椁及壁画 158

图 5.3	大同北魏邢合姜石椁透视（由外向内）	160		表 5.2	北朝石棺床画像	159
				表 5.3	北魏平城墓室壁画	165
图 5.4	大同北魏邢合姜石椁透视（由内向外）	161		表 5.4	北朝石棺画像	169
				表 5.5	邺城、晋阳北齐墓室壁画	174
图 5.5	大同北魏司马金龙墓石棺床	162		表 5.6	山东地区北齐墓室壁画	178
图 5.6	大同沙岭壁画墓画像配置	166		表 5.7	关中地区北周墓室图像	178
图 5.7	大同仝家湾 M9 北壁壁画	167		表 5.8	襄阳地区南朝画像砖墓断代表	189
图 5.8	大同仝家湾 M9 壁画题记	168				
图 5.9	北魏曹连石棺前挡画像	171				

器以藏礼
随葬之物与礼俗变迁

图 5.10	磁县北齐湾漳大墓壁画示意图	175
图 5.11	太原北齐徐显秀墓壁画	177
图 5.12	邓县画像砖墓图像配置示意图	198
图 5.13	邓县画像砖西曲图	200
图 5.14	文康舞图	203
图 5.15	邓县画像砖凤凰和狮子图	204
图 5.16	邓县画像砖鼓吹图	206
表 5.1	北朝房形石椁画像	152

图 6.1	乐浪王氏世袭	242
图 6.2	六朝反书铭文	251
表 6.1	长江下游地区六朝墓葬反书砖铭	252
表 6.2	长江中游地区六朝墓葬反书砖铭	254
表 6.3	闽广地区六朝墓葬反书砖铭	254
表 6.4	西南地区六朝墓葬反书砖铭	255

参考文献

一、历史文献

[汉]司马迁撰：《史记》，中华书局，1982年。
[汉]班固撰：《汉书》，中华书局，1962年。
[南朝宋]范晔撰：《后汉书》，中华书局，1965年。
[晋]陈寿撰：《三国志》，中华书局，1959年。
[唐]房玄龄撰：《晋书》，中华书局，1974年。
[梁]沈约撰：《宋书》，中华书局，1974年。
[梁]萧子显撰：《南齐书》，中华书局，1972年。
[唐]姚思廉撰：《梁书》，中华书局，1973年。
[北齐]魏收撰：《魏书》，中华书局，1974年。
[唐]李百药撰：《北齐书》，中华书局，1972年。
[唐]令狐德棻等撰：《周书》，中华书局，1971年。
[唐]李延寿撰：《南史》，中华书局，1975年。
[唐]李延寿撰：《北史》，中华书局，1974年。
[唐]魏征等撰：《隋书》，中华书局，1973年。
[后晋]刘昫等撰：《旧唐书》，中华书局，1975年。
[晋]司马彪撰，[梁]刘昭注补：《后汉书志》，中华书局，1965年。
[宋]司马光编著，[元]胡三省音注：《资治通鉴》，中华书局，1956年。
[唐]杜佑撰，王文锦等点校：《通典》，中华书局，1988年。
[清]孙诒让撰，孙启治点校：《墨子闲诂》，中华书局，2001年。
[清]王先谦撰，沈啸寰、王星贤点校：《荀子集解》，中华书局，1988年。
[清]王先谦撰：《庄子集解》，中华书局，1987年。
[清]郭庆藩：《庄子集释》，中华书局，2006年。
周振甫译注：《诗经译注》，中华书局，2002年。
王明：《抱朴子内篇校释》，中华书局，2014年。
[清]孙诒让著，孙以楷点校：《墨子闲诂》，中华书局，1986年。
[清]孙希旦撰，沈啸寰、王星贤点校：《礼记集解》，中华书局，1989年。
[汉]郑玄注，[唐]贾公彦疏，彭林整理：《仪礼注疏》，北京大学出版社，1999年。
[汉]郑玄注，[唐]贾公彦疏，赵伯雄整理：《周礼注疏》，北京大学出版社，1999年。
[汉]王逸注：《楚辞章句补注》，吉林人民出版社，2005年。
[清]洪亮吉撰，李解民点校：《春秋左传诂·昭公七年》，中华书局，1987年。

［宋］朱熹撰，蒋立甫点校：《楚辞集注》，上海古籍出版社，2001年。
［晋］葛洪撰，周天游校注：《西京杂记》，三秦出版社，2006年。
［北齐］颜之推撰，王利器集解：《颜氏家训集解》（增补本），中华书局，1996年。
［北魏］杨衒之撰，范祥雍校注：《洛阳伽蓝记校注》，上海古籍出版社，1958年。
［陈］释智匠撰，吉联抗辑注：《古乐书佚文辑注·古今乐录》，人民音乐出版社，1990年。
［梁］宗懔撰，宋金龙校注：《荆楚岁时记》，山西人民出版社，1987年。
［晋］崔豹注：《古今注》，中华书局，1985年。
［宋］郭茂倩编：《乐府诗集》，中华书局，1998年。
［陈］徐陵编，［清］吴兆宜注，［清］程琰删补，穆克宏点校：《玉台新咏笺注》，中华书局，1985年。
［汉］许慎撰，［清］段玉裁注：《说文解字注》，上海古籍出版社，1981年。
［汉］刘珍等撰，吴树平校注：《东观汉记》，中州古籍出版社，1987年。
中华书局编辑部：《曹操集》卷一，中华书局，1974年
［晋］陆翙撰：《邺中记》，《丛书集成初编》，上海商务印书馆影印，1937年。
［梁］释慧皎撰，汤用彤校注：《高僧传》，中华书局，1992年。
［北魏］郦道元注，王先谦校：《水经注》，巴蜀书社，1985年。
［晋］干宝撰，汪绍楹校注：《搜神记》，中华书局，1979年。
［唐］张彦远撰，俞剑华注释：《历代名画记》，上海人民美术出版社，1964年。
［唐］长孙无忌等撰，刘俊文点校：《唐律疏议》，中华书局，1983年。
［宋］赵明诚撰：《宋本金石录》，中华书局影印，1991年。
［清］彭定求等编，王全点校：《全唐诗》，中华书局，1980年。
［清］顾祖禹：《读史方舆纪要》，中华书局，1955年。
［清］赵翼：《廿二史劄记》，中国书店，1987年。

二、考古报告

（分省按发表年代排序）

1. 河南

郭宝钧：《浚县辛村古残墓之清理》，商务印书馆，1936年。
郭宝钧：《一九五〇春殷墟发掘报告》，中国科学院考古研究所编《中国考古学报》第五册，1951年。
陈嘉祥：《河南朱村发现古墓》，《考古通讯》1956年第6期。
寇金昌：《洛阳市西郊谷水工地发现晋墓一座》，《文物参考资料》1956年第1期。
河南文化局文物工作队：《洛阳涧西16工区82号墓清理记略》，《文物参考资料》1956年第3期。
河南省文化局文物工作队第一队：《河南郑州晋墓发掘记》，《考古通讯》1957年第1期。
河南省文化局文物工作队第二队：《洛阳晋墓的发掘》，《考古学报》1957年第1期。
洛阳市文物工作第二队：《洛阳涧西16工区发掘简报》，《考古通讯》1957年第3期。
侯鸿钧：《洛阳西车站发现北魏墓一座》，《文物参考资料》1957年第2期。
陈文亮等：《河南延津县马岗晋墓的清理》，《考古通讯》1958年第1期。
李宗道等：《洛阳16工区曹魏墓清理》，《考古通讯》1958年第7期。
张静安：《河南安阳大司空村六朝墓的清理》，《考古通讯》1958年第7期。

河南省文化局文物工作队：《邓县彩色画像砖墓》，文物出版社，1958年。

陈大章：《河南邓县发现北朝七色彩绘画象砖墓》，《文物参考资料》1958年第6期。

河南省文化局文物工作队：《一九五五年洛阳涧西区北朝及隋唐墓葬发掘报告》，《考古学报》1959年第2期。

考古研究所洛阳发掘队：《洛阳西郊晋墓的发掘》，《考古》1959年第11期。

洛阳区考古发掘队：《洛阳烧沟汉墓》，科学出版社，1959年。

郭宝钧：《山彪镇与琉璃阁》，科学出版社，1959年。

河南省文化局文物工作队：《河南巩县石家庄古墓葬发掘简报》，《考古》1963年第2期。

周到：《河南濮阳北齐李云墓出土的瓷器和墓志》，《考古》1964年第9期。

黄河水库考古工作队：《河南陕县刘家渠汉墓》，《考古学报》1965年第1期。

河南省文化局文物工作队：《洛阳北魏长陵遗址调查》，《考古》1966年第3期。

河南省博物馆：《河南安阳北齐范粹墓发掘简报》，《文物》1972年第1期。

安阳县文教局：《河南安阳县清理一座北齐墓》，《考古》1973年第2期。

洛阳博物馆：《洛阳北魏元邵墓》，《考古》1973年第4期。

洛阳博物馆：《河南洛阳北魏元乂墓调查》，《文物》1974年第12期。

洛阳博物馆：《洛阳西汉卜千秋壁画墓发掘简报》，《文物》1977年第6期。

中国社会科学院考古研究所编著：《殷墟妇好墓》，文物出版社，1980年。

洛阳博物馆：《洛阳北魏画像石棺》，《考古》1980年第3期。

郭建邦：《北魏宁懋石室和墓志》，《中原文物》1980年第2期。

孟县人民文化馆：《孟县出土北魏司马悦墓志》，《文物》1981年第12期。

黄明兰：《西晋裴祗和北魏元暐两墓拾零》，《文物》1982年第1期。

孟县人民文化馆：《河南省孟县出土北魏司马悦墓志》，《考古》1983年第3期。

中国社会科学院考古研究所安阳工作队：《安阳孝民屯晋墓发掘报告》，《考古》1983年第6期。

邓宏里、蔡全法：《沁阳县西向发现北朝墓及画像石棺床》，《中原文物》1983年第1期。

洛阳市文物工作队：《洛阳涧水东岸发现一座北周墓葬》，《中原文物》1984年第3期。

中国社会科学院考古研究所河南第二工作队：《河南偃师杏园村的两座唐墓》，《考古》1984年第10期。

中国社会科学院考古研究所洛阳汉魏故城工作队：《西晋帝陵勘察记》，《考古》1984年第12期。

中国社会科学院考古研究所：《河南偃师杏园村的两座魏晋墓》，《考古》1985年第8期。

郭建邦：《北魏宁懋石室线刻画》，人民美术出版社，1987年。

河南省文物研究所：《安阳北齐和绍隆夫妇合葬墓清理简报》，《中原文物》1987年第1期。

黄明兰：《洛阳北魏世俗石刻线画集》，人民美术出版社，1987年。

洛阳市文物考古研究院：《河南洛阳市西朱村曹魏墓葬》，《考古》2017年第7期。

洛阳市第二文物工作队：《洛阳轴承厂十六国砖棺墓清理简报》，《中原文物》1987年第3期。

洛阳市文物工作队：《洛阳曹魏正始八年墓》，《考古》1989年第4期。

中国社会科学院考古研究所、河北省文物研究所邺城考古工作队：《河北磁县湾漳北朝墓》，《考古》1990年第7期。

中国社会科学院考古研究所洛阳唐城队：《1984至1986年洛阳市区汉晋墓发掘简报》，《考古学集刊》(7)，科学出版社，1991年。

洛阳市文物工作队：《洛阳孟津晋墓、北魏墓发掘简报》，《文物》1991年第8期。
偃师商城博物馆：《河南偃师南蔡庄北魏墓》，《考古》1991年第9期。
中国社会科学院考古研究所：《河南偃师县杏园村的四座北魏墓》，《考古》1991年第9期。
洛阳市文物工作队：《洛阳北郊西晋墓》，《文物》1992年第3期。
洛阳市第二文物工作队：《洛阳市朱村东汉壁画墓发掘简报》，《文物》1992年第12期。
洛阳市文物工作队：《洛阳市东郊两座魏晋墓的发掘》，《考古与文物》1993年第1期。
偃师商城博物馆：《河南偃师两座北魏墓发掘简报》，《考古》1993年第5期。
310国道孟津考古队：《洛阳孟津邙山西晋北魏墓发掘报告》，《华夏考古》1993年第1期。
中国社会科学院考古研究所洛阳汉魏城队、洛阳古墓博物馆：《北魏宣武帝景陵发掘报告》，《考古》1994年第9期。
河南省文物考古研究所等：《河南巩义仓西战国汉晋墓》，《考古学报》1995年第3期。
洛阳市文物工作队：《洛阳孟津北陈村北魏壁画墓》，《文物》1995年第8期。
韦娜等：《洛阳古墓博物馆》，中州古籍出版社，1995年。
洛阳市第二文物工作队：《北魏董富妻郭氏墓》，《中原文物》1996年第2期。
河南省文物考古研究所编著：《永城西汉梁国王陵及寝园》，中州古籍出版社，1996年。
河南省文物考古研究所等：《巩义市北窑湾汉晋唐五代墓葬》，《考古学报》1996年第3期。
洛阳市第二文物工作队：《洛阳谷水晋墓》，《文物》1996年第8期。
洛阳市第二文物工作队：《洛阳汉墓壁画》，文物出版社，1996年。
磁县文物保管所：《河北磁县北齐元良墓》，《考古》1997年第3期。
洛阳市第二文物工作队：《洛阳谷水晋墓（FM5）发掘简报》，《文物》1997年第9期。
洛阳市第二文物工作队：《洛阳谷水晋墓（FM6）发掘简报》，《文物》1997年第9期。
洛阳市文物工作队：《河南新安县晋墓发掘简报》，《华夏考古》1998年第1期。
郑州市文物考古研究所：《郑州上街水厂晋墓发掘简报》，《华夏考古》2000年第4期。
洛阳市第二文物工作队：《洛阳春都路西晋墓发掘简报》，《文物》2000年第10期。
中国社会科学院考古研究所：《偃师杏园唐墓》，科学出版社，2001年。
河南省商丘市文物管理委员会等编著：《芒砀山西汉梁王墓地》，文物出版社，2001年。
徐婵菲：《洛阳北魏元怿墓壁画》，《文物》2002年第2期。
洛阳市第二文物工作队：《洛阳谷水晋墓（FM38）发掘简报》，《文物》2002年第9期。
洛阳市第二文物工作队：《洛阳纱厂西路北魏HM555发掘简报》，《文物》2002年第9期。
洛阳市第二文物工作队：《北魏孝文帝长陵的调查和钻探》，《文物》2005年第7期。
洛阳市第二文物工作队：《洛阳衡山路西晋墓发掘简报》，《文物》2005年第7期。
中国社会科学院考古研究所河北工作队：《河北磁县北朝墓群发现东魏皇族元祜墓》，《考古》2007年第11期。
河南省文物考古研究所：《河南安阳市固岸墓地Ⅱ区51号东魏墓》，《考古》2008年第5期。
河南省文物考古研究所：《河南安阳固岸墓地考古发掘收获》，《华夏考古》2009年第3期。
河南省文物考古研究所、安阳县文化局：《河南安阳市西高穴曹操高陵》，《考古》2010年第8期。
洛阳市第二文物工作队：《洛阳孟津大汉冢曹魏贵族墓》，《文物》2011年第9期。
刘斌：《洛阳北邙山北魏大墓考古记》，《大众考古》2014年第5期。
河南省文物考古研究院等：《安阳高陵陵园遗址2016—2017年度考古发掘简报》，《华夏考古》

2018年第1期。

洛阳市文物考古研究院：《邙山陵墓群考古调查与勘测第一阶段考古报告》，文物出版社，2018年。

洛阳市文物考古研究院：《洛阳北魏曹连石棺墓》，科学出版社，2019年。

2. 河北

张平一：《河北吴桥县发现东魏墓》，《考古通讯》1956年第6期。

张季：《河北景县封氏墓群调查记》，《考古通讯》1957年第3期。

孟昭林：《无极甄氏诸墓的发现及其相关问题》，《文物》1959年第1期。

孟昭林：《记后魏邢伟墓出土物及邢峦墓的发现》，《考古》1959年第4期。

河北省文物管理委员会：《河北磁县讲武城古墓清理简报》，《考古》1959年第1期。

河北省文物管理委员会：《河北石家庄市赵陵铺镇古墓清理简报》，《考古》1959年第7期。

河北省博物馆等：《河北曲阳发现北魏墓》，《考古》1972年第5期。

河北省博物馆等：《河北平山北齐崔昂墓调查报告》，《文物》1973年第11期。

石家庄地区革委会文化局发掘组：《河北赞皇东魏李希宗墓》，《考古》1977年第6期。

磁县文化馆：《河北磁县东陈村东魏墓》，《考古》1977年第6期。

磁县文化馆：《河北磁县北齐高润墓》，《考古》1979年第3期。

河北省文管处：《河北景县北魏高氏墓发掘简报》，《文物》1979年第3期。

中国社会科学院考古研究所、河北省文物管理处：《满城汉墓发掘报告》，文物出版社，1980年。

磁县文化馆：《河北磁县东陈村北齐姚峻墓》，《文物》1984年第4期。

磁县文化馆：《河北磁县东魏茹茹公主墓发掘简报》，《文物》1984年第4期。

王敏之：《黄骅县北齐常文贵墓清理简报》，《文物》1984年第9期。

河北省沧州地区文化局：《河北省吴桥四座北朝墓葬》，《文物》1984年第9期。

马忠理：《北齐兰陵王高肃墓及碑文述略》，《中原文物》1988年第2期。

河北省文物研究所：《安平东汉壁画墓》，文物出版社，1989年。

中国社会科学院考古研究所、河北省文物研究所邺城考古工作队：《河北磁县湾漳北朝墓》，《考古》1990年第7期。

中国社会科学院考古研究所、河北省文物研究所：《磁县湾漳北朝壁画墓》，科学出版社，2003年。

中国社会科学院考古研究所河北工作队：《河北磁县北朝墓群发现东魏皇族元祜墓》，《考古》2007年第11期。

张晓峥、张小沧：《河北磁县发现北齐皇族高孝绪墓》，《中国文物报》2010年6月4日。

中国社会科学院考古研究所河北工作队、北京大学考古文博学院：《河北赞皇西高北朝家族墓地考古发掘与收获》，《中国文物报》2011年3月25日第4版。

中国社会科学院考古研究所河北工作队：《河北赞皇北魏李翼夫妇墓》，《考古》2015年第12期。

中国社会科学院考古研究所河北工作队：《河北赞皇县北魏李仲胤夫妇墓发掘简报》，《考古》2015年第8期。

3. 山西

山西省博物馆：《太原圹坡北齐张肃墓文物图录》，中国古典艺术出版社，1958年。

杨富斗：《山西曲沃县秦村发现的北魏墓》，《考古》1959年第1期。

王玉山：《太原市南郊清理北齐墓葬一座》，《文物》1963年第6期。

山西省大同市博物馆等：《山西大同石家寨北魏司马金龙墓》，《文物》1972年第3期。

陶正刚：《山西祁县白圭北齐韩裔墓》，《文物》1975年第4期。
大同市博物馆等：《大同方山北魏永固陵》，《文物》1978年第7期。
王克林：《北齐库狄迴洛墓》，《考古学报》1979年第3期。
大同市博物馆、山西省文物工作委员会：《大同方山北魏永固陵》，《文物》1978年第7期。
代尊德：《太原北魏辛祥墓》，《考古学集刊》(1)，中国社会科学院出版社，1981年。
大同市博物馆　马玉基：《大同市小站村花圪塔台北魏墓清理简报》，《文物》1983年第8期。
朱晓芳：《山西长治市故县村出土一批西晋器物》，《考古》1988年第2期。
山西省考古研究所：《太原市北齐娄叡墓发掘简报》，《文物》1983年第10期。
大同市博物馆：《大同东郊北魏元淑墓》，《文物》1989年第8期。
山西省考古研究所：《山西运城十里铺砖墓清理简报》，《考古》1989年第5期。
山西省考古研究所：《太原南郊北齐壁画墓》，《文物》1990年第12期。
山西省考古研究所、大同市博物馆：《大同南郊北魏墓群发掘简报》，《文物》1992年第8期。
常一民：《太原市神堂沟北齐贺娄悦墓整理简报》，《文物季刊》1992年第3期。
王克林等：《山西省右玉县善家堡墓地》，《文物季刊》1992年第4期。
王太明、贾文亮：《山西榆社县发现北魏画像石棺》，《考古》1993年第8期。
王银田等：《大同市齐家坡北魏墓发掘简报》，《文物季刊》1995年第1期。
韩生存等：《大同城南金属镁厂北魏墓群》，《北朝研究》1996年第1期。
王银田等：《大同南郊北魏墓群M107发掘报告》，《北朝研究》第1辑，北京燕山出版社，1999年。
求实：《怀仁县发现北魏丹阳王墓》，《北朝研究》第1辑，北京燕山出版社，1999年。
山西省考古研究所等：《太原隋代虞弘墓清理简报》，《文物》2001年第1期。
刘俊喜：《平城考古再现辉煌——雁北师院发现一批北魏墓葬》，《文物世界》2001年第1期。
山西省考古研究所、大同市考古研究所：《大同市北魏宋绍祖墓发掘简报》，《文物》2001年第7期。
王银田、刘俊喜：《大同智家堡北魏墓石椁壁画》，《文物》2001年第7期。
王立斌等：《北齐砖室墓葬》，《文物世界》2002年第2期。
太原市文物考古研究所：《太原北齐狄湛墓》，《文物》2003年第3期。
太原市文物考古研究所：《太原北齐贺拔昌墓》，《文物》2003年第3期。
太原市文物考古研究所：《太原北齐库狄业墓》，《文物》2003年第3期。
山西省考古研究所等：《太原北齐徐显秀墓发掘简报》，《文物》2003年第10期。
李爱国：《太原北齐张海翼墓》，《文物》2003年第10期。
王银田、曹臣民：《北魏石雕三品》，《文物》2004年第6期。
大同市考古研究所：《大同湖东北魏一号墓》，《文物》2004年第12期。
山西大学历史文化学院等：《大同南郊北魏墓群》，科学出版社，2005年。
山西省考古研究所等：《太原隋虞弘墓》，文物出版社，2005年。
大同市考古研究所：《山西大同沙岭北魏壁画墓发掘简报》，《文物》2006年第10期。
刘俊喜：《山西大同沙岭发现北魏壁画墓》，《中国文物报》2006年2月24日第1版。
大同市考古研究所　刘俊喜主编：《大同雁北师院北魏墓群》，文物出版社，2008年。
怀仁县文物管理所：《山西怀仁北魏丹扬王墓及花纹砖》，《文物》2010年第5期。
山西省考古研究所等：《山西朔州水泉梁北齐壁画墓发掘简报》，《文物》2010年第12期。
殷宪、刘俊喜：《北魏尉迟定州墓石椁封门石铭文》，《文物》2011年第12期。

大同市考古研究所：《山西大同文瀛路北魏壁画墓发掘简报》，《文物》2011年第12期。

大同市考古研究所：《山西大同阳高北魏尉迟定州墓发掘简报》，《文物》2011年第12期。

大同市考古研究所：《山西大同云波里路北魏壁画墓发掘简报》，《文物》2011年第12期。

持志、刘俊喜：《北魏毛德祖妻张智朗石椁铭刻》，《中国书法》2014年第4期。

山西省考古研究所等：《山西忻州市九原岗北朝壁画墓》，《考古》2015年第7期。

白曙璋、张庆捷：《山西忻九原岗北朝壁画墓的发掘》，《大众考古》2016年第5期。

大同市博物馆编：《平城文物精粹》，江苏凤凰美术出版社，2016年。

4. 山东

关天相等：《梁山汉墓》，《文物参考资料》1955年第5期。

济南市博物馆：《济南市东郊发现东魏墓》，《文物》1966年第4期。

山东省博物馆等：《山东苍山元嘉元年画像石墓》，《考古》1975年第2期。

山东省博物馆：《山东高唐东魏房悦墓清理纪要》，《文物资料丛刊》（二），文物出版社，1978年。

山东省文物考古研究所：《临淄北朝崔氏墓》，《考古学报》1984年第2期。

淄博市博物馆：《淄博和庄北朝墓葬出土青釉莲花尊》，《文物》1984年第12期。

淄博市博物馆等：《临淄北朝崔氏墓地第二次清理简报》，《考古》1985年第3期。

夏名采：《益都北齐石室墓线刻画像》，《文物》1985年第10期。

济南市博物馆：《济南市马家庄北齐墓》，《文物》1985年第10期。

济南市博物馆：《释北齐宜阳国太妃傅华墓志铭》，《文物》1985年第10期。

诸城县博物馆：《山东省诸城县西晋墓清理简报》，《考古》1985年第12期。

李开岭等：《山东乐陵出土北齐墓志》，《考古》1987年第10期。

山东省文物考古研究所：《济南市东八里洼北朝壁画墓》，《文物》1989年第4期。

临沂地区文管会等：《山东苍山县晋墓》，《考古》1989年第8期。

济南市文化局文物处：《山东青龙山汉画像石壁画墓》，《考古》1989年第11期。

秦公：《释北魏高道悦墓志》，《文物》1979年第9期。

张光明：《山东淄博市发现北魏傅竖眼墓志》，《考古》1987年第2期。

寿光县博物馆：《山东寿光北魏贾思伯墓》，《文物》1992年第8期。

刘玉新：《山东省东阿县曹植墓的发掘》，《华夏考古》1999年第1期。

滕州市文化局等：《山东滕州市西晋元康九年墓》，《考古》1999年第12期。

夏名采：《青州傅家北齐线刻画像补遗》，《文物》2001年第5期。

山东省文物考古研究所：《山东临朐北齐崔芬壁画墓》，《文物》2002年第4期。

张从军：《两城小祠堂画像》，《走向世界》2002年第6期。

宫德杰等：《山东临朐西晋、刘宋纪年墓》，《文物》2002年第9期。

山东省文物考古研究所、临沂市文化局：《山东临沂洗砚池晋墓》，《文物》2005年第7期。

5. 北京

北京市文物工作队：《北京西郊发现两座西晋墓》，《考古》1964年第4期。

北京市文物工作队 郭存仁：《北京郊区出土一块北齐墓志》，《文物》1964年第12期。

北京市文物工作队：《北京西郊西晋王浚妻华芳墓清理简报》，《文物》1965年第12期。

马希桂：《北京王府仓北齐墓》，《文物》1977年第11期。

北京市文物工作队：《北京市顺义县大营村西晋墓发掘简报》，《文物》1983年第10期。

北京市文物研究所：《北京考古四十年》，燕山出版社，1990年。
石景山区文物管理所：《北京市石景山区八角村魏晋墓》，《文物》2001年第4期。
北京市文物研究所：《北京市大兴区三合庄东魏韩显度墓》，《考古》2019年第9期。

6. 内蒙古

郑隆：《内蒙古文物工作组再一次调查二兰虎沟的匈奴古墓》，《文物参考资料》1956年第11期。
内蒙古文物工作队：《内蒙古呼和浩特美岱村北魏墓》，《考古》1962年第2期。
郑隆：《察右后旗二兰虎沟古墓群》，《内蒙古文物资料选辑》，内蒙古人民出版社，1964年。
郭素新：《内蒙古呼和浩特北魏墓》，《文物》1977年第5期。
张柏忠：《哲里木盟发现的鲜卑遗存》，《文物》1981年第2期。
包头市文物管理处：《包头固阳县发现北魏墓群》，《考古》1987年第1期。
张柏忠：《内蒙古科左中旗六家子鲜卑墓群》，《考古》1989年第5期。
金学山：《内蒙古托克托县皮条沟发现三座鲜卑墓》，《考古》1991年第5期。
乌兰察布盟文物工作站等：《内蒙古和林格尔西沟子村北魏墓》，《文物》1992年第8期。
苏俊等：《内蒙古和林格尔北魏壁画墓发掘的意义》，《中国文物报》1993年11月28日第2版。
乌兰察布盟博物馆：《察右后旗三道湾墓地》，《内蒙古文物考古文集》第1辑，中国大百科全书出版社，1994年。
钱玉成等：《科右中旗北玛尼吐鲜卑墓群》，《内蒙古文物考古文集》第1辑，中国大百科全书出版社，1994年。
田立坤：《科左后旗新胜屯鲜卑墓地调查》，《文物》1997年第11期。
内蒙古自治区博物馆等：《和林格尔另皮窑村北魏墓出土的金器》，《内蒙古文物考古文集》第3辑，科学出版社，2004年。

7. 陕西

茹士安等：《西安地区考古工作中的发现》，《考古通讯》1955年第3期。
陕西省文物管理委员会：《西安任家口M229号北魏墓清理简报》，《文物参考资料》1955年第12期。
俞伟超：《西安白鹿原墓葬发掘报告》，《考古学报》1956年第3期。
黄河水库考古工作队：《一九五六年河南陕县刘家渠汉唐墓葬发掘简报》，《考古通讯》1957年第4期。
陕西省文物管理委员会：《西安南郊草厂坡村北朝墓的发掘》，《考古》1959年第6期。
禚振西：《陕西户县的两座汉墓》，《考古与文物》1980年创刊号。
汉中市博物馆：《汉中市崔家营子西魏墓清理记》，《考古与文物》1981年第2期。
夏振英：《陕西华阴县晋墓清理简报》，《考古与文物》1984年第3期。
崔汉林等：《陕西华阴北魏杨舒墓发掘简报》，《文博》1985年第2期。
李启良、徐信印：《陕西安康长岭南朝墓清理简报》，《考古与文物》1986年第3期。
徐信印：《安康长岭出土的南朝演奏歌舞俑》，《文博》1986年第5期。
咸阳市文管会等：《咸阳市胡家沟西魏侯义墓清理简报》，《文物》1987年第12期。
陕西省考古研究所：《陕西长安县206基建工地汉、晋墓清理简报》，《考古与文物》1989年第5期。
陕西省考古研究所：《长安县北朝墓葬清理简报》，《考古与文物》1990年第5期。
钱宝康：《宝鸡县出土"天帝使者"印章》，《考古与文物》1990年第4期。
陕西省考古研究所：《西安东郊田王晋墓清理简报》，《考古与文物》1990年第5期。

陕西省考古研究所等：《西安交通大学西汉壁画墓》，西安交通大学出版社，1991年。

西安市文物管理处：《西安东郊秦川机械厂汉唐墓葬发掘简报》，《考古与文物》1992年第3期。

陕西省考古研究所：《陕西省185煤田地质队咸阳基地筹建处东汉墓发掘简报》，《考古与文物》1993年第5期。

咸阳市渭城区文管会：《咸阳市渭城区北周拓跋虎夫妇墓清理记》，《文物》1993年第11期。

陕西省考古研究所、咸阳市考古研究所：《北周武帝孝陵发掘简报》，《考古与文物》1997年第2期。

陕西省考古研究所等：《北周武帝孝陵发掘简报》，《考古与文物》1997年第2期。

商洛地区文管会：《商州市北周、隋代墓葬清理简报》，《考古与文物》1997年第4期。

西安市文物保护考古所：《西安财政干部培训中心汉、后赵墓发掘简报》，《文博》1997年第6期。

咸阳市文物考古研究所：《咸阳师专西晋北朝墓清理简报》，《文博》1998年第6期。

李朝阳：《咸阳市郊清理一座北朝墓》，《考古与文物》1998年第1期。

赵大伟：《西安发现西魏墓葬》，《沈阳日报》1999年7月1日第3版。

田小利等：《长安发现北朝韦彧夫妇合葬墓》，《中国文物报》1999年11月14日第1版。

陕西省考古研究所：《西安北郊北周安伽墓发掘简报》，《考古与文物》2000年第6期。

陕西省考古研究所：《西安发现的北周安伽墓》，《文物》2001年第1期。

陕西省考古研究所：《北周宇文俭墓清理发掘简报》，《考古与文物》2001年第3期。

邢福来等：《咸阳发现北周最高等级墓葬——再次证明咸阳北原为北周皇家墓葬区》，《中国文物报》2001年5月2日第1版。

陕西省考古研究所编：《西安北周安伽墓》，文物出版社，2003年。

西安市文物保护考古所：《西安市北周史君石椁墓》，《考古》2004年第7期。

陕西省考古研究所：《西安洪庆北朝、隋家族迁葬墓地》，《文物》2005年第10期。

西安市文物保护考古所：《西安北周凉州萨保史君墓发掘简报》，《文物》2005年第3期。

西安市文物保护考古研究院：《陕西西安洪庆原十六国梁猛墓发掘简报》，《考古与文物》2018年第4期。

程林泉：《西安北周李诞墓的考古发现与研究》，西北大学考古系编：《西部考古》第一辑，科学出版社，2006年。

咸阳市文物考古研究所：《咸阳十六国墓》，文物出版社，2006年。

安康历史博物馆：《陕西安康市张家坎南朝墓葬发掘纪要》，《华夏考古》2008年第3期。

西安市文物保护考古所：《西安北周康业墓发掘简报》，《文物》2008年第6期。

西安市文物保护考古所：《西安南郊清理两座十六国墓葬》，《文博》2011年第1期。

西安市文物保护考古研究院：《北周史君墓》，文物出版社，2014年。

8. 宁夏

固原县文物工作站：《宁夏固原北魏墓清理简报》，《文物》1984年第6期。

宁夏回族自治区博物馆：《宁夏固原北周李贤夫妇墓发掘简报》，《文物》1985年第11期。

宁夏固原博物馆：《固原北魏墓漆棺画》，宁夏人民出版社，1988年。

宁夏固原博物馆：《彭阳新集北魏墓》，《文物》1988年第9期。

宁夏文物考古所固原工作站：《固原北周宇文猛墓发掘简报》，《宁夏考古文集》，宁夏人民出版社，1996年。

宁夏回族自治区博物馆等：《原州古墓集成》，文物出版社，1999年。

原州联合考古队：《北周田弘墓——原州联合考古队发掘调查报告》，日本勉诚出版社，2000年。

9. 甘肃

夏鼐：《敦煌考古漫记（一）》，《考古通讯》1955年第1期。

甘肃省文物管理委员会：《酒泉下河清第1号墓和第18号墓发掘简报》，《文物》1959年第10期。

甘肃省博物馆：《武威磨咀子三座汉墓发掘简报》，《文物》1972年第12期。

嘉峪关市文物清理小组：《嘉峪关汉画像砖墓》，《文物》1972年第12期。

敦煌文物研究所考古组：《敦煌晋墓》1974年第3期。

甘肃省博物馆：《酒泉、嘉峪关晋墓的发掘》，《文物》1979年第6期。

钟长发等：《武威金沙公社出土前秦建元十二年墓表》，《文物》1981年第2期。

嘉峪关市文物管理所：《嘉峪关新城十二、十三号画像砖墓发掘简报》，《文物》1982年第8期。

甘肃省敦煌县博物馆：《敦煌佛爷庙湾五凉时期墓葬发掘简报》，《文物》1983年第10期。

甘肃省文物队等：《嘉峪关壁画墓发掘报告》，文物出版社，1985年。

何双全：《武威县韩佐乡五坝山汉墓群》，《中国考古学年鉴（1985）》，文物出版社，1985年。

田建：《武威市旱滩坡西晋、前凉时期墓群》，《中国考古学年鉴（1986）》，文物出版社，1988年。

武威地区博物馆：《甘肃武威南滩魏晋墓》，《文物》1987年第9期。

敦煌县博物馆考古组、北京大学考古实习队：《记敦煌发现的西晋、十六国晋墓》，《敦煌吐鲁番文献研究论集》(四)，北京大学出版社，1987年。

何双全：《武威市五坝山古代墓群》，《中国考古学年鉴（1986）》，文物出版社，1988年。

何双全：《敦煌新店台、佛爷庙湾晋至唐墓群》，《中国考古学年鉴（1988）》，文物出版社，1989年。

天水市博物馆：《天水市发现隋唐屏风石棺床墓》，《考古》1992年第1期。

武威市博物馆：《甘肃武威十六国墓葬清理记》，《文物》1993年第11期。

甘肃省文物考古研究所：《敦煌祁家湾——西晋十六国墓葬发掘报告》，文物出版社，1994年。

柴生芳：《酒泉市果园乡西沟村汉晋墓群》，《中国考古学年鉴（1994）》，文物出版社，1995年。

赵雪野：《安西县五道沟汉—晋墓群》，《中国考古学年鉴（1994）》，文物出版社，1995年。

甘肃省文物考古研究所：《甘肃酒泉西沟村魏晋墓发掘报告》，《文物》1996年第7期。

张掖地区文物管理办公室等：《甘肃高台骆驼城画像砖墓调查》，《文物》1997年第12期。

吕占光：《嘉峪关长城村晋墓清理简报》，《陇右文博》1998年第2期。

甘肃省文物考古研究所：《敦煌佛爷庙湾——西晋画像砖墓》，文物出版社，1998年。

10. 新疆

国家文物局古文献研究室等编：《吐鲁番出土文书》10册，文物出版社，1981—1991年。

柳洪亮：《吐鲁番阿斯塔那古墓群360号墓出土文书》，《考古》1991年第1期。

11. 江苏

南京博物院编：《南京附近考古报告》，上海出版公司，1952年。

华东文物工作队清理小组：《江苏宜兴周墓墩古墓清理简报》，《文物参考资料》1953年第8期。

江苏省文物管理委员会：《南京南郊郎家山第四号六朝墓清理简报》，《文物参考资料》1956年第4期。

罗宗真：《江苏宜兴晋墓发掘报告》，《考古学报》1957年第4期。

江苏省文物管理委员会、南京博物院：《江苏淮安宋代壁画墓》，《文物》1960年第8、9期合刊。

南京博物院等：《南京西善桥南朝墓及其砖刻壁画》，《文物》1960年第8、9期合刊。
江苏省文物管理委员会：《江苏高邮邵家沟汉代遗址的清理》，《考古》1960年第10期。
葛治功：《徐州黄山陇发现汉代壁画墓》，《文物》1961年第1期。
罗宗真：《淮安宋墓出土的漆器》，《文物》1963年第5期。
罗宗真：《南京西善桥油坊村南朝大墓的发掘》，《考古》1963年第6期。
南京博物院：《江苏丹阳胡桥南朝大墓及砖刻壁画》，《文物》1972年第2期。
南京市博物馆：《南京象山5号、6号、7号墓清理简报》，《文物》1972年第11期。
南京博物院：《江苏溧阳果园东晋墓》，《考古》1973年第4期。
南京博物院、连云港市博物馆：《海州西汉霍贺墓清理简报》，《考古》1974年第3期。
南京博物院：《江苏宜兴晋墓的第二次发掘》，《考古》1977年第2期。
陈晶：《记江苏武进新出土的南宋珍贵漆器》，《文物》1979年第3期。
南京博物院：《江苏丹阳县胡桥、建山两座南朝墓葬》，《文物》1980年第2期。
扬州博物馆、邗江县文化馆：《扬州邗江县胡场汉墓》，《文物》1980年第3期。
陈晶、陈丽华：《江苏武进村前南宋墓清理纪要》，《考古》1986年第3期。
扬州博物馆：《江苏邗江蔡庄五代墓清理简报》，《文物》1981年第8期。
刘建国：《镇江东晋墓》，《文物资料丛刊》第八辑，文物出版社，1983年。
肖梦龙、戴志恭：《镇江博物馆藏古代铜印》，《文物》1983年第8期。
无锡市博物馆：《无锡赤墩里东晋墓》，《考古》1985年第11期。
南京市博物馆：《江苏江宁官家山六朝早期墓》，《文物》1986年第12期。
南京博物院：《江苏吴县何山东晋墓》，《考古》1987年第3期。
镇江博物馆：《江苏镇江谏壁砖瓦厂东晋墓》，《考古》1988年第7期。
林嘉华：《江苏江阴要塞镇澄南出土宋代漆器》，《考古》1997年第3期。
邵磊、周维林：《江苏江宁出土三枚古印》，《文物》2001年第7期。

12. 安徽

安徽省文物工作队：《安徽南陵县麻桥东吴墓》，《考古》1984年第11期。
安徽省文物考古研究所、马鞍山市文化局：《安徽马鞍山东吴朱然墓发掘简报》，《文物》1986年第3期。
安徽省马鞍山市博物馆：《安徽省马鞍山上湖村东晋墓发掘简报》，《考古与文物》2010年第6期。

13. 江西

江西省博物馆：《江西南昌晋墓》，《考古》1974年第6期。
江西省历史博物馆：《江西南昌市东吴高荣墓的发掘》，《考古》1980年第3期。

14. 浙江

浙江省文物考古研究所：《杭州北大桥宋墓》，《文物》1988年第11期。
杭州市文物考古研究所、余杭博物馆：《浙江余杭小横山南朝画像砖墓M109发掘简报》，《文物》2013年第5期。

15. 湖南

湖南省文物管理委员会：《湖南常德西郊古墓葬群清理小结》，《文物参考资料》1955年第5期。
中国科学院考古研究所：《长沙发掘报告》，科学出版社，1957年。
湖南省博物馆：《长沙两晋南朝隋墓发掘报告》，《考古学报》1959年第3期。

孙作云：《长沙战国时代楚墓出土帛画考》，《人文杂志》1960年第4期。
湖南省博物馆：《长沙汤家岭西汉墓清理报告》，《考古》1966年第4期。
湖南省博物馆等：《长沙马王堆一号汉墓发掘简报》，文物出版社，1972年。
湖南省博物馆：《新发现的长沙战国楚墓帛画》，《文物》1973年第7期。
湖南省博物馆、中国科学院考古研究所：《长沙马王堆一号汉墓》，文物出版社，1973年。
安乡县文物管理所：《湖南安乡西晋刘弘墓》，《文物》1993年第11期。
湖南省博物馆、湖南省文物考古研究所：《长沙马王堆二、三号汉墓》，文物出版社，2004年。
长沙市文物考古研究所、望城县文物管理局：《湖南望城风篷岭汉墓发掘简报》，《文物》2007年第12期。

16. 湖北

襄樊市文物管理处：《襄阳贾家冲画像砖墓》，《江汉考古》1986年第1期。
襄樊市博物馆：《湖北襄阳城内三国时期的多室墓清理报告》，《江汉考古》1995年第3期。
老河口市博物馆：《湖北老河口市李楼西晋纪年墓》，《考古》1998年第2期。
张家山二四七号汉墓竹简整理小组：《张家山汉墓竹简（二四七号墓）》，文物出版社，2001年。
襄樊市考古队、谷城县博物馆：《湖北谷城县肖家营墓地》，《考古》2006年第11期。
南京大学历史系考古专业等：《鄂城六朝墓》，科学出版社，2007年。
襄樊市文物考古研究所：《湖北襄樊市韩岗南朝"辽西韩"家族墓的发掘》，《考古》2010年第12期。
谷城县博物馆：《湖北谷城六朝画像砖墓发掘简报》，《文物》2013年第7期。
襄樊市文物考古研究所：《湖北襄樊樊城菜越三国墓发掘报告》，《考古学报》2013年第3期。
襄阳市文物考古研究所：《湖北襄阳柿庄南朝画像砖墓发掘简报》，《文物》2019年第8期。

17. 云南

云南省文物工作队：《云南省昭通后海子东晋壁画墓清理简报》，《文物》1963年第12期。

18. 辽宁

李文信：《辽阳北园壁画古墓记略》，《国立沈阳博物院筹备委员会汇刊》1947年第1期。
东北文物工作队：《东北文物工作队1954年工作简报》，《文物参考资料》1955年第3期。
沈欣：《辽阳市北郊新发现两座壁画古墓》，《文物参考资料》1955年第7期。
沈欣：《辽阳唐户屯一带的汉墓》，《考古通讯》1955年第4期。
李文信：《辽阳发现的三座壁画古墓》，《文物参考资料》1955年第5期。
王增新：《辽阳三道壕发现的晋代墓葬》，《文物参考资料》1955年第11期。
东北博物馆：《辽阳三道壕两座壁画墓的清理工作简报》，《文物参考资料》1955年第12期。
李庆发：《辽阳上王家村晋代壁画墓清理简报》，《文物》1959年第7期。
许明纲：《旅大市营城子古墓清理》，《考古》1959年第6期。
陈大为：《辽宁北票房身村晋墓发掘简报》，《考古》1960年第1期。
王增新：《辽宁辽阳县南雪梅村壁画墓及石墓》，《考古》1960年第1期。
王增新：《辽阳市棒台子二号壁画墓》，《考古》1960年第1期。
刘谦：《辽宁义县保安寺发现的古代墓葬》，《考古》1963年第1期。
沈阳市文物工作组：《沈阳伯官屯汉魏墓葬》，《考古》1964年第11期。
黎瑶渤：《辽宁北票县西官营子北燕冯素弗墓》，《文物》1973年第3期。

辽阳市文物管理所：《辽阳发现三座壁画墓》，《考古》1980 年第 1 期。

陈大为等：《辽宁朝阳后燕崔遹墓的发现》，《考古》1982 年第 3 期。

李宇峰：《辽宁朝阳发现十六国时期后燕崔遹墓碑》，《文物》1981 年第 4 期。

孙国平：《朝阳西大营子北魏墓》，《辽宁文物》1983 年第 4 期。

曹汛：《北魏刘贤墓志》，《考古》1984 年第 7 期。

辽宁省博物馆文物队等：《朝阳袁台子东晋壁画墓》，《文物》1984 年第 6 期。

辽宁省博物馆：《辽宁本溪晋墓》，《考古》1984 年第 8 期。

朝阳地区博物馆等：《辽宁朝阳发现北燕、北魏墓》，《考古》1985 年第 10 期。

辽宁省博物馆等：《辽阳旧城东门里东汉壁画墓发掘报告》，《文物》1985 年第 6 期。

李宇峰：《辽宁朝阳两晋十六国时期墓葬清理简报》，《北方文物》1986 年第 3 期。

旅顺博物馆：《辽宁大连前牧城驿东汉墓》，《考古》1986 年第 5 期。

辽阳博物馆：《辽阳市三道壕西晋墓清理简报》，《考古》1990 年第 4 期。

刘谦：《锦州北魏墓清理简报》，《考古》1990 年第 5 期。

大连市马圈子汉魏晋墓地考古队：《辽宁瓦房店市马圈子汉魏晋墓地发掘》，《考古》1993 年第 1 期。

周阳生：《沈阳陈相屯魏晋石椁墓清理》，《辽海文物学刊》1993 年第 1 期。

璞石：《辽宁朝阳袁台子北燕墓》，《文物》1994 年第 1 期。

孙国平等：《辽宁北票仓粮窖鲜卑墓》，《文物》1994 年第 11 期。

田立坤：《朝阳前燕奉车都尉墓》，《文物》1994 年第 11 期。

辽宁省文物考古研究所等：《朝阳市发现的几座北魏墓》，《辽海文物学刊》1995 年第 1 期。

辛发等：《锦州前燕李廆墓清理简报》，《文物》1995 年第 6 期。

张克举等：《辽宁北票喇嘛洞鲜卑贵族墓地》，《中国文物报》1996 年 12 月 22 日第 1 版。

辽宁省文物考古研究所等：《朝阳王子坟山墓群 1987、1990 年考古发掘的主要收获》，《文物》1997 年第 11 期。

辽宁省文物考古研究所等：《辽宁朝阳田草沟晋墓》，《文物》1997 年第 11 期。

于俊玉：《朝阳三合成出土的前燕文物》，《文物》1997 年第 11 期。

辽宁省文物考古研究所等：《朝阳十二台乡砖厂 88M1 发掘简报》，《文物》1997 年第 11 期。

鲁宝林等：《辽宁锦州市前山十六国时期墓葬的清理》，《考古》1998 年第 1 期。

辽宁省文物考古研究所等：《辽宁朝阳北朝及唐代墓葬》，《文物》1998 年第 3 期。

辽宁省文物考古研究所：《辽宁辽阳南环街壁画墓》，《北方文物》1998 年第 3 期。

辽宁省文物考古研究所：《三燕文物精粹》，辽宁人民出版社，2002 年。

19. 朝鲜

朝鲜总督府：《朝鲜古迹图谱》一，东京，1915 年。

关野贞、谷井济一等：《樂浪郡時代の遺跡》，朝鮮總督府：《古跡調查特別報告》第四册，青雲堂印刷所，1925 年。

原田淑人、田澤金吾：《樂浪》，東京帝國大學文學部，1930 年。

小場恒吉、榧本龜次郎：《樂浪王光墓—貞柏裏·南井裏二古墳發掘調查報告》，朝鮮總督府：《古跡調查報告》第二册，朝鮮古迹研究會，1935 年。

原田淑人、田澤金吾：《樂浪—五官掾王肝の墳墓》，日本刀江書院，1936 年。

宿白：《朝鲜安岳所发现的冬寿墓》，《文物参考资料》1952 年第 1 期。

朝鲜科学院考古学及民俗学研究所：《安岳第三号墓发掘报告》（朝文，俞致浩译），朝鲜科学院出版社，1958年。

洪晴玉：《关于冬寿墓的发现与研究》，《考古》1959年第1期。

梅原末治、藤田亮策：《朝鲜古文化综鉴》3，养德社，1959年。

云铎、铭学：《朝鲜德兴里高句丽壁画墓》，载《东北考古与历史》第1辑，文物出版社，1982年。

朝鲜民主主义人民共和国社会科学院：《德兴里高句丽壁画古坟》（日文），讲谈社，1986年。

韩国文化财研究所：《海外所藏韩国文化财目录》，1986年。

20. 其他

赵万里：《汉魏南北朝墓志集释》，科学出版社，1956年。

王子云：《中国古代石刻画选集》，中国古典艺术出版社，1957年。

洛阳文物工作队编：《洛阳出土历代墓志辑绳》，中国社会科学出版社，1991年。

赵超：《汉魏南北朝墓志汇编》，天津古籍出版社，1992年。

周绍良、赵超：《唐代墓志汇编》，上海古籍出版社，1992年。

北京图书馆金石组编：《北京图书馆藏中国历代石刻拓本汇编》，1989年。

西安碑林博物馆　赵力光编：《鸳鸯七志斋藏石》，三秦出版社，1995年。

朱亮主编：《洛阳出土北魏墓志选编》，科学出版社，2001年。

罗新、叶炜：《新出魏晋南北朝墓志疏证》，中华书局，2005年。

洛阳市第二文物工作队　乔栋、李献奇等：《洛阳新获墓志续编》，科学出版社，2008年。

高文主编：《中国画像石棺全集》，三晋出版社，2011年。

徐光冀主编：《中国出土壁画全集》，科学出版社，2012年。

吕章申主编：《中国国家博物馆百年收藏集萃》，安徽美术出版社，2014年。

三、著作与论文

（按作者汉语首字母排序）

安家瑶：《北周李贤墓出土的玻璃碗——萨珊玻璃器的发现与研究》，《考古》1986年第2期。

白云翔：《汉代"蜀郡西工造"的考古学论述》，《四川文物》2014年第6期。

北京大学历史系考古教研室编：《三国—宋元考古（上）》，1974年。

北京大学历史系考古教研室编：《战国秦汉考古（上）》，1973年。

曹臣明：《平城附近鲜卑及北魏墓葬分布规律考》，《文物》2016年第5期。

曹道衡：《南朝文学与北朝文学研究》，江苏古籍出版社，1998年。

曹发展：《北周武帝陵志、石志、后玺考》，《中国文物报》1996年8月11日第3版。

岑仲勉：《隋唐史》，河北教育出版社，2000年。

陈公柔：《士丧礼、既夕礼中所记载的丧葬制度》，《考古学报》1956年第4期。

陈公柔：《仪礼士丧礼墓葬研究》《仪礼士丧礼器物研究》，（台湾）中华书局，1971年。

陈晶：《常州等地出土五代漆器刍议》，《文物》1978年第8期。

陈克伦：《〈仪礼·士丧礼〉中所见丧葬、祭奠器物考略》，《郑州大学学报（哲学社会科学版）》1989年第3期。

陈丽华：《中国古代漆器款识风格的演变及其对漆器辨伪的重要意义》，《故宫博物院院刊》2004年第6期。

陈琳国：《论南朝襄阳的晚渡士族》，《北京师范大学学报（社会科学）》1991年第4期。
陈戍国：《中国礼制史》，湖南教育出版社，1991年。
陈寅恪：《金明馆丛稿初编·天师道与滨海地域之关系》，生活·读书·新知三联书店，2001年。
陈寅恪：《隋唐制度渊源略论稿》，上海古籍出版社，1982年。
陈长安：《洛阳邙山北魏定陵终宁陵考》，《中原文物》1987年特刊。
陈直：《史记新证》，中华书局，2006年。
程地宇：《〈巴官铁盆〉考》，《重庆社会科学》2007年第9期。
丁爱博（Albert E. dien）著、李梅田译：《六朝文明》，社会科学文献出版社，2013年。
丁凌华：《中国丧服制度史》，上海人民出版社，2000年。
方光亚：《论东晋初年的"招魂葬"俗》，《学海》1992年第2期。
方鹏生、张勋燎：《山东苍山元嘉元年画像石题记的时代及有关问题的讨论》，《考古》1980年第3期。
冯先铭：《河北磁县贾壁村隋青瓷窑址初探》，《考古》1959年第10期。
冯沂：《临沂洗砚池晋墓出土漆器考议》，《华夏考古》2011年第2期。
高崇文：《论汉简〈葬律〉中的祭奠之礼》，《文物》2011年第5期。
高崇文：《试论先秦两汉丧葬礼俗的演变》，《考古学报》2006年第4期。
高二旺：《魏晋南北朝丧礼与社会》，上海古籍出版社，2017年。
高久健二：《樂浪墳墓の編年》，《考古學雜誌》第78卷第4號，1993年。
葛承雍：《北朝粟特人大会中祆教色彩的新图像——中国国家博物馆藏北朝石堂解析》，《文物》2016年第1期。
宫大中：《邙洛北魏孝子画像石棺考释》，《中原文物》1984年第2期。
郭建邦：《北魏宁懋石室和墓志》，《河南文博通讯》1980年第2期。
郭建邦：《北魏宁懋石室线刻画》，人民美术出版社，1987年。
郭珂：《洛阳北魏世俗石刻线画艺术散论》，《河南师大学报》第26卷5期，1999年。
郭玉堂仿记、王广庆校录：《洛阳出土石刻时地记》，洛阳商务印书馆，1941年。
郭治中、魏坚：《察石前旗下黑沟鲜卑墓及其文化形制初论》，《内蒙古文物考古文集》1994年第1辑。
（日）谷川道雄著，郭兴亮、王志邦译：《六朝时代与地域社会——〈六朝地域社会丛书〉总序》，《东南文化》1991年第5期。
韩国河、朱津：《三国时期墓葬特征述论》，《中原文物》2010年第6期。
韩国河：《魏晋时期丧葬礼制的承传与创新》，《文史哲》1999年第1期。
韩顺发：《北齐黄釉瓷扁壶乐舞图像的初步分析》，《文物》1980年第7期。
韩伟：《北周安伽墓围屏石榻之相关问题浅见》，《文物》2001年第1期。
何先成：《从长时段看中国传统社会的招魂葬》，《西部学刊》2016年第4期。
何旭红：《湖南望城风篷岭一号汉墓年代及墓主考》，《文物》2007年第12期。
何兹全：《读史集》，上海人民出版社，1982年。
贺西林：《北朝画像石葬具的发现与研究》，载巫鸿主编：《汉唐之间的视觉文化与物质文化》，文物出版社，2003年。
贺西林：《古墓丹青——汉代墓室壁画的发现与研究》，陕西人民美术出版社，2001年。

洪晴玉：《关于冬寿墓的发现与研究》，《考古》1959年第1期。
洪石：《战国秦汉漆器研究》，中国社会科学院研究生院博士学位论文，2002年。
侯灿、吴美琳：《吐鲁番出土砖志集注》附录《吐鲁番晋—唐古墓出土随葬衣物疏》，巴蜀书社，2003年。
胡阿祥：《六朝政区》，南京出版社，2008年。
胡宝国：《晚渡北人与东晋中期的历史变化》，《北大史学》第14辑，北京大学出版社，2009年。
胡厚宣：《释牢》，《历史语言研究所集刊》（第八册），中华书局，1987年。
胡新立：《邹城新发现汉安元年文通祠堂题记及图像释读》，《文物》2017年第1期。
胡雅丽：《包山二号楚墓所见葬制葬俗考》，载《包山楚墓》，文物出版社，1991年。
胡振东：《昭通东晋壁画墓墓主考》，《思想战线》1980年第4期。
黄明兰：《北魏孝子棺线刻画》，人民美术出版社，1985年。
黄明兰：《洛阳北魏景陵位置的确定和静陵位置的推测》，《文物》1978年第7期。
黄明兰：《洛阳北魏世俗石刻线画集》，人民美术出版社，1987年。
黄盛璋：《历史上黄、渭与江、汉间水陆联系的沟通及其贡献》，《地理学报》1962年第28卷第4期。
黄晓芬：《汉墓的考古学研究》，岳麓书社，2003年。
霍巍：《大礼安魂——中国古代墓葬制度》，四川教育出版社，1998年。
霍巍：《六朝陵墓装饰中瑞兽的嬗变与"晋制"的形成》，《考古》2015年第2期。
姜伯勤：《安阳北齐石棺床画像石的图像考察与入华粟特人的祆教美术——兼论北齐画风的巨变及其与粟特画派的关联》，《艺术史研究》第一辑，1999年。
姜伯勤：《隋检校萨宝虞弘墓石椁画像石图像程序试探》，《汉唐之间文化互动与交融国际学术研讨会论文汇编》，北京大学考古系，2000年。
姜伯勤：《有翼天神图像与北朝畏兽天神图像的比较》，《敦煌艺术宗教与礼乐文明》，中国社会科学出版社，1996年。
蒋若是：《从"荀岳""左棻"两墓志中得到的晋陵线索及其它》，《文物》1961年第10期。
蒋赞初：《南京东晋帝陵考》，《东南文化》1992年第3—4期。
蒋赞初：《谈杭州老和山宋墓出土的漆器》，《文物参考资料》1957年第7期。
金式武：《招魂研究》，《历史研究》1998年第6期。
金鍾太：《樂浪時代銘文考》，《考古美術》135，韓國美術史學會，1977年。
康乐：《从西郊到南郊——国家祭典与北魏政治》，稻乡出版社，1995年。
黎国韬：《〈老胡文康乐〉的东传与改编》，《西域研究》2012年第1期。
黎石生：《湖南望城风篷岭一号汉墓的年代与墓主》，《故宫博物院院刊》2009年第1期。
李梅田：《丹扬王墓考辨》，《文物》2011年第12期。
李梅田：《论南北朝交接地区的墓葬——以陕南、豫南鄂北、山东地区为中心》，《东南文化》2004年第1期。
李梅田：《魏晋北朝墓葬的考古学研究》，商务印书馆，2009年。
李凭：《北魏道武帝早年经历考》，《中国史研究》1992年第1期。
李凭：《北魏平城时代》，社会科学文献出版社，2000年。
李如森：《汉代墓祀新探》，《北方文物》1998年第1期。
李如森：《汉代丧葬制度》，吉林大学出版社，1995年。

李运元：《释"牢盆"》，《财经科学》1995年第3期。
梁满仓：《魏晋南北朝军礼鼓吹刍议》，《中国史研究》2006年第3期。
林圣智：《图像与装饰——北朝墓葬的生死表象》，台湾大学出版中心，2019年。
林聖智：《北朝時代における葬具の圖像と機能－石棺床圍屛の墓主肖像と孝子傳圖を例として—》，（日本）《美術史》第154册，2003年。
林树中：《从"战马"画像砖题字考证邓县墓的年代与墓主》，《南京艺术学院学报（美术与设计）》2015年第1期。
林树中：《南朝陵墓石刻研究》，《新美术》1981年第1期。
刘安志：《吐鲁番所出衣物疏研究二题》，《魏晋南北朝隋唐史资料》第22辑，武汉大学文科学报编辑部，2005年。
刘斌：《洛阳地区西晋墓葬研究——兼谈晋制及其影响》，《考古》2012年第4期。
刘莉：《铜鍑考》，《考古与文物》1987年第3期。
刘卫鹏：《浙江余杭小横山南朝画像砖墓飞仙和仙人》，《中国国家博物馆馆刊》2016年第9期。
刘毅：《中国古代物质文化史·陵墓》，开明出版社，2016年。
刘昭瑞：《考古发现与早期道教研究》，文物出版社，2007年。
刘振东：《冥界的秩序——中国古代墓葬制度概论》，文物出版社，2015年。
刘中澄：《关于朝阳袁台子晋墓壁画的初步研究》，《辽海文物学刊》1987年第1期。
柳涵：《邓县画像砖墓的时代和研究》，《考古》1959年第5期。
龙腾、夏晖：《蒲江县出土汉代牢盆考》，《盐业史研究》2002年第2期。
鲁西奇：《人群·聚落·地域社会：中古南方史地初探》，厦门大学出版社，2012年。
陆锡兴：《反左书钩沉》，《书法丛刊》2004年第4期。
罗二虎：《汉代画像石棺》，巴蜀书社，2002年。
罗丰：《北周李贤墓出土的中亚风格镏金银瓶——以巴克特里亚金属制品为中心》，《考古学报》2000年第3期。
罗世平：《太原北齐徐显秀墓壁画中的胡化因素——北齐绘画研究札记（一）》，《艺术史研究》2003年第五辑。
罗泰著，吴长青等译：《宗子维城——从考古材料的角度看公元前1000至前250年的中国社会》，上海古籍出版社，2017年。
罗新、叶炜：《新出魏晋南北朝墓志疏证》，中华书局，2005年。
罗新：《北大馆藏拓本〈给事君夫人韩氏墓志〉辨伪》，《文献》1996年第1期。
罗宗真：《六朝考古》，南京大学出版社，1994年。
洛阳区考古发掘队：《洛阳烧沟汉墓》，科学出版社，1959年。
马格侠：《唐代招魂葬习俗及其原因解析》，《燕山大学学报（哲学社会科学版）》2012年第13卷第1期。
马立军：《北魏〈给事君夫人韩氏墓志〉与〈元理墓志〉辨伪——兼谈北魏墓志著录中的伪刻问题》，《江汉考古》2010年第2期。
马雍：《北魏封和突墓及其出土的波斯银盘》，《文物》1972年第3期。
马长寿：《碑铭所见前秦至隋初的关中部族》，中华书局，1985年。
马长寿：《北狄与匈奴》，生活·读书·新知三联书店，1962年。

马长寿：《乌桓与鲜卑》，上海人民出版社，1962年。
马忠理：《磁县北朝墓群——东魏北齐陵墓兆域考》，《文物》1994年第11期。
毛汉光：《中国中古政治史论》，台湾联经出版事业公司，1990年。
梅原末治、藤田亮策：《朝鲜古文化綜鑑》3，養德社，1959年。
米如田：《"遣策"考辨》，《华夏考古》1991年第3期。
苗威：《乐浪郡研究综述》，《中国边疆史地研究》第16卷，2006年第3期。
倪润安：《光宅中原——拓跋至北魏的墓葬文化与社会演进》，上海古籍出版社，2017年。
倪润安：《怀仁丹扬王墓补考》，《考古与文物》2012年第1期。
宁夏固原博物馆：《彭阳新集北魏墓》，《文物》1988年第9期。
牛润珍：《曹操高陵新释证——西高穴大墓形制与文物研究》，《光明日报》2011年7月14日第11版。
潘天波、胡玉康：《"库露真"名实新释》，《文化遗产》2013年第6期。
彭浩：《关于葬俗的几个问题》，载《江陵马山一号楚墓》，文物出版社，1985年。
齐东方：《三国两晋南北朝时期的祔葬墓》，《考古》1991年第10期。
齐东方：《唐代的丧葬观念习俗与礼仪制度》，《考古学报》2006年第1期。
齐东方：《中国古代丧葬中的晋制》，《考古学报》2015年第3期。
前田正名著，李凭等译：《平城历史地理学研究》，书目文献出版社，1994年。
钱玄：《三礼名物通释》，江苏古籍出版社，1987年。
钱玄：《三礼通论》，南京师范大学出版社，1996年。
乔栋、李献奇：《〈洛阳新获墓志续编〉书法艺术概述》，《书法丛刊》2005年第6期。
乔梁：《北朝墓葬研究》，载《宿白先生八秩华诞纪念文集》（上），文物出版社，2002年。
乔梁：《内蒙古中部的早期拓跋鲜卑遗存》，载吉林大学考古系编：《青果集——吉林大学考古系建系十周年纪念文集》，知识出版社，1998年。
乔梁：《鲜卑遗存的认定与研究》，载许倬云、张忠培主编：《中国考古学的跨世纪反思》（下册），商务印书馆，1999年。
全洪：《试论东汉魏晋南北朝时期的铁镜》，《考古》1994年第12期。
荣新江：《北朝隋唐粟特人聚落的内部形态》，《中古中国与外来文明》，生活·读书·新知三联书店，2001年。
荣新江：《粟特祆教美术东传过程中的转化——从粟特到中国》，载《中古中国与外来文明》，生活·读书·新知三联书店，2001年。
尚小波：《大凌河流域鲜卑文化双耳镂孔圈足釜》，《辽海文物学刊》1996年第1期。
沈从文：《狮子在中国艺术上的应用及其发展》，载《沈从文全集》第28卷《物质文化史》，北岳文艺出版社，2002年。
沈丽华：《邺城地区东魏北齐墓群布局研究》，《考古》2016年第3期。
沈睿文：《桥陵陪葬墓地研究》，《文博》2000年第5期。
沈睿文：《青州傅家画像石的图像组合问题》，《欧亚学刊》2015年第2期。
施安昌：《北魏冯邕妻元氏墓志纹饰考》，《故宫博物院院刊》1997年第2期。
石松日奈子著，筱原典生译：《北魏佛教造像史研究》，文物出版社，2012年。
时国强：《先唐的魂魄观念及招魂习俗》，《山西师大学报（社会科学版）》2012年第39卷第1期。

史树青:《晋周芳命妻潘氏衣物券考释》,《考古》1956年第2期。
宋超:《"黄豆二升"小考》,载李凭主编:《曹操高陵——中国秦汉史研究会、中国魏晋南北朝史学会会长联席会议》,浙江文艺出版社,2010年。
苏诚鉴:《"官与牢盆"与汉武帝的榷盐政策》,《盐业史研究》1988年第1期。
苏哲:《西安草厂坡1号墓的结构、仪卫俑组合及年代》,载《宿白先生八秩华诞纪念文集》(上),文物出版社,2002年。
孙博:《国博石堂的年代、匠作传统和归属》,载巫鸿、朱青生、郑岩主编:《古代墓葬美术研究》第四辑,湖南美术出版社,2017年。
孙机:《固原北魏漆棺画》,载《中国圣火——中国古文物与东西文化交流中的若干问题》,辽宁教育出版社,1996年。
孙机:《汉代物质文化资料图说》,文物出版社,1991年。
孙机:《诸葛亮拿的是"羽扇"吗?》,载孙机、杨泓:《文物丛谈》,文物出版社,1991年。
孙培良:《略谈大同市南郊出土的几件银器和铜器》,《文物》1977年第9期。
孙彦:《河西魏晋十六国壁画墓研究》,文物出版社,2011年。
孙作云:《长沙战国时代楚墓出土帛画考》,《人文杂志》1960年第4期。
谭其骧:《晋永嘉丧乱后之民族迁徙》,《长水集》,人民出版社,1987年。
汤池:《北齐高润墓壁画简介》,《考古》1979年第3期。
汤池:《汉魏南北朝的墓室壁画》,《中国美术全集·绘画篇》,1989年。
唐刚卯:《"库露真"与"襄样"——唐代漆器研究之一》,载《魏晋南北朝隋唐史资料》第17辑,上海古籍出版社,2000年。
唐长孺:《南朝寒人的兴起》,《魏晋南北朝论丛续编》,生活·读书·新知三联书店,1959年。
唐长孺:《魏晋南北朝史论丛》,生活·读书·新知三联书店,1955年。
唐长孺:《魏晋南北朝史论丛续编》,生活·读书·新知三联书店,1959年。
唐长孺:《魏晋南北朝史论丛拾遗》,中华书局,1983年。
唐仲明:《试论北朝墓室壁画的内容与布局特征》,《山东大学学报(哲社版)》2000年第1期。
藤田亮策:《樂浪封泥攷》《樂浪封泥續攷》,《朝鮮考古學研究》,高桐書院刊,1948年。
田畴农:《信川发现带方郡长岑长王卿墓》,《文化遗产》1962年第3期。
田村晃一:《樂浪郡地域出土の印章と封泥》,《考古學雜誌》62-2,1962年。
田河:《武威旱滩坡十九号前凉墓衣物疏考释》,《社会科学战线》2012年第6期。
田立坤:《三燕文化遗存的初步研究》,《辽海文物学刊》1991年第1期。
田立坤等:《朝阳发现的三燕文物及相关问题》,《文物》1994年第11期。
田立坤:《三燕文化的类型与分期》,载巫鸿主编:《汉唐之间文化艺术的互动与交融》,文物出版社,2001年。
田余庆:《秦汉魏晋史探微》,中华书局,1992年。
田悦阳:《石景山区出土的魏晋墓墓主之身份》,《北京文博》2000年第2期。
万绳楠:《陈寅恪魏晋南北朝史讲演录》,黄山书社,1987年。
汪波:《魏晋北朝并州地区研究》,人民出版社,2001年。
王宁:《再说"牢"》,《南方文物》1994年第3期。
王培新:《乐浪文化——以墓葬为中心的考古学研究》,科学出版社,2007年。

王培新：《乐浪遗迹的考古发掘与研究》，《北方文物》2001年第1期。
王仁波：《西安地区北周隋唐墓葬陶俑的组合与分期》，《中国考古学研究论集——纪念夏鼐先生考古五十周年》，三秦出版社，1987年。
王银田：《丹扬王墓主考》，《文物》2010年第5期。
王永平、徐成：《略论东晋南朝时期襄阳豪族集团的社会特征》，《扬州大学学报（人文社会科学版）》2010年第14卷第1期。
王志高：《关于东晋帝陵的两个问题》，《东南文化》2001年第1期。
王志高：《六朝建康城发掘与研究》，江苏人民出版社，2015年。
王仲荦：《北周地理志》，中华书局，1980年。
王仲舒：《汉代物质文化略说》，《考古通讯》1956年第1期。
王子今：《曹操高陵石牌文字"黄豆二升"辨疑》，《光明日报》2010年10月26日。
韦正：《汉水流域四座南北朝墓葬的时代和归属》，《文物》2006年第2期。
韦正：《六朝墓葬的考古学研究》，北京大学出版社，2011年。
卫忠：《北周墓葬形制》，《原州古墓集成》，文物出版社，1999年。
乌恩：《试论汉代匈奴与鲜卑遗迹的区别》，《中国考古学会第六次年会论文集》，文物出版社，1990年。
巫鸿：《"华化"与"复古"——房形椁的启示》，载巫鸿著，郑岩、王睿译：《礼仪中的美术——巫鸿中国古代美术史文编》，生活·读书·新知三联书店，2005年。
巫鸿：《东亚墓葬艺术反思：一个有关方法论的提案》，载巫鸿著，梅玫、肖铁、施杰等译：《时空中的美术——巫鸿中国美术史文编二集》，生活·读书·新知三联书店，2009年。
巫鸿：《明器的理论和实践：战国时期礼仪美术的观念化倾向》，《文物》2006年第6期。
巫鸿：《"墓葬"——可能的美术史亚学科》，《读书》2007年第1期。
巫鸿著，钱文逸译：《空间的美术史》，上海人民出版社，2018年。
巫鸿著，孙庆伟译：《透明之石——中古艺术中的"反观"与二元图像》，载巫鸿著，郑岩、王睿编：《礼仪中的美术——巫鸿中国古代美术史文编》，生活·读书·新知三联书店，2005年。
吴桂兵：《晋代墓葬制度与两晋变迁》，《东南文化》2009年第3期。
吴桂兵：《两晋墓葬文化因素研究》，南京大学出版社，2017年。
吴荣曾：《镇墓文中所见到的东汉道巫关系》，《文物》1981年第3期。
武家璧：《曹操墓出土"常所用"兵器考》，《中原文物》2010年第4期。
武家璧：《曹操墓出土"格虎"兵器牌考》，《殷都学刊》2011年第3期。
夏鼐：《北魏封和突墓出土萨珊银盘考》，《文物》1972年第3期。
萧涤非：《汉魏六朝乐府文学史》，人民文学出版社，1984年。
谢宝富：《北朝墓葬的地下形制研究》，《湖北大学学报（哲社版）》1997年第6期。
辛勇旻：《西北地方木椁墓に関する研究》，東亞大學院碩士學位論文，韓國釜山，1990年。
信立祥：《汉代画像石综合研究》，文物出版社，2000年。
宿白：《朝鲜安岳所发现的冬寿墓》，《文物参考资料》1952年第1期。
宿白：《东北、内蒙古地区的鲜卑遗迹——鲜卑遗迹辑录之一》，《文物》1977年第5期。
宿白：《盛乐、平城一带的拓跋鲜卑—北魏遗迹——鲜卑遗迹辑录之二》，《文物》1977年第11期。
宿白：《北魏洛阳城和北邙陵墓——鲜卑遗迹辑录之三》，《文物》1978年第7期。

宿白：《太原北齐娄叡墓参观记》，《文物》1983 年第 10 期。
宿白：《三国两晋南北朝考古》，《中国大百科全书·考古学》，中国大百科全书出版社，1986 年。
宿白：《宁夏固原北周李贤墓札记》，《宁夏文物》1989 年第 3 期。
宿白：《云冈实力的集聚和"平城模式"的形成和发展》，载《中国石窟·云冈石窟》，文物出版社、平凡社，1991 年。
宿白：《关于河北四处古墓的札记》，《文物》1996 年第 9 期。
宿白：《北朝造型艺术中人物形象的变化》，《中国石窟寺研究》，文物出版社，1996 年。
徐光冀：《河北磁县湾漳北朝大型壁画墓的发掘与研究》，《文物》1996 年第 9 期。
徐基：《关于鲜卑慕容部遗迹的初步考察》，《中国考古学会第六次年会论文集》，文物出版社，1990 年。
徐津：《石材的意味——芝加哥艺术博物馆藏北魏石棺床围屏研究》，载巫鸿、朱青生、郑岩主编：《古代墓葬美术研究》第四辑，湖南美术出版社，2017 年。
徐苹芳：《三国两晋南北朝时期的铜镜》，《考古》1984 年第 6 期。
徐苹芳：《中国秦汉魏晋南北朝时代的陵园和茔域》，《考古》1981 年第 6 期。
许永杰：《鲜卑遗存的考古学考察》，《北方文物》1993 年第 4 期。
杨泓：《中国古代马具的发展和对外影响》，《文物》1984 年第 9 期。
杨泓：《北朝陶俑的源流、演变及其影响》，《中国考古学研究——夏鼐先生考古五十年纪念文集》，文物出版社，1986 年。
杨泓：《魏晋北朝墓葬》，《中国大百科全书·考古学》，中国大百科全书出版社，1986 年。
杨泓：《三国考古的新发现——读朱然墓简报札记》，《文物》1986 年第 3 期。
杨泓：《北朝文化源流探讨之一——司马金龙墓出土遗物的再研究》，《北朝研究》1989 年第 1 期。
杨泓：《南北朝墓的壁画和拼镶砖画》，《中国考古学论丛》，科学出版社，1993 年。
杨泓：《北周的甲骑具装》，《远望集——陕西省考古研究所华诞四十周年纪念文集》，陕西人民美术出版社，1998 年。
杨泓：《谈中国汉唐之间葬俗的演变》，《文物》1999 年第 10 期。
杨泓：《南北朝墓的壁画和拼镶砖画》，载杨泓：《汉唐美术考古与佛教艺术》，科学出版社，2000 年。
杨华：《檖·赗·遗——简牍所见楚地助丧礼制研究》，《学术月刊》2003 年第 9 期。
杨宽：《中国古代陵寝制度史研究》，上海古籍出版社，1985 年。
杨频：《反书传统、反左书与"透明之石"的过度解释——〈中国古代艺术与建筑中的"纪念碑性"〉献疑》，《南京艺术学院学报》2013 年 5 期。
杨树达：《汉代婚丧礼俗考》，商务印书馆，1933 年。
杨树达：《汉代婚丧礼俗考》，上海古籍出版社，2000 年。
杨效俊：《东魏、北齐墓葬的考古学研究》，《考古与文物》2000 年第 5 期。
杨雅丽、李侠：《释"搜牢"——兼释"牢盆"与"共牢而食"》，《涪陵师范学院学报》2006 年第 4 期。
余英时著，侯旭东等译：《余英时英文论著汉译集·东汉生死观》，上海古籍出版社，2005 年。
殷宪：《北魏早期平城墓铭析》，《北朝研究》第 1 辑，北京燕山出版社，1999 年。
殷宪：《从北魏王礼斑妻舆砖、王斑残砖说到太和辽东政治圈》，《中华文史论丛》总第 84 辑。
殷宪：《贺多罗即破多罗考》，《学习与探索》2009 年第 5 期。

尹青兰：《说"牢"》，《南方文物》1993 年第 3 期。

俞伟超：《汉代诸侯王与列侯墓葬的形制分析——兼论"周制""汉制""晋制"的三阶段性》，载《中国考古学会第一次年会论文集》，文物出版社，1980 年。

俞伟超：《魏晋墓制非日本古坟之源》，载《古史的考古学探索》，文物出版社，2002 年。

岳起、刘卫鹏：《关中地区十六国墓的初步认定——兼谈咸阳平陵十六国墓出土的鼓吹俑》，《文物》2004 年第 8 期。

曾磊：《"牢盆"新证》，《盐业史研究》2009 年第 3 期。

张飞龙：《中国古代漆器款识研究》，《中国生漆》2007 年第 1 期。

张焕君：《从中古时期招魂葬的废兴看儒家经典与社会的互动》，《清华大学学报（哲学社会科学版）》2012 年第 27 卷第 3 期。

张乃翥：《北魏王温墓志纪史勾沉》，《中原文物》1994 年第 4 期。

张鹏：《邓县彩色画像砖墓浅析》，《美术研究》1993 年第 2 期。

张庆捷：《〈虞弘墓志〉中的几个问题》，《文物》2001 年第 1 期。

张庆捷：《北魏破多罗氏壁画墓所见文字考述》，《历史研究》2007 年第 1 期。

张庆捷：《北魏石堂棺床与附属壁画文字——以新发现解兴石堂为例探讨葬俗文化的变迁》，北京大学中国考古学研究中心编：《两个世界的徘徊——中古时期丧葬观念风俗与礼仪制度学术研讨会论文集》，科学出版社，2016 年。

张庆捷：《献给另一个世界的画作——北魏平城墓葬壁画》，载上海博物馆编：《壁上观——细读山西古代壁画》，北京大学出版社，2017 年。

张闻捷：《楚国青铜礼器制度研究》，厦门大学出版社，2015 年。

张小舟：《北方地区魏晋十六国墓葬的分区与分期》，《考古学报》1987 年第 1 期。

张学锋：《中国墓葬史》，江苏广陵书社，2009 年。

张勋燎、白彬：《中国道教考古》第 1 卷，线装书局，2006 年。

张志清、潘伟斌：《安阳曹操高陵考古发掘成果简介》，载李凭主编：《曹操高陵——中国秦汉史研究会、中国魏晋南北朝史学会会长联席会议》，浙江文艺出版社，2010 年。

张志忠：《大同北魏墓葬房形椁研究》，《汉唐墓葬壁画艺术国际学术研讨会》发言，2019 年。

张志忠：《大同北魏墓葬佛教图像浅议》，载 Shing Muller, Thomas O.Hollmann, and Sonja Filip, *Early Medieval North China*：*Archaeological and Textual Evidence*（《从考古与文献看中古早期的中国北方》），Otto Harrassowitz GmbH & Co. KG, Wiesbaden 2019, pp.57—80.

张子英：《磁县古代陶瓷工业烧造的三个区域》，《文物春秋》1992 年第 3 期。

赵超：《西高穴大墓出土石牌的辨识与断代》，《中国文物报》2010 年 2 月 5 日第 3 版。

赵瑞民、刘俊喜：《大同沙岭北魏壁画墓出土漆皮文字考》，《文物》2006 年第 10 期。

郑君雷、赵永军：《从汉墓材料透视汉代乐浪郡的居民构成》，《北方文物》2005 年第 2 期。

郑曙斌：《遣策的考古发现与文献诠释》，《南方文物》2005 年第 2 期。

郑岩：《墓主画像研究》，载山东大学考古学系编：《刘敦愿先生纪念文集》，山东大学出版社，1998 年。

郑岩：《青州北齐画像石与入华粟特人美术——虞弘墓等考古新发现的启示》，载巫鸿主编：《汉唐之间文化艺术的互动与交融》，文物出版社，2001 年。

郑岩：《魏晋南北朝壁画墓研究》，文物出版社，2002 年。

郑振铎:《中国俗文学史》,上海书店,1987年。

中国科学院研究所编:《考古学基础·秦汉考古》,科学出版社,1958年。

周一良:《魏晋南北朝史论集》,中华书局,1961年。

周一良:《魏晋南北朝史札记》,中华书局,1985年。

周一良:《魏晋南北朝史论集续编》,北京大学出版社,1991年。

周振鹤:《西汉政区地理》,人民出版社,1987年。

朱松林:《试述中古时期的招魂葬俗》,《上海师范大学学报(哲学社会科学版)》2002年第31卷第2期。

朱希祖:《天禄辟邪考》,王志高点校:《南京稀见文献丛刊》,南京出版社,2010年。

Andrew Chittick, *Patronage and Community in Medieval China: The Xiangyang Garrison, 400—600 CE*, New York: State University of New York Press, 2009.

Kenneth E. Brashier, *Han Thanatology and The division of Souls*, Early China 16 (1996).

Mike Parker Pearson, *The archaeology of death and burial*, Sutton Publishing Ltd, 1999.

后　记

2019年上海古籍出版社的缪丹女士来访，说我原在商务印书馆出版的小书《魏晋北朝墓葬的考古学研究》（2009）该出修订版了。我是无意这么做的，因为那是一本很粗糙的书，再怎么修订也不会改善多少。时隔十余年，新的考古材料增加了不少，有些足以刷新我们的认识，而且学界同道者也越来越多，本课题的研究广度和深度今非昔比矣。按理说，吸纳这些新发现和新成果后，多少还是应该有一些新认识的，但那将是我下一部书的目标，本书主要还是对前书的扩充和修改，增加了丧葬图像、随葬器物与文化变迁等内容。总的来说，这并不是一部让我自己满意的新书，虽经编辑加工，但本身内容粗糙，改善效果不明显，最多算一个阶段性的汇报吧。

本书的出版得到了中国人民大学"中央高校建设世界一流大学（学科）和特色发展引导专项资金"的资助，也得到上海古籍出版社的大力支持，尤其要感谢缪丹女士，在这个不平凡的庚子年里，艰难而高效地完成了编辑出版工作。本门弟子们也积极参与了本书的"纠错"工作，博士生李斌、杨宁波、曾天华，硕士生冯伊帆、闵婕、杨扬、倪伊瑶、徐楚泽等，认真通读了全书，校对了注释，纠正了很多错误，在此一并致谢！

李梅田
记于庚子岁末之中关村大街59号

魏晋南北朝考古

◆ 光宅中原
拓跋至北魏的墓葬文化与社会演进
倪润安 著

◆ 将毋同
魏晋南北朝图像与历史
韦 正 著

◆ 葬之以礼
魏晋南北朝丧葬礼俗与文化变迁
李梅田 著

◆ 纹样与图像
中国南北朝时期的石窟艺术
八木春生 著　姚 瑶 等译

上海古籍出版社

图书在版编目(CIP)数据

葬之以礼:魏晋南北朝丧葬礼俗与文化变迁/李梅田著.--上海:上海古籍出版社,2021.4
ISBN 978-7-5325-9886-1

Ⅰ.①葬… Ⅱ.①李… Ⅲ.①葬俗-研究-中国-魏晋南北朝时代 Ⅳ.①K892.22

中国版本图书馆 CIP 数据核字(2021)第 039147 号

葬之以礼

魏晋南北朝丧葬礼俗与文化变迁

李梅田 著

上海古籍出版社出版发行

(上海瑞金二路 272 号 邮政编码 200020)
  (1) 网址:www.guji.com.cn
  (2) E-mail:guji1@guji.com.cn
  (3) 易文网网址:www.ewen.co
上海雅昌艺术印刷有限公司印刷
开本 787×1092 1/16 印张 19.5 插页 4 字数 405,000
2021 年 4 月第 1 版 2021 年 4 月第 1 次印刷
ISBN 978-7-5325-9886-1
K·2963 定价:108.00 元
如有质量问题,请与承印公司联系